U0504415

国家出版基金项目
NATIONAL PUBLICATION FOUNDATION
"十四五"国家重点图书
出版规划项目

中国语言资源保护工程

中国濒危语言志　编委会

总主编

曹志耘

主　编

王莉宁

委　员（音序）

沈　明　邢向东　赵日新　庄初升

本书执行编委　邢向东

中国濒危语言志

汉语方言系列

总主编　曹志耘

主　编　王莉宁

广东海丰占米话

吴芳

陈思梅　著

创于1897

The Commercial Press

商务印书馆

The Commercial Press

图书在版编目（CIP）数据

广东海丰占米话/吴芳，陈思梅著. --北京：商务印书馆，2024. --（中国濒危语言志）. --ISBN 978-7-100-24209-7

Ⅰ. H178

中国国家版本馆CIP数据核字第2024ZL5489号

权利保留，侵权必究。

广东海丰占米话

吴　芳　陈思梅　著

出版发行：商务印书馆
地　　址：北京王府井大街36号
邮政编码：100710

印　　刷：北京雅昌艺术印刷有限公司

开　　本：787×1092　1/16　　　印　　张：21½
版　　次：2024年11月第1版　　　印　　次：2024年11月北京第1次印刷
书　　号：ISBN 978-7-100-24209-7

定　　价：228.00元

海丰县水美村占米人居住地地形地貌　海丰县水美村 /2018.01.19/ 吴芳　摄

海丰县水美村村貌　海丰县水美村 /2016.3.11/ 吴芳　摄

海丰县水美村占米话调查工作现场　海丰县海城镇 /2015.9.15/ 温立红　摄

海丰县水美村李氏宗祠　海丰县水美村 /2016.8.20/ 吴芳　摄

2022年2月16日，智利火地岛上最后一位会说Yagán语的老人，93岁的Cristina Calderón去世了。她的女儿Lidia González Calderón说："随着她的离去，我们民族文化记忆的重要组成部分也消失了。"近几十年来，在全球范围内，语言濒危现象正日趋普遍和严重，语言保护也已成为世界性的课题。

中国是一个语言资源大国，在现代化的进程中，也同样面临少数民族语言和汉语方言逐渐衰亡、传统语言文化快速流失的问题。根据我们对《中国的语言》（孙宏开、胡增益、黄行主编，商务印书馆，2007年）一书的统计，在该书收录的129种语言当中，有64种使用人口在10000人以下，有24种使用人口在1000人以下，有11种使用人口不足百人。而根据"语保工程"的调查，近几年中至少又有3种语言降入使用人口不足百人语言之列。汉语方言尽管使用人数众多，但许多小方言、方言岛也在迅速衰亡。即使是那些还在使用的大方言，其语言结构和表达功能也已大大萎缩，或多或少都变成"残缺"的语言了。

冥冥之中，我们成了见证历史的人。

然而，作为语言学工作者，绝不应该坐观潮起潮落。事实上，联合国教科文组织早在1993年就确定当年为"抢救濒危语言年"，同时启动"世界濒危语言计划"，连续发布"全球濒危语言地图"。联合国则把2019年定为"国际土著语言年"，接着又把2022—2032年确定为"国际土著语言十年"，持续倡导开展语言保护全球行动。三十多年来，国际上先后成立了上百个抢救濒危语言的机构和基金会，各种规模和形式的濒危语言抢救保护项目在世界各地以及网络上展开。我国学者在20世纪90年代已开始关注濒危语言问题，自21世纪初以来，开展了多项濒危语言方言调查研究课题，出版了一系列重要成果，例如孙宏开先生主持的"中国新发现语言研究丛书"、张振兴先生等主持的"汉语濒危方言调查研究丛书"、鲍厚星先生主持的"濒危汉语方言研究丛书（湖南卷）"等。

自2011年以来，党和政府在多个重要文件中先后做出了"科学保护各民族语言文字"、

"保护传承方言文化"、"加强少数民族语言文字和经典文献的保护和传播"、"科学保护方言和少数民族语言文字"等指示。为了全面、及时抢救保存中国语言方言资源，教育部、国家语委于2015年启动了规模宏大的"中国语言资源保护工程"，专门设立了濒危语言方言调查项目，迄今已调查106个濒危语言点和138个濒危汉语方言点。对于濒危语言方言点，除了一般调查点的基本调查内容以外，还要求对该语言或方言进行全面系统的调查，并编写濒危语言志书稿。随着工程的实施，语保工作者奔赴全国各地，帕米尔高原、喜马拉雅山区、藏彝走廊、滇缅边境、黑龙江畔、海南丛林等地都留下了他们的足迹和身影。一批批鲜活的田野调查语料、音视频数据和口头文化资源汇聚到中国语言资源库，一些从未被记录过的语言、方言在即将消亡前留下了它们的声音。

为了更好地利用这些珍贵的语言文化遗产，在教育部语言文字信息管理司的领导下，商务印书馆和中国语言资源保护研究中心组织申报了国家出版基金项目"中国濒危语言志"，并有幸获得批准。该项目计划按统一规格、以EP同步的方式编写出版50卷志书，其中少数民族语言30卷，汉语方言20卷（第一批30卷已于2019年出版，并荣获第五届中国出版政府奖图书奖提名奖）。自项目启动以来，教育部语言文字信息管理司领导高度重视，亲自指导志书的编写出版工作，各位主编、执行编委以及北京语言大学、中国传媒大学的工作人员认真负责，严格把关，付出了大量心血，商务印书馆则配备了精兵强将以确保出版水准。这套丛书可以说是政府、学术界和出版社三方紧密合作的结果。在投入这么多资源、付出这么大努力之后，我们有理由期待一套传世精品的出现。

当然，艰辛和困难一言难尽，不足和遗憾也在所难免。让我们感到欣慰的是，在这些语言方言即将隐入历史深处的时候，我们赶到了它们身边，倾听它们的声音，记录它们的风采。我们已经尽了最大的努力，让时间去检验吧。

曹志耘

2024年3月11日

目录

第一章 导论

第一节

调查点概况

一 地理位置、地形地貌

本书的调查点位于广东省海丰县鹅埠镇水美村，该村使用的方言在书中称为"鹅埠占米话"。鹅埠镇位于东经 114°54′30″至 115°01′30″，北纬 22°46′30″至 22°33′30″之间，地处广东汕尾市海丰县西部，是海丰县的西大门，与惠州市惠东县交界。该镇东、北与海丰赤石镇交界，西部与惠东县吉隆、黄埠二镇相接壤，南临海丰小漠镇。镇东起田寮村委石河晒网地，西至西湖村委伯公坳，东西横跨约 7 公里；南起西南村委九渡水，北至下北村委婆髻顶，南北跨度约 12 公里。全镇总面积约 100.7 平方公里。西距广东广州 250 公里，深圳 130 公里，惠州 80 公里；东距海丰县城 50 公里，汕头 230 公里。是粤东各市通往珠三角地区必经之地。2018 年 12 月，该镇被划入深圳市深汕合作区，至此，由汕尾市和深圳市共同管辖。

鹅埠镇为半山区地貌，四面环山，地势由西北向东南倾斜，全境属赤石河流域，南门河是鹅埠镇的主要河流，全长 10 公里，由上游两条主支流及若干小河溪汇集而成，自西向东流入赤石河。境内的山岭主要分布在镇境边缘，属莲花山脉。北部山脉呈西北走向，主要有婆髻顶、爆赤岭、罗裙山、犁头岭等，最高海拔约有 740 米；南部山脉呈东西走向，主要有狮山、鸡角岭、凤凰髻，最高海拔约 580 米；中部为低山与台地相间交错，中央为冲积平原，地势平坦，河流交错。区域内贯穿广汕公路 324 国道、广深高速公路及厦深高铁，交通便利。

二 历史沿革

鹅埠，旧县志记载为"鹅哺岭"，因镇内上街村后方有一小山丘，形状似鹅，称为"鹅

山"，故而得名。南宋以后，中原人口南迁，鹅埠始得以开发。至明代商运兴起，由于镇区域临近南海，便建了码头，至此渔船、货船往来频繁，商贾云集，最终形成商埠，称为"鹅埠"。鹅埠古为海丰县乃至粤东西部边陲军事要地，惠阳进入粤东的官道贯穿鹅埠镇，历代皆有官兵驻守北镇官道关隘。"因驻地处一鹅形山下，故名鹅埠岭，清代称鹅埠圩。"（广东省地方史志编撰委员会，1990：406）鹅埠历史悠久，据《鹅埠镇志》（2009）记载，鹅埠早在东晋时代就存在，东晋咸和六年（331年），鹅埠属海丰县。宋熙宁元年（1068年）行保甲制，海丰设八都，鹅埠属杨安都。明嘉靖四十年（1561年），设鹅埠司。清代维持旧制。1937年设鹅埠镇公所，后改名为鹅埠乡公所。1949年后，鹅埠成立了乡、公社、区、镇一级建制，属海丰县。1957年设鹅埠乡，1958年成立鹅埠公社，1984年改区，1987年年底建镇。

2011年5月，广东省政府在汕尾市西部设立深汕特别合作区，共设立4个镇：鹅埠镇、赤石镇、小漠镇、鲘门镇。2018年12月，深圳市深汕特别合作区党工委、管委会正式挂牌，区政府设立在鹅埠镇。2019年10月10日，经广东省人民政府同意，海丰县撤销鹅埠镇，成立鹅埠街道。

三 居民人口概况

鹅埠镇辖10个村民委员会，分别是：鹅埠、新园、水美、西南、西湖、蛟湖、上北、下北、田寮和红罗畲族村村民委员会，以及1个社区居民委员会：鹅埠社区居民委员会。全镇共有53个自然村、3400多户，75个姓氏。

鹅埠镇的居民在清代以前多从事农业劳动，极少数从事手工业、捕鱼、狩猎，至清末开始，逐渐出现经商者。直至20世纪80年代以后，经商者开始占据了主要地位。如今，随着农业的衰退，鹅埠镇从商人口大约占人口的一半以上，鹅埠人外出打工的人口增加，外来人口也逐年增多，这种情况也导致当地居民的方言（语言）使用不断变化。2018年，鹅埠镇户籍人口共有1.82万人（国家统计局农村社会经济调查司，2020：376）。以汉族为主，此外还有少量畲族。汉族当中，讲占米话的人口大约占全镇人口的80%，约有1.5万人；讲学佬话的有2000多人；讲客家方言的有1000余人；讲少数民族语言畲语的只有240余人。

第二节

鹅埠占米话概说

一 占米话及其归属

占米话主要分布于广东中部汕尾市海丰县与惠州市惠东县部分乡镇，此外，临近惠州的深圳市坪山新区也有个别村落存在占米话。不同地区的占米话因为周边语言环境的不同呈现出不同特点。关于占米话，目前比较流行的一种说法是"一种兼有白话、客家话、闽南话特点又自成体系的混合型方言"（陈思梅，2005：1）。根据我们的初步调查及比较研究，占米话事实上是粤方言流通到粤东、粤中地区，深受当地客家方言、闽南方言影响，进而形成的一支土语。

占米话的"占"亦有人写作"尖"或"粘"，三个字在占米话中皆同音。有学者认为："'尖米话'因何得名尚不清楚，按当地方言，'尖米'是指与'糯米'相对的粳米，糯米软，尖米硬，大概是因为尖米话在听感上比当地的闽客方言音色较'硬'，故用'尖米'来指称。"（杨必胜、潘家懿、陈建民，1996：156）由于占米指占城稻米，按照前人对占米话名称的解释，本书采用"占城稻米"的缩写形式"占米"指称。

在占米话通行的不同地域中，老百姓通常还会以各种说法来指称它。例如在海丰，多依地名而冠之以"××话"或"××占米"，如"鹅埠话""小漠占米""赤石话"（鹅埠、小漠、赤石皆为镇名），甚至不同村落也会以村名来指称它，如"水美话""街头话"（水美、街头为村落名）。而对"占米话"这一名称的心理认同感，在以这一方言为母语的居民中，海丰县的人要强于惠东县的人，惠东地区的人有时更习惯于称它为"本地话"。

在不同的地方，由于周边强势方言的不同，在长期的接触中，占米话的性质也随之发生变化。例如惠东县铁涌镇的占米话，就带有比较明显的客家方言色彩，整体上应属于客家方言；而本书调查的海丰鹅埠占米话，仍有明显的粤方言色彩，应属于粤方言。

二　鹅埠占米话的形成与分化

在林伦伦、潘家懿所著的《广东方言与文化论稿》（2000：168）中，介绍了海丰县的地理人文概况和语言状况，当中有关于占米话的论述："尖米话（占米话）是一种粤、闽、客混合方言，从音系看，是粤方言的一种变体，与东莞、深圳一带的粤方言较为接近，但也有客家话的语音成分。据县志记载，明末东莞人黄招远起义失败后带兵逃到海丰，在鹅埠一带定居下来，由于长期受到客家话和福佬话的影响，就形成了一种粤客闽混合方言。"据民间传说，的确有人认为明朝末年，黄招远领导各族人民在广东起义，后来失败而逃到惠东、海丰一带的山区、半山区，且与当地操闽南方言、客家方言的居民杂处。但就笔者目前所掌握的文献资料来看，海丰方志、鹅埠部分村落的族谱中尚未发现随黄招远起义部队逃到这一带落户的确凿记载，因此对于占米话的形成，我们暂且只叙述民间所传，但实际情况尚未搜得明确史据。

本书方言点鹅埠水美村，存有手抄的族谱。该村开基者姓李，据李氏族谱记载，李氏一族在鹅埠已落户500余年。李氏祖先从宋代开始，曾居住在福建三明市宁化县、龙岩市上杭县一带。其后代的一支后来进入广东，陆续迁徙到河源紫金县、东莞、惠州市惠阳区等地。当中又有一支再移入海丰，大约在万历年间来到水美居住。李氏祖先的迁徙路线经过了福建、广东的闽、客、粤多个方言区。占米话正是在不断迁徙中与周边方言接触后逐渐发展形成的。

三　鹅埠占米话与粤方言的关系和异同

从整体的方言特征上看，鹅埠占米话可归属于粤方言。与广州话为代表粤方言相比，鹅埠占米话在语音上具有以下特点：

1.声母方面，广州话见、溪两母字与合口韵相拼时，声母会圆唇化，读为[kw]、[kwʰ]，例如：怪[kwɐi³³]、喟[kwʰaŋ⁵⁵]。但占米话没有这种圆唇的色彩，读为[k]、[kʰ]，例如：怪[kuɐi²¹³]、喟[kʰuaŋ³³]。

知组字有相当部分字声母为[t]、[tʰ]，例如：知[ti³³]、镇[tin²¹³]、哲[tit⁵]、逞[tʰɐŋ³⁵]、呈[tʰɐŋ⁴¹]等，与海丰闽南方言一致，保存了舌头音。

部分疑母和日母字，例如："儿、日、月、弱、肉、辱"等，在占米话中声母为[ŋ]，与广州话不同，而与客家方言同。

2.韵母方面，占米话韵母有[i]、[u]介音，例如：病[piaŋ⁵⁵]、京[kiɐŋ³³]、脚[kiɔk⁵]、画[uak²]、关[kuan³³]；广州话语音系统中是否存在[i]、[u]介音，学术界还存在一定争议，目前大多数学者在音系归纳上倾向于无介音说。

无撮口呼。广州话有比较丰富的撮口呼韵母[y]、[yn]、[yt]，例如：鱼[y²¹]、娟[kyn⁵⁵]、月[yt²]，此外撮口[y]元音还可做韵尾，例如：去[høy³³]。而鹅埠占米话则与广东东部大片闽南方言、客家方言一样，并不存在撮口呼，更不存在以[y]为韵尾的韵母。以上广州话相应的字在鹅埠占米话中分别读为鱼[ŋi²¹]、娟[kin³³]、月[ŋit²]、去[kʰi²¹³]。

前元音没有圆唇元音。广州话圆唇的前元音主要有[y]、[ø]、[œ]三个，鹅埠占米话并不存在这些圆唇元音。例如：广州话雨[y¹³]、居[køy⁵⁵]、响[hœŋ³⁵]等字在鹅埠占米话则分别读为雨[i²¹³]、居[ki⁵⁵]、响[hiɔŋ³⁵]。

3. 声调方面，鹅埠占米话主要有两种类型。以镇关为代表的占米话共有8个声调：上声不分阴阳，浊上主要归入去声，部分次浊上归入阴上；入声三分，阴入2个调，阳入1个调。以水美话为代表的占米话只有7个声调，同样是上声不分阴阳，但入声两分，清入为阴入，浊入为阳入。

当然，鹅埠占米话与广州话也有不少典型特征是一致的，例如：

1. 有长短元音[a]和[ɐ]的对立，所辖的字多数相似。

2. 文白异读主要集中在梗摄字中。此外，部分全浊上声字同样是变入阳去的字，声母不送气为文读，变入阳上的，声母送气为白读。

因此，鹅埠占米话是一支受到客家方言、闽南方言影响的粤方言。

第三节

鹅埠占米话使用现状

一 鹅埠地区方言介绍

鹅埠地处海丰西部，位于广东粤客闽三大民系的交汇地，又是粤东通往粤中的必经之处，自古以来，不同方言区的人们因为各种原因或经由此处或移居于此，最终使得鹅埠镇呈现出多种方言并存的现象。区域内主要的汉语方言有学佬话、客家话、占米话，此外还有一种属于苗瑶语族的少数民族语言畲语。占米话是该镇主要通行的方言。

鹅埠镇以占米话作为母语的人大约占本镇人口的五分之四，占米人主要居住在镇中心地段的蛟湖村、水美村、田寮村，也有部分居住在镇边沿的西湖村、西南村及下北村。讲客家方言的人，主要居住在上北村，此外，西湖村、西南村及下北村的部分自然村内也有讲客家方言的居民。讲学佬话的人，主要居住在南门河出口处的几个自然村庄。畲语的主要流行村落为鹅埠镇北部山区的红罗村。占米话使用者一般除了会讲本地的占米话外，还能流利地讲海丰闽南方言，受到珠三角经济文化影响，不少也能够讲广府粤方言。此外，部分居民因为到相邻的惠东打工，能够讲流利的客家方言。

二 鹅埠占米话与周边方言的关系

鹅埠周边主要有两大方言，一是闽南方言，二是客家方言，鹅埠占米话属于粤方言。相对于周边的闽南方言（学佬话）和客家方言，在整个海丰区域内，属于粤方言的占米话是一种非常弱势的方言，因此不同程度地掺杂了周边这两种方言的特点。

海丰境内主要通行的是闽南方言学佬话，属于粤东闽南方言海陆片，全县80%以上的本地人讲该方言。被包围在闽南方言中的占米话，毫无疑问，会带有闽南方言色彩。这些色彩多表现在词汇的借入上，例如：台风说"风台"，胸脯说"心肝头"，床说"眠床"，萝

卜干说"菜脯"，穷说"□kʰieu²¹³"，手套说"手□seu³⁵lep⁵"，词形与粤东闽南话一致。此外，语法方面也可看到一些接触的迹象，例如平比句，主要用"甲＋捞/同＋乙＋平＋形容词"，如：今日捞/同□tsəŋ⁵⁵日平热今天和昨天一样热。以"平"作为标记与当地海丰闽南方言甚至整个粤东闽南方言基本一致。

客家方言主要分布在海丰县内的西部和北部，虽不是海丰县的强势方言，但也有一定的通行领域。此外，由于鹅埠镇处于海丰县与惠东县交界处，惠东县主要通行的方言为客家方言，由于惠东境内不少城镇的经济远优于海丰，有相当一部分的鹅埠居民前往惠东打工，进而把客家方言也带入鹅埠。因而，鹅埠占米话中也有客家方言的痕迹。例如：腋下说"肋臌下"，差、不好说"□pia³⁵"等。

临近海丰的惠东县中也存在着占米话，但与鹅埠占米话不同，惠东一带的占米话大多带有比较浓厚的客家方言色彩，本质上属于客家方言。两地人无法用各自的占米话通话。

三 占米话濒危现状

（一）方言使用濒危

占米话主要分布于粤东地区汕尾市海丰县与惠州惠东两县部分乡镇的村落，另外，据调查，深圳与惠州交界之处坪山新区的个别村落中也有这种方言。

海丰县境内操占米话的居民主要集中于鹅埠镇，另外还分布在梅陇、鲘门、小漠、赤石四镇的一些村落中。据粗略统计，约有3万人讲这种"占米话"。四镇中，鹅埠占米话的传承最好，目前尚未出现断代传承的情况。鹅埠的占米话主要分布在鹅埠镇城内、上街、琵琶、水美、庭寮背、大水田、西湖锡坑、西湖楼仔、蛟湖、西寨、蛟湖下城、塭寮、旧村、牛湖、布心、杨安等自然村。各村口音相差不大，只是在声调和一些元音上略有不同，村居民多以占米话作为村内日常交流方言。梅陇、鲘门、小漠、赤石四镇占米话的使用人口不及鹅埠镇，总共约有1.5万人。四镇居民占米话的使用情况也不如鹅埠镇，村民村内日常交流除了占米话外，也常使用学佬话和客家方言。尤其在梅陇和鲘门两镇，学佬话的使用频率比较高。

惠州市惠东县也存在占米话，当地人有的会把这种话称为"本地话"。惠东县内的语言状况十分复杂，汉族居民使用的方言除了广东三大方言——客家方言、学佬话（闽南方言）和白话（粤方言）外，还有"军声"（军话）、"本地话"（占米话）、"平婆话"、"瓯船疍家话"等，此外还有使用少数民族语言畲语的畲族。占米话主要分布在惠东吉隆、铁涌、稔山、平海四镇，其中吉隆、铁涌两镇使用人口较多。据调查，吉隆镇23个自然村中有10个村的居民主要讲占米话，人口有七八千人，包括瑶布、镇阳围、汉塘、大华、塘头、斗文头、招贤、轿岭、长湖、石湖头等村。铁涌镇位于惠州大亚湾东岸的稔平半岛上，人口约4.5万

人，辖19个村委会，1个居委会。当地居民亦称占米话为"本地话"，使用人口五六千人，主要包括溪美、黄坑、沙桥、石桥、河潭等村落。另外，好招楼村内同时通行占米话、客家方言和闽南方言。

深圳市区的占米话主要通行于深圳东部坪山新区的田头社区矮岭、老围、上村、新曲4个村中的吴姓家族，以及田心社区老围、对面喊、树山背等村的许姓、叶姓家族。占米话又依地名而被称为"田头话""田心话"。但当地能流利讲占米话的有10—20人，且年龄多在75岁以上。（Lau Chun-Fat & Zhou Jiafan，2017：194）深圳市区的占米话已濒临灭绝。

就鹅埠占米话而言，由于方言所在的乡镇在地域上与通行闽南方言、客家方言的方言区接壤，部分村落更处于其包围之中，日常免不了要与讲海丰闽南方言、惠东客家方言等方言的居民接触、交流，而广州话则超越了地域的界限，通过电视、广播节目和商贸往来等强化其在占米话区域内影响力。此外，地方电视台播放海丰闽南方言的广告，甚至一些电视剧是用海丰闽南方言配音；年龄大的居民还常收看粤东闽南方言潮剧、海丰白字戏等，甚至逢年过节还会邀请这些戏团入村表演。可见，周边的方言总有多种途径渗透到占米人的交际生活中。

因此，讲占米话的居民，一般都能听懂甚至能熟练运用粤、客、闽三种方言中的一两种乃至全部。海丰闽南方言、惠东客家方言和广州话可以说是占米人对外交流的主要方言。就目前所掌握的情况来看，鹅埠当地居民对内仍主要以占米话交流，但在实际语言交谈中，往往是多种方言共同使用，年轻人在这方面更为突出，受到推普的影响，经常在交谈中掺杂使用普通话。不可否认，占米话呈现出式微的趋势。

（二）方言口传文化濒危

除了童谣、山歌外，鹅埠占米话中还流传着一些其他地区较少见的口传文化形式，例如：花笺歌、四路联、白口联、对诗等。鹅埠占米话口传文化形式比较丰富，但都面临着传承断代的情况，当地只有十几位60岁以上的老人能凭记忆吟唱出这些口传文化的片段。

第四节

鹅埠占米话研究现状

一 鹅埠占米话以及同类方言研究记录

学术界关于鹅埠占米话的研究和记录并不多，主要集中在以下两篇论文中：1.《广东海丰"尖米话"与广州话语音的比较研究》（林伦伦、陈思梅，2004），2.《广东海丰"占米话"之语音、词汇比较研究》（陈思梅，2006）。两篇文章涉及的方言点正是鹅埠镇的占米话，考察内容主要是占米话的语音和词汇。其他占米话方言点的研究与记录主要有深圳坪山的占米话，为硕士学位论文:《深圳坪山占米话研究》（周佳凡，2014），涉及的对象同样为语音和词汇。此外，还有一些论著也记录了占米话的一些特征:《粤东地区的一种混合型方言——占米话》（潘家懿，1996）、《惠东县方言述略》（潘家懿，2000）。从方言点的数量及每个方言点的研究程度上看，占米话的研究仍有很大的空间。

二 研究文献综述

（一）关于占米话方言归属的论述

关于占米话最早的研究成果是《粤东地区的一种混合型方言——占米话》（潘家懿，1996）一文，该文指出："在广东省粤东地区，沿广汕公路从惠州市到海丰县这150公里左右的地段，存在着一种非粤、非客亦非闽的混合型方言，当地人称之为'占米话'……它兼有粤、闽、客三大方言的特点而又自成系统。"（潘家懿，1996：215）文章中介绍了占米话的地理分布，并选取差异较大的两种占米话简述两者在语音和词汇上的一些突出特点。

其后在《惠东县方言述略》（潘家懿，2000）中，把惠东占米话分为"粤味"占米和"客味"占米。文章认为，就听感而言，海丰占米话粤味较浓，惠东占米话则更近客家方言；而它们的词汇，尤其是海丰占米话，又与学佬话，即海丰闽南方言相似度很高，因此它是

一种由粤、客、闽混合而成的特殊方言。

占米话之所以拥有这样的语音、词汇面貌与它的形成历史密不可分。林伦伦、潘家懿（2000）据历史记载和民间说法，认为明末东莞农民黄萧养[①]起义兵败，率领部下逃亡海丰、惠东，这些起义军主要讲粤方言，在与当地客、闽居民杂居后，他们的粤方言逐渐吸收这两种方言的语音和词汇，形成了今天的占米话。

以上的文献主要围绕占米话的方言属性展开论述，多以举例的方式展示了占米话的某些语言特点，并用这些特点论证了占米话的性质。

（二）关于占米话方言本体特征的研究

在潘家懿教授研究的基础上，《广东海丰"尖米话"与广州话语音的比较研究》（林伦伦、陈思梅，2004）、《广东海丰"占米话"之语音、词汇比较研究》（陈思梅，2006）等文章对海丰占米话进行了进一步的研究，其重点是借助量化统计手段，把占米话与广州话在语音、词汇上进行了比较，进一步证明海丰占米话是一支以粤方言为基础同时混合了闽、客方言的方言。《深圳坪山占米话研究》（周佳凡，2014）一文主要从语音和词汇两方面介绍了深圳坪山新区占米话的特点，展示了一支既有粤方言特点，又带有较强客家方言色彩的占米话。

此外，《广东方言与文化论稿》（林伦伦、潘家懿，2000）、《海丰方言》（罗志海，1995）以及《粤东双方言（双语）区内方言接触概述》（吴芳，2010）等著述和论文中也有一些对占米话的零星描写，但皆未展开详细论述。

---

① 论著写成"黄招远"，应为方言谐音所致。

第五节

调查说明

2015年，教育部，国家语委启动"中国语言资源保护工程"，占米话作为濒危方言进入首批调研项目。2015年6月，经过寻找发音人、方言初步摸底调查，调查组确定以海丰县鹅埠镇水美村的占米话作为该项目的主要调查点。调查主要分为两个阶段。第一个阶段是从2015年6月至2016年12月，调查组根据"中国语言资源保护工程专项任务——濒危汉语方言"的要求，多次进入鹅埠镇对水美的占米话进行以同步摄录为主的调查。第二阶段是从2017年1月至2018年10月，调查组根据书稿撰写要求，多次进入鹅埠镇对水美的占米话进行各方面的调查，调查过程也是撰写书稿的过程。其后，调查组还对占米话进行了一些补充校对式的零散调查。在整个调查过程中，项目先后得到以下发音人的大力支持。

李契生，1946年2月出生，大专文化，农民，鹅埠水美村人，不曾长期外出。除占米话外，还会讲闽南方言、客家方言、粤方言。

李华春，1942年12月出生，小学文化，村委退休干部，鹅埠水美村人，不曾长期外出。除占米话外，还会讲闽南方言、客家方言、粤方言。

李观华，1943年3月出生，小学文化，村委退休干部，鹅埠水美村人，不曾长期外出。除占米话外，还会讲闽南方言、客家方言、粤方言。

李晓敏，1981年10月出生，初中文化，个体户，鹅埠水美村人，不曾长期外出。除占米话外，还会讲闽南方言、客家方言、粤方言。

李六妹，1941年12月出生，农民，鹅埠水美村人，不曾长期外出。除占米话外，还会讲闽南方言、客家方言、粤方言。

李四珍，1979年6月出生，初中文化，村委干部，鹅埠水美村人，不曾长期外出。除占米话外，还会讲闽南方言、客家方言、粤方言。

第二章 语音

第一节

声韵调

一 声母

共有声母16个，包括零声母在内。

p 布别痱败并	pʰ 破票判排匹	m 武米磨微文		f 夫海费红哭
t 镇道夺哲多	tʰ 拖天条近唐	n 难怒年能染		l 兰路吕落狼
ts 精糟争足赠	tsʰ 坐仓虫曹层		s 酸修税旋晒	
k 跪杰经俭瓜	kʰ 可舅旗桥群	ŋ 耳日危牛阁	h 虚后贤晓客	
Ø 案人话运药				

说明：

①[ts tsʰ s]与齐齿呼韵母相拼时，舌位偏后，音值接近舌叶音[tʃ tʃʰ ʃ]。

②零声母与开口呼韵母相拼时，多带有喉塞音[ʔ]的色彩。

③零声母与齐齿呼声母相拼时，带有一定摩擦，实际音值介于零声母和半元音[j]之间，有个别字，例如："锐、睿"，[i]介音前摩擦更为明显，音值接近[z]，但因各音值之间无明显音位对立，本书一律归纳为零声母[Ø]。

④零声母与合口呼声母相拼时，带有一定摩擦，实际音值接近半元音[w]，部分字则接近[v]，因相互间无音位对立，也与零声母无对立，本书也一律归纳为零声母[Ø]。

二 韵母

共有韵母70个，包括自成音节的[m ŋ]在内。

i 女耳地飞支　　　u 涂祖乌芝数

a 巴雅厕化架　　　ia 姐斜爹借惹　　　ua 夸挂瓜华蛙
o 破河颗祸傻　　　io 朵躲螺靴瘸　　　uo 禾和倭娲喎语气词
e 扯嘅的诶咩什么诶语气词
ai 排大债概崖　　　　　　　　　　　uai 乖怪歪筷怀
ɐi 第齐魏肺丽　　　　　　　　　　　uɐi 季亏麾威慧
oi 盖爱外该哀　　　iui 锐睿裔芮蚋　　ui 开台罪菜回
au 包貌曹咬教
ɐu 保斗刘早高　　　iɐu 旧球优有柔
　　　　　　　　　iu 猫料烧晓绕
　　　　　　　　　im 尖廉检险厌

am 胆男三减暗
ɐm 林针寻衔甚　　　iɐm 金锦琴妗饮
　　　　　　　　　in 扁连镇权远　　un 搬卵全圳寒

an 万坛山劝岸　　　ian 变冇~（没办法）uan 关掼弯环患
ɐn 品进顺根恩　　　iɐn 因人印润演　　uɐn 君菌魂运稳
aŋ 彭猛生耕硬　　　iaŋ 病名青轻影　　uaŋ 哐横逛
ɐŋ 明灵生兄静　　　ieŋ 京琼庆营颖　　uɐŋ 泳咏永肱~骨
ɔŋ 傍望章讲项　　　iɔŋ 良抢姜筐让　　uɔŋ 汪黄王往旺
oŋ 捧同众胸控　　　ioŋ 雄庸融勇用　　uoŋ 翁雍臃
　　　　　　　　　ip 叠接涉劫胁

ap 塔腊杂甲鸭
ɐp 粒执集湿瞌　　　iɐp 急及吸给入
　　　　　　　　　it 必节舌缺月　　ut 泼设夺割活

at 八发达察辖　　　　　　　　　　　uat 刮挖滑猾乞
ɐt 笔出实日吉　　　iɐt 迭一壹逸溢　　uɐt 骨倔掘窟屈
　　　　　　　　　ik 辟僻滴食蚀

ak 百摘拆客额　　　iak 壁笛踢鹊剧　　uak 掴或域划画
ɐk 逼脉直色逆　　　iɐk 击极克益翼
ɔk 博落作觉~得鳄　iɔk 剁略削脚跃　　uɔk 镬获瘻怀~
ok 木服续谷屋　　　iok 肉玉旭辱浴　　uok 握沃
ek □~仔（饱嗝儿）
m̩ 唔嗯　　　　　　ŋ̩ 吴吾五午误

说明：

①鹅埠占米话无撮口呼。

②元音 [a] 与不同音素配合时，受该音素影响，舌位会偏前或偏后，因无音位区别，一律记为 [a]。

③元音 [ɐ] 舌位偏高，听感上接近 [ə]。

④元音 [ɔ] 舌位偏高，与 [o] 的发音接近。

⑤韵母 [iu] 和 [ui] 中，元音 [i] 和 [u] 之间无明显流音。

⑥韵母 [am] 和 [ɐm] 与喉牙音声母拼合时，主要元音音色相差不明显，音位对立模糊。

⑦韵母 [un] 与喉牙音声母拼合时，有的字主要元音接近 [o]。

⑧韵母 [oŋ]、[ioŋ]、[ok]、[iok] 中主要元音 [o] 的实际发音接近 [u]。

⑨自成音节的 [m] 和 [ŋ] 在老派发音人中具有比较严格的对立，但在新派发音人中，部分无对立。"嗯"的实际发音有两个：[m²¹³] 和 [ŋ²¹³]。

三　声调

共有声调7个。

阴平 [33] 东该灯风通开天春

阳平 [41] 门龙牛油铜皮糖红

上声 [35] 懂鬼苦草老卵泳肚

阴去 [213] 冻怪半快有暖<u>坐</u>近

阳去 [55] 洞乱饭树硬卖用览

阴入 [5] 谷急哭摘国八<u>剥</u>日粒

阳入 [2] 毒六月白盒罚玉实俗

说明：

①阳去调值在 [44] 调和 [55] 调之间，本书记为 [55]。

②部分阴去字调值的曲折不明显，实际音值接近 [21]，统一记为 [213]。在连读变调中，阴去字为前字时，往往变调为 [21]。

第二节

单字音表

说明：

（一）有音无字的用数字序号表示，并在表下加注，需要注释的字用黑体。

（二）一字多音现象，以"又音"列出不同读音，并标注条件；若"又音"无条件，则不加标注。多音字均在本表内的，互不另列不同读音。

表2-1　占米话单字音表之一

	i					u					a				
	阴平	阳平	上声	阴去	阳去	阴平	阳平	上声	阴去	阳去	阴平	阳平	上声	阴去	阳去
	33	41	35	213	55	33	41	35	213	55	33	41	35	213	55
p	碑		比	臂	鼻	孵		补	怖	步	巴		把	坝	罢
pʰ	披	皮	鄙	屁	①	铺	葡	普	铺		趴	爬	扒	怕	
m	甖	眉	②	美	味		模	舞	武	暮	妈	麻		马	骂
f	飞	肥	翡			夫	湖	虎	裤	父	花			化	
t	知				地	蛛		堵		杜	嗒		打		
tʰ							图	土	兔		他				
n	妮	泥	女	你	饵		奴	努		怒	⑤	拿	哪	毑	⑥
l	喱	离	李	旅	利	噜	卢		卤	路	啦		⑦	罅	
ts	猪		主	著	自	租		祖			渣				炸
tsʰ	痴	徐	叙	趣		粗		③	醋		叉	茶	且	厕	
s	书	时	死	四	树	苏		数	素	④	沙	蛇	舍	社	射
k	居		己	句	技	姑		古	故		家		假	架	
kʰ	趋	祈		气	距	箍	酷	苦	库		卡	岂			
ŋ		鱼	耳	语	二								牙	瓦	讶
h	熙		许	戏							虾	霞		⑧	夏
∅	医	余	椅	雨	预	乌			恶		丫			哑	娅

甖 mi^{33} 阿～母亲的背称。婆婆的面称

女 ni^{35} 又音 ŋi^{35}

铺 pʰu^{33} 动词

铺 pʰu^{213} 名词

数 su^{35} 动词。又音 su^{213}，名词

酷 kʰu^{41} 好～很酷。又音 kʰok^{5}
　残～

恶 u^{213} 可～。又音 ɔk^{5} 凶～

扒 pʰa^{35} 猪～。又音 pʰa^{41} ～饭

嗒 ta^{33} 拟声词

毑 na^{213} 雌性

罅 la^{213} 缝隙

岂 kʰa^{41} ～大太大

假 ka^{35} 真～。放～

① pʰi^{55} 吐出来

② mi^{35} 量词，片。又音 ni^{35}

③ tsʰu^{35} ～牙拔牙

④ su^{55} □～ su^{21}su^{55} 把尿

⑤ na^{33} ～鼻鼻子不通气。发音带重鼻音

⑥ na^{55} 家～现在

⑦ la^{35} 抓了一把

⑧ ha^{213} ～～滚十万火急的样子

表2-2　占米话单字音表之二

	ia					ua					o				
	阴平 33	阳平 41	上声 35	阴去 213	阳去 55	阴平 33	阳平 41	上声 35	阴去 213	阳去 55	阴平 33	阳平 41	上声 35	阴去 213	阳去 55
p			①								波			播	
pʰ			②								⑪	婆	颇	破	
m	③	咩									摸	磨	摸		磨
f													火	货	
t	爹		嗲								多		垛	惰	
tʰ											拖	驼	妥		
n	④		⑤						⑨		⑫	挪			糯
l				罅	⑥						啰	罗	攞		
ts	嗟		者	借	谢	抓							左		座
tsʰ			笡							⑩	搓	锄	楚	错	⑬
s	些	斜	写	泻	榭						梳	傻	锁		
k	⑦					瓜		寡	卦		哥		果	个	
kʰ		携		⑧		夸			挎		科		可	课	
ŋ												鹅	我		饿
h											苛	河		贺	
∅	呀	爷		惹	也	哇	桦		话		窝		⑭		祸

咩mia⁴¹代词，什么。又音me⁴¹
罅lia²¹³缝隙
笡tsʰia²¹³陡峭
携kʰia⁴¹拿，音借自海丰闽南方言
摸mo³³偷偷～～
磨mo⁴¹动词
摸mo³⁵动词
磨mo⁵⁵名词
啰lo³³～唆
攞lo³⁵拿

①pia³⁵差劲。劣质
②pʰia³⁵～脚瘸子
③mia³³背负
④nia³³你的
⑤nia³⁵乳房
⑥lia⁵⁵水～水渠
⑦kia³³他的

⑧kʰia²¹³树～树枝
⑨nua²¹³赖在地上
⑩tsʰua⁵⁵～鸟眼眼睛羞明
⑪pʰo³³量词，棵
⑫no³³打～□□ta³⁵no³³ni³³tɐn⁴¹倒立
⑬tsʰo⁵⁵～□tsʰo⁵⁵kiɐu⁵⁵抬杠
⑭o³⁵～□o⁵⁵sɐm⁴¹游戏，石头剪子布

表2-3　占米话单字音表之三

	io 阴平 33	io 阳平 41	io 上声 35	io 阴去 213	io 阳去 55	uo 阴平 33	uo 阳平 41	uo 上声 35	uo 阴去 213	uo 阳去 55	e 阴平 33	e 阳平 41	e 上声 35	e 阴去 213	e 阳去 55
p															
pʰ															
m												咩			
f															
t	①		朵		②										
tʰ															
n															
l		螺		③											
ts															
tsʰ	④												扯		
s															
k											嘅				
kʰ		瘸													
ŋ															
h	靴														
ø						娲	禾			和	诶				

和 uo⁵⁵ 动词，～面。又音 uo⁴¹，连词
咩 me⁴¹ 代词，什么。又音 mia⁴¹
嘅 ke³³ 助词，的

诶 e³³ 语气词
①tio³³ 形容人刁蛮
②tio⁵⁵ 鼻～鼻子尖儿

③lio²¹³ 吐出来
④tsʰio³³ ～鸡指未成年的小公鸡

表2-4　占米话单字音表之四

	ai					uai					ɐi				
	阴平33	阳平41	上声35	阴去213	阳去55	阴平33	阳平41	上声35	阴去213	阳去55	阴平33	阳平41	上声35	阴去213	阳去55
p			摆	拜	败						跛			闭	币
pʰ	派	排		湃							批				
m		埋		买	卖						咪	迷	米		
f				块								挥	毁	废	吠
t			歹	戴	大						低		底	帝	第
tʰ	呔										梯	题	体	替	
n			乃	奶	耐							泥	哩		乃
l	拉		①		赖						⑥	犁	礼		例
ts	斋			债	寨						剂		仔	祭	滞
tsʰ	猜	柴	踩	蔡	②						妻	齐		砌	
s	③	④			赛						西		洗	世	誓
k	阶		解	介		乖		枴	怪		鸡		⑦	计	
kʰ		携	凯	概				桧	筷		溪		启	契	楔
ŋ		崖		嗌	艾						⑧	倪	蚁		巍
h		孩	⑤	蟹	械						⑨		喺		系
∅	埃	挨	矮	隘		歪	怀			坏					

派pʰai33苹果～音译词

呔tʰai33领～音译词，领带

乃nai35代词，哪。又音nɐi35、nai55、nei55

拉la33又音lai33

携kʰai41拿

嗌ŋai213叫

挨ai41～打。又音ai33～住挨着

咪mɐi33音译词，麦克风

哩nɐi35代词，这。又音li35、ni35

乃nɐi55代词，哪。又音nai55、nai35、nɐi35

喺hei35介词，在

① lai35排行最小

② tsʰai55□～讲tsʰin55tsʰai55kɔŋ35 胡乱说

③ sai33浪费

④ sai41搀扶

⑤ hai35□～hai35ŋan55这么

⑥ lɐi33～□tsɐi33脏。又音la33

⑦ kɐi35倾～聊天儿

⑧ ŋɐi33恳求

⑨ hɐi33女阴

表2-5　占米话单字音表之五

	uɐi					oi					iui				
	阴平	阳平	上声	阴去	阳去	阴平	阳平	上声	阴去	阳去	阴平	阳平	上声	阴去	阳去
	33	41	35	213	55	33	41	35	213	55	33	41	35	213	55
p															
pʰ															
m															
f															
t															
tʰ															
n															
l															
ts															
tsʰ															
s															
k	龟		鬼	贵	跪	该		改	盖						
kʰ	亏	**携**	轨	愧											
ŋ								①		外					
h	麾														
Ø	偎	唯	委	畏	卫	哀		蔼	爱						锐

携 kʰuɐi⁴¹ ～带

①ŋoi³⁵第一人称复数，"我乃"的合音

表2-6　占米话单字音表之六

	ui					au					ɐu				
	阴平33	阳平41	上声35	阴去213	阳去55	阴平33	阳平41	上声35	阴去213	阳去55	阴平33	阳平41	上声35	阴去213	阳去55
p	杯			贝	**背**	包				爆	褒		保	报	曝
pʰ	胚	培		配		抛	袍	跑	炮						抱
m		媒	**妹**	每	**妹**	**猫**	茅		卯	貌		毛	⑤	某	冒
f	灰		海	悔	害							<u>浮</u>	否		<u>埠</u>
t	堆		①	对	队						刀		岛	**到**	豆
tʰ	推	台	腿	退							偷	桃	讨	透	
n			②	③	内		铙			闹	**嬲**	**醪**	纽	瑙	
l	**镭**	来	垒		泪	**捞**					楼	楼	老	柳	漏
ts	追		嘴	最	罪	糟	④	爪	罩		周		早	奏	就
tsʰ	催	才	彩	碎	**在**	操	曹	炒	噪		秋	囚	草	凑	售
s	虽	谁	水	岁	穗	筲		稍			修	愁	嫂	嗽	受
k						交		搞	教		高		狗	够	苟
kʰ						敲		考	靠		薅	跍	口	购	
ŋ						挠	熬		咬	傲		牛			藕
h				贿					孝	效	蒿	喉	**好**	**好**	厚
∅	偎	回		汇				拗	坳		欧		呕	奥	

背pui⁵⁵动词。又音pui²¹³ ～部

妹mui³⁵妹～

妹mui⁵⁵使～仔婢女

镭lui³³音译词，来自马来语，指旧
　时的银圆

在tsʰui⁵⁵又音tsui⁵⁵

猫mau³³食死～背黑锅。又音miu³⁵一
　只～

捞lau³³介词，把，朝着，
　向，跟

到teu²¹³动词。又音teu³⁵，
　补语

嬲neu³³生气

醪neu⁴¹浑浊

好heu³⁵形容词

好heu²¹³动词

①tui³⁵用力拉

②nui³⁵软软的

③nui²¹³豆腐～豆腐乳

④tsau⁴¹用扫帚打人

⑤mɐu³⁵不好，"唔好"的
　合音

表2-7　占米话单字音表之七

	iɐu					iu					im				
	阴平 33	阳平 41	上声 35	阴去 213	阳去 55	阴平 33	阳平 41	上声 35	阴去 213	阳去 55	阴平 33	阳平 41	上声 35	阴去 213	阳去 55
p						标			裱						
pʰ						飘	嫖		票						
m							苗	秒		庙					
f															
t					①	刁		屌	吊	掉			点	店	⑩
tʰ						佻	迢		跳		添	甜		舔	
n									鸟	尿	黏	鲇		染	念
l		②				嫽	寮	潦		廖	唥	廉		敛	
ts					③	焦		剿	照	赵	尖			占	渐
tsʰ						超	樵		峭		签			讖	潜
s		④				消	韶	小	笑	肇	⑪	禅	陕		赡
k			九	救	旧	骄		缴	叫	轿	兼		检	剑	
kʰ		求			臼		荞	⑨	窍	绕	谦	黔	⑫	欠	
ŋ	⑤		⑥	⑦			摇		绕			严	俨		验
h				⑧		嚣		晓				嫌	险	嵌	
∅	优	柔		有	又	妖	谣	扰	要	耀	阉	炎	⑬	厌	艳

屌 tiu^{35} 相～交合

要 iu^{213} 动词。又音 iu^{33} ～求

点 tim^{35} 代词，怎么样。又音 tim^{55}

黏 nim^{33} ～性

唥 lim^{33} 小口喝

占 tsim^{213} ～领。又音 tsim^{33} ～米话

① tiɐu^{55} 细仔～小男孩

② liɐu^{41} 捞起来

③ tsiɐu^{55} 鸡毛～毽子

④ siɐu^{41} 半精～傻瓜

⑤ ŋiɐu^{33} ～曲死的委婉说法

⑥ ŋiɐu^{35} 挠痒

⑦ ŋiɐu^{213} 耙～钉耙

⑧ hiɐu^{213} 秤尾～称物品时秤尾低

⑨ kʰiu^{35} ～仔用篾片、竹等编的粗而长的席，可以围起来囤粮食

⑩ tim^{55} 安静，不爱说话

⑪ sim^{33} 稍微地修剪一下

⑫ kʰim^{35} 牛鼻～穿在牛鼻子里的木棍儿或铁环儿

⑬ im^{35} ～下张望一下

表2-8　占米话单字音表之八

	am 阴平 33	am 阳平 41	am 上声 35	am 阴去 213	am 阳去 55	ɐm 阴平 33	ɐm 阳平 41	ɐm 上声 35	ɐm 阴去 213	ɐm 阳去 55	iɐm 阴平 33	iɐm 阳平 41	iɐm 上声 35	iɐm 阴去 213	iɐm 阳去 55
p															
pʰ															
m															
f															
t	耽		胆	**担**	氮			扰	④	⑤				沾	
tʰ	贪	潭		探											⑮
n	①	男	腩	②		⑥	⑦		⑧						
l	③	蓝	榄		览	⑨	林	凛	⑩						
ts	**鹌**		斩	湛	站	针		枕	朕	**浸**					
tsʰ	攕	蚕	惨	杉		侵	寻	寝							
s	三		**糁**			心	岑	沈	渗	甚					
k	甘		减	鉴							金		锦	**禁**	撳
kʰ	堪		砍	勘		**蟛**	凵				衾	琴		⑯	妗
ŋ	**啱**	癌				吟									
h	蚶	函		喊	撼	⑪	衔		⑫						
∅	庵		**揞**	暗		⑬				⑭	音	吟	饮		纴

担tam²¹³名词。又音tam³³动词

鹌tsam³³家禽或鸟啄东西

糁sam³⁵肉末儿

啱ŋam³³刚才。对

揞am³⁵捂着

扰tɐm³⁵扔掉

浸tsɐm⁵⁵溺水

蟛kʰɐm⁴¹ ～□kʰɐm⁴¹si⁴¹蛤蟆

凵kʰɐm³⁵盖

沾tiɐm²¹³ ～藏捉迷藏

禁kiɐm²¹³ ～止。又音kʰiɐm³³耐用

撳kiɐm⁵⁵按。摁

①nam³³□na⁴¹ ～唠叨

②nam²¹³跨过去

③lam³³鱼～鱼篓

④tɐm³⁵碰撞

⑤tɐm⁵⁵ ～被蹬被子

⑥nɐm³³嗜吃

⑦nɐm⁴¹肉冇～肉不烂

⑧nɐm⁵⁵ ～食鬼嘴馋的人

⑨lɐm³³把热水倒来倒去使之变凉

⑩lɐm²¹³倒塌

⑪hɐm³³踵□lɐm³³ ～指人走路跌跌撞撞的样子

⑫hɐm²¹³ ～心白结球白菜

⑬ɐm³³陪小孩睡觉，哄其入睡

⑭ɐm⁵⁵ ～～扑趴着睡

⑮tʰiɐm⁵⁵难受。犯困

⑯kʰiɐm³⁵节省。吝啬

表2-9 占米话单字音表之九

	in					un					an				
	阴平	阳平	上声	阴去	阳去	阴平	阳平	上声	阴去	阳去	阴平	阳平	上声	阴去	阳去
	33	41	35	213	55	33	41	35	213	55	33	41	35	213	55
p	边		贬	**变**	辩	搬		本	半	畚	班		板	扮	办
pʰ	篇	骈	①	骗	遍	潘	盘		判		攀			盼	
m		绵	**缗**	敏	面	焖	门	满		闷		蛮	晚		万
f						欢	寒		汉	唤	翻	凡	反	贩	范
t	颠		典	镇	电	端		短	**断**		丹		掸	旦	但
tʰ	天	田	腆	珍			团		**断**		滩	坛	坦	叹	
n		年	**撚**					暖		嫩		**难**			**难**
l	②	联		撵	练			卵		乱	⑤	拦	懒		烂
ts	煎		展	箭	贱	专		**转**	圳		栈			赞	赚
tsʰ	千	钱	浅		③	川	全	喘	串		餐	泉	铲	灿	
s	仙	**涎**	癣	线	善	酸	旋	选	算		山	潺	产	伞	
k	坚		眷	建	件	官		管	贯		艰		简	谏	
kʰ	**圈**	乾	犬	芡		宽		款	**看**		刊			劝	
ŋ		言		愿				软				颜	眼	谚	雁
h	掀	贤	遣	宪	现		桓		④		**悭**	闲			限
Ø	烟	然	院	宴	县	安	纨	宛	按	缓				**晏**	

变 pin^{213} ～化

缗 min^{35} ～屎纸（手纸）

撚 nin^{35} 两手指来回摩擦

涎 sin^{41} 口水

圈 kʰin^{33} 圆～。又音 kin^{213} 猪～

转 tsun^{35} ～弯。又音 tsun^{213} 调～

看 kʰun^{213} ～见。又音 kʰun^{33} ～守

难 nan^{41} 困～

难 nan^{55} 有～

悭 han^{33} 节省

晏 an^{213} 晚。迟

① pʰin^{35} ～水（打水漂儿）

② lin^{33} ～瓜（木瓜）

③ tsʰin^{55} ～□讲 tsʰin^{55}tsʰai^{55}kɔŋ^{35}（胡乱说）

④ hun^{213} 牛鼻～（胫骨）

⑤ lan^{33} 滚蛋

表2-10　占米话单字音表之十

	ian 阴平33	ian 阳平41	ian 上声35	ian 阴去213	ian 阳去55	uan 阴平33	uan 阳平41	uan 上声35	uan 阴去213	uan 阳去55	ɛn 阴平33	ɛn 阳平41	ɛn 上声35	ɛn 阴去213	ɛn 阳去55
p				**变**							宾		禀	殡	笨
pʰ	①										奔	贫	品	**喷**	
m												民	吻		问
f											昏	坟	粉	训	份
t					②						敦	④	**扽**	顿	钝
tʰ											吞			盾	
n															
l												仑	凛		闰
ts											津		诊	进	阵
tsʰ											春	秦	蠢	衬	
s											新	神	笋	信	顺
k					③	关			**掼**		跟		紧		近
kʰ												勤	恳	近	
ŋ											恩	银	⑤		韧
h											痕	很	衅		恨
ø						弯	环	鲩	幻						

变 pian^{213} 冇～没办法

掼 kuan^{213} 提着，挽着。量词，串

喷 pʰen^{213} 动词。又音 pʰen^{33} 香～～

扽 ten^{35} 捶打

① pʰian^{33} ～离骨 肋骨

② tian^{55} ～办 怎么办

③ kian^{55} 代词，怎么

④ ten^{41} 打□□ ～ ta^{35}no^{33}ni^{33}ten^{41} 倒立

⑤ ŋen^{35} 丑

表2-11 占米话单字音表之十一

	iɐn					uɐn					aŋ				
	阴平 33	阳平 41	上声 35	阴去 213	阳去 55	阴平 33	阳平 41	上声 35	阴去 213	阳去 55	阴平 33	阳平 41	上声 35	阴去 213	阳去 55
p											**唪**				
pʰ											烹	彭		棒	
m											**绷**	盲		猛	孟
f															
t															
tʰ														②	
n															
l											冷			冷	
ts											踭				③
tsʰ											瞠	橙		撑	
s											<u>生</u>		省		
k	①		<u>劲</u>			钩		滚	棍	郡	耕				<u>**更**</u>
kʰ			**肯**			坤	群	菌	困						
ŋ															硬
h											坑	<u>行</u>			
ø	因	人	忍	印	孕	温	魂	稳	韵	运	罂				甕

肯 kʰien³⁵ 又音 heŋ³⁵

唪 paŋ³³ 咸～唅全部

绷 maŋ³³ ～紧。又音 peŋ³³

冷 laŋ³³ ～衫毛衣

冷 laŋ²¹³ 寒～

撑 tsʰaŋ²¹³ ～住。又音
　　tsʰaŋ³³

省 saŋ³⁵ ～长

更 kaŋ²¹³ 白读，～加。又音 kaŋ³³ 三～

行 haŋ⁴¹ 白读。又音 heŋ⁴¹ 文读，hɔŋ⁴¹ 银～，
　　haŋ⁵⁵ 品～

罂 aŋ³³ 陶瓷或玻璃的宽口瓶，体积较大

甕 aŋ²¹³ 罐子

① kien³³ ～疷结痂

② tʰaŋ²¹³ ～日整天

③ tsaŋ⁵⁵ 撑、饱。塞满

表2-12　占米话单字音表之十二

	iaŋ					uaŋ					ɐŋ				
	阴平33	阳平41	上声35	阴去213	阳去55	阴平33	阳平41	上声35	阴去213	阳去55	阴平33	阳平41	上声35	阴去213	阳去55
p			饼	**偋**	病						兵		秉	进	**凭**
pʰ		瓶											苹		
m		铭			命						**掹**	明	皿		命
f															
t	盯		顶								灯	③	等	蹬	订
tʰ	厅											藤	挺		
n												④	能	拧	
l		零		领							拎	棱		领	令
ts			井	正	净						增		整	证	赠
tsʰ	青	晴	请								清	层	请	蹭	⑤
s	腥	成	醒	姓							升	乘	**省**	胜	剩
k	惊		颈	镜	劲						庚		耿	梗	
kʰ		擎		①		哐		②	逛					**哽**	
ŋ															
h	轻										兄	形	睛	馨	幸
ø	赢		影				横				**应**				

偋 piaŋ²¹³ 藏

正 tsiaŋ²¹³ 白读。又音 tsɐŋ³³ ～月

凭 pɐŋ⁵⁵ 挨着。靠着

掹 mɐŋ³³ 扯。拉

省 sɐŋ³⁵ 反～

哽 kʰɐŋ³⁵ ～到噎着

应 ɐŋ³³ ～承。又音 iɐŋ³³
　～该

①kʰiaŋ²¹³ 能干

②kʰuaŋ³⁵ 根茎

③tɐŋ⁴¹ 蜇，指蜜蜂蜇人

④nɐŋ³³ 量词，趟

⑤tsʰɐŋ⁵⁵ 鸡～指人行为慌张

表2-13　占米话单字音表之十三

	iɐŋ					uɐŋ					ɔŋ				
	阴平 33	阳平 41	上声 35	阴去 213	阳去 55	阴平 33	阳平 41	上声 35	阴去 213	阳去 55	阴平 33	阳平 41	上声 35	阴去 213	阳去 55
p											帮		榜		磅
pʰ												旁		谤	
m											**芒**	忙	网	罔	望
f											方	房	纺	放	
t											铛		党	**当**	宕
tʰ											汤	堂	躺	烫	
n												囊			
l											**啷**	郎	朗		浪
ts											张		掌	帐	**状**
tsʰ											仓	床	闯	唱	
s											商	常	爽	**丧**	尚
k	京		景	径	竞	肱					刚		广	杠	
kʰ	卿	琼	顷		庆						康	狂		抗	
ŋ														<u>仰</u>	
h												杭			项
Ø	鹰	荣	颖					泳	永		肮	昂			

芒 mɔŋ³³ ～果　　　　　啷 lɔŋ³³ ～～响叮当响　　　丧 sɔŋ²¹³ ～失。又音 sɔŋ³³ ～事
当 tɔŋ²¹³ 典～。又音 tɔŋ³³ ～时　　状 tsɔŋ⁵⁵。又音 tsiɔŋ⁵⁵

表2-14　占米话单字音表之十四

声母＼韵母	iɔŋ 阴平33	iɔŋ 阳平41	iɔŋ 上声35	iɔŋ 阴去213	iɔŋ 阳去55	uɔŋ 阴平33	uɔŋ 阳平41	uɔŋ 上声35	uɔŋ 阴去213	uɔŋ 阳去55	oŋ 阴平33	oŋ 阳平41	oŋ 上声35	oŋ 阴去213	oŋ 阳去55
p											泵		**捧**		
pʰ												蓬		碰	
m											檬	蒙	懵		梦
f											风	虹	奉	讽	凤
t											东		董	冻	动
tʰ											通	同	捅	痛	
n		**娘**			**酿**						①	农			弄
l		良	两		亮						窿	龙	**拢**		②
ts	**浆**		蒋	酱	象						宗		总	仲	诵
tsʰ	枪	墙	抢	呛							聪	虫	宠	铳	
s	箱		想	**相**							淞	崇	怂	送	
k	疆										工		巩	贡	共
kʰ	腔	**强**		**强**							轰	穷	孔	控	
ŋ		娘													
h	香		享	向							凶			哄	讧
∅	央	羊	**样**	养	让	汪	王	往		旺			③	**薅**	

娘 niɔŋ^{41} 又音 iɔŋ^{41}、ŋiɔŋ^{41}

酿 niɔŋ^{55} 又音 iɔŋ^{55}

浆 tsiɔŋ^{33} 名词。又音 tsiɔŋ^{213}，动词

相 siɔŋ^{213} 丞~。又音 siɔŋ^{33} 互~

强 kʰiɔŋ^{41} ~大

强 kʰiɔŋ^{213} 勉~

样 iɔŋ^{35} 又音 iɔŋ^{55}

捧 poŋ^{35} 又音 foŋ^{35}

蓬 pʰoŋ^{41} 又音 foŋ^{41}

拢 loŋ^{35} ~嘴努嘴

哄 hoŋ^{213} 起~

薅 oŋ^{213} ~菜空心菜

①noŋ^{33} 烧焦

②loŋ^{55} 铁~插销

③oŋ^{35} 推。又音 ŋ^{35}

表2-15　占米话单字音表之十五

	ioŋ					uoŋ					ip		ap		ɐp		iɐp	
	阴平 33	阳平 41	上声 35	阴去 213	阳去 55	阴平 33	阳平 41	上声 35	阴去 213	阳去 55	阴入 5	阳入 2	阴入 5	阳入 2	阴入 5	阳入 2	阴入 5	阳入 2
p																		
pʰ																		
m																		
f																		
t											叠		答	踏	奪	⑤		
tʰ											贴		塔	③				
n											捏	聂		纳	⑥	⑦		
l											①	猎	④	腊	粒	笠		
ts											接		砸	闸	执	习		
tsʰ											妾		插	飒	缉			
s											涉				湿	拾		
k											峡	劫	甲				急	及
kʰ													磕				级	
ŋ											②	业			⑧	⑨		
h			雄								胁		合	盒	瞌			
ø	庸	绒	踊	勇	用	翁					腌	叶	鸭		⑩		邑	入

腌ip⁵又音im³³

合hap⁵喜欢。中意。又音hap²

①lip⁵山坑角～偏僻的山村

②ŋip⁵～涩鬼吝啬鬼

③tʰap⁵打～配种

④lap⁵～耙星彗星

⑤tɐp²捶

⑥nɐp⁵肥

⑦nɐp²湿～～～湿湿的

⑧ŋɐp⁵乱～廿四胡说八道

⑨ŋɐp²～头点头

⑩ɐp⁵～药上药

表2-16　占米话单字音表之十六

	it		ut		at		uat		ɐt		iɐt		uɐt		ik		ak	
	阴入5	阳入2	阴入5	阳入2	阴入5	阳入2	阴入5	阳入2	阴入5	阳入2	阴入5	阳入2	阴入5	阳入2	阴入5	阳入2	阴入5	阳入2
p	必	别	钵	脖	八				笔	拔					癖		百	白
pʰ	撇		泼			③			匹								拍	
m	**搣**	灭	没	末	抹	④			乜	物								
f			阔		法				忽	乏								
t	哲	迭	①	夺	达					突	⑨				滴			
tʰ	铁			脱	**挞**													
n					捺				⑥									
l		列	**捋**	劣	瘌	辣			栗	律	⑩							勒
ts	节	绝	卒		札	**甴**			质	侄					⑪		窄	宅
tsʰ	彻		猝		擦				出	⑦							拆	
s	薛	舌	设		刷				虱	实					蛳	食	⑫	
k	结	杰	割				刮		吉	⑧			骨	掘			格	
kʰ	缺								咳				屈					
ŋ		月							日	**唥**	一	逸						额
h	血		②	歇	⑤	辖			乞	核							客	⑬
ø	乙	粤	活				挖	滑									**鈪**	

搣 mit^5 掰开

捋 lut^5 ～高 卷高

挞 t^hat^5 蛋～

甴 $tsat^2$ 鸡～ 蟑螂

唥 $ŋɐt^2$ 指昆虫等动物用前牙啃或咬

鈪 ak^5 手～ 手镯

① tut^5 大声喝

② hut^5 呵斥

③ p^hat^2 大肚～ 孕妇

④ mat^2 踩

⑤ hat^5 ～肚 里面

⑥ $nɐt^5$ 用食指和拇指的指甲掐

⑦ $ts^hɐt^2$ 男阴

⑧ $kɐt^2$ 矮仔～ 矮子

⑨ $tiɐt^5$ 矮～ ～矮矮的样子

⑩ $liɐt^5$ 屎窟 ～屁股沟儿

⑪ $tsik^5$ 哩～ 这里

⑫ sak^5 瓦片～ 碎瓦

⑬ $hak^2 □ t^hɔk^5$ ～巴结

表2-17 占米话单字音表之十七

	iak 阴入5	iak 阳入2	uak 阴入5	uak 阳入2	ɐk 阴入5	ɐk 阳入2	iɐk 阴入5	iɐk 阳入2	ɔk 阴入5	ɔk 阳入2	iɔk 阴入5	iɔk 阳入2	uɔk 阴入5	uɔk 阳入2	ok 阴入5	ok 阳入2
p	壁				北				博	薄					卜	瀑
pʰ	劈	撆			碧				朴						仆	
m	觅				擘	墨			剥	莫						木
f															哭	服
t		笛			德	特				踱	啄				督	独
tʰ	剔								托							秃
n					匿	溺				诺		虐			③	
l	呖	沥			雳	力			落	络		略			碌	六
ts	脊	褯			侧	直			卓	凿	爵				竹	族
tsʰ	①				戚	贼			绰						速	
s	锡				熄	石			索	勺	削				叔	熟
k		剧	掴				击	极	角		脚				谷	局
kʰ							克		确	涸	却				曲	
ŋ				逆						鳄		弱				
h					黑				壳	学		②				
ø			或			逆	忆	翼	恶	噩	约	若		镬	屋	

呖liak⁵借自广州话，厉害

擘mɐk⁵掰开。张开（嘴、眼等）

黑hɐk⁵又音hak⁵

落lɔk⁵角～头。又音lɔk²

涸kʰɔk²喉咙因干燥而不舒服

恶ŋɔk⁵凶～

镬uɔk²锅

卜pok⁵占～

仆pʰok⁵～落地摔在地上

碌lok⁵一～蔗一节甘蔗

①tsʰiak⁵刺～针打毛衣的针

②hiɔk⁵□～ ŋai²¹hiɔk⁵讨厌

③nok⁵～单车骑自行车

表 2-18 占米话单字音表之十八

	iok		uok		ek		m					ŋ				
	阴入5	阳入2	阴入5	阳入2	阴入5	阳入2	阴平33	阳平41	上声35	阴去213	阳去55	阴平33	阳平41	上声35	阴去213	阳去55
p pʰ m f																
t tʰ n l																
ts tsʰ s																
k kʰ ŋ h		肉														
∅	旭		育		握	①				嗯	**唔**	吴	五	午	误	

唔 m⁵⁵ 否定词，不。又音 m²¹³　　　①ek⁵ ～仔饱嗝儿

第三节

连读变调

鹅埠占米话的变调现象较少，连读变调主要出现在阴去调和阳入调中。

一　阴去调变调

当阴去字作为前字时，大多数情况下声调会变为[21]调。例如：

正 $tsen^{213} \to$ 正屋_{大厅}$tsen^{21}ok^5$ ～ 过 $ko^{213} \to$ 过来 $ko^{21}lui^{41}$

菜 $ts^hui^{213} \to$ 菜地 $ts^hui^{21}ti^{55}$ ～ 柿 $sei^{213} \to$ 柿仔_{柿子}$sei^{21}tsei^{35}$

蚂 $ma^{213} \to$ 蚂蚁 $ma^{21}\eta ei^{35}$ ～ 冷 $lan^{213} \to$ 冷天_{冬天}$lan^{21}t^hin^{33}$

过 $ko^{213} \to$ 过年_{去年}$ko^{21}nin^{41}$ ～ 背心 $pui^{213} \to$ 背心 $pui^{21}sem^{33}$

二　阳入变调

占米话的单字调中，就存在部分次浊入字会读为阴入的现象。而在连读变调中，无论是在前字变调还是后字变调中，阳入字读为阴入调的情况都比较明显。

（一）阳入前字变调

阳入作为前字，有时会变读为阴入。当中，次浊入变调的情况更为广泛，例如：

肉 $\eta iok^2 \to$ 肉丝 ηiok^5si^{33} ～ 入 $iep^5 \to$ 入股 iep^5ku^{35}

玉 $\eta iok^5 \to$ 玉米 ηiok^5mei^{35} ～ 落 $lok^5 \to$ 落后 lok^5hau^{55}

全浊入中也有变调的情况，例如：

石 $sek^2 \to$ 石灰 sek^5fui^{33} ～ 食 $sik^2 \to$ 食茶 $sik^5ts^ha^{41}$

学 $hok^2 \to$ 学费 hok^5fei^{213} ～ 实 $set^2 \to$ 实话 set^5ua^{55}

但这种变调并不稳定，相似条件下，有时变调有时不变调。

（二）阳入后字变调

阳入后字变调大多也不稳定，同一个词在相似的场合下有时发生变调，有时不变，例如：

"药"单字音为[iɔk²]，做后字时可能会变调为[iɔk⁵]，例如："假药"有时为[ka³⁵iɔk⁵]，有时为[ka³⁵iɔk²]；

"蜡"单字音为[lap²]，做后字时可能会变调为[lap⁵]，例如："蜜蜡蜂蜜"有时为[mɐt²lap⁵]，有时为[mɐt²lap²]。

阳入变调目前仍未归纳出明显条件限制，其形成原因尚待进一步探讨。

第四节

异读

一 文白异读

占米话的文白异读整体规律与广州话相似，但具体辖字数量明显少于广州话。该方言声母的文白异读主要集中在非组字和疑母、日母字中，韵母主要集中在梗摄字中，声调主要集中在全浊上声字中。一个字大多只有两个文白异读。

（一）非组字的文白异读。文读唇齿音，白读双唇音，例如：

例字	文读音	词例	白读音	词例
伏	fok²	～法	pok²	～啊不˭底趴在后面
浮	fɐu⁴¹	沉～	pʰu⁴¹	～脓出脓
扶	fu⁴¹	～手	pʰu⁴¹	～紧抓紧
拂	fɐt²	吹～	pʰut⁵	～扇扇扇子

（二）疑母、日母字的文白异读。一些疑母、日母字读零声母，白读[ŋ]，例如：

例字	文读音	词例	白读音	词例
韧	iɐn⁵⁵	坚～	ŋɐn⁵⁵	好～有嚼劲
仁	iɐn⁴¹	～爱	ŋɐn⁴¹	果～
吟	iɐm⁴¹	～诗	ŋɐm⁴¹	～沉唠叨
仰	ioŋ²¹³	～望	ŋoŋ²¹³	～起头抬起头

（三）梗摄字的文白异读。梗摄字的文白异读主要集中在开口字中，可分为三种情况：

1.部分二等阳声韵文读音为[ɐŋ]，白读音为[aŋ]：

例字	文读音	词例	白读音	词例
争	tsɐŋ³³	～取	tsaŋ³³	～钱欠钱
生	sɐŋ³³	～产	saŋ³³	～仔生小孩

行	heŋ⁴¹	～为	haŋ⁴¹	～街逛街
更	keŋ³³	变～	kaŋ³³	打～

2.部分梗摄三、四等阳声韵文读[eŋ]，白读[iaŋ]，入声韵文读[ek]，白读[iak]：

例字	文读音	词例	白读音	词例
平	pʰeŋ⁴¹	～衡	pʰiaŋ⁴¹	好～很便宜
命	meŋ⁵⁵	～令	miaŋ⁵⁵	冇～啦没命了
名	meŋ⁴¹	姓～	miaŋ⁴¹	咩～什么名字
领	leŋ²¹³	～袖	liaŋ²¹³	衫～衣领
顶	teŋ³⁵	～天立地	tiaŋ³⁵	头～
声	seŋ³³	～音	siaŋ³³	有～有声音
正	tseŋ²¹³	～确	tsiaŋ²¹³	好～很不错
壁	pek⁵	～虎	piak⁵	墙～

3.个别三等字喉音字阳声韵文读[ieŋ]，白读[iaŋ]：

例字	文读音	词例	白读音	词例
轻	kʰieŋ³³	～舟	hiaŋ³³	好～很轻
惊	kieŋ³³	～讶	kiaŋ³³	好～很害怕

　　鹅埠占米话梗摄字的文白异读与广州话相比较，一个字能有文白两读的情况比较少。大多数情况下，有文白异读的字，在不同的词汇条件下有较为严格的文白读对立，但也有些字，这种对立已模糊，例如："更加"中的"更"，可读文读[keŋ²¹³]，又可读白读[kaŋ²¹³]。

　　（四）全浊上声字中，文读阳去调，声母不送气，白读阳上调，声母送气：

例字	文读音	词例	白读音	词例
坐	tso⁵⁵	～井观天	tsʰo²¹³	～车
伴	pun⁵⁵	～随	pʰun²¹³	有～
近	ken⁵⁵	附～	kʰen²¹³	好～
断	tun⁵⁵	判～	tʰun²¹³	拗～
荡	toŋ⁵⁵	浩～	tʰɔŋ²¹³	～嘴漱口
重	tsoŋ⁵⁵	～要	tsʰoŋ²¹³	～量

二　其他异读

（一）新老派异读

较有规律的主要有以下两种情况：

1.自成音节的[m]和[ŋ]异读：自成音节的[m]和[ŋ]在老派发音人中具有比较严格的对立，但在新派发音人中，部分呈现出无对立，主要表现在模韵疑母字中，有[m][ŋ]混读的情况。

	老派	新派		老派	新派		老派	新派
五	ŋ³⁵	ŋ³⁵/m³⁵	吴	ŋ⁴¹	ŋ⁴¹/m⁴¹	误	ŋ²¹³	ŋ²¹/m²¹
午	ŋ²¹³	ŋ²¹/m²¹	伍	ŋ³⁵	ŋ³⁵/m³⁵	悟	ŋ²¹³	ŋ²¹/m²¹

2. 阴去调异读：声调上，阴去调的调值，老派发音人读[213]，新派发音人多读[21]。

	老派	新派		老派	新派
破	pʰo²¹³	pʰo²¹	句	ki²¹³	ki²¹
笑	siu²¹³	siu²¹	欠	kʰim²¹³	kʰim²¹
建	kin²¹³	kin²¹	账	tsɔŋ²¹³	tsɔŋ²¹

（二）自由异读

一个字在相同的条件下有两个不同的读音，且并不对立。这些异读有的是不同人的异读，但村民互相承认这些异读；有的则是来自于同一个发音人，什么时候用哪个音比较随意，并无明显规律。例如：

	异读		异读
眯~眼	mi³³、mei³³	罅缝隙	la²¹³、lia²¹³
肯	heŋ³⁵、kʰiɐn³⁵	会能愿动词，懂得	fui⁵⁵、ui⁵⁵
今	kiɐm³³、kɐn³³	还	uan⁴¹、han⁴¹
乃哪	nai³⁵、nɐi³⁵	檐	sim⁴¹、iɐm⁴¹
在	tsʰui⁵⁵、tsui⁵⁵	□量词，一~（一片）	ni³⁵、mi³⁵
娘	niɔŋ⁴¹、iɔŋ⁴¹、ŋiɔŋ⁴¹	拼~命	pɐn²¹³、pʰɐn²¹³、pian²¹³
哩这	li³⁵、ni³⁵、nɐi³⁵	嗰那	ko³³、ko³⁵、ko²¹³
女	ni³⁵、ŋi³⁵	苦	kʰu³⁵、fu³⁵

第五节

音变

一 弱化、脱落、合音和同化

（一）弱化

占米话语音的弱化现象主要表现在一些单元音音节的虚词当中。在自然语流中，这些虚词的主要元音往往会弱化成央元音 [ə]：

1.表完成体的助词"咯" [lo³³]、"啊" [a³³]，在语流中往往会弱化成 [lə³³]、[ə³³]：

走咯两只钟_{走了两个小时} tsɐu³⁵lo³³liɔŋ³⁵tsɐk⁵tsoŋ³³ → tsɐu³⁵lə³³liɔŋ³⁵tsɐk⁵tsoŋ³³

食啊饭咯_{吃了饭了} sik²a³³fan⁵⁵lo³³ → sik²ə³³fan⁵⁵lə³³

2.结构助词"嘅" [ke³³]，在语流中也会弱化成 [kə³³]，甚至进一步脱落为 [ə³³]：

我嘅_{我的} ŋo²¹ke³³ → ŋo²¹kə³³ ～ ə³³

有随便携别人嘅家伙_{不要随便拿人家的东西。}mɐu³⁵sui⁴¹pin⁵⁵kʰai⁴¹pit²iɐn⁴¹kə³³ka³³fo³⁵.

（二）脱落

1.数词"一" [iɐt⁵]与其他语素结合在一起时，介音 [i] 和辅音韵尾常会脱落，变为 [a³³]：

一只：iɐt⁵tsɐk⁵ → a³³tsɐk⁵

一群：iɐt⁵kʰuɐn⁴¹ → a³³kʰuɐn⁴¹

一执仔_{一小撮}：iɐt⁵tsɐp⁵tsɐi⁵⁵ → a³³tsɐp⁵tsɐi⁵⁵

一下仔_{一会儿}：iɐt⁵ha⁵⁵tsɐi⁵⁵ → a³³ha⁵⁵tsɐi⁵⁵

一世人：iɐt⁵sɐi²¹iɐn⁴¹ → a³³sɐi²¹iɐn⁴¹

十一点零_{十一点多}：sɐp²iɐt⁵tim³⁵liaŋ⁴¹ → sɐp²a³³tim³⁵liaŋ⁴¹

受后面音节的影响，有时"一"会保留韵尾或被后面的声母同化为[k]、[p]①：

一叠：iɐt⁵tip² → ɐt⁵tip²

一件：iɐt⁵kin⁵⁵ → ɐk⁵kin⁵⁵

一片：iɐt⁵pʰin²¹³ → ɐp⁵pʰin²¹³

2.数字"十"[sɐp²]与其他数词连用时，声母和辅音韵尾都会脱落，音节变为[a³³]：

三十一：sam³³sɐp²iɐt⁵ → sam³³a³³iɐt⁵ → sa³³a³³iɐt⁵

六十三：lok²sɐp²sam³³ → lok²a³³sam³³

九十一：kiɐu³⁵sɐp²iɐt⁵ → kiɐu³⁵a³³iɐt⁵

3.表进行体、持续体的动态助词为"紧"[kɐn³⁵]，在语流中会脱落声母，读为[ɐn³⁵]。

渠食紧饭他正在吃饭。ki²¹sik²ɐn³⁵fan⁵⁵.

携紧，冇跌咯扶着，别摔倒了！kʰai⁴¹ɐn³⁵, mɐu³⁵tit⁵lo⁴¹!

4.连接可能补语的助词"得"[tɐk⁵]，主要元音弱化成[ə³³]，声母及韵尾大多会脱落：

打得过渠打得过他。ta³⁵tɐk⁵ko²¹ki²¹³. → ta³⁵ə³³ko²¹ki²¹³.

你走得快唔快过渠你能不能比他走得快？ ni²¹tsɐu³⁵ə³³fɐi²¹m²¹fɐi²¹ko²¹ki²¹³?

5.量词"只"[tsɐk⁵]在（数）量名短语中，声母和塞音韵尾常会脱落，音变为[a³³]，书中通常写成"啊"[a³³].

前只月上个月：tsʰin⁴¹tsɐk⁵ŋit² → 前啊月 tsʰin⁴¹a³³ŋit²

两只人两个人：liɔŋ³⁵tsɐk⁵iɐn⁴¹ → 前啊人 liɔŋ³⁵a³³iɐn⁴¹

（三）合音

1.否定词"唔"常与后一个音节合音

唔好不好：m²¹hɐu³⁵ → mɐu³⁵

唔係不是：m²¹hɐi⁵⁵ → mɐi⁵⁵

唔爱别：m²¹oi²¹³ → mui⁴¹

2.改变韵母及音节结构

十位数的数词常会出现合音的现象，但这种合音现象不出现在"二十、三十"等整十的数词中，一般出现在十位数后还有个位数的数词中：

二十三：ŋi⁵⁵sap²sam³³ → ŋiɐp⁵sam³³

三十四：sam³³sap²si²¹³ → sɐp⁵si²¹³

（四）同化

鹅埠占米话有部分词会发生同化的情况，具体如下：

---

① 这种同化并不是必然的。

今日：kiɐm³³ŋet⁵ → kieŋ³³ŋet⁵

十五：sɐp²ŋ³⁵ → sɐp²m³⁵

唔係：m²¹hei⁵⁵ → m²¹mei⁵⁵

行紧过来_{正走过来}：haŋ⁴¹kɐn³⁵ko²¹lui⁴¹ → haŋ⁴¹ŋɐn³⁵ko²¹lui⁴¹

句末语气词的同化也很常见：

你几时正走啊_{那你到底想什么时候走啊}？ni²¹ki³⁵si⁴¹tsɐŋ⁵⁵tsɐu³³ua³³?

成绩真係好好噢_{成绩真的很好哦}！sɐŋ⁴¹tsɐk⁵tsen³³hei⁵⁵hɐu³⁵hɐu³⁵uo³³!

二　小称音

（一）"仔"的变调

"仔"的本调为[35]调，一般作为名词词缀，有时可表小称义，多数情况下不变调。例如：

水溦仔_{毛毛雨}sui³⁵mei⁴¹tsei³⁵　　　　　水坑仔_{水坑儿}sui³⁵haŋ³³sei³⁵

牛仔_{牛犊}ŋɐu⁴¹tsei³⁵　　　　　　　　猪仔_{小猪}tsi³³tsei³⁵

但在表示数量少的时候，"仔"一般会发生变调，变为[55]调，例如：

多下仔_{多一小会儿}to³³ha⁵⁵tsei⁵⁵　　　一点仔_{一小点儿}iɐt⁵tim⁵⁵tsei⁵⁵

一阵仔_{一会儿}iɐt⁵tsɐn⁵⁵tsei⁵⁵

（二）指示代词"咁"的变调

表示程度的指示代词"咁"，本音为[kam²¹³]，没有远近指之分，例如："咁多"[kam²¹to³³]表示这么多、那么多，"咁红"[kam²¹foŋ⁴¹]表示这么红、那么红。但在与一些具有度量义的形容词搭配时，"咁"会发生变调，变为高平调[55]，变调后呈现出两种截然不同的语义情况。

1.变为高平调的"咁"与表减量的形容词搭配时，整个结构与变调前的意思基本一致，但语气强烈，表小表少的意义更浓厚，例如：

咁少_{这么少、那么少}kam²¹siu³⁵ → 咁少 kam⁵⁵siu³⁵

咁短_{这么短、那么短}kam²¹tun³⁵ → 咁短 kam⁵⁵tun³⁵

咁矮_{这么矮、那么矮}kam²¹ai³⁵ → 咁矮 kam⁵⁵ai³⁵

2.变为高平调的"咁"与表增量的形容词搭配时，整个结构所表示的意义与不变调前的意义正好相反，表小表少，语气强烈。

咁多_{这么多、那么多}kam²¹to³³ → 咁多 kam⁵⁵to³³，表示"这么少、那么少"

咁长 _{这么长、那么长}kam²¹tsʰɔŋ⁴¹ → 咁长 kam⁵⁵tsʰɔŋ⁴¹，表示"这么短、那么短"

咁高 _{这么高、那么高}kam²¹kɐu³³ → 咁高 kam⁵⁵kɐu³³，表示"这么矮、那么矮"

上述"咁"的高平变调中，无论是搭配减量义的形容词还是搭配增量义的形容词，高

调"咁 + 形容词"的语义只能表数量少、程度轻，语气增强，且带有明显往轻里言、少里说的感情色彩，而且搭配增量义的形容词表数量少、程度轻，语气尤为强烈。

高调"咁"在减量形容词上取值减量，表减量，在增量形容词上也反转为减量。所以可以认为，"咁"的高调有一种覆盖作用，其减量功能能抹平并覆盖形容词原来的取值方向，将其语义取值统一为减量。由于对原来增量的形容词进行了取值相反的操作，变调的语义力度也随之加大，也就因此带上更强烈的感情色彩。朱晓农（2004：216）认为"高调表小"，"咁"的高平变调事实上是一种小称变调。

第六节

古今语音比较

说明：

（一）比较表以中国社会科学院语言研究所的《方言调查字表》为据。

（二）声母表以中古四十声母为参照，韵母表以中古十六摄分等呼为参照，例字标明整个字的读音，该读音的声母或韵母即中古声母、韵母在占米话的读音。

表2-19 古今声母比较表之一

		清		全浊	
		全清	次清	平	仄
帮系	帮组	帮p 杯pui33 ph 碧phɐk5	滂ph 抛phau33 p 怖pu213	並ph 婆pho41	p 白pak2 ph 伴phun213 f 埠商~feu55
	非组	非f 富fu213 p 斧pu35 ph 甫phu35	敷f 肺fɐi213 p 捧poŋ35 ph 抚mu41	奉f 房foŋ41 p 缚pɔk5 ∅ 焚uɐn41	p 服fok2 ph 妇phu213
端系	端组	端t 店tim213	透th 讨thɐu35 踏tap2	定th 唐thɔŋ41	t 队tui55 th 淡tham213
	泥组				
	精组	精ts 走tsɐu35	心s 宋soŋ213 tsh 粹tshui213 ts 僧tsɐŋ33	从tsh 全tshun41	ts 杂tsap2 tsh 坐tsho213
知系	知组	知ts 张tsɔŋ33 t 镇tin213	彻tsh 耻tshi35 th 逞thɐŋ35 ts 侦tsɐŋ33	澄tsh 茶tsha41 th 澄~海,地名thɔŋ41	ts 治tsi55 tsh 重~量tshoŋ213 t 秩tit2
	庄组	庄ts 睁tsɐŋ33	初tsh 衬tshɐn213	崇tsh 锄tsho41 愁sɐu41	ts 闸tsap2 s 士si55
	章组	章ts 政tsɐŋ213 k 枝ki33 t 斫tiɔk5	昌tsh 厂tshɔŋ35	船s 绳seŋ41	s 示si55
	日母				

次浊	清	浊（平）	浊（仄）		
明 m　米 mɐi^{35}				帮组	帮系
微 m　务 mu^{55}				非组	
				端组	端系
泥 n　女 ni^{35} ∅　酿 ioŋ^{55} ts　碾 tsin^{35} ŋ　娘 ŋioŋ^{41} 来 l　李 li^{213} t　隶 tɐi^{55}				泥组	
	心 s　岁 sui^{213} tsʰ　膝 tsʰɐt^{5}	邪 s　斜 sia^{41} tsʰ　徐 tsʰi^{41}	s　俗 sok^{2} ts　象 tsioŋ^{55} tsʰ　似 tsʰi^{213}	精组	
				知组	知系
	生 s　色 sɐk^{5} h　厦 ha^{55}			庄组	
	书 s　世 sɐi^{213} h　晌 hioŋ^{35} tsʰ　始 tsʰi^{35} ts　春 tsoŋ^{33} n　摄 nip^{2}	禅 s　时 si^{41} tsʰ　酬 tsʰɐu^{41}	s　十 sɐp^{2} ts　殖 tsɐk^{2} tsʰ　售 tsʰɐu^{55}	章组	
日 ŋ　儿 ŋi^{41} ∅　润 iɐn^{55} n　染 nim^{213}				日母	

表2-20　古今声母比较表之二

		清		全浊	
		全清	次清	平	仄
见系	见组	见 k　肩 kin³³ 　　kʰ　级 kʰiɐp⁵ 　　h　侥 hiu³⁵ 　　ŋ　浇 ŋiu²¹³ 　　ø　蜗 o³³	溪 kʰ　苦 kʰu³⁵ 　　f　裤 fu²¹³ 　　h　牵 hin³³ 　　k　杞 ki³⁵ 　　l　泣 lɐp⁵	群 kʰ　旗 kʰi⁴¹ 　　k　奇～数 ki³³	k　技 ki⁵⁵ kʰ　妗 kʰiɐm²¹³
	晓组				
	影组	影 ø　一 iɐt⁵ 　　m　嗯 m²¹³			

次浊	清	浊		
		平	仄	
疑 ŋ 牙 ŋa⁴¹ ŋ 五 ŋ³⁵ ∅ 原 in⁴¹				见组
	晓 h 许 hi³⁵ f 忽 fet⁵ kʰ 㷟 kʰɐu³³ ∅ 讳 uɐi²¹³	匣 h 河 ho⁴¹ f 湖 fu⁴¹ ∅ 完 in⁴¹ kʰ 携 kʰuɐi⁴¹	h 系 hɐi⁵⁵ f 晃 fɔŋ³⁵ ∅ 县 in⁵⁵ kʰ 槛 kʰam²¹³ ŋ 穴 ŋat² k 汞 kɔŋ³⁵	晓组
云 ∅ 邮 iɐu⁴¹ h 雄 hioŋ⁴¹ 以 ∅ 赢 iaŋ⁴¹ ŋ 遥 ŋiu⁴¹ s 檐 sim⁴¹ ～蛇：壁虎 k 捐 kin³³				影组

（见系）

表2-21　古今韵母比较表之一

		一等			二等			
		帮系	端系	见系	帮系	泥组	知庄组	见系
果开	o ai a io		驼tʰo⁴¹ 大tai⁵⁵ 哪na³⁵	可kʰo³⁵ 阿a³³				
果合	o uo io	婆pʰo⁴¹	妥tʰo³⁵ 朵tio³⁵	货fo²¹³ 禾uo⁴¹				
假开	a ia e ak				爬pʰa⁴¹	拿na⁴¹	茶tsʰa⁴¹	架ka²¹³ 嚇hak⁵
假合	a ua o uak							化fa²¹³ 瓜kua³³ 蜗o³³ 划uak²
遇合	u i ɐu o ŋ ɔk ok	补pu³⁵ 埠fɐu⁵⁵	妒tu⁵⁵ 做tso⁵⁵ 塑sɔk⁵	苦kʰu³⁵ 吴ŋ⁴¹				
蟹开	ai ui ɐi oi a i	贝pui²¹³	态tʰai²¹³ 彩tsʰui³⁵ 鳃si³³	孩hai⁴¹ 海fui³⁵ 改koi³⁵	埋mai⁴¹ 罢pa⁵⁵	奶nai²¹³	钗tsʰai³³ 豺tsʰui⁴¹ 洒sa³⁵	涯ŋai⁴¹
蟹合	ui uai ai ɐi uɐi ua i oi iui	倍pui²¹³ 眛mi⁵⁵	腿tui³⁵	汇ui⁵⁵ 块fai²¹³ 魁kʰuɐi⁴¹ 外ŋoi⁵⁵				怪kuai²¹³ 快fai²¹³ 蛙ua³³

三四等									
帮系	端组	泥组	精系	庄组	知章组	日母	见系		
							茄番~ kʰio^{41}	o ai a io	果开
							瘸 kʰio^{41}	o uo io	果合
			些 sia^{33}		蛇 sa^{41} 爹 tia^{33} 扯 tsʰe^{35}	惹 ia^{213}	夜 ia^{55}	a ia e ak	假开
								a ua o uak	假合
武 mu^{213} 讣 pok^{5}		驴 lu^{41} 吕 li^{55}	娶 tsʰi^{35} 助 tso^{55}	数名词 su^{213} 雏 tsʰi^{41}	恕 su^{213} 猪 tsi^{33}	如 i^{41}	语 ŋi^{213}	u i ua o ŋ ɔk ok	遇合
币 pɐi^{55} 弊 pi^{55}	体 tʰɐi^{35}	例 lɐi^{55}	祭 tsɐi^{213} 脐 tsʰi^{41}		滞 tsɐi^{55}		艺 ŋɐi^{55} 稽 ki^{33}	ai ui ɐi oi a i	蟹开
废 fɐi^{213}			岁 sui^{213}		税 sui^{213}		秽 sui^{213} 鳜 kuɐi^{213} 锐 iui^{55}	ui uai ai ɐi uɐi ua i oi iui	蟹合

表2-22　古今韵母比较表之二

		一等			二等			
		帮系	端系	见系	帮系	泥组	知庄组	见系
止开	i ɐ u a							
止合	ui i uɐi ɐ							
效开	au ɐu iu a	宝 pɐu³⁵	曹 tsʰau⁴¹ 套 tʰɐu²¹³	熬 ŋau⁴¹ 高 kɐu³³	跑 pʰau³⁵ 猫一只~ miu³⁵ 豹 pa²¹³	闹 nau⁵⁵	抄 tsʰau³³	交 kau³³ 看 iu⁴¹
流开	ɐu au u iu iɐu ok	剖 fɐu³⁵ 亩 mau²¹³ 母 mu⁵⁵	头 tʰɐu⁴¹	口 kʰɐu³⁵				

三四等									
帮系	端组	泥组	精系	庄组	知章组	日母	见系		
皮 pʰi⁴¹		离 li⁴¹ 荔 lei⁵⁵	此 tsʰi³⁵ 赐 su²¹³	师 si³³ 筛 sei³³ 厕 tsʰa²¹³	示 si⁵⁵ 之 tsu³³	二 ŋi⁵⁵	记 ki²¹³	i ɐi u a	止开
飞 fi³³ 费 fei²¹³		累 lui⁵⁵	嘴 tsui³⁵	谁 sui⁴¹	追 tsui³³		贵 kuɐi²¹³ 魏 ŋɐi⁵⁵	ui i uɐi ɐi ia	止合
苗 miu⁴¹	挑 tʰiu³³	燎 liu⁴¹	小 siu³⁵		绍 siu⁵⁵	绕 iu²¹³	晓 hiu³⁵	au ua iu a	效开
否 fɐu³⁵ 富 fu²¹³ 彪 piu³³ 复 fok²	丢 tiu³³	流 lɐu⁴¹	就 tsɐu⁵⁵	愁 sɐu⁴¹	寿 sɐu⁵⁵	柔 iɐu⁴¹	牛 ŋɐu⁴¹ 丘 hiu³³ 优 iɐu³³	ɐu au u iu iɐu ok	流开

表2-23 古今韵母比较表之三

		一等				二等			
		帮系	端泥组	精组	见系	帮系	泥组	知庄组	见系
咸开	am		贪 tʰam^{33}	蚕 tsʰam^{41}	喊 ham^{213}			站 tsam^{55}	减 kam^{35}
	ap		答 tap^{5}		盒 hap^{2}			插 tsʰap^{5}	鸭 ap^{5}
	im								嵌 him^{213}
	ip								
	an		毯 tʰan^{35}					赚 tsan^{55}	
	in								
	it								
	iɐm								
	iɐk								
	ai		拉① lai^{33}						
	a		拉 la^{33}						
咸合	an								
	at								
深开	ɐm								
	ɐp								
	iɐm								
	iɐp								
	ɐn								
山开	an		丹 tan^{33}	伞 san^{213}	岸 ŋan^{55}	扮 pan^{213}		删 san^{33}	眼 ŋan^{35}
	at		达 tat^{2}	擦 tsʰat^{5}		八 pat^{5}		杀 sat^{5}	轧 tsat^{5}
	un				汉 fun^{213}				
	ut				喝 fut^{5}				
	in								
	it								
	iŋ							绽 teŋ^{55}	
	et					拔 pet^{2}			
	im								
	ip								
	iɐn								
	a		啦 la^{33}						

---

① "拉"有 [lai^{33}]、[la^{33}] 两音。

三四等									
帮系	端组	泥组	精组	庄组	知章组	日母	见系		
贬 pin³⁵	店 tim²¹³ 蝶 tip²	敛 lim³⁵ 聂 nip²	渐 tsim⁵⁵ 接 tsip⁵ 捷 tsit⁵		闪 sim³⁵ 涉 sip²	染 nim³⁵	严 ŋim⁴¹ 怯 hip⁵ 淹 iɐm³³ 页 iɐk²	am ap im ip an in it iɐm iɐk ai a	咸开
凡 fan⁴¹ 乏 fat²								an at	咸合
品 pɐn³⁵		林 lɐm⁴¹ 立 lɐp²	心 sɐm³³ 集 tsɐp²	森 sɐm³³ 涩 siɐp⁵	沉 tsʰɐm⁴¹ 十 sɐp²	壬 iɐm⁴¹ 入 iɐp²	锦 kiɐm³⁵ 吸 kʰiɐp⁵ 今 kɐn³³	ɐm ɐp iɐm iɐp ɐn	深开
边 pin³³ 别 pit⁵	田 tʰin⁴¹ 铁 tʰit⁵	连 lin⁴¹ 列 lit² 捏 nip²	浅 tsʰin³⁵ 薛 sit⁵		设 sut⁵ 战 tsin²¹³ 哲 tit⁵ 蝉 sim⁴¹	然 in⁴¹ 热 ŋit²	建 kin²¹³ 杰 kit⁵ 演 iɛn³⁵	an at un ut in it ɐn ɐt im ip iɛn a	山开

表2-24　古今韵母比较表之四

		一等				二等			
		帮系	端泥组	精组	见系	帮系	泥组	知庄组	见系
山合	un ut an at uan uat ɐt uɐn in it	般 pʰun³³ 末 mut²	端 tun³³ 脱 tʰut⁵	算 sun²¹³ 撮 tsɐt⁵	官 kun³³ 阔 fut⁵ 括 kuɐt⁵ 玩 ŋin⁴¹			拴 tsʰun³³ 闩 san³³ 刷 sat⁵	顽 ŋan⁴¹ 环 uan⁴¹ 挖 uat⁵
臻开	ɐn ɐt iɐn iɐt in it		吞 tʰɐn³³		跟 kɐn³³				
臻合	ɐn ɐt un ut uɐn uɐt iɐn	奔 pɐn³³ 不 pɐt⁵ 本 pun³⁵ 勃 put²	顿 tɐn²¹³ 突 tɐt² 屯 tʰun⁴¹	存 tsʰɐn⁴¹ 损 sun³⁵ 卒 tsut⁵	浑 fɐn⁴¹ 忽 fɐt⁵ 坤 kʰuɐn³³ 骨 kuɐt⁵				

三四等									
帮系	端组	泥组	精组	庄组	知章组	日母	见系		
饭 fan⁵⁵ 发 fat⁵ 伐 fɐt²		劣 lut² 恋 lin⁵⁵	选 sun³⁵ 雪 sit⁵		船 sun⁴¹ 说 sut⁵	软 ŋun²¹³	掘 kuɐt² 渊 in³³ 越 it⁵	un ut an at uan uat ɐt uɐt in it	山合
贫 pʰɐn⁴¹ 密 mɐt² 敏 min²¹³		邻 lɐn⁴¹ 栗 lɐt²	津 tsɐn³³ 七 tsʰɐt⁵	臻 tsɐn³³ 瑟 sɐt⁵	真 tsɐn³³ 失 sɐt⁵ 震 tsin³⁵ 秩 tit²	日 ŋɐt⁵ 忍 iɐn³⁵	勤 kʰɐn⁴¹ 一 iɐt⁵ 乙 it²	ɐn ɐt iɐn iɐt in it	臻开
分 fɐn³³ 物 mɐt²		伦 lɐn⁴¹ 律 lɐt²	迅 sɐn²¹³ 戌 sɐt⁵ 俊 tsun²¹³	率~领 sut⁵	出 tsʰɐt⁵ 春 tsʰun³³	闰 lɐn⁵⁵	橘 kɐt⁵ 钧 kuɐn³³ 屈 kʰuɐt⁵ 润 iɐn⁵⁵	ɐn ɐt un ut uɐn uɐt iɐn	臻合

表2-25 古今韵母比较表之五

		一等				二等			
		帮系	端泥组	精系	见系	帮系	泥组	知庄组	见系
宕开	ɔŋ ɔk iɔŋ iɔk uɔŋ uaŋ ak iak o	帮 pɔŋ³³ 薄 pɔk² 泊~车 pʰak⁵ 摸动词 mo³⁵	汤 tʰɔŋ³³ 落 lɔk²	仓 tsʰɔŋ³³ 作 tsɔk⁵ 错 tsʰo²¹³	康 kʰɔŋ³³ 各 kɔk⁵ 胳 kak⁵				
宕合	ɔŋ ɔk uɔŋ uɔk iɔŋ uaŋ				广 kɔŋ³⁵ 郭 kɔk⁵ 汪 uɔŋ³³ 镬 uɔk²				
江开	ɔŋ ɔk iɔŋ iɔk aŋ un ok iu					绑 pɔŋ³⁵ 驳 pɔk⁵ 棒 pʰaŋ²¹³ 胖 pʰun²¹³		窗 tsʰɔŋ³³ 捉 tsɔk⁵ 啄 tiɔk⁵ 镯 tsok²	江 kɔŋ³³ 岳 ŋɔk² 腔 kʰiɔŋ³³ 饺 kiu³⁵
曾开	ɐŋ ɐk iɐŋ iɐk in ik iɐŋ	崩 pɐŋ³³ 北 pɐk⁵	等 tɐŋ³⁵ 得 tɐk⁵	增 tsɐŋ³³ 则 tsɐk⁵	恒 hɐŋ⁴¹ 黑 hak⁵ 克 kʰiɐk⁵				

三四等									
帮系	端组	泥组	精系	庄组	知章组	日母	见系		
方 fɔŋ³³ 缚 pɔk⁵				霜 sɔŋ³³				ɔŋ ɔk iɔŋ iɔk iɔi uɔŋ uaŋ ak iak o	
		亮 liɔŋ⁵⁵ 略 liɔk²	想 siɔŋ³⁵ 削 siɔk⁵ 鹊 siak⁵			让 iɔŋ⁵⁵ 若 iɔk²	享 hiɔŋ³⁵ 药 iɔk²		宕开
					张 tsɔŋ³³ 勺 sɔk²		王 uɔŋ⁴¹ 匡 kʰiɔŋ³³ 逛 kʰuaŋ⁵⁵	ɔŋ ɔk uɔŋ uɔk iɔi uaŋ	宕合
								ɔŋ ɔk iɔŋ iɔk iɔi aŋ un ok in	江开
冰 peŋ³³ 逼 pɐk⁵		菱 leŋ⁴¹ 力 lɐk²	息 sɐk⁵	色 sɐk⁵	升 sɐŋ³³ 直 tsɐk⁵ 拯 tsin³⁵ 食 sik²	仍 iɐi⁴¹	兴高~ hɐŋ²¹³ 鹰 iɐŋ³³ 极 kiɐk² 孕 iɐn⁵⁵	ɐŋ ɐk iɐŋ iɐk in ik iɐi	曾开

表2-26　古今韵母比较表之六

		一等				二等			
		帮系	端泥组	精系	见系	帮系	泥组	知庄组	见系
曾合	uak oŋ ok				或 uak² 弘 foŋ⁴¹ 国 kɔk⁵				
梗开	aŋ ak ɐŋ ɐk iaŋ iak iɐŋ iɐk ɔŋ ik ɐt a					彭 pʰaŋ⁴¹ 百 pak⁵ 浜 peŋ³³ 脉 mɐk² 呡 mɔŋ⁴¹	冷 laŋ²¹³ 打 ta³⁵	撑 tsʰaŋ³³ 拆 tsʰak⁵ 生 seŋ³³	硬 ŋaŋ⁵⁵ 额 ŋak⁵ 鹦 iɐŋ³³ 核 hɐt²
梗合	uaŋ uak ɔŋ uɔŋ iaŋ iɐŋ uaŋ oŋ ioŋ								横 uaŋ⁴¹ 划 uak² 矿 kʰɔŋ²¹³ 获 uɔk² 轰 kʰoŋ³³ 宏 hioŋ⁴¹
通合	oŋ ok ioŋ iok uok ɔk ɐu u	篷 pʰoŋ⁴¹ 木 mok² 扑用棍棒砸 pɔk⁵ 曝 pɐu⁵⁵	冬 toŋ³³ 鹿 lok²	宋 soŋ²¹³ 速 tsʰok⁵	孔 kʰoŋ³⁵ 哭 fok⁵ 沃 uok⁵ 酷好~ kʰu⁴¹				

三四等									
帮系	端组	泥组	精系	庄组	知章组	日母	见系		
域uak²								uak oŋ ɔk	曾合
平phɐŋ⁴¹ 碧phɐk⁵ 瓶phiaŋ⁴¹ 劈phiak⁵ 僻phik⁵	锭teŋ⁵⁵ 的目~tɐk⁵ 厅thiaŋ³³ 笛tiak⁵ 滴tik²	岭leŋ²¹³ 溺nɐk² 岭liaŋ²¹³	净tseŋ⁵⁵ 绩tsɛk⁵ 晴tshiaŋ⁴¹ 脊tsiak⁵		尺tshak⁵ 成seŋ⁴¹ 石sɛk² 掷tsiaŋ⁵⁵ 射sa⁵⁵		形hiaŋ⁴¹ 婴iaŋ³³ 亦iɐk⁵	aŋ ak ɐŋ ɐk iaŋ iak iɛŋ iɛk ɔŋ ik ət a	梗开
					兄hɐŋ³³ 萤iɛŋ⁴¹ 永uɐŋ²¹³			uaŋ uak ɔŋ uɔk ɐŋ iɐŋ uɐŋ ɔŋ iɔŋ	梗合
封foŋ³³ 服fok²		龙loŋ⁴¹ 六lok²	颂soŋ²¹³ 肃sok⁵	崇tshoŋ⁴¹ 缩sok⁵	冲tshoŋ³³ 竹tsok⁵	绒ioŋ⁴¹ 肉ŋiok²	局kok² 融ioŋ⁴¹ 狱ŋiok²	oŋ ok ioŋ iok uok uou ɔk na u	通合

表2-27　古今声调比较表

			阴平33	阳平41	上声35	阴去213	阳去55	阴入5	阳入2
古平声	清		东该春伤						
	浊	全浊		铜皮陈神					
		次浊		门龙牛文					
古上声	清				懂古草碗				
	浊	全浊			肚践	坐近断	巨造动诞		
		次浊			五老舞	买有暖网	缕览		
古去声	清					派怪放冻			
	浊	全浊					自但状饭		
		次浊					卖乱让用		
古入声	清							百搭织谷	
	浊	全浊							夺实浊局
		次浊						日额粒	六麦叶月

第七节

音韵特点

本节以中古音作为参照，主要讨论鹅埠占米话的古今语音对应关系及古今语音演变的规律，归纳鹅埠占米话的音韵特点。

一　声母特点

（一）全浊声母今读清音声母。当中，平声和上声（全浊上声未变为去声的）的塞音、塞擦音多为送气，去声和入声多为不送气，例如：妇白 pʰu²¹³|旁 pʰoŋ⁴¹|盾白 tʰɐn²¹³|童 tʰoŋ⁴¹|陈 tsʰɐn⁴¹|从 tsʰoŋ⁴¹|似 tsʰi²¹³|床 tsʰoŋ⁴¹|舅 kʰiɐu²¹³|穷 kʰoŋ⁴¹|缚 pok⁵|队 tui⁵⁵|召 tsiu⁵⁵|直 tsɐk²|净文 tsɐŋ⁵⁵|象 tsioŋ⁵⁵|续 tsok²|夕 tsɐk²|健 kin⁵⁵|杰 kit²。

（二）部分非组字保留重唇音，读 [p pʰ m]，例如：斧 pu³⁵|痱 pi⁵⁵|孵白 pu³³|伏白 pok²|妇白 pʰu²¹³|无 mu⁴¹|微 mi⁴¹|问 mɐn⁵⁵|蔓 man⁵⁵|忘 moŋ⁵⁵|袜 mɐt²。

（三）知、精、照组的塞擦音、擦音今读合流，主要读 [ts tsʰ s]，例如：朝＝焦＝招 tsiu³³|宙＝就＝骤 tsɐu⁵⁵|珍＝津＝真 tsɐn³³|竹＝足＝烛 tsok⁵。

（四）部分知组字保留舌头音的读法，读 [t tʰ]，例如：知 ti³³|镇 tin²¹³|啄 tiok⁵|哲 tit⁵|绽 tɐŋ⁵⁵|秩 tit²|澄 tʰɐŋ⁴¹|呈 tʰɐŋ⁴¹。

（五）日母字多读零声母和 [ŋ]，例如：惹 ia²¹³|如 i⁴¹|然 in⁴¹|仍 iɐŋ⁴¹|入 iɐp²|辱 iok²|儿 ŋi⁴¹|绕 ŋiu²¹³|日 ŋɐt⁵|热 ŋit²。受周边闽南方言影响，部分字读为 [n]，例如：染 nim²¹³|瓤 noŋ⁴¹；个别有读为 [l] 的情况，例如：闰 lɐn⁵⁵。

（六）见组字无论洪细，多读为 [k kʰ h]，例如：感 kam³⁵|今 kiɛm³³|扛 kʰoŋ⁴¹|级 kʰiɐp⁵|各 kok⁵|菊 kok⁵|茄 kʰio⁴¹|舅 kʰiɐu²¹³|汽 hi²¹³|壳 hok⁵。见母字中还存在一些特殊的读音：读为 [t]，例如：纠 tau³⁵；读为 [ŋ]，例如：浇 ŋiu²¹³。溪母字读擦音 [h]、[f] 的情况也比较突出，

规律大体是：古开口字读为[h]，合口字读为[f]，例如：汽 hi²¹³|丘 hiu³³|嵌 him²¹³|肯 heŋ³⁵|轻 hiaŋ³³|壳 hɔk⁵|裤 fu²¹³|块 fai²¹³|快 fai²¹³|阔 fut⁵|哭 fok⁵。此外个别字读为[l]，例如：泣 lɐp²。

（七）疑母字大部分读[ŋ]，例如：鹅 ŋo⁴¹|瓦 ŋa³⁵|崖 ŋai⁴¹|碍 ŋoi²¹³|议 ŋi⁵⁵|魏 ŋei⁵⁵|尧 ŋiu⁴¹|岩 ŋam⁴¹|岸 ŋan⁵⁵|银 ŋen⁴¹|玩 ŋin⁴¹|硬 ŋaŋ⁵⁵|业 ŋip²|额 ŋak⁵|逆 ŋek²。有的部分字自成音节，读[ŋ̍]，例如：吴 ŋ̍⁴¹|误 ŋ̍⁵⁵|午 ŋ̍²¹³|五 ŋ̍³⁵。有部分三四等字读为零声母的情况，例如：伪 uei⁵⁵|愚 i⁴¹|吟ᵂᵉⁿ iɐm⁴¹|原 in⁴¹|迎 iaŋ⁴¹。

（八）晓匣母字合口字读[f]，例如：火 fo³⁵|花 fa³³|贿 fui³⁵|欢 fun³³|唤 fun⁵⁵|昏 fun³³|荒 fɔŋ³³|忽 fɐt⁵|湖 fu⁴¹|户 fu⁵⁵|晃 fɔŋ³⁵|虹 foŋ⁴¹|鸿 foŋ⁴¹|斛 fok⁵。其余情况读[h]，例如：靴 hio³³|河 ho⁴¹|牺 hi³³|耗 hɐu⁵⁵|休 hiu³³|憾 ham⁵⁵|险 him³⁵|项 hɔŋ⁵⁵|血 hit⁵|黑 hak⁵。一部分开口字元音高化为[u]后，也读为[f]，例如：海 fui³⁵|汉 fun²¹³|旱 fun²¹³。

（九）影云以母字多读零声母，例如：鸦 a³³|爱 oi²¹³|委 uei³⁵|腰 iu³³|暗 am²¹³|阴 iɐm³³|安 un³³|渊 in³³|隐 ien³⁵|温 uɐn³³|应～该 ieŋ³³|汪 uɔŋ³³|拥 ioŋ³⁵|鸭 ap⁵|一 iet⁵|屋 ok⁵|尤 iɐu⁴¹|炎 im⁴¹|袁 in⁴¹|王 uɔŋ⁴¹|永 uɐŋ²¹³|熊 ioŋ⁴¹|越 it²|域 uak²|爷 ia⁴¹|与 i²¹³|姚 iu⁴¹|盐 im⁴¹|允 uɐn²¹³|样 iɔŋ⁵⁵|勇 ioŋ²¹³|阅 it²|疫 iek²|育 iok²。部分影母、以母字读[ŋ]，例如：蔫 ŋin⁴¹|厄 ŋek⁵|扼 ŋek⁵|移 ŋi⁴¹|易容～ŋi⁵⁵|摇 ŋiu⁴¹|遥 ŋiu⁴¹|阎 ŋim⁴¹。还有个别读为[ts s k h]的情况，例如：轧 tsat⁵|檐 sim⁴¹|捐 kin³³|雄 hioŋ⁴¹。

二　韵母特点

（一）遇摄合口一等模韵字，主要读为[u]，例如：补 pu³⁵|普 pʰu³⁵|都 tu³³|肚 tu³⁵|妒 tu⁵⁵|徒 tʰu⁴¹|卢 lu⁴¹|鲁 lu²¹³|组 tsu³⁵|粗 tsʰu³³|素 su²¹³|姑 ku³³|库 kʰu²¹³|虎 fu³⁵|胡 fu⁴¹|乎 fu³³|乌 u³³。疑母字主要读为自成音节的辅音韵母[ŋ̍]，例如：吴 ŋ̍⁴¹|蜈 ŋ̍⁴¹|误 ŋ̍⁵⁵|午 ŋ̍²¹³|五 ŋ̍³⁵|悟 ŋ̍⁵⁵。

合口三等鱼虞韵字，唇音字主要读[u]，例如：夫 fu³³|付 fu²¹³|父 fu⁵⁵|腐 fu⁵⁵|无 mu⁴¹|务 mu⁵⁵。庄组字主要读为[o]，例如：阻 tso³⁵|初 tsʰo³³|楚 tsʰo³⁵|锄 tsʰo⁴¹|助 tso⁵⁵|梳 so³³|所 so³⁵。其余主要读为[i]，例如：女 ni³⁵|缕 li⁵⁵|徐 tsʰi⁴¹|猪 tsi³³|趣 tsʰi²¹³|煮 tsi³⁵|书 si³³|如 i⁴¹|枢 kʰi³³|具 ki⁵⁵|去 hi²¹³|鱼 ŋi⁴¹|虚 hi³³|余 i⁴¹|雨 i²¹³。个别非唇音字也有读为[u]的情况，例如：数～钱 su³⁵|殊 su³³。

（二）蟹摄开口一等哈泰韵字，主要有[oi ui ai]三种形式。当中，[ui]与[oi]成互补分布，[oi]主要分布在喉牙音（已读为唇音的喉牙音声母除外）中，例如：该 koi³³|外 ŋoi⁵⁵|爱 oi²¹³。[ui]主要存在于非喉牙音（已读为唇音的喉牙音声母除外）中，例如：再 tsui²¹³|采 tsʰui³⁵|才 tsʰui⁴¹|来 lui⁴¹|贝 pui²¹³|开 fui³³|海 fui³⁵|害 fui⁵⁵。[ai]则除了唇音字，各声母多可与之搭配，例如：戴 tai²¹³|太 tʰai²¹³|耐 nai³⁵|蔡 tsʰai²¹³|赛 sai²¹³|概 kʰai²¹³|孩 hai⁴¹|唉 ai³³|丐 kai²¹³|艾 ŋai⁵⁵。

开口二等字则主要读为[ai]，例如：牌 pʰai⁴¹|败 pai⁵⁵|埋 mai⁴¹|斋 tsai³³|柴 tsʰai⁴¹|晒 sai²¹³|

街 kai³³|械 hai⁵⁵|涯 ŋai⁴¹|鞋 hai⁴¹|挨 ai³³|矮 ai³⁵。少部分读为[a]和[ui]，例如：钗 tsʰa³³|洒 sa³⁵|豺 tsʰui⁴¹。

开口三四等字，主要读为[ɐi]，主要元音与一二等对立，例如：币 pɐi⁵⁵|例 lɐi⁵⁵|题 tʰɐi⁴¹|祭 tsɐi²¹³|滞 tsɐi⁵⁵|制 tsɐi²¹³|世 sɐi²¹³|艺 ŋɐi⁵⁵|鸡 kɐi³³|系 hɐi⁵⁵。少部分读为[i]，混入止摄字，例如：弊 pi⁵⁵|蓖 pi⁵⁵|稽 ki³³|兮 hi³³。

（三）效摄开口一等字和二等字今读韵母大部分不同，一等大多读[ɐu]，二等大多读[au]，例如：宝 pɐu³⁵ ≠ 饱 pau³⁵|抱 pʰɐu²¹³ ≠ 泡~茶 pʰau²¹³|毛 mɐu⁴¹ ≠ 茅 mau⁴¹|早 tsɐu³⁵ ≠ 爪 tsau³⁵|草 tsʰɐu³⁵ ≠ 抄 tsʰau³⁵|高 kɐu³³ ≠ 交 kau³³|耗 hɐu²¹³ ≠ 孝 hau²¹³。也有部分一等字读同二等字，例如：操 tsʰau³³ = 抄 tsʰau³³|枣 tsau³⁵ = 爪 tsau³⁵。

（四）流摄开口三等尤韵字的喉牙音字有介音[i]，主要读为[iɐu]，例如：九 kiɐu³⁵|韭 kiɐu³⁵|求 kʰiɐu⁴¹|臼 kiɐu²¹³|优 iɐu³³|有 iɐu²¹³|由 iɐu⁴¹。声母为[h]时，有读[iu]的情况，该情况与海丰闽南方言读音相似，例如：丘 hiu³³|休 hiu³³。

（五）含元音[a]和含元音[ɐ]的韵母对立。[a]可独立做韵母，[ɐ]必须带韵尾。分别以[a]和[ɐ]为韵腹的韵母在开口呼、合口呼和齐齿呼中都存在对立，例如：拜 pai²¹³ ≠ 闭 pɐi²¹³|坏 uai⁵⁵ ≠ 卫 uɐi⁵⁵|亩 mau²¹³ ≠ 某 mɐu²¹³|考 kʰau³⁵ ≠ 口 kʰɐu³⁵|三 sam³³ ≠ 心 sɐm³³|杂 tsap² ≠ 集 tsɐp²|山 san³³ ≠ 身 sɐn³³|察 tsʰat⁵ ≠ 七 tsʰɐt⁵|湾 uan³³ ≠ 温 uɐn³³|刮 kuat⁵ ≠ 倔 kuɐt⁵|生白 saŋ³³ ≠ 生文 sɐŋ³³|百 pak⁵ ≠ 北 pɐk⁵|惊 kiaŋ³³白 ≠ 京 kiɐŋ³³|迎 iaŋ⁴¹ ≠ 荣 iɐŋ⁴¹|剧 kiak² ≠ 极 kiɐk²。

（六）咸摄合口三等凡韵字，韵尾为[n]，韵母主要读[an]，例如：泛 fan⁵⁵|凡 fan⁴¹|帆 fan⁴¹|范 fan⁵⁵|犯 fan⁵⁵|梵 fan⁴¹。相应的入声字，读[at]或[ɐt]，例如：法 fat⁵|乏 fɐt²。

（七）止摄合口三等支脂微韵，臻摄合口一等魂没韵、合口三等谆文术物韵字，宕摄合口一等唐铎韵、合口三等阳药韵的喉牙音字大多有[u]介音，例如：亏 kʰuɐi³³|委 uɐi³⁵|季 kuɐi²¹³|围 uɐi⁴¹|滚 kuɐn³⁵|困 kʰuɐn²¹³|魂 uɐn⁴¹|骨 kuɐt⁵|均 kuɐn³³|匀 uɐn⁴¹|允 uɐn²¹³|裙 kʰuɐn⁴¹|屈 kʰuɐt⁵|倔 kuɐt²|皇 uɔŋ⁴¹|凰 uɔŋ⁴¹|汪 uɔŋ³³|镬锅 uɔk²。

非喉牙音字无论开合口呼大多无[u]介音，例如：飞 fi³³|肥 fi⁴¹|翡 fi³⁵|微 mi⁴¹|尾 mi²¹³|盆 pʰun⁴¹|门 mun⁴¹|嫩 nun⁵⁵|尊 tsun³³|论议~ lɐn⁵⁵|存 tsʰɐn⁴¹|昏 fɐn³³|不 pɐt⁵|突 tɐt²|窟 fɐt⁵|准 tsɐn³⁵|春 tsʰɐn³³|唇 sɐn⁴¹|分 fɐn³³|文 mɐn⁴¹|出 tsʰɐt⁵|橘 kɐt⁵|物 mɐt²|纺 fɔŋ³⁵|网 mɔŋ³⁵|忘 mɔŋ⁵⁵|缚 pɔk⁵。

（八）梗摄合口三四等字、通摄合口三等字有[i]介音，主要集中在喉牙音中，例如：倾 kʰiɐŋ³³|顷 kʰiɐŋ³⁵|琼 kʰiɐŋ⁴¹|营 iɐŋ⁴¹|颖 iɐŋ²¹³|萤 iɐŋ⁴¹|役 iɐk²|疫 iɐk²|绒 ioŋ⁴¹|熊 ioŋ⁴¹|雄 hioŋ⁴¹|融 ioŋ⁴¹|茸 ioŋ⁴¹|冗 ioŋ⁴¹|蓉 ioŋ⁴¹|恿 ioŋ²¹³|用 ioŋ⁵⁵|拥 ioŋ³⁵|肉 ŋiok²|育 iok²|辱 iok²|玉 ŋiok²|欲 iok²。

三 调类特点

鹅埠占米话有7个单字调，各类声调古今演变特点如下：

1.古平声字、去声字根据声母的清浊大致分为阴、阳两大类，清平归阴平，全浊平、次浊平归阳平，清去归阴去，全浊去、次浊去归阳去。

2.古上声字，清上归阴上，次浊上大部分归阴去，部分有读阴上的情况。例如：五 η^{35}|老 lɐu^{35}|卵 lɐn^{35}|泳 uɐŋ^{35}。个别读为阳去，例如：缕 li^{55}|览 lam^{55}。全浊上主要归阳去，部分字读为阴去，多为有文白异读字的白读音层中，例如：坐 tsʰo^{213}|近 kʰɐn^{213}|断 tʰun^{213}|圈 猪~ kin^{213}。个别读为阴上，例如：肚 tu^{35}|践 tsʰin^{35}。

3.古入声两分，清入基本归阴入。全浊入和次浊入主要归阳入，当中，部分次浊入有读阴入的情况，例如：日 ŋet^{5}|额 ŋak^{5}|粒 let^{5}。

第八节

与周边占米话语音比较

不同地方的占米话受到周边不同方言的影响，方言特点随之有所不同。广东境内的占米话，大体可分为"粤味"占米话和"客味"占米话（潘家懿，2000）。鹅埠占米话属于"粤味"占米话，毗邻的惠东铁涌一带的占米话则属于"客味"占米话。

一 与"客味"占米话的比较

"粤味"占米话和"客味"占米话之间有着比较明显的差异，以惠东铁涌的占米话为对照，两地占米话在语音上的差异具体如下。

（一）声母比较

铁涌占米话古全浊声母字今读送气的情况跟客家话相近，而与鹅埠占米话多有不同，主要表现为：部分全浊声母上声、去声及入声字，铁涌占米话读送气音，而鹅埠占米话读不送气音，例如：

例字	古声母	古声调	鹅埠占米话音	铁涌占米话音
别	並母	入声	pit^2	$p^hɛt^{21}$
道	定母	上声	$tɐu^{55}$	t^hau^{44}
夺	定母	入声	tut^2	$t^hɔt^{21}$
旧	群母	去声	$kiɐu^{55}$	k^hiu^{44}
住	澄母	去声	tsi^{55}	ts^hu^{44}
浊	澄母	入声	$tsok^2$	ts^huk^{21}

（二）韵母比较

二者的差异主要表现在中古止、效、流、咸、山、曾、梗摄，分歧基本集中于是否有 [i] 介音，具体如下：

（1）止摄开口三等章组字，在铁涌占米话中读为[ʅ]，少数庄组字读为[ɛ]，在鹅埠占米话音系中没有[ʅ ɛ]韵母，相应的字一律都为[i]；

（2）效摄开口一等豪韵字，在铁涌占米话中都为[au]，而在鹅埠占米话中除並、溪、疑母字为[au]外，其他的大多读为[ɐu]；

（3）效摄开口三等宵韵字，在铁涌占米话中有明显的[i]介音，韵母为[iɛu]，而在鹅埠占米话中基本都为[iu]，介音不明显；

（4）流摄开口一等侯韵部分字，如"走、斗、口、后"，在铁涌占米话中韵母都为[iau]，带有[i]介音，而在鹅埠占米话中则没有介音，都为[ɐu]；

（5）咸摄开口三等盐韵与山摄开口三等仙韵字，在铁涌占米话中有[i]介音，韵母分别为[iɛm]与[iɛn]，读音接近客家方言，而在鹅埠占米话中韵母则主要为[im]与[in]，举例如下：

例字	廉	检	线	面
鹅埠占米话音	lim^{41}	kim^{35}	sin^{213}	min^{55}
铁涌占米话音	liɛm^{53}	kiɛm^{24}	siɛn^{21}	miɛn^{44}

（6）山摄合口阳声韵部分字，在铁涌占米话中韵母为[ɔn uɔn yn yɛn]，接近客家方言的读音，而鹅埠占米话没有这些韵母，铁涌占米话中[ɔn uɔn]韵母对应的字在鹅埠占米话主要为[un]，[yn yɛn]韵母则主要对应为[in]，举例如下：

例字	酸	换	圆
鹅埠占米话音	sun^{33}	un^{55}	in^{41}
铁涌占米话音	suɔn^{33}	vɔn^{44}	yɛn^{53}

（7）曾摄开口一等登韵字今音主要元音在铁涌占米话中为[a]，而在鹅埠占米话中为[ɐ]；

（8）梗摄开口三等韵字，白读音二者都为[iaŋ]，而文读音在铁涌占米话中为[in]，接近客家方言，在鹅埠占米话中则为[əŋ]。

（三）声调方面

铁涌镇占米话有七个调，调类与鹅埠水美村占米话一致。

二 与其他"粤味"占米话的比较

海丰境内及相邻惠东县的"粤味"占米话之间的通话程度较高，差异比较小，下面以海丰赤石镇和惠东吉隆镇的占米话为例进行比较：

1.赤石镇占米话与鹅埠镇占米话的差异比较

赤石镇占米话与鹅埠镇占米话的差异主要表现在以下三方面：

（1）声母方面：古日母部分字，如"惹、儒、如"等字，赤石占米话为[z]声母，而鹅埠占米话中都为零声母。

（2）韵母方面：古假摄开口三等麻韵照组字，宕摄开口三等阳韵知系字，赤石占米话都带有[i]介音，而鹅埠占米话大多数没有[i]介音，例如：

	车	蛇	社	射	张
赤石占米话音	tsʰia³³	sia⁴¹	sia⁴⁴	sia⁴⁴	tsiɔŋ³³
鹅埠占米话音	tsʰa³³	sa⁴¹	sa⁵⁵	sa⁵⁵	tsɔŋ³³

（3）声调方面：赤石占米话只有六个调，鹅埠占米话去声分阴阳，而赤石的阳上与阳去归阴平，其入声情况与鹅埠水美村的一样，只分阴阳而没有中入调。

2.吉隆镇占米话与鹅埠镇占米话的差异比较

惠东的吉隆镇与鹅埠镇相邻，两地占米话差异较小。吉隆经济较鹅埠发达，鹅埠人很多都选择在吉隆打工，两地人员交流相当密切，这也使得两地方言非常接近。占米话在这两地的差异主要表现在声母与声调两方面：

（1）声母方面：吉隆镇占米话的泥母字混同来母，"难、兰"同为[lan⁵³]，"怒、路"为[lu⁴⁴]，"连、年"为[lin⁵³]。

（2）声调方面：吉隆镇占米话有七个调，其入声只分阴阳而没有中入调，不同于鹅埠镇占米话，而与鹅埠水美村占米话一致。

第三章　同音字汇

说明:

1.本字汇收鹅埠占米话常用字4000个左右,根据中国社会科学院语言研究所编写的《方言调查字表》(修订本)调查整理所得,删除方言中不用的生僻字,补充了方言口语中使用而《方言调查字表》未收的字,其中包括一部分本字未明的字。

2.本字汇按韵母次序排列,同一韵母内的字又按声母次序排列,声韵相同的字按声调排列。声韵调的排列次序参照第二章。

3.较为生僻的方言常用字、有词汇分布差异的文白异读字、来源不同的简化字均用小字释义或举例词。来源不同的简化字读音相同则仅举例词。

4.本字未明且没有适当的字可写的用"□"代替,后面加小字注释或举例。举例时用"~"代替该字。

5.若属于文白异读,一律用小字标出"文""白";若是任意的异读,或不明异读,在字的右下角标明"又音"。文白异读规律见本书第二章。

i

p [33]悲碑稗啤卑裨陂车~(地名,在广州)□青竹~(竹叶青蛇)□拟声词:指小孩拉肚子的声音□牛草~(牛肚儿)□词缀:青~~(很绿)吡花啦~砾(五花八门) [35]膍比髀大腿彼又音pʰi³⁵备刘□畀给秕妣考 [213]臂脾~胃婢秘泌庇痹箆用竹子制成的梳头用具,中间有梁儿,两侧有密齿匕□~带(背带) [55]被介词蔽敝弊茈~麻避备准~愍鼻痹痳

pʰ [33]披丕胚坯砒彼又音pi³⁵ [41]皮疲琵枇呸貔脾~气 [35]痞鄙庀痳 [213]屁譬被棉 [55]□吐出来

m [33]咪猫~眯~眼。又音mei³³ 嫛阿~(母亲的背称、婆婆的面称)[41]薇弥猕眉楣媚湄~公河糜~烂激水~丝(毛毛雨)摩 [35]□量词:片。又音ni³⁵ [213]美寐尾镁 [55]未味昧魅沕~水(潜水)

f [33]飞非蜚妃扉霏菲芳~啡咖~ [41]肥淝 [35]匪翡诽菲不~绯~闻

t [33]知~道蜘□□tap²~鬼(全身脏兮兮的人,多指小孩) [55]地

n [33]妮蚭□no⁴¹~(蜻蜓)昵□~爷(继父)□打□no³³~ten⁴²(倒立) [41]尼泥霓弥 [35]女又音ni³⁵哩指示代词:这。又音li³⁵、nei³⁵量词:片。又音mi³⁵ [213]汝你 [55]腻饵□~仔(墨鱼)

l [33]哩音译词,咕~(搬运夫,也泛指干重活的人)喱咖~ [41]离篱漓璃魑梨厘狸鹂骊 [35]李~仔(李子)里长度单位:公~哩指示代词:这。又音ni³⁵、nei³⁵ [213]吕铝稆旅里方位词理鲤李姓氏俚 [55]虑滤缕屡利~益厉~害痢吏丽莉脷猪~(猪舌头)

ts [33]猪诸株朱殊珠诛铢侏儒支动词:~持肢知~识栀资姿恣咨脂兹滋挐孜吱淄 [35]煮主纸只~不过姊指旨子籽梓滓止址沚趾芷仔~细叙 [213]著拄注蛀驻铸智致至桎厔屈~(狭窄)置志痣挚鸷质人~帜 [55]箸筷子住注自眦嗣稚字寺峙痔治狩□~□pit⁵(女阴)

tsʰ [33]储苎诛疵痴差参~嗤蚩黐~住(粘住)

答 [41]徐除厨橱雏脐池弛驰瓷糍慈磁鹚迟辞词持恃雌祠 [35]絮绪杼侈鼠紫取娶聚此耻嗤齿始处~理 [213]处~长趣柱刺翅次似姒

s　[33]书舒抒纾须需输思腮鳃鱼~斯厮撕嘶施私师狮蛳尸丝咝鸶司诗姝蟋 [41]匙时鲥薯蜍蟾~（蛤蟆）[35]黍暑署曙死屎史驶□有~□kuai³³（怀孕了）[213]四肆饲试考~。~下仔（试一试）市 [55]竖序庶树是氏豉示视伺嗣士事侍莳~田（插秧）

k　[33]居车~马炮驹奇~数饥肌讥矶玑珠~巷（地名，在广东韶关）机几茶~基其箕期~年姬支量词枝乩扶~羁犄稽 [35]举己纪杞祀几~个苣苢~妓老~（妓女）。又音ki⁵⁵ [213]企据锯倨句寄记既渠第三人称代词冀骥 [55]巨炬具俱惧忌技妓~女。又音ki³⁵伎

kʰ　[33]趋拘崎岖区地~驱躯岖枢欺□~身困（侧着睡）[41]渠~道瞿衢奇~怪骑动词岐倚琦祁祈歧岐鳍芪棋旗其期麒蜞蟛~（小螃蟹）[213]徛站立器气沂暨祛弃 [55]矩距拒

ŋ　[41]鱼渔娱儿宜谊移而疑仪 [35]耳洱女又音ni³⁵ [213]语尔迩拟 [55]御义议易二贰毅

h　[33]胥圩虚墟赶~嘘兮牺熙嘻禧嬉熹僖羲希稀吁叹气 [35]许栩诩煦起喜蟢 [213]戏汽去

ø　[33]于淤於迂伊医衣依漪猗姨阿~ [41]如余儒愚虞盂榆愉俞瑜渝舆臾姨~妈夷饴怡贻邢彝颐 [35]椅 [213]寓雨禹羽逾愈喻懿意以已与予屿宇 [55]誉预豫遇肆异驭裕□□a³³~（二胡）

u

p　[33]孵白。~鸡仔（孵小鸡）孚同"孵" [35]补斧脯 [213]布怖埔地名。又音pʰu²¹³埠白。黄~（地名，在惠东）[55]部步簿□~心（植物因失掉水分而中空）

pʰ　[33]铺动词：~垫 [41]菩葡匍浮白。~脓（溃脓）蒲扶白。~紧（抓紧）[35]谱普捕浦甫哺 [213]铺名词：~头（店铺）妇白埔草~□tat⁵（草坪）。又音pu²¹³

m　[41]模摹抚无毋巫诬 [35]舞 [213]武侮鹉母姆保~。又音m²¹³ [55]暮慕墓募务雾鹜牟

f　[33]呼乎夫伕肤趺麸敷孵文。~春（孵蛋）孚俘莩 [41]胡湖糊瑚葫狐壶瓠扶文。手~芙符 [35]虎琥唬浒府腑俯釜斧文苦又音kʰu³⁵ [213]裤富副赋戽付傅 [55]户沪互护咐驸腑赴父腐辅附负妇文芋

t　[33]蛛都~城。~是 [35]堵赌睹肚□种~（农民）[55]妒杜度渡镀□~到（轮到）

tʰ　[41]途屠徒涂茶图 [35]土 [213]吐兔

n　[41]奴驽孥小孩，音借自海丰学佬话 [35]努弩 [55]怒

l　[33]噜 [41]卢泸炉芦鸬庐驴鲈颅轳舻 [213]虏卤鲁橹 [55]路赂璐鹭露

ts　[33]租之芝 [35]祖组

tsʰ　[33]粗 [35]□~牙（拔牙）[213]醋措厝房子，音借自海丰学佬话

s　[33]苏酥稣殊 [35]数动词 [213]素诉恕 数名词。又音su³⁵赐 □~□su⁵⁵（把尿）[55]□□su²¹³~（把尿）

k	[33]姑孤辜枯沽咕估~算 [35]古牯估~计股鼓蛊贾商~ [213]故雇顾固锢痼
kʰ	[33]箍眼~（眼眶） [41]酷好~（很酷）。又音kʰok⁵ [35]苦又音fu³⁵ [213]库
∅	[33]乌呜污坞钨兀 [213]恶可~

a

p	[33]巴芭疤吧酒~笆爸又音pa²¹³叭喇~花 [35]把靶罢~了 [213]爸又音pa³³坝豹吧语气词 [55]罢~工
pʰ	[33]趴葩奇~□动词：用筛状的厨具从汤水中捞东西□托~（拍马屁） [41]爬枇钯耙琶~洲（地名，在广州）扒~饭弄~手（小偷）□□lap⁵~星（彗星）□下~（下巴） [35]扒猪~（炸过或煎过的大片猪肉）泡名词：灯~。 [213]怕帕
m	[33]妈吗语气词孖双 [41]麻痲嬷阿~（奶奶）嘛 [213]马码蚂玛犸 [55]骂
f	[33]花 [213]化
t	[33]嗒嘀~（闹钟秒针行走的声音）打十二个□无~无事（无缘无故） [35]打动词
tʰ	[33]他她它
n	[33]□~鼻（鼻子不通气。发音带重鼻音） [41]拿□~暖水（温水）□~□nam³³（唠叨） [35]哪~里那 [213]姆雌性□□pʰian³³~（开刀、创伤后的疤痕） [55]□家~（现在）
l	[33]拉又音lai³³啦瘌啦兄呇~底（腋窝、腋下）□镀~（锅烟子）□~膭（肮脏）。又音lɐi³³ [35]□la³⁵（抓）喇~叭花 [213]罅缝隙。又音lia²¹³
ts	[33]渣茶~楂山~。又音tsʰa⁴¹揸抓喳碴吒哪~遮臜□la³³~（肮脏）。又音lɐi³³□一~（量词：一把） [213]炸诈榨乍蚱蔗
tsʰ	[33]叉权差~错岔车汽~钗□~龟˘（当地一种小吃） [41]茶搽查楂山~。又音tsa³³猹槎增~（地名，广州路名）苴 [35]且 [213]厕诧姹~紫嫣红□~屎窟（撅屁股）
s	[33]沙纱砂莎痧鲨裟赊奢佘卅三十 [41]蛇泄畲~族 [35]舍駛洒耍 [213]社□胡须巴拉~（形容满脸络腮胡子的样子） [55]射麝
k	[33]家傢加痂嘉伽枷咖~啡茄雪~袈旮~旯（腋窝、腋下） [35]假真~。放~贾姓~ [213]架驾嫁稼价
kʰ	[33]卡咔~嚓咖大~（大人物） [41]岂程度副词：太。~有此理
ŋ	[41]牙芽伢蚜衙 [35]瓦佤雅 [55]讶
h	[33]虾哈□欺负□对着小孩的伤口处呵气以表安慰蛤~蟆。又音kap⁵ [41]霞瑕遐暇 [213]□~~滚（十万火急的样子） [55]夏厦下
∅	[33]丫啊阿鸦桠亚□~□i⁵⁵（二胡） [35]哑 [213]娅氩

ia

p	[35]□差劲。劣质
pʰ	[35]□~脚（瘸子）
m	[33]□背负 [41]□阿~（堂妹）咩代词：什么。又音me⁴¹
t	[33]爹 [35]嗲
n	[33]□你的 [35]□乳房
l	[213]罅缝隙。又音la²¹³ [55]□水~（水渠）
ts	[33]嗟~来之食 [35]者姐~公（外祖父） [213]借藉鹧 [55]谢
tsʰ	[213]筪陟峭

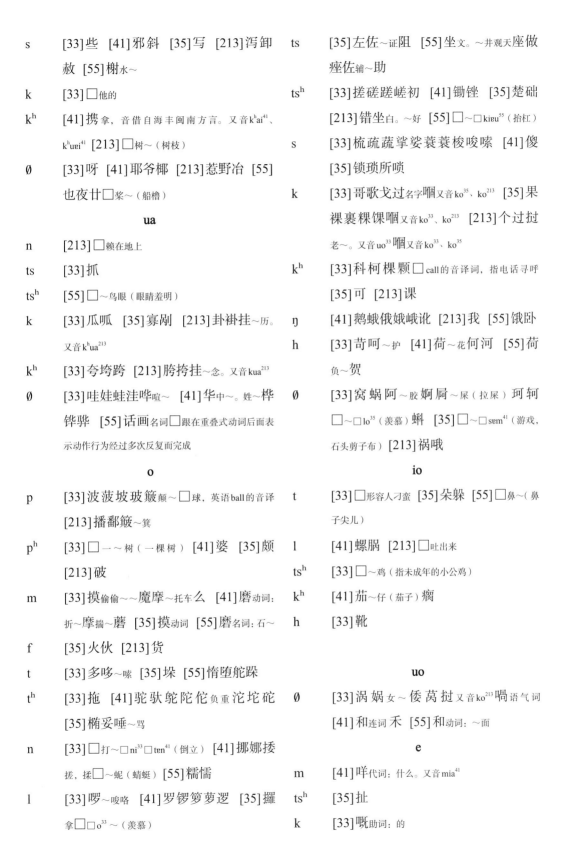

s [33]些 [41]邪斜 [35]写 [213]泻卸敕 [55]榭水~

k [33]□他的

kʰ [41]携拿，音借自海丰闽南方言。又音kʰai⁴¹、kʰuei⁴¹ [213]□树~（树枝）

ø [33]呀 [41]耶爷椰 [213]惹野冶 [55]也夜廿□浆~（船橹）

ua

n [213]□赖在地上

ts [33]抓

tsʰ [55]□~鸟眼（眼睛羞明）

k [33]瓜呱 [35]寡剐 [213]卦褂挂~历。又音kʰua²¹³

kʰ [33]夸垮跨 [213]胯挎挂~念。又音kua²¹³

ø [33]哇娃蛙洼哗喧~ [41]华中~。姓~桦铧骅 [55]话画名词□跟在重叠式动词后面表示动作行为经过多次反复而完成

o

p [33]波菠坡玻簸颠~□球，英语ball的音译 [213]播簸簸~箕

pʰ [33]□一~树（一棵树） [41]婆 [35]颇 [213]破

m [33]摸偷偷~~魔摩~托车么 [41]磨动词：折~摩揹~蘑 [35]摸动词 [55]磨名词：石~

f [35]火伙 [213]货

t [33]多哆~嗦 [35]垛 [55]惰堕舵跺

tʰ [33]拖 [41]驼驮鸵陀佗负重沱坨砣 [35]椭妥唾~骂

n [33]□打~ni³³□ten⁴¹（倒立） [41]挪娜捼搓，揉□~蚭（蜻蜓）[55]糯懦

l [33]啰~咴咯 [41]罗锣箩萝逻 [35]攞拿□□o³³~（羡慕）

ts [35]左佐~证阻 [55]坐文。~井观天座做痤佐辅~助

tsʰ [33]搓磋蹉嵯初 [41]锄锉 [35]楚础 [213]错坐白。~好 [55]□~□kiɐu⁵⁵（抬杠）

s [33]梳疏蔬挲娑蓑蓑梭唆嗦 [41]傻 [35]锁琐所唢

k [33]哥歌戈过名字啯又音ko³⁵、ko²¹³ [35]果裸裹粿馃啯又音ko³³、ko²¹³ [213]个过挝老~。又音uo³³啯又音ko³³、ko³⁵

kʰ [33]科柯棵颗□call的音译词，指电话寻呼 [35]可 [213]课

ŋ [41]鹅蛾俄娥峨讹 [213]我 [55]饿卧

h [33]苛呵~护 [41]荷~花何河 [55]荷负~贺

ø [33]窝蜗阿~胶婀屙~屎（拉屎）珂轲□~□lo³⁵（羡慕）蜾 [35]□~□sem⁴¹（游戏，石头剪子布）[213]祸哦

io

t [33]□形容人刁蛮 [35]朵躲 [55]□鼻~（鼻子尖儿）

l [41]螺脶 [213]□吐出来

tsʰ [33]□~鸡（指未成年的小公鸡）

kʰ [41]茄~仔（茄子）癞

h [33]靴

uo

ø [33]涡娲女~倭剐挝又音ko²¹³喎语气词 [41]和连词禾 [55]和动词：~面

e

m [41]咩代词：什么。又音mia⁴¹

tsʰ [35]扯

k [33]嘅助词：的

Ø　[33]诶语气词

ai

p　[35]摆 [213]拜 [55]败

pʰ　[33]派苹果~ [41]排牌徘簿 [213]派~送湃沛滂~（丰富）

m　[41]埋霾 [213]买 [55]卖迈

f　[213]块快哙樊~（人名）

t　[35]歹傣 [213]戴带 [55]大~小。～夫

tʰ　[33]呔领~（tie的音译词，领带）[213]态太泰汰钛

n　[35]乃疑问代词。又音nɐi³⁵、nai⁵⁵、nei⁵⁵ [213]奶捺氖 [55]耐奈乃疑问代词。又音nai³⁵、nɐi³⁵、nei⁵⁵

l　[33]拉又音lai³³ [35]□排行最小 [55]赖癞濑籁擸小孩不自觉地大小便，或指因忘记而把东西放在某处

ts　[33]斋 [213]债 [55]寨

tsʰ　[33]猜差出~□面粉（揉搓面粉）□风~（台风）[41]柴 [35]踩 [213]蔡 [55]□□tsʰin⁵⁵ ~（胡搞）

s　[33]□浪费 [41]□攐扶 [213]赛晒舐舐

k　[33]阶皆楷佳街偕 [35]解~开。姓氏 [213]介界芥尬疥丐届戒诫

kʰ　[41]揩携拿，又音kʰuei⁴¹、kʰia⁴¹ [35]凯楷~体 [213]概溉慨

ŋ　[41]□傻气磑涯崖捱 [213]倕音借自客家话第一人称代词喧叫 [55]艾

h　[41]孩鞋骸□痒谐 [35]~□ŋan⁵⁵（这么）[213]蟹懈邂骇 [55]械亥氦

Ø　[33]埃唉挨~住（靠着）[41]挨~打。[35]矮 [213]隘

uai

k　[33]乖□~仔（已没有尾巴的蝌蚪）[35]拐蒯

□鲐~（鲐鱼）[213]怪□有□si³⁵ ~（怀孕）

kʰ　[41]桧剑 [213]筷

Ø　[33]歪 [41]怀槐淮 [55]坏

ɐi

p　[33]跛~脚□□kɔŋ³³ ~（一种会吃血的虱子，主要躲在床板或草席里）□~仔（船橹）[213]闭蔽 [55]币毙陛敝弊

pʰ　[33]批□用刀削

m　[33]眯又音mi³³ 咪音译词，麦克风 [41]迷谜醚 [35]米

f　[33]挥晖辉珲麾徽 [35]毁溃 [213]废肺费 [55]吠狒

t　[33]低 [35]底抵砥诋骶 [213]帝蒂缔谛 [55]弟~子，阿~（弟弟）。又音tʰɐi²¹³ 第递悌隶逮棣邸

tʰ　[33]梯锑 [41]题堤提蹄啼 [35]体睇看 [213]替弟阿~（弟弟）。又音tɐi⁵⁵ 涕剃娣屉嚏淅滴

n　[41]泥尼呢~绒 [35]哩指示代词：这。又音li³⁵、ni³⁵ 乃疑问代词。又音nɐi⁵⁵、nai³⁵、nai⁵⁵ [55]乃疑问代词。又音nai³⁵、nei³⁵、nei⁵⁵

l　[33]□~膙（肮脏）。又音la³³ [41]犁黎 [213]礼蠡 [55]例厉励丽俪骊莉荔~果（荔枝）利~市（吉利）履

ts　[33]剂膙□lei³³ ~（肮脏）。又音tsa³³ [35]仔词缀，相当于"子"。儿子崽 [213]祭际制製挤济荠掣开关按钮 [55]滞

tsʰ　[33]妻凄栖悽 [41]齐蛴 [213]砌沏切一~迣传染

s　[33]西犀筛 [35]洗驶使~唔~（用不用）玺徙 [213]世势细婿柿舐舐 [55]誓逝筮噬

k [33]鸡笄 [213]计继髻 [35]□倾~（聊天儿）

kʰ [33]溪奚蹊 [35]启 [213]契 [55]楔

ŋ [33]□恳求 [41]倪霓鲵桅危 [35]蚁 [55]巍魏艺诣

h [33]□女阴 [35]喺在，借自广州话 [55]系係是

uɐi

k [33]龟圭闺归鲑硅饭~依 [35]诡鬼傀轨簋一种食器 [213]贵鳜桂瑰季悸□~手（拐子）[55]跪柜匮篑

kʰ [33]亏规窥盔 [41]癸逵葵携~带。又音kʰai41、kʰia41暌馗魁奎 [35]轨 [213]愧馈□量词：一小盘

h [33]麾

ø [33]偎威葳崴 [41]唯帷维惟围违韦帏闱为行~遗喂招呼的声音 [35]委萎痿诿慰□否 [213]畏喂动词：投~伟讳苇纬玮炜逶尉蔚煨卉猬 [55]为~了伪卫惠蕙彗慧胃谓渭~水位~置

oi

k [33]该赅垓~下，地名 [35]改 [213]盖

ŋ [35]□第一人称复数 [55]外碍

ø [33]哀 [35]蔼霭 [213]爱暧瑷嫒

iui

ø [55]锐睿裔芮蚋

ui

p [33]杯 [213]贝辈狈背~部 [55]背~书悖焙倍

pʰ [33]胚坯 [41]培陪赔焙蓓裴 [213]配佩

m [41]媒煤枚玫梅莓酶脢~肉霉□不要，"唔爱"的合音 [35]妹表~ [213]每 [55]妹使~仔（婢女）

f [33]灰恢诙奎开 [35]海 [213]悔晦海 [55]害会能愿动词：懂得。又音ui55

t [33]堆碓煎~（一种球形油炸食品）[35]□用力拉□~火（吹火）[213]对兑碓石~ [55]队代袋岱黛玳待怠殆贷

tʰ [33]推胎苔舌~ [41]颓台苔~藓抬 [35]腿 [213]退蜕褪

n [35]□软 [213]馁□豆腐~（豆腐乳）[55]内

l [33]镭音译自马来语，旧时的银圆 [41]来莱睐赢雷擂镭~射骡 [35]馁垒蕾偒耒篓竹制的装鱼器□箸~（放筷子用的筒）[55]累蕊类泪

ts [33]追锥椎骓睢哉栽盆~灾 [35]嘴咀沮诅宰 [213]最醉缀屹又音i213再载动词：~人。一年半~栽动词 [55]罪赘坠在又音tsʰui55

tsʰ [33]催崔摧璀吹炊 [41]锤捶棰槌才材财豺裁 [35]彩采睬 [213]碎翠悴粹萃菜塞~外脆 [55]在又音tsui55

s [33]虽绥衰睢荽芫~ [41]垂唾髓随谁 [35]水 [213]岁税税帅墅 [55]穗遂隧邃燧睡瑞

h [55]贿

ø [33]偎煨~番薯 [41]回迴茴徊蛔 [55]汇会开~，~计。又音fui55绘烩荟

au

p [33]包孢胞雹苞鲍 [35]饱 [55]爆鲍~牙

pʰ [33]抛脬 [41]袍刨咆庖狍 [35]跑 [213]泡动词：冲~炮砲趵~突泉

m [33]猫食死~（背黑锅。吃冤枉亏）。又音miu35

[41]茅矛锚蝥 [213]戊亩牡卯铆茆
[55]貌

n [41]铙□这个 [55]闹

l [33]捞介词，把，朝着，向，跟 □早~谷（早稻）

ts [33]糟遭 [41]□用扫帚打人 [35]爪找笊
枣 [213]躁罩

tsʰ [33]操臊~味抄钞 [41]曹嘈槽漕巢嘲
[35]炒吵 [213]噪燥躁藻澡

s [33]骚筲捎艄鞘 [35]稍

k [33]交胶郊茭跤铰姣鲛马~鱼珓占卜用
具 [35]搞搅狡绞 [213]教漖地名较~场
校~对觉睡~酵窖滘~口（地名，在广州）

kʰ [33]敲拷又音kʰau³⁵ [35]考烤拷又音kʰau³³
巧 [213]靠铐

ŋ [33]挠 [41]熬 [213]咬 [55]傲

h [213]哮孝 [55]校学~效浩皓

Ø [35]拗~断 [213]凹坳拗争~（争辩）

ua

p [33]煲动词：煮。名词：锅 [35]保葆褓
宝堡鸨 [213]报 [55]曝瀑暴

pʰ [213]抱

m [41]毛谋 [35]□不好，"唔好"的合音 [213]
某拇冇没有 [55]冒帽茂贸袤

f [41]浮文。沉~ 蜉 [35]否剖 [55]埠文。
商~

t [33]刀叨魛兜篼盆□~屎（给小孩把屎）
[35]倒~掉岛捣到用在动词后，表已达到目的或
有了结果祷~告斗~鱼（墨鱼）。量词：三~抖
陡纠又音kiu³⁵ □~子（骰子） [213]倒~车
到~达斗~争窦窝□组装 [55]稻蹈道盗豆
痘逗愭毒杀

tʰ [33]偷涛滔韬掏 [41]桃逃淘陶萄头投
绹拴定□~墟（赶集） [35]敔~气（呼气）。~开
（展开）。~下（休息）讨祷祈~导 [213]
透套

n [33]孃生气 [41]醪浑浊□稠 [35]纽扭钮
朽脑恼 [213]瑙

l [33]搂大衣撩把多种东西配在一起搅拌均匀：豉
油~面（酱油拌面）唠 [41]楼搂篓娄刘浏
榴琉流硫鎏旒铹溜~冰留馏榴瑠镏瘤脚
眼~（脚腕）劳牢痨涝 [35]老姥佬 [213]
柳绺褛槛~ [55]漏陋□六月~割禾（夏收）

ts [33]周邹㑇舟州洲周 [35]早蚤走酒肘
帚 [213]灶奏揍皱绉咒昼 [55]就袖肘
纣宙骤鹫胄糙造皂

tsʰ [33]秋鳅锹抽湫~水 [41]囚泅游泳绸稠
惆筹踌畴俦酬仇姓氏。又音kʰeu⁴¹ [35]丑
草 [213]凑辏臭溴嗅□~细仔（带小孩）
[55]售

s [33]修脩搜飕嗖收 [41]愁仇~恨 [35]
嫂叟艘手首守擞□~起（码起来） [213]
扫嗽漱秀绣锈宿星~瘦兽狩哨 [55]受
寿授绶

k [33]勾钩沟阄篝睾男阴高膏篙糕羔
[35]狗枸稿犒缟槁 [213]够构究告诰
[55]苟垢诟□一~水（一百块钱）

kʰ [33]薅~草（除草）抠搅拌混合 [41]跶蹲
[35]口 [213]购扣叩寇蔻

ŋ [41]牛 [213]藕偶耦

h [33]蒿 [41]喉猴侯瘊毫豪壕濠蚝
[35]好~人 [213]好~客 [55]后~来。
皇~垕鲘~门（地名）厚候耗号~数昊颢灏

Ø [33]欧区姓氏讴殴鸥瓯小碗 [35]呕
[213]沤怄妖懊澳奥

iɐu

t [55]□细仔～（小男孩）

l [41]□捞起来

ts [55]□鸡毛～（毽子）□□ts^hua^{55}～眼（眼睛羞明）

s [41]□半精～（傻瓜）

k [35]九久玖韭 [213]救疚厩 [55]旧□□ts^ho^{55}～（抬杠）咎

k^h [41]求球裘逑仇姓氏。又音$ts^hɐu^{41}$虬□穷 [213]臼舅

ŋ [33]□～曲（死的委婉说法） [35]□挠痒□鸡～（鸡爪子） [213]□耙～（钉耙）

h [213]□秤尾～（称物品时秤尾低）

ø [33]优忧幽攸 [41]柔揉蹂邮由油鼬铀游蝣犹酉酋尤犹疣鱿悠□擦、洗 [213]有友莠诱柚釉岫幼 [55]又右佑祐宥囿

iu

p [33]标膘镖骠马～骉飙～车猋窜表手～彪～形大汉 [35]表～妹婊裱

p^h [33]飘缥漂～流 [41]嫖剽瓢朴姓氏薸瞟 [213]漂～亮。～白票鳔

m [41]苗描瞄 [35]猫一只～秒缈渺淼藐邈 [55]庙妙谬缪姓氏

t [33]刁叼凋碉雕鲷貂丢 [35]屌相～。交合 [213]吊钓 [55]调～动掉

t^h [33]挑～选佻 [41]条量词涤迢髫调～解 [213]跳粜眺窕

n [213]鸟袅 [55]尿

l [33]嫽玩□～脚眼（脚踝） [41]寮燎撩僚镣瞭疗辽聊寥溜～走遛～狗 [35]了～解潦鹩～哥 [55]廖料

ts [33]焦蕉礁椒朝～早（早上）召～唤昭招 [35]剿沼 [213]照诏醮 [55]赵兆召～见噍咀嚼醮十月～（庆祝秋收的一个节日）

ts^h [33]超昭悄钊□饭～（饭勺）□泥～（铡刀） [41]樵瞧晁潮朝～向 [213]峭鞘俏肖～像

s [33]消宵霄肖姓氏硝梢销逍魈烧萧箫潇屑 [41]韶 [35]小少好～筱 [213]笑少～年啸 [55]肇兆绍邵劭

k [33]骄娇 [35]缴赳饺纠又音$tɐu^{35}$ [213]叫 [55]矫轿撬□～脚（跷腿）

k^h [41]荞侨桥乔翘银～ [35]□～仔（用篾片、竹等编的粗而长的席，可以围起来囤粮食） [213]翘～起来窍

ŋ [41]摇谣遥尧饶娆峣桡 [213]绕浇～水

h [33]嚣枭丘一～地。姓～邱蚯貅休骁～勇橇□妒忌 [35]侥晓

ø [33]妖邀腰夭幺吆要～求鹞 [41]谣窑瑶鳐肴姚 [35]扰舀 [213]要动词 [55]耀曜□～眼（挤眼睛）

im

t [35]点几～。怎么样。又音tim^{55} [213]店掂搞～（弄好）踮玷惦□唔好～渠（不要碰它） [55]□安静，不爱说话点～仔（一点儿）。又音tim^{35}□水～咯（雨停了）

t^h [33]添 [41]甜恬 [213]舔

n [33]黏～性拈～草心（谈恋爱）□～耳吉（掏耳朵） [41]鲇黏动词：～住 [213]染□量词：一～（一小块） [55]念稔～山（地名，在广东惠东县）

l [33]啉～酒（小口喝酒） [41]廉镰臁帘奁 [213]敛殓脸潋□舔

ts [33]尖沾粘瞻詹□肉～（混杂多种肉的丸子）

占～米话。～卜櫼器物的木楔子 [213]占～领 [55]渐□～～凉（冷飕飕）

ts^h [33]签歼纤 [213]谶僭堑 [55]潜

s [33]□稍微地修剪一下 [41]禅婵蝉阐单～于蟾又音im^{41}檐又音iɐm^{41} [35]陕闪 [55]赡

k [33]兼蒹傔 [35]检俭捡睑 [213]剑

k^h [33]谦钦 [41]黔钳 [35]□牛鼻～（穿在牛鼻子里的木棍儿或铁环儿）[213]欠歉

ŋ [41]阎严 [35]俨 [55]验

h [41]嫌 [35]险 [213]嵌

ø [33]阉醃腌又音ip^{5}恹□针～（针灸）[41]炎盐琰芫～荽蟾～蛇（壁虎）。又音sim^{41} [35]□～下（张望一下）[213]厌冉魇 [55]艳滟焰焱

am

t [33]耽担动词聃眈儋～州（地名，在海南）□～起头（抬头）[35]胆 [213]担名词 [55]氮澹啖一～（量词：一口）淡文。冷～

t^h [33]贪坍 [41]潭谭覃谈痰昙坛□～暖（烤火取暖）[213]探淡白。味好～（味道很淡）

n [33]□□na^{41}～（唠叨）[41]男南遖楠喃□口感软而烂。腐烂 [35]腩 [213]□跨过去□一拃，拇指与中指张开的长度。一虎口，拇指与食指张开的长度

l [33]□鱼～（鱼篓）[41]蓝篮褴岚婪 [35]榄缆揽搂抱 [55]览滥舰

ts [33]鸧家禽或鸟啄东西 [35]斩崭眨 [213]湛蘸 [55]站暂鋻

ts^h [33]参～加搀掺 [41]蚕惭馋谗□被小刺儿扎 [35]惨 [213]杉忏

s [33]三叁衫 [35]糁肉末儿

k [33]甘柑泔监～视尴□～□pui^{55}（臭虫）咁那么、这么。又音kam^{213} [35]感敢橄减瞰 [213]鉴监太～赣咁那么。这么。又音kam^{33}

k^h [33]堪龛神～ [35]坎赤～（地名，在广东湛江）。～坷砍 [213]勘磡红～（地名，在香港）槛

ŋ [33]啱刚才。对 [41]□□im^{41} ～（接生婆）癌岩

h [33]蚶酣 [41]函涵菡含晗浛咸 [213]喊憨磡坎儿 [55]撼憾陷馅

ø [33]庵鹌□捂着，蒙着 [35]揞捂着 [213]暗黯

ɐm

t [35]扰扔掉 [213]□碰撞 [55]□蹬□～脚（跺脚）

n [33]□嗜吃，好吃□酸～～（很酸）□～食窟（后颈窝）[41]□肉冇～（肉不烂）[55]□～食鬼（嘴馋的人）

l [33]□把热水倒来倒去使之变凉□踵～□hɐm^{33}（指人走路跌跌撞撞的样子）[41]林淋临霖琳 [35]凛 [213]□倒塌

ts [33]针斟砧簪拗车～（一种捕鱼方式）□～嘴（亲嘴）[35]枕怎□鸡～（鸡罩）[213]朕浸水淹 [55]浸溺水

ts^h [33]侵参～差不齐郴 [41]寻沉浔荨挦拔取 [35]寝

s [33]心芯森参人～深琛□～命公（灶王爷）[41]岑□□o^{35}～（游戏，石头剪子布）[35]沈婶审 [213]渗□～盐（撒盐）[55]甚什葚

k^h [41]蟧～罗仔（蜘蛛）[35]冚盖，本字为“䃭”

ŋ [41]吟白。～沉（唠叨）

h [33]□踵□lɐm^{33}～（指人走路跌跌撞撞的样子）[41]衔□～眼牛（双眼皮）[213]□～心白（结

球白菜）

ø [33]□陪小孩睡觉, 哄其入睡 [55]□~~扑（趴着睡）

iɐm

t [213]坫~藏（捉迷藏）

tʰ [55]□犯困。难受

k [33]今又音ken³³金 [35]锦 [213]禁~止 [55]撳按、摁

kʰ [33]衾禁唔~用（不耐用）襟 [41]琴禽噙檎擒 [35]□节省。吝啬 [213]妗舅妈

ø [33]音阴荫鑫□刘海淹 [41]壬吟文。~诗淫任姓氏檐屋檐。又音sim⁴¹□掏出来一一~（一度，成人两臂左右平伸时两手之间的距离） [35]饮掩 [55]任~务纤

in

p [33]边辫动词：编织。名词：辫子鞭编~书编~鱼 [35]贬砭扁匾 [213]变~化。又音pian²¹³ [55]辩辨便方~汴卞姓氏

pʰ [33]篇偏编~辑蝙翩扁~舟 [41]便~宜骈 [35]□~水（打水漂儿） [213]骗 [55]遍片

m [41]绵棉 [35]面界~（给面子）缗~屎纸（手纸）□一~（一瓣） [213]敏免勉娩冕缅腼湎渑 [55]面~条。~盆（脸盆）

t [33]颠癫巅滇 [35]典碘 [213]镇垫~子 [55]电殿靛奠佃甸垫~钱淀~粉□占着位置，挡道

tʰ [33]天 [41]田钿填圜 [35]腆 [213]掭

n [41]年 [35]撚两手指来回摩擦

l [33]□~瓜（木瓜） [41]联怜连莲涟鲢峦孪挛鸢娈脔 [213]撵辇 [55]练炼链楝恋

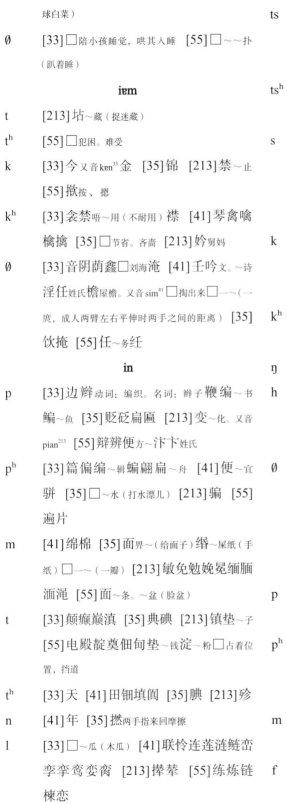

ts [33]煎毡毛~笺 [35]展碾~米辗剪振震地~戬翦拯 [213]箭战颤荐钱 [55]贱溅~来~去（团团转）缠着□头发旋儿

tsʰ [33]千迁仟阡 [41]钱缠前 [35]浅践 [55]□~□tsʰai⁵⁵（胡搞）

s [33]仙鲜新~。朝~先氙喧籼~米 [41]涎口水 [35]鲜~少癣藓跣冼姓氏 [213]线倩扇搧一巴掌煽□~脚（脚打滑）腺鳝鄯 [55]羡善膳禅~让单姓氏擅嬗茜名

k [33]坚肩捐娟鹃涓绢 [35]卷~起来眷 [213]建犍健见圈猪~倦券 [55]件键健腱卷案~

kʰ [33]圈圆~ [41]乾虔权拳颧蜷 [35]犬 [213]券~实

ŋ [41]言蔫研玩原源 [55]愿砚

h [33]掀轩牵纤欣骞萱楦姓氏 [41]贤玄弦舷炫眩悬 [35]遣谴显蚬禾~（蚯蚓） [213]宪献 [55]现苋~仔菜（苋菜）

ø [33]烟胭咽~喉燕~京冤渊鸢鸳焉语气助词嫣□扑克牌A [41]然燃延筵蜒元完丸圆员缘沿铅袁辕猿园援媛妍 [35]院阮远衍 [213]宴燕~子苑怨 [55]堰县

un

p [33]搬 [35]本苯 [213]半 [55]畚叛~徒伴文。~随

pʰ [33]般潘番~禺（地名） [41]盘盆磐蟠 [213]伴有~畔胖叛背~判伴白。同~拌~脚。又音fen²¹³绊泮

m [33]焖炆 [41]门们扪瞒眠 [213]满螨 [55]闷懑

f [33]欢獾 [41]鼾寒韩 [213]汉旱捍 [55]唤焕汗焊悍翰瀚

t	[33]端 [35]短 [55]断。文。判~锻段缎椴沌囤
tʰ	[41]团豚臀屯~门（地名，在香港） [213]断白。~开
n	[213]暖 [55]嫩
l	[35]卵 [55]乱
ts	[33]钻~心专砖尊蹲遵 [35]转~弯 [213]撰转调~篆传自~钻石俊圳
tsʰ	[33]拴川钏穿村邨椿传~说 [41]全荃诠痊 [35]喘揣端 [213]串窜蹿篡纂寸
s	[33]酸宣孙狲苏殉 [41]旋璇漩船旬询荀洵徇峋循巡驯淳醇纯莼 [35]选损 [213]算蒜逊绚
k	[33]官棺倌观~察干菜~肝竿 [35]管馆莞东~（地名）杆秆撵赶 [213]贯灌罐鹳盥冠~军观道·干~部
kʰ	[33]宽看~守 [35]款 [213]看~见
ŋ	[213]软
h	[41]桓 [213]□牛鼻~（胫骨）
∅	[33]安鞍氨桉 [41]纨 [35]宛皖豌碗腕惋蜿菀剜莞~尔浣 [213]按案 [55]缓奂换焕

an

p	[33]班斑瘢颁 [35]板版扳阪版 [213]扮 [55]办瓣
pʰ	[33]攀 [213]盼
m	[41]蛮 [213]晚 [55]万曼慢慢漫嫚鳗幔蔓缦谩
f	[33]番文。~邦藩蕃翻幡返~来（回来） [41]凡帆矾梵烦繁樊 [35]反返~回 [213]贩 [55]泛范犯饭

t	[33]丹单~独郸箪殚笡竹~（竹席）□出~（感染伤寒） [35]掸疸 [213]旦诞 [55]但弹子~惮蛋
tʰ	[33]滩摊瘫 [41]弹~琴檀坛 [35]坦姐袒毯 [213]叹炭碳
n	[41]难困~ [55]难有~
l	[33]□滚兰荷~ [41]兰拦栏阑澜斓 [213]懒□鸡（未成年的小母鸡） [55]烂
ts	[35]栈盏一~灯 [213]赞钻~子瓒栅□馅儿 [55]攒赚□顺着、沿着
tsʰ	[33]餐 [41]残泉 [35]铲□胡须~（络腮胡子） [213]灿璨粲□须头~（腮帮子）
s	[33]山舢珊删姗跚闩栓潸 [41]潺孱 [35]散~开产□~牙（刷牙） [213]伞散分~篡汕~尾（地名，在广东）汕疝
k	[33]艰间房~间时~奸菅草~人命□~~净食饭（光吃饭） [35]简铜拣柬碱~水枧番~（肥皂）跰皮肤生硬皮茧 [213]间~隔涧谏
kʰ	[33]刊 [213]劝
ŋ	[41]颜顽研研磨：~药（研磨中药） [35]眼□点~（怎么样）。又音ŋan^{55} [213]谚雁赝岸□点~（怎么样）。又音ŋan^{35}
h	[43]悭节省 [41]闲娴痫还又音uan^{41} [55]限罕
∅	[213]俺晏晚。迟

ian

p	[213]变冇~（没办法）。又音pin^{213}拼~命。又音pɐn^{213}、pʰɐn^{213}
pʰ	[33]□~离骨（肋骨）□□na^{21}~（疤，指开刀、创伤后的疤痕）
t	[55]□疑问代词：怎么。又音kian^{55}
k	[55]□疑问代词：怎么。又音tian^{55}

uan

k [33]关鳏纶冠鸡~　[213]惯掼提着，挽着。量词：串摆同"掼" □用力摔

ø [33]弯湾　[41]还又音han⁴¹ 环鬟寰嬛缳　[213]皖~鱼挽~回　[55]患宦幻豢

ən

p [33]宾槟滨缤镔彬斌分白。喂、饲 [35]禀 [213]殡鬓膑髌嫔拼~命。又音pʰen²¹³、pian²¹³ □~脊（脊背）[55]笨鞴编织。又音pin³³

pʰ [33]奔喷香~~ [41]贫频濒颦苹嫔□厚 [35]品 [213]喷动词拼~命。又音pen²¹³、pian²¹³

m [41]民岷悯闻文纹蚊雯汶 [35]悯闵闽吻刎絻有条不~ [55]问

f [33]昏婚阍分文。~开氛吩芬纷勋荤熏薰醺曛 [41]浑坟汾 [35]粉奋愤忿粄客家的米制食品 [213]粪训睏睡，方言字，本字为"困" 拌又音pʰun²¹³ [55]份分名~□~头~骨（散架的样子）

t [33]敦墩礅吨蹲惇 [41]□打□no³³□ni³³~（倒立）[35]扽捶打□难~（难受）趸□tsak⁵花~（童养媳）遁~灯（有玻璃罩的煤油灯）[213]顿□~到（碰伤）[55]钝沌炖~汤盾金~

tʰ [33]吞饨云~ [213]□~后（后退）盾矛~

l [41]鳞磷璘麟嶙粼遴邻吝仑伦沦轮论~语纶囵 [213]凛 [55]论议~闰蹸蔺

ts [33]津珍胗榛臻蓁真肫 [35]诊疹缜尽~管准 [213]进赈晋缙震发~风（抖腿）[55]尽~量烬阵

tsʰ [33]亲~爱。~家春椿鹑□头向下摔 [41]秦陈尘存 [35]蠢 [213]衬秤称唔~（不匹配）

s [33]新薪辛锌身申伸呻绅砷囟~门 [41]神荀询臣辰蜃晨娠唇宸 [35]笋榫吮 [213]信讯迅汛肾舜瞬 [55]慎顺趁

k [33]跟根巾斤筋今又音kiem³³ [35]紧仅谨瑾觐槿堇 [55]近文。~来。又音kʰen²¹³

kʰ [41]勤芹 [35]恳垦啃 [213]近白。好~

ŋ [33]恩 [41]银龈仁白。果~ [35]□丑 [55]韧白。好~（有嚼劲）

h [41]痕 [35]很狠 [213]衅 [55]恨

iən

k [33]□~厐（结痂）[35]劲文。干~

kʰ [35]肯又音heŋ³⁵

ø [33]因茵洇姻氤殷咽哽~ [41]人仁文。~慈寅 [35]忍引蚓隐瘾演 [213]印认 [55]润孕刃纫仞胤韧文。坚~

uən

k [33]钧均筠君军 [35]滚~蛋。~水（开水）磙衮多尔~ [213]棍 [55]郡

kʰ [33]坤昆琨鲲 [41]群裙 [35]捆菌绲~边（缝布边）[213]困睏

ø [33]温瘟韫塭氲 [41]魂馄混晕匀昀焚云芸耘纭赟 [35]稳搵找 [213]允尹陨殒韵酝蕴愠 [55]运熨~斗

aŋ

p [33]捧咸~吟（全部）

pʰ [33]烹□把热水在容器间倒来倒去使之凉 [41]彭膨澎蟛棚鹏硼 [213]棒汸空、虚。不饱满、不实

m [33]绷~紧。又音peŋ³³ [41]盲 [213]蟒猛蜢□肥料 [55]孟

tʰ [213]□~日（整天）

l [33]冷~衫（毛衣）□□tʰɔk⁵~趴（巴结）呤咸

唪~（全部）[213]冷寒~

ts [33]踭脚后~争白。~钱（欠钱）[55]□撑、饱。塞满

tsʰ [33]撑支~掌瞠 [41]橙埕坛子晟炫目，（光线）刺眼 [213]撑~住

s [33]生白。~仔（生小孩）牲甥 [35]省~长□擦洗。训斥

k [33]更白。打~耕粳□唔係~~（不仅仅，不止）[213]更白。~加。

ŋ [55]硬

h [33]坑夯□天~（天亮）[41]行白。~街（上街）桁檩，梁上托住椽子的横木

ø [33]罂陶瓷或玻璃的宽口瓶，体积较大 [213]瓮罐子

iaŋ

p [35]丙饼 [213]柄白。手~偋藏 [55]病□扔掉

pʰ [41]坪白。草~瓶平白。好~（很便宜）屏藏

m [41]名白。叫咩~（叫什么名字）铭暝 [55]命白。有~啦（没命了）

t [33]钉名词。动词叮 [35]顶白。一~帽

tʰ [33]听白。好好~（很好听）厅

l [41]零十~个（十来个）[213]领白。衫~（衣领）靓美丽，本字应写作"令"岭白

ts [35]井 [213]正白。好~（很不错）[55]掷净白

tsʰ [33]青白。~色蜻 [41]晴 [35]请白。有~

s [33]星又音tsʰeŋ³³ 腥猩声白。有~（有声音）[41]成白 [35]醒城白。去海~（到海城去）[213]姓鋰铁器生锈

k [33]惊白。好~（很怕）[35]颈境茎 [213]镜 [55]劲白。好~（好厉害）

kʰ [41]擎 [213]□能干

h [33]轻白。~乃仔（轻一点儿）

ø [41]迎赢 [35]影映

uaŋ

kʰ [33]喠~一声□kʰuan³³指墙面上的小洞

[35]□根茎 [55]逛

ø [41]横

ɐŋ

p [33]兵乒浜沙家~崩蹦绷~带。又音maŋ³³ 冰 [35]秉 [213]并合~。~且柄文。斗~指东聘进 [55]凭挨着、靠着妚~头

pʰ [41]平文。~均坪文。上~（地名）评萍苹骈朋娉屏~风凭文~

m [33]搵拉、扯 [41]名文。姓~萌明盟鸣暝螟 [35]皿冥铭酩鞚~鞋踭（鞋帮儿）[55]命文。~令

t [33]登灯丁叮仃汀酊町疔 [41]□蜇，指蜜蜂蜇人 [35]等顶文。~天立地鼎□柱子 [213]蹬凳 [55]邓订锭腚碇定绽瞪誊~家（南方地区对水上居民的称呼）

tʰ [41]藤腾滕籐誊澄黄~、~清、~海（地名）呈亭婷停庭廷蜓霆 [35]逞又音tsʰeŋ³⁵ 挺艇

n [33]□一~（一趟）[41]能宁柠咛狞□佗手~脚（形容成为他人的累赘）[35]拧扭转□顶部，在……上面□~起脚（踮脚）□蚊子叮咬后形成的疙瘩

l [33]拎伶铃叮~~ [41]棱凌陵菱鲮绫零文。一百~二铃~铪玲龄羚翎瓴图聆苓灵棂 [213]领文。~导岭文 [55]令另愣

ts [33]增曾姓氏憎甑饭~（盛饭的器具）僧蒸争文。~夺筝铮峥狰峥净精文。~神睛菁

贞侦帧晶正~月征怔 [35]整 [213]证
症正正文。~确。副词，才。语气词，而已政 [55]
赠静靖净文郑剩

tsʰ [33]称~呼青文。人名清清蜻氰箐鲭星又
音siaŋ^{33} [41]层曾~经惩情呈程埕装酒、酱
油等的小口坛子 [35]请文。邀~逞又音tʰeŋ^{35}
[213]蹭称相~ [55]□鸡~（指人行为慌张）

s [33]生文。产~升声文。~乐笙胜~任惺
[41]乘绳承丞成文城文。~市诚盛放晟塍
田地 [35]省反~ [213]胜性蛏圣撍 [55]
剩盛兴~

k [33]更文。变~庚赓羹 [35]耿 [213]梗
埂鲠更文。~上一层楼

kʰ [35]哽~到（噎着）

h [33]兴~奋兄亨哼吭馨氢铿~锵 [41]形
型刑邢恒衡行文。~书 [35]肯又音kʰien^{35}
啃 [213]兴高~馨 [55]杏幸悻行品~

ø [33]应~承

ieŋ

k [33]京惊文。~诉荆经兢矜 [35]景警竞
[213]径胫敬 [55]竟

kʰ [33]卿倾轻文。~舟 [41]琼鲸 [35]顷
[213]庆

ø [33]应~该扔鹰莺英瑛婴樱鹦缨嘤
[41]仍荣营萤莹潆荧荣盈蝇 [213]颖
应答~

yeŋ

k [33]訇~一声（轰的一声）肱~骨

ø [35]泳咏 [213]永

ɔŋ

p [33]帮邦梆乒 [35]榜绑膀髈 [55]磅计
量单位镑英~傍~大款

pʰ [41]滂旁螃傍~边，~晚膀磅~礴庞彷
[213]谤

m [33]芒~果 [41]忙芒光~茫亡虹氓 [35]
莽网枉 [213]魍罔惘 [55]望忘妄

f [33]方肪芳坊作~枋寿~（寿材，指生前预制
的棺材）荒慌谎 [41]妨房防 [35]晃~眼
坊牌~仿纺彷访防舫恍幌 [213]放晃摇~

t [33]当~然裆铛垱噹□~出海（用钱自己张罗）
[35]党挡档~案 [213]当典~荡~来~去（走
来走去）档大排~ [55]宕荡文。浩~盪涮洗

tʰ [33]汤劏宰杀动物 [41]堂棠螳膛镗蹚
唐糖塘溏搪瑭螗醣 [35]倘躺淌惝傥
搪推~ [213]烫趟荡白。~嘴（漱口）锛火
灰~（铲炉灰用的铲子）

n [41]囊瓤

l [33]啷~~响（叮当响） [41]郎廊螂榔狼
琅锒阆□~仔（厢房） [213]朗望地名塘地
名 [55]浪阆垱

ts [33]赃脏不干净桩张庄装妆章樟蟑瘴漳
璋獐 [35]长家~掌 [213]障瘴嶂葬涨帐
账胀仗打~壮强~撞 [55]藏西~脏内~状又
音tsiɐt^{55}丈杖仗依~壮~族僮奘□~日（昨天）

tsʰ [33]仓苍沧仓舱疮昌菖娼倡猖鲳窗
[41]藏收~长好~肠场床 [35]闯厂敞昶
[213]畅怅创怆唱

s [33]桑丧~事磉霜孀礴商伤殇裳双 [41]
常嫦尝偿 [35]嗓爽赏 [213]丧~失
上~课 [55]上~昼（上午）尚

k [33]刚纲冈岗缸光胱咣江肛豇□~
□pei^{33}（一种会吸血的虱子，主要躲在床板或草席里）
[35]广讲港 [213]钢~铁杠绛降下~□
水~（行军水壶）

kʰ [33]康糠慷 [41]狂诳扛 [213]抗亢炕伉旷扩矿犷邝圹况

ŋ [213]仰白。～起头

h [41]杭航行～列降投～ [55]项巷

Ø [33]肮益～然 [213]昂

iɔŋ

n [41]娘又音iɔŋ⁴¹、ŋiɔŋ⁴¹ [55]酿一种菜肴的做法。又音iɔŋ⁵⁵

l [41]良粮踉凉形容词：～快量动词：～身高梁粱 [35]两量词：斤～。数词：～个俩魉 [55]亮谅晾凉动词：～冻（摊凉）辆量词：数～

ts [33]将～来浆名词：豆～ [35]蒋奖桨 [213]酱将～士浆动词：～衫（浆衣服） [55]象像橡匠状又音tsɔŋ⁵⁵

tsʰ [33]枪锵 [41]墙蔷嫱名字详祥翔□铁～（铁撬杠） [35]抢 [213]呛跄

s [33]相互～箱厢湘襄镶骧 [35]想相～框 [213]相丞～□一～仔（一抽屉）

k [33]疆僵缰殭礓姜□～时（什么时候）

kʰ [33]腔羌蜣筐框匡眶 [41]强～大 [213]强勉～襁

ŋ [41]娘又音niɔŋ⁴¹、iɔŋ⁴¹

h [33]香乡 [35]享晌饷响 [213]向

Ø [33]央秧泱泱快鞅鸯 [41]羊洋烊垟佯徉阳杨扬疡炀旸娘又音niɔŋ⁴¹、ŋiɔŋ⁴¹ [35]样似模似～（像模像样） [213]养痒氧仰文。～望嚷 [55]恙漾样～子壤攘推让嚷让酿一种菜肴的做法。又音niɔŋ⁵⁵

uɔŋ

Ø [33]汪 [41]王黄簧蟥潢璜癀皇蝗凰隍惶煌徨 [213]往 [55]旺

ɔŋ

p [33]泵 [35]捧又音fɔŋ³⁵

pʰ [41]蓬莲～。又音fɔŋ⁴¹ [213]碰

m [33]矇眯着眼檬柠～ [41]蒙濛朦獴幪 [35]懵 [55]梦

f [33]风疯枫讽丰蜂峰锋烽封葑 [41]虹红洪鸿冯弘逢缝动词：～衫篷又音pʰɔŋ⁴¹ [35]奉捧又音pɔŋ³⁵ [213]缝名词：一条～俸讽 [55]凤俸

t [33]东冬咚拟声词 [35]董懂 [213]冻崇乌～（广东潮汕地区的一种茶） [55]动恸洞恫峒恫硐栋幢□竖立□捅

tʰ [33]通 [41]同铜桐酮胴筒童僮瞳彤佟 [35]捅桶筒名词统 [213]痛疼

n [33]□烧焦 [41]农脓侬浓齈鼻～（浓鼻涕） [55]弄玩～

l [33]窿 [41]龙笼聋珑胧咙隆陇砻 [35]拢～嘴（努嘴） [213]垄垅 [55]□铁～（插销）□～衫袖（双手交叉伸到袖筒里）

ts [33]宗棕踪综骔鬃中～间忠盅钟衷终踪舂～米纵～横蹱～眼矓（打瞌睡） [35]总种～子，芒～蹱肿□～□tu³⁵（农民） [213]中～奖仲众种～菜纵放～粽 [55]颂讼诵重文。～要

tsʰ [33]聪匆葱囱充钟盅冲忡翀涌地名，西～从～容 [41]从～来丛纵～队虫淙琮一种玉器重～阳 [35]宠冢 [213]重白。轻～铳

s [33]松轻～。～树崧忪淞嵩 [41]崇 [35]怂耸悚竦 [213]送宋颂餸菜

k [33]工功攻公蚣弓躬宫供～应恭龚供□登～（故意） [35]拱巩汞愩发梦～（做梦）

[213]贡供~品 [55]共□箸~（放筷子的筒）□笔~（笔套）

kʰ [33]空~格崆轰 [41]穹穷邛筇 [35]孔恐 [213]控空~闲

h [33]凶匈胸汹讻烘哄~抢薨叿唵嘛呢叭咪~（梵咒用字）[213]哄起~ [55]讧内~

∅ [35]□推。又音ŋ³⁵ [213]蕹~菜（空心菜）

ioŋ

h [41]雄宏

∅ [33]庸慵佣雇~ [41]绒戎熊茸冗容溶蓉熔溶融 [35]涌踊甬佣~金拥 [213]惠勇 [55]用

uoŋ

∅ [33]翁雍臃

ip

t [2]叠蝶碟牒谍喋鲽堞

tʰ [5]贴帖

n [5]捏□手挽着手埝~落去（凹陷下去）撚顺着抚理毛发等 [2]聂镊踂摄又音sip⁵

l [5]□山坑角~（山沟，偏僻的山村）[2]猎鬣

ts [5]接摺褶楫

tsʰ [5]妾

s [5]涉摄又音nip²慑□磁性□~眯眼（闭眼）□~住（用东西塞住缝隙）涩□nip⁵~鬼（吝啬鬼）

k [5]峡夹~子。~菜 [2]劫□苦涩

ŋ [5]□~涩鬼（吝啬鬼）[2]业邺孽

h [5]胁协勰怯侠挟~持。又音kiep⁵歃□hip⁵磁铁

∅ [5]腌腌制。又音im³³ [2]叶烨□~门（填房，从女方说）

ap

t [5]答搭塌倒下。又音tʰap⁵□软~~（软而无韧性）[2]踏沓量词：一~□~□ti³³鬼（全身脏兮兮的人，多指小孩）嗒

tʰ [5]塔塌倒下。又音tap⁵榻遢蹋 [2]□打~（配种）

n [2]纳衲呐钠

l [5]□~耙星（彗星）[2]腊蜡邋立白。倚~（起立）垃

ts [5]砸匝摺~尺 [2]闸铡杂什~物扎~马步煠~熟（把食物放入汤或开水中使之熟）

tsʰ [5]插

s [5]飒霎圾歃~血□~气（怄气）

k [5]甲胛钾岬荚铗鸽佮~埋一起（合在一起）蛤蛤蟆。又音ha³³

kʰ [5]磕

h [5]合喜欢。中意。[2]合~适。盒匣狎颌下~

∅ [5]鸭压押

ɐp

t [5]耷低下头□凹下去 [2]□捶□重~~（很重）

n [5]□肥 [2]□湿~~（湿湿的）

l [5]粒泣□自上而下罩苙 [2]立文。~正笠

ts [5]执汁 [2]习集袭

tsʰ [5]缉辑茸

s [5]湿□目~（犯困样）[2]十拾什~物

ŋ [5]□乱~廿四（胡说八道）[2]□~头（点头）

h [5]瞌爃闷热洽恰□欺~（欺负）

∅ [5]□药（上药）□封闭使不透气

iɐp

k [5]急挟~菜。又音hip⁵荚豆~□~纽（摁纽扣）狭 [2]及

kʰ [5]级吸汲岌给~予

∅ [5]揖邑浥熠~~生辉 [2]入曳~手（招手）

it

p	[5]必 □ □tsi⁵⁵～（女阴）鳖憋 [2]别～人、～针蹩
pʰ	[5]撇瞥
m	[5]搣掰开 [2]灭篾蔑蠛
t	[5]哳～仔（一点儿，少量）哲跌 [2]秩迭垤耋
tʰ	[5]铁餮饕～
l	[2]列烈裂洌咧趔
ts	[5]节疖蜇折～断浙啫睫婕捷 [2]截绝
tsʰ	[5]彻切～开澈撤辙□短～～（短短的）
s	[5]薛泄雪鳕窃屑亵 [2]折～本舌
k	[5]结洁拮劫决诀玦碣～石（地名，在汕尾）矍 [2]杰桀
kʰ	[5]缺抉乞竭揭蕨厥撅阙子
ŋ	[2]热月
h	[5]血
ø	[5]噎 [2]粤悦阅曰越樾钺乙

ut

p	[5]钵 [2]钹脖勃渤饽荸
pʰ	[5]泼拨～开拂白。～扇（扇扇子）□疙瘩
m	[2]勿末沫茉殁没淹～。～有
f	[5]阔豁～然开朗渴喝口～。～彩□累
t	[5]□大声喝□～着（遇到，碰到）[2]夺
tʰ	[2]脱
l	[5]捋～高（捲高）□～猪（杀猪）[2]劣
ts	[5]卒啐呚吸啜辍拙苗□蛇狗～（泥鳅）
tsʰ	[5]□～仔（扒手）猝～死
s	[5]设说捽率～领蟀宿星宿，七～（七夕）□～烟（旱烟）
k	[5]割葛
h	[5]□呵斥 [2]歇蝎蠍

ø	[2]活

at

p	[5]八捌
pʰ	[2]□大肚～（孕妇）
m	[5]抹～布 [2]□踩
f	[5]发～现。头～法珐砝
t	[2]达靼跶□水～（滩地）□草埔～（草坪）
tʰ	[5]挞蛋～
n	[2]捺
l	[5]瘌～痢 [2]辣邋～遢□一～（一行）
ts	[5]札扎轧 [2]凸鸡～（蟑螂）
tsʰ	[5]擦察嚓搽
s	[5]刷撒萨杀刹煞涮
h	[5]□～肚（里面）[2]辖瞎□托～□tsʰɐt²（拍马屁）

uat

k	[5]刮
ø	[5]挖斡挖用手指抠 [2]滑猾

ɐt

p	[5]笔不毕荜 [2]拔钹跋弼
pʰ	[5]匹
m	[5]乜 [2]物密蜜袜
f	[5]忽惚阿佛佛仿～氟狒窟屎～（屁股）[2]佛～祖拂文。吹～伐筏阀罚乏沸～腾
t	[2]突凸
n	[5]□用食指和拇指的指甲掐
l	[5]栗□～皮（掉皮）[2]律溧傈率效～
ts	[5]撮质鹜阴～□～专（故意）[2]佺窒疾嫉蛭桎
tsʰ	[5]出黜七膝□～箕（簸箕）[2]□男阴□托□hat²～（拍马屁）
s	[5]塞瑟虱失室戌恤 [2]实述术算数。

白~（中药）

k	[5]吉橘□戳 [2]□踮着脚□矮仔~（矮子）
kʰ	[5]咳
ŋ	[5]日□点~（怎么）。又音ŋan⁵⁵ □~仔（灯蛾）
	[2]迄~今为止屹啮动物昆虫等用前牙啃或咬
h	[5]乞~食（乞讨）[2]核劾黠

iɐt

t	[5]□矮~~（形容人长得很矮）迭溜达
l	[5]屎□~（屁股沟儿）
Ø	[5]一壹 [2]逸轶溢洋~

uɐt

k	[5]括骨 [2]掘倔崛
kʰ	[5]窟一只~（一个窟窿）屈~原。委~

ik

pʰ	[5]僻辟癖霹
t	[2]滴嫡
ts	[5]□哩~（这里）
s	[5]蜥 [2]食蚀腐~

ak

p	[5]百伯佰泊梁山~腹白。肚~ [2]白帛卜萝~
pʰ	[5]拍柏魄帕泊停~粕舶
l	[2]勒~索
ts	[5]窄摘责啧戻□~花茝（童养媳）□~暗宝（压宝）□~暖（烤火取暖）[2]宅择泽摘砸
tsʰ	[5]拆坼破爆~（皲裂）测又音tsʰɐk⁵册策尺斥赤赜肋~下（腋窝）坼声喉~（公鸭嗓儿，指嗓音沙哑）礤菜头~（礤床）
s	[5]□瓦片~（碎瓦）
k	[5]格胳白骼革隔膈嗝
ŋ	[5]额厄扼呝~人（骗人）轭讹□仔（子）穴
h	[5]黑又hɐk⁵吓客嚇□芋~（芋头叶）

	[2]□□tʰɔk⁵~（巴结）
Ø	[5]鈪手~（手镯）

iak

p	[5]壁白。墙~
pʰ	[5]劈 [2]擗扔掉
m	[5]觅
t	[2]笛籴
tʰ	[5]剔踢□~药（开药方）
l	[5]呖厉害，借自广州话 [2]沥地名
ts	[5]脊瘠崤炙 [2]褯席坐~
tsʰ	[5]□刺~针（打毛衣的针）
s	[5]锡鹊
k	[2]剧屐

uak

k	[5]掴
Ø	[2]或惑域划计~。~船画动词

ɐk

p	[5]北迫珀逼壁文。~虎璧襞
pʰ	[5]碧
m	[5]唛~头（商标）擘掰开。张开□~牙（粘牙）[2]脉含情~~。~搏陌墨默蓦幂泪~罗江麦
t	[5]得~到德的~士□抌，用手托着向上 [2]特敌迪涤狄荻
n	[5]匿昵棘荆棘□~球（鸡眼）[2]溺
l	[5]雳砾栎 [2]力历沥枥肋勒簕
ts	[5]侧则即鲫~鱼唧仄迹只量词织积职绩渍稷蛰惊~□量词，一缕 [2]直值植殖籍籍寂汐夕席主~
tsʰ	[5]叱恻测又音tsʰak⁵戚 [2]贼咋
s	[5]息熄媳螅悉析晰淅皙色嗇式拭轼识饰昔惜适释成觳~仔噬 [2]硕石
ŋ	[2]逆

h [5]黑又音hak⁵

iɐk

k [5]击激戟殛 [2]极

kʰ [5]克刻

Ø [5]抑忆亿益臆□合~（合页）[2]翼液腋掖亦奕译驿绎易~经蜴役疫翌翊页

ɔk

p [5]博缚膊剥白驳扑用棍棒砸，又音pʰok⁵亳□水~（堤岸）[2]泊淡~薄礴雹箔□~铛（一种煎饼）□闭上嘴巴

pʰ [5]朴~素魄文。落~璞濮噗

m [5]剥文 [2]莫膜寞幕漠

t [2]度量度长度踱铎沰~~滴（不停地滴）

tʰ [5]托讬拓□~□hak²（巴结）

n [2]诺

l [5]落角~头（角落）烙酪□老~（汗垢）[2]落~水骆络洛乐快~□鸡~（陀螺）

ts [5]着~火。~衫（穿衣服）卓桌作 [2]凿咋鑿

tsʰ [5]绰灼

s [5]索朔塑溯嗍用力吸 [2]勺芍

k [5]角~落桷方形的椽子觉~得各胳~膊阁搁搁郭廓国

kʰ [5]霍藿确□用手指关节敲击 [2]涸喉咙因干燥而不舒服

ŋ [2]鳄鄂腭愕鹗谔萼颚乐音~、岳~飞、~父

h [5]壳熇把饭菜加热 [2]学鹤

Ø [5]恶凶~ [2]噩

iɔk

t [5]嚼啄琢涿斲剁斫

n [2]虐瘧谑

l [2]略掠

ts [5]爵雀

s [5]削

k [5]脚角丑~

kʰ [5]却

ŋ [2]弱岳五~

h [5]□□ŋai²¹³~（讨厌）

Ø [5]约跃箹叶子 [2]若药钥

uɔk

Ø [2]镬锅获瘸怀~（干啰）

ok

p [5]卜占~讣□带~（提携，使人沾光）卟~~脆（非常酥脆）[2]仆~人伏文。~啊地下（趴在地上）瀑匍

pʰ [5]仆~落地（摔在地上）扑趴着睡

m [2]木沐目苜睦穆牧

f [5]哭斛幅福蝠辐复重~、腹文。~部複覆馥 [2]服伏文茯袱复~兴匐

t [5]督笃□捅涿淋雨□白毛~（少白头）[2]独毒读牍特渎黩

tʰ [5]秃

n [5]□~单车（骑自行车）

l [5]麓辘车轮碌一~蔗（一节甘蔗）渌睩瞪大眼□擀（面）[2]六陆录绿禄氯戮鹿漉熝被热水烫

ts [5]竹竺筑粥祝足捉烛触~摸嘱瞩□~水（灌水）[2]族逐续赎浊俗风~镯躅轴妯

tsʰ [5]速畜蓄搐促蹙蹴触~动

s [5]续宿住~缩蓿肃叔粟俗~语束夙馊 [2]熟塾孰淑菽赎属蜀

k [5]谷菊鞠掬 [2]局焗~油

kʰ [5]曲蛐麹酷残~。又音kʰu⁴¹

Ø [5]屋

iok

ŋ　[2]肉玉狱

∅　[5]郁旭昱煜　[2]育辱褥缛蓐浴欲

uok

∅　[5]握沃

ek

∅　[5]□～仔（饱嗝儿）

m

∅　[213]唔_{又音 m⁵⁵}嗯姆_{又音 mu²¹³}　[55]唔_{又音 m²¹³}

ŋ

ŋ　[41]吴蜈吾梧　[35]五伍□～～（把屎）
　□推。又音 oŋ³⁵　[213]午□水～（水缸）　[55]
误悟

第四章　词汇特点

方言特别词

鹅埠位处粤中，镇以东基本为粤东闽南方言区，以西及以北主要为客家方言，包围在这一语言环境中，鹅埠占米话不可避免地发展成为一种带有混合性的方言。这种混合性在词汇上表现明显，从而也成为这支方言的一大特色。

一　鹅埠占米话中的客家方言词

鹅埠西北部有一道莲花山脉，周边有不少客家村落；西部与惠州市惠东县接壤，而惠东境内存在着粤方言、本地话（一种客家方言）、客家方言、学佬话、军话，其中，本地话比较强势。早年，由于经济上惠东县相对海丰县较为发达，两地交通顺畅，因而鹅埠人与惠东人在经济商贸、文化教育等方面往来也较为密切，进而使得鹅埠人跟客家人多有接触，因而占米话不少词也存在着客家方言的痕迹，与典型的粤方言词不同。例如：

表4-1　鹅埠占米话中的客家方言词

词条	鹅埠占米话	梅县客家方言	广州话
苔藓	溜苔 lɐu⁴¹tʰui⁴¹	溜苔 liu³⁵tʰoi¹¹	苔藓 tʰɔi²¹sin³⁵
洞房	新娘间 sɐn³³niɔŋ⁴¹kan³³	新娘间 sin³⁵ŋiɔŋ¹¹kian⁴⁴	新人房 sɐn³³iɐn²¹fɔŋ²¹
岳父	丈人佬 tsɔŋ⁵⁵iɐn⁴¹lɐu³⁵	丈人佬 tsʰoŋ³⁵ŋin¹¹lau³¹	外父 ŋɔi²²fu³⁵
会聚	凑紧 tsʰɐu²¹kɐn³⁵	凑紧 tsʰeu⁵⁵kin³¹	凑埋 tsʰau³³mai²¹
空手	打空手 ta³⁵fɔŋ³³sɐu³⁵	打空手 ta³¹kʰuŋ³⁵su³¹	两梳蕉 liɔŋ¹³sɔ⁵⁵tsiu⁵⁵
藏匿	偋 piaŋ²¹³	偋 piaŋ⁵³	匿 nei⁵⁵

词条	鹅埠占米话	梅县客家方言	广州话
拾取	捡 kim³⁵	捡 kiam³¹	执 tsɐp⁵
搬家	徙屋 sɐi³⁵ok⁵	徙屋 sai³¹ok¹	搬屋 pun⁵⁵ok⁵
公狗	狗牯 kɐu³⁵ku³⁵	狗牯 kɐu³¹ku³¹	狗公 kau³⁵koŋ³³
边	唇 sɐn⁴¹	唇 sun¹¹	边 pin⁵⁵
最后	煞尾 sat⁵mi²¹³	煞尾 sat¹mi⁴⁴	最尾 tsøy³³mei⁵⁵

上述各词在构词形式上与周边客家方言的说法一致，而与典型的粤方言相异，由此可见客家方言对占米话的影响。

二　鹅埠占米话中的闽南方言词

海丰境内主流的方言当地人称为“学佬话”，与广东东部的潮汕话一样，同属于闽南方言。鹅埠镇讲占米话的居民基本都能讲一口流利的学佬话。在这种双方言的语言环境中，占米话和学佬话必然存在着比较密切的接触，因而在占米话的词汇中，就出现了不少来自学佬话，甚至来自潮汕话的词汇。这些词汇的借用形式各异。

（一）整词借用

“整词借用”是指用占米话的读音折合借入闽南方言词。这类词数量不少，例如：

表4-2　鹅埠占米话中整词借用的闽南方言词

词条	鹅埠占米话	海丰闽南方言	广州话
台风	风台 foŋ³³tʰai³³	风台 hoŋ³³tʰai³³	台风 tʰɔi²¹foŋ⁵⁵
温水	□暖水 na⁴¹nun²¹sui³⁵	□暖水 nã²²nun²²tsui⁵³	暖水 nyn¹³søy¹³
菠菜	菠棱 po³³leŋ⁴¹	菠棱 po³³leŋ⁵⁵	菠菜 po⁵⁵tsʰɔi⁵⁵
萝卜干	菜脯 tsʰui²¹pu³⁵	菜脯 tsʰai⁵⁵pou⁵³	萝卜干 lɔ²¹pak³kɔn⁵⁵
棱角丝瓜	角瓜 kɔk⁵kua³³	角瓜 kak⁵kue³³	丝瓜 si⁵⁵kua⁵⁵
芋头叶子	芋□ fu⁵⁵hak⁵	芋□ ou²²haʔ²	芋叶 u²²ip²
驼背	腰痀 iu³³ku³³	腰痀 io³³ku³³	寒背 hɔn²¹pui³³
头发	头毛 tʰɐu⁴¹mɐu⁴¹	头毛 tʰau²²mo⁵⁵	头发 tʰau²¹fat³
筷子	箸 tsi⁵⁵	箸 ti²²	筷子 fai³³tsi³⁵
鸡巴	卵□ lɐŋ³⁵tsiɐu⁵⁵	卵□ laŋ³³tsiau⁵³	尻 kɐu²²

词条	鹅埠占米话	海丰闽南方言	广州话
胸脯	心肝头 sɛm³³kun³³tʰɐu⁴¹	心肝头 sim³³kũã³³tʰau⁵⁵	心口 sɛm⁵⁵hɐu³⁵
凉茶	凉水 liɔŋ⁴¹sui³⁵	凉水 liaŋ²²tsui⁵³	凉茶 liɔŋ²¹tsʰa²¹
淤青	乌青 u³³tsʰɐŋ³³	乌青 ou³³tsʰẽ³³	淤血 y³⁵hyt³
手套	手□ sɐu³⁵lɐp⁵	手□ tsʰiu³⁵lap²	手袜 sɐu³⁵mɐt²
扫墓	挂纸 kua²¹tsi³⁵	挂纸 kue⁵³tsua⁵³	拜山 pai³³san⁵⁵
筒骨	饭匙骨 fan⁵⁵si⁴¹kuɐt⁵	饭匙骨 pũĩ²²si²²kut²	大骨 tai²²kuɐt⁵
圆珠笔	膏笔 kɐu³³pɛt⁵	膏笔 ko³³pik²	圆子笔 yn²¹tsi³⁵pɛt⁵
卷笔刀	铅笔搅 in⁴¹pɛt⁵kau³⁵	铅笔搅 iaŋ²²pik⁵kau⁵³	铅笔刨 yn²¹pɛt⁵pʰau³⁵
蹲	跕 kʰɐu⁴¹	跕 kʰu⁵⁵	踎 mau⁵⁵
把屎	□□ ŋ²¹ŋ³⁵	□□ ŋ²²ŋ³⁵	兜屎 tau⁵⁵si³⁵
快	猛 maŋ²¹³	猛 mẽ⁵³	快 fai³³
喜欢	合 hap²	合 haʔ²	钟意 tsoŋ⁵⁵i³³
穷	□ kʰiɐu²¹³	□ kʰiau³³	穷 kʰoŋ²¹
厉害	□ kʰiaŋ²¹³	□ kʰiaŋ²¹³	呖 lek⁵
辛苦	艰苦 kan³³kʰu³⁵	艰苦 kan³³kʰou⁵³	辛苦 sɛn³³fu³⁵
地道	正庄 tsɐŋ²¹tsɔŋ³³	正庄 tsĩã⁵⁵tsɛŋ³³	正 tsɛŋ³³
（饭菜）馊了	臭酸 tsʰɐu²¹sun³³	臭酸 tsʰau⁵⁵sɤŋ³³	□ sok⁵
有办法	有变 iɐu²¹pin⁵⁵	有变 u²¹piaŋ²¹³	有办法 iɐu¹³pan³³fat³
生意	生理 saŋ³³li²¹³	生理 sɛŋ³³li⁵³	买卖 mai¹³mai²²

上述各词皆为占米话常用词，其说法与周边海丰闽南方言在词形上完全一致，而与广州话迥然不同，也不同于周边客家方言的说法。显然，这些词是受海丰闽南方言影响形成的。

（二）语素渗透

"语素渗透"是指在一个合成词中，有部分语素来自于海丰闽南方言，另一部分语素为粤方言语素或普通话语素。这是一种方言部分接触的形式，构成的词是"合璧词"。整个词呈现出半粤半闽或半闽半普的混合、杂交状态，颇具特色。

表4-3 鹅埠占米话中语素渗透的闽南方言词

词条	鹅埠占米话	海丰闽南方言	广州话
每晚、整晚	□晚夜 tʰaŋ²¹man²¹ia⁵⁵	□暝 tʰaŋ⁵⁵mẽ⁵⁵	成晚 seŋ²¹man³⁵
叶子	箬仔 iɔk⁵tsɐi³⁵	箬 hiu⁷⁵	叶 ip²
眼眶	眼箍 ŋan³⁵kʰu³³	目箍 mak²kʰou³³	眼圈 ŋan³⁵hyn⁵⁵
捉迷藏	站藏 tiɐm²¹tsʰɔŋ⁴¹	站□ tiam⁵⁵tsʰue²²	捉伊人 tsok⁵i⁵⁵iɐn⁵⁵
遇到	堵到 tu³⁵tɐu³⁵	堵着 tu⁵³tio⁷²	撞到 tsɔŋ²²tou³⁵
打架	相打 siɔŋ³³ta³⁵	相拍 siũ³³pʰa⁷²	打交 ta³⁵kau⁵⁵
吵架	相闹 siɔŋ³³nau⁵⁵	相骂 siũ³³mẽ²²	闹交 nau²²kau⁵⁵

三 鹅埠占米话自身特色词

虽然受周边方言影响，鹅埠占米话的词汇汇集了粤客闽三大方言的特点，但也不乏自身方言特色词，这些词在各类词中都存在，以下按照语义类别列举一些具有较显著特征的实词。

（一）关于人物的称呼

称谓语往往能够反映出人们命名的着眼点，并折射出方言区人们的某种文化心理因素。

表4-4 鹅埠占米话中关于人物称呼的特色词

鹅埠占米话	释义	鹅埠占米话	释义
大喊鬼 tai⁵⁵ham²¹kuɐi³⁵	说话声音很大的人	哭面鬼 fok⁵min⁵⁵kuɐi³⁵	爱哭的孩子
兵仔/哥屎 peŋ³³tsɐi³⁵/ko³³si³⁵	跑龙套的	老蒜头 lɐu³⁵sun²¹tʰɐu⁴¹	个子小而老成的孩子
妇女人 fu⁵⁵ni³⁵iɐn⁴¹	女人	流鼻仙 lɐu⁴¹pi⁵⁵sin³³	整天流鼻涕的孩子
男子佬 nam⁴¹tsi³⁵lɐu³⁵	男人	片烟鬼 pʰin²¹in³³kuɐi³⁵	烟瘾很大的人
捡仔 kin³⁵tsɐi³⁵	养子	青眼猴 tsʰiaŋ³³ŋan³⁵hau⁴¹	妒忌、眼红的人
使妹仔 sɐi³⁵mui⁵⁵tsɐi³⁵	婢女	三八姆 sam³³pat⁵na²¹³	多管闲事的女人

鹅埠占米话	释义	鹅埠占米话	释义
大肚□ tai⁵⁵tu³⁵pʰat²	孕妇	铁老鼠 tʰit⁵lɐu³⁵tsʰi³⁵	吝啬的人
高脚筒 kɐu³³kiɔk⁵tʰoŋ⁴¹	高个子	米筛神 mɐi³⁵sɐi³³sɐn⁴¹	说话冗长啰唆的人
瘦藤 sɐu²¹tʰɐŋ⁴¹	瘦而结实的人	猴仔 hɐu⁴¹tsɐi³⁵	好色的男人
担担佬 tam³³tam²¹lɐu³⁵	挑夫	大头壳 tai⁵⁵tʰɐu⁴¹hɔk⁵	脑袋很大的人
关筒婆 kuan³³tʰoŋ⁴¹pʰo⁴¹	巫婆	大细乐 tai⁵⁵sɐi²¹lɔk⁵	开朗的人
拆天 tsʰak⁵tʰin⁴¹	顽皮的孩子	大炮筒 tai⁵⁵pʰau²¹tʰoŋ⁴¹	吹牛大王

（二）关于事物的称呼

同一事物或概念在不同的方言中会有不同的说法，大多数情况下是因为不同方言区的人对这些事物的认识角度不一样，因而造词的着眼点也各不相同。占米话也存在着许多颇具自身方言特色的事物称呼词，例如：

表4-5　鹅埠占米话中关于事物称呼的特色词

鹅埠占米话	释义	鹅埠占米话	释义
厕缸 tsʰa²¹koŋ³³	有墙有门隔着的厕所	饭匙 fan⁵⁵si⁴¹	饭勺
厕缸虫 tsʰa²¹koŋ³³tsʰoŋ⁴¹	蛆虫	饭匙骨 fan⁵⁵si⁴¹kuɐt⁵	猪腔骨
窗横 tsʰoŋ³³uaŋ⁴¹	窗栅栏	鸽嬷 kap⁵na²¹³	母鸽
窗眼 tsʰoŋ³³ŋan³⁵	窗户	狗耳吉 kɐu³⁵ŋi³⁵kɛt⁵	广式馄饨
床贴 tsʰoŋ⁴¹tʰip⁵	床单	蛇狗钻 sa⁴¹kɐu³⁵tsun⁵	泥鳅
刀嬷 tɐu³³na²¹³	砍刀	瓜米 kua³³mɐi³⁵	瓜子儿
凳头 tɐŋ²¹tʰɐu⁴¹	方凳	鬼转风 kuɐi³⁵tsun³⁵foŋ³³	旋风
零星 liaŋ⁴¹siaŋ³³	零食	禾镰月 uo⁴¹lim⁴¹ŋit²	月牙儿
电管 tin⁵⁵kun³⁵	日光灯管	机器□ ki³³hi²¹maŋ²¹³	化肥
雀仔肚 tsiɔk⁵tsɐi³⁵tu³⁵	脸颊旁的鬓角	鸡□ kɐi³³lɔk²	陀螺

（三）行为活动的生动说法

动词表示人的动作与活动，人有各种各样的行为，而各方言系统里对动作、活动的分类各不相同，因而动词的差异也会比较大。

表4-6　鹅埠占米话中关于行为活动的特色词

鹅埠占米话	释义	鹅埠占米话	释义
俾寻 $piaŋ^{21}tsʰɐm^{41}$	捉迷藏	跪大路 $kuɐi^{21}tai^{55}lu^{55}$	跪在路边求助
出□ $tsʰɐt^5tan^{33}$	感染伤寒	肚腹屙 $tu^{35}pak^5o^{33}$	腹泻
出估仔 $tsʰɐt^5ku^{35}tsɐi^{35}$	出谜语	屙痢疾 $o^{33}li^{55}tsɐk^5$	患痢疾
出门 $tsʰɐt^5mun^{41}$	上班	发脉 $fat^5mɐk^2$	癫痫
出屋 $tsʰɐt^5ok^5$	走亲戚	发哈吁 $fat^5ha^{33}hi^{33}$	气喘
吹凉 $tsʰui^{35}liɔŋ^{41}$	乘凉	发梦愩 $fat^5mɔŋ^{55}kɔŋ^{35}$	做梦
跌□子 $tit^5tɐu^{35}tsi^{35}$	掷骰子	发羊彩 $fat^5iɔŋ^{41}tsʰui^{35}$	癫痫发作
锄水 $tsʰo^{41}sui^{35}$	排水	捡死鸭 $kim^{35}si^{35}ap^5$	得到意外的好处或便宜
坐雪屐 $tsʰo^{21}sik^5kiak^2$	滑雪	漏下颌 $lɐu^{55}ha^{21}hap^2$	嚼舌头

在占米话里有些动词语素包含了较广的搭配对象，如"打"和"做"。占米话中"放鞭炮"说"打连炮"，"耍枪"说"打关刀花"，"号脉"说"打脉"，"消夜"说"打豆豉"，"梳髻"说"打髻团"，"按手印"说"打手印模"；"干活、工作"用"做工夫"，"办亲事"用"做好事"，"出麻疹"用"做麻仔"，"变魔术"用"做把戏"。表4-6中的"出、发"也同样如此，所搭配对象比较丰富。此外，还有一些比较有特色的动宾式结构，如"滑雪"为"坐雪屐"，"嚼舌头"为"漏下颌"等。

第二节

古语词

占米话保留了一部分古汉语词汇。占米话的古语词与普通话相比较，有一些普通话口语中已不使用的而只见于书面语，尤其是出现在文言文或成语中的词语，也有一些普通话口语仍保存，但某些义项已消失或已发生变化，在方言中仍然保留原义项。这些词至今仍活跃于人们的日常口语中，有些在具体义项上与原古汉语义相比有不同程度的引申变化，但多保留了相当的一致性。下面就主要的古语词列出该词的词义、方言读音及其在古文献中的相关记载。

翼 iek² 名词，翅膀。

翼，《广韵》职韵与职切：羽翼。《周易·明夷》："明夷于飞，垂其翼"。清李汝珍《镜花缘》："凡花有色者往往无香，即如有翼者皆两其足。天下之事，那能万全。"占米话用"翼"的本义。

大髀 tai⁵⁵pi³⁵ 名词，大腿。

髀，《广韵》旨韵卑履切。《说文》：股也。《礼记·深衣》："带，下毋厌髀，上毋厌胁，当无骨者。"后由人之腿引申指动物之腿。粤方言、占米话中皆可指人或动物的腿。

屐 kiak² 名词，木拖鞋。

屐，《广韵》陌韵奇逆切：履屐。唐房玄龄等《晋书·五行志上》："初作屐者，妇人头圆，男子头方。"可见，穿屐之俗，自古就有。地处亚热带地区，因夏日天气闷热多雨，旧时鹅埠人喜穿自制的木屐，甚至田间劳作也以穿木屐为便，因而该词也一直得以沿用。

箸 tsi⁵⁵ 名词，筷子：火～火筷子。

箸，《广韵》澄韵遟倨切：匙箸。《荀子·解蔽》："从山下望木者，十仞之木若箸"。占

米话保留古汉语形式。

桷kɔk⁵名词，方形的椽子。

桷，《广韵》觉韵古岳切：椽也。唐孔颖达疏《毛诗传笺·鲁颂·閟宫》："松桷有舃，路寝孔硕。"《周易译注》："桷，方的椽子。"《全上古三代秦汉三国六朝文·与山巨源绝交书》："足下见直木，必不可以为轮，曲者，不可以为桷，盖不欲以枉其天才，令得其所也。"占米话正是使用此音义。

桁haŋ⁴¹名词，檩，屋上托住椽子的横木。

桁，《广韵》庚韵户庚切：屋桁。梁萧统辑《文选·景福殿赋》："桁梧复叠，势合形离。"李善注："桁，梁上所施也。桁与衡同。"北齐刘书《刘子》："夫栌栢之断也，大者为之栋梁，小者为之椽桁"。

碪hem²¹³名词，坎儿。

碪，《广韵》勘韵苦绀切：岩崖之下。赵尔巽等《清史稿·海兰察传》："进格鲁克古丫口，崖碪壁立，督兵揉登。" 也指堤岸。明毛晋辑《六十种曲·琵琶记·义仓赈济》："又要管淘河砌碪。又要办水桶麻绳。"岩崖、堤岸皆为凸起之物，占米话由此引申转指坎儿，俗写成"槛""坎"。

槏tsim³³名词，垫着器物的木楔子。

槏，《广韵》咸韵所咸切。《说文》：楔也。明徐光启《农政全书·种植》："此桐三年乃生，首一年犹未盛，第二年则盛矣。生五六年亦衰，即以栗槏剥之。"占米话仍用"槏"作为垫在器物下端起稳固作用之物。

鉎siaŋ²¹³名词，铁器生锈：生～生锈。

鉎，《广韵》庚韵所庚切。清彭定求等《全唐诗·追和虎丘寺清远道士诗》："石涩古铁鉎，岚重轻埃漫。"占米话沿用该义项，用法与粤东闽南话相同。

罍lui³⁵名词，竹制的装鱼器：鱼～鱼篓。

罍，《集韵》贿韵卢对切：空小穴也。指小洞。《庄子·秋水》："计四海之在天地之间也，不似罍空之在大泽乎？"清郭庆藩《庄子集释》。"罍空，蚁穴也。"占米话指竹制的装鱼器，音合，义有所引申。

篷pʰoŋ⁴¹名词，船帆。

篷，《广韵》东韵薄红切：织竹夹箬覆舟也。即指船篷。《三国演义》第四十九回："徐盛见前船无篷，只顾赶去"。又指船帆。清彭定求等《全唐诗·送张管书记》："河广篷难度，天遥雁渐低。"占米话音合义通。

溦mi⁴¹名词，细小水点：～烟水毛毛雨，～烟薄薄的雾。

溦，《集韵》脂韵旻悲切。《说文》：小雨也。清厉鹗《雨后南湖晚眺》诗："新涨夜来

平钓矶，田家桥外凉浂溦。"常俗写作"霢"。占米话沿用该词古义。

铰剪 kau³³tsin²¹³ 名词，剪刀。

铰，《广韵》肴韵古巧切：铰刀。清郝懿行《证俗文·用器》："李贺《五粒小松歌》：'绿波浸叶满浓光，细束龙鬐铰刀翦。'注云：'束龙鬐，形容松叶之齐如刀翦截也。铰即今妇功缝人所用者，俗呼翦刀。'"占米话"铰"字音义俱合。

牛牸 ŋeu⁴¹tsi⁵⁵ 名词，小母牛。

牸，《广韵》志韵疾置切：牛牝。本义指年幼的母牛。《广雅·释兽》："牸，雌也。"清王念孙《广雅疏证》："《玉篇》：'牸，母牛也。'《易林·讼之井》云：'大壮肥牸，惠我诸舅。'"占米话中有不少与普通话词序相逆的词，尤其是一些带性别意义的动植物名称，多会把表示性别的语素放在中心语素的后面，例如：鸡嬷母鸡、猪牯公猪。占米话的"牸"已基本虚化成表示动物性别的语素，因而放置于中心语素"牛"之后。

肋赜下 lek⁵tsʰak⁵ha⁵⁵ 名词，腋窝、腋下。

赜，《集韵》麦韵士革切：探赜。指搜索隐秘。《周易·系辞上》："圣人有以见天下之赜，而拟诸其形容，象其物宜，是故谓之象。"唐孔颖达《周易注疏》："赜者，赜谓幽深难见。"指幽深之处。腋窝这个部位比较隐蔽，正好可以用"赜"引申形容。占米话音合义通。

塍 seŋ⁴¹ 名词，田地：整田～打理田地。

塍，《广韵》蒸韵食陵切。《说文》：稻中畦也。李善注《文选·西都赋》："下有郑白之沃，衣食之源。提封五万，疆场绮分，沟塍刻镂，原隰龙鳞。"占米话中表示田地的除了"塍"，主要还是以"田"表示，例如：犁田、坺田。而闽南话中一般是以"塍"表示田，占米话中该词应是受粤东闽南话的影响而成。

罂 aŋ³³ 名词，陶瓷或玻璃的宽口瓶，体积较大。

罂，《广韵》耕韵乌茎切。《说文》：缶也。《汉书·韩彭英卢吴传》："陈船欲度临晋，而伏兵从夏阳以木罂缶渡军，袭安邑。"唐颜师古注："服说是也，罂缶，谓瓶之大腹小口者也。'"占米话中的"罂"即指这种容器。广东粤客闽三大方言皆有该用法。

埕 tsʰeŋ⁴¹ 名词，装酒、酱油等的小口坛子。

近代汉语词。明臧懋循辑《元曲选·杂剧·同乐院燕青博鱼》："隔壁三家醉，开埕十里香，可知多主顾，称咱活杜康。"

嬰 mi³³ 名词，母亲的背称或婆婆的面称。

嬰，《广韵》支韵莫分切：齐人呼母。又写作"妳"。清钱大昭《广雅疏义》："《玉篇》：'妳，母也。'"唐李百药《北齐书·恩幸》："提婆母陆令萱尝配入掖庭，后主襁褓之中，令其鞠养，谓之干阿妳"。"干阿妳"即"干娘"。占米话音义皆合。

妗 kʰiem²¹³ 名词，舅母。

妗，《集韵》沁韵巨禁切：俗谓舅母曰妗。清梁章钜辑《称谓录》："张耒《明道杂录》：'经传中无妗字，乃舅母二字合呼也。'"清蒲松龄《聊斋志异·公孙九娘》："儿少受舅妗抚育，尚无寸报"。

息 sek⁵ 名词，曾孙。

息，《广韵》职韵相即切。古汉语中可指儿子或女儿。西汉司马迁《史记·赵世家》："老臣贱息舒祺，最少，不肖。"宋郭茂倩《乐府诗集·相和歌辞十》："大息登金马，中息谒承明，小息偏爱幸，走马曳长缨。"西汉司马迁《史记·高祖本纪》："臣有息女，愿为季箕帚妾。"占米话"息"指曾孙应为引申，为方言古语词。这种说法在赣语中同样也存在。

地理先生 ti⁵⁵li²¹sin³³saŋ³³ 名词，风水先生。

近代汉语词，明凌濛初《初刻拍案惊奇》："又隔了两月，请个地理先生，择地殡葬了王氏，已讫，那时便渐渐有人来议亲。"占米话沿用此说法。鹅埠当地风水色彩浓厚，不少人以"地理先生"为兼职。

跰 kan³⁵ 名词，脚上、手掌上生出的硬皮。

跰，《广韵》铣韵古典切。宋司马光《类篇》："久行伤足谓之跰"，跰指足久行生硬皮。《庄子·天道》："吾固不辞远道而来愿见，百舍重跰而不敢息。"明臧懋循《元曲选·杂剧·说鱄诸伍员吹箫杂剧》："害的你脚心里蹉做了跰，肚皮里饿断肠。"方言中常俗写成"茧"。

拗 au³⁵ 动词，弄折，折断：渠～断只箸他把筷子折断了。

拗，《广韵》巧韵于绞切：手拉。宋郭茂倩《乐府诗集·折杨柳》："上马不捉鞭，反拗杨柳枝。"

煠 tsap² 动词，把食物放入汤或清水中弄熟：你携只鸡春去～啊你把鸡蛋拿去煮了。

煠，《广韵》洽韵士洽切：汤渫。北魏贾思勰《齐民要术今释·素食》："当时随食者，取，即汤煠去腥气"。其中，"煠"都为煮之意。这一用法普遍存在于广东粤客闽三大方言中。

敨 tʰeu³⁵ 动词，①打开包卷物：～开包饼干啊。②喘气：跑得好快，～唔到气跑得很快，喘不过气。

敨，《集韵》厚韵他口切：展也。占米话音义与之一致。此外还引申指喘气。

詼 au²¹³ 动词，争辩，辩论：你乃唔好～啦你们别再吵了。

詼，《集韵》效韵于教切：言逆也。"言逆"是指言语观点不和，因而会产生争辩，辩论。占米话"詼"的意思正是由此引申而来，多指争论吵架。

佮 kap⁵ 动词，①合在一起。②合得来：渠两啊人性格好～他们俩的性格很合得来。

佮，《集韵》合韵古沓切：并佮聚。还可引申指人与人之间行事性格合得来。

啮 ŋet² 动词，指动物昆虫等用前牙啃或咬。

啮，《广韵》屑韵五结切：噬也。东汉王充《论衡校释·论死篇》："今人死，手臂朽败，不能复持刃，爪牙堕落，不能复啮噬，安能害人？"

擘 mek⁵ 动词，①掰开。②张开（嘴、眼等）。

擘，《广韵》麦韵博厄切：分擘。西汉司马迁《史记·刺客列传》："既至王前，专诸擘鱼，因以匕首刺王僚，王僚立死。"唐李百药《北齐书·孝昭六王传》："玦犹在手，拳不可开，时年十四，其父光自擘之，乃开。"

汨 mi⁵⁵ 动词，潜水

汨，《广韵》质韵美毕切：潜藏也。西汉贾谊《吊屈原赋》："袭九渊之神龙兮，汨深潜以自珍"。占米话"汨"入声韵转阴声韵，表示在水中闭气潜水，语义范围缩小。这一用法与粤东闽南方言相似。

徛 kʰi²¹³ 动词，站立。

徛，《广韵》纸韵渠绮切：立也。占米话也为"站立"之义，语音上，浊上读归阴去。一说本字为"企"。东汉班固《汉书·高帝纪第一上》："吏卒皆山东之人，日夜企而望归"。广东粤客闽三大方言皆使用该词，因学界多用"徛"，本书也用"徛"，不用"企"。

揽 lam³⁵ 动词，（用力）搂抱。

揽，《广韵》敢韵卢敢切：手揽取。《说文》：撮持也。东汉刘熙《释名·释姿容》"揽，敛也，敛置手中也。"《楚辞·离骚》："揽茹蕙以掩涕兮，沾余襟之浪浪。"主要指用手抓、持。后逐渐引申为"围抱，搂"。《红楼梦》第十八回："命他近前，携手揽于怀内"。占米话现使用的为此引申义。

凭 pen⁵⁵ 动词，倚靠。

凭，《广韵》证韵皮证切：依几也。《尚书·顾命》："甲子，王乃洮颒水，相被冕服，凭玉几。"宋岳飞《满江红》词："怒发冲冠，凭栏处，潇潇雨歇。"宋周邦彦《浣溪沙》词："翠枕面凉频忆睡，玉箫手汗错成声。日长无力要人凭。"都为依靠之义。

减 kam²¹³ 动词，用筷子拨出碗里的饭菜。

减，《广韵》豏韵古斩切：减耗也。南朝梁刘勰《文心雕龙·乐府》："故陈思称左延年闲于增损古辞，多者则宜减之，明贵约也。""减"为减少、减轻之义，占米话"减"有"用筷子拨出碗里的饭菜"之义，该用法为"减少"这一义项的引申。

戽 fu²¹³ 动词，用手或工具把水扬起并泼出去。

戽，《广韵》模韵呼古切：戽斗㪻水器也。"戽"指农具戽斗。元脱脱等《宋史·食货志上》："有水则无地可潴，有旱则无水可戽"。"戽"指用农械汲水，占米话用作动词的"戽"正为此义。部首中的"卩"因字形像戽斗，而称为"戽斗边"[fu²¹tɐu³⁵pin³³]。

埝nip⁵动词，凹陷下去。

埝，《广韵》添韵奴协切：下也。西汉扬雄《方言》："埝下也。"引申指凹陷下去。

粜tʰiu²¹³动词，卖粮食：～米卖米。

粜，《广韵》啸韵他吊切：卖米也。《管子·轻重丁》："桓公曰：'齐西水潦而民饥，齐东丰庸而粜贱'"。西汉司马迁《史记·货殖列传》："夫粜，二十病农，九十病末。"

荡tʰɔŋ²¹³动词，涮洗。

又写作"盪"。盪《广韵》荡韵徒朗切：涤盪摇动貌。后由摇动这一动作转指涤器。《说文》："盪涤器也。"再由涤器转指刷洗。东汉班固《汉书·艺文志》："聊以盪意平心，同死生之域，而无怵惕于胸中。"此处为涤洗之义。占米话使用的为后来的引申义，主要指"涮洗（器具）"。

猋piu³³动词，跳，窜。

猋，《广韵》宵韵甫遥切：群犬走貌。《尔雅》："扶摇谓之猋。"《楚辞·九歌·云中君》："灵皇皇兮既降，猋远举兮云中。"清曾国藩《曾国藩全集》："遂挈师由九江踔四百里，猋入南昌。""猋"古可指疾进貌，占米话今保留此义，多写成"飙"。

摎lɐu³³动词，把多种东西配在一起搅拌均匀。

摎，《广韵》尤韵力求切：物相交也。东汉班固《汉书·五行志》："元帝永光二年八月，天雨草，而叶相摎结，大如弹丸。"清董诰等辑《全唐文·韩愈·别知赋》："山礚礚其相轧，树翁翁其相摎。"占米话由相交、缠绕之义引申指多种东西互相混合在一起。该词常见于粤方言中，但用字各有不同：李新魁等《广州方言研究》记为"捞"，白宛如《广州方言词典》记为"擂"。

腌ip⁵动词，腌制。

腌，《广韵》业韵于业切：盐渍鱼也。《说文》：渍肉也。西汉贾谊《贾谊集·新书·礼》："官无蔚藏，腌陈时发，则戴其上。"占米话"腌"为入声，符合古音反切。

捼no⁴¹动词，粗粗地搓，揉。

捼，《广韵》灰韵奴和切：手摩物也。唐李延寿《南史·王昙首传》："及梁武军至城内，杀东昏，百僚署名送首。志叹曰：'冠虽弊，可加足乎？'因取庭树叶捼服之，伪闷不署名。"该词广州话也用，常写作"挼"。

安un³³动词，安装。

安，《广韵》寒韵乌寒切：安徐也宁也。引申指设置、安置。梁萧绎《金楼子校笺·箴戒篇第二》："帝自称'无上将军'，耀兵平乐观，上设九重华盖，盖皆安九子真金铃，银珠玉之饰称是也"。清蒲松龄《聊斋志异·局诈》："李生，嘉祥人，善琴。偶适东郊，见工人掘土得古琴，遂以贱直得之。拭之有异光，安弦而操，清烈非常，极喜。"该词常见于粤客

闽三大方言。

爆lok²动词，用或被热水烫：畀水～到_{被水烫到}。

爆，《集韵》屋韵卢谷切：炼也。宋李昉等辑《太平广记·诙谐六》："有士人，平生好吃爆牛头。"占米话也以该词表示烫。有学者认为"爆"是少数民族语言的底层词，如：龙州壮语为luk²；德宏傣语为lok²；拉珈语为luk²。

睩lok⁵动词，①眼珠子转来转去。②把眼睛瞪得圆圆的样子。

睩，《广韵》屋韵卢谷切：视貌。屈原《招魂》："蛾眉曼睩，目腾光些。"也指眼睛。还可指目转动貌，汉王逸《九思》："哀世兮睩睩，諓諓兮嗌喔。"

扑pok⁵动词，用棍棒砸。

扑，《集韵》觉韵弼角切：博雅。击也。《战国策·楚策一》："吾将深入吴军，若扑一人，若捽一人，以与大心者也"。占米话与古义相比，所指的范围缩小，专指用棍子打、击。粤方言中常俗写成"撲"。

绹tʰɐu⁴¹动词，拴定。

绹，《广韵》豪韵徒刀切。《尔雅》：绹，绞也。东汉郑玄《毛诗传笺》："夜作绞索，以待时用。"一说即绳索。《诗三家义集疏》："王引之云：'索者，纠绳之名，绹即绳也。索绹犹言纠绳。'"占米话只用作动词。

莳田si⁵⁵tʰin⁴¹动词，插秧。

莳，《广韵》之韵时吏切。唐房玄龄《晋书·载纪》："苌命其将当城于营处一栅孔中莳树一根，以旌战功。"该词不单用，一般只与"田"组合。

扰tem³⁵动词，①撞击。②丢掉，扔出去。

扰，《广韵》感韵都感切：刺也，击也。西汉扬雄《方言》："拯、扰，推也。"东周列御寇《列子·黄帝》："挡拯挨扰，亡所不为。""扰"为方言古语词，粤方言中常用。

憟tɐu⁵⁵动词，毒杀。

憟，《广韵》尤韵直佑切：愁毒。亦有学者将本字考为"瘆"。瘆，《广韵》来母号韵，郎到切。《说文》："瘆，朝鲜谓药毒曰瘆。"西汉扬雄《方言》："凡饮药傅药而毒，南楚之外谓之痹，北燕朝鲜之间谓之瘆。"占米话音义皆同。

晟tsʰaŋ⁴¹动词，炫目，（光线）刺眼。

晟，《广韵》劲韵承正切：明也，炽也。《集韵》时征切，音成：明也。为平声字。占米话中也为平声字。《原古上元学士》："昂头冠三山，俯瞰旭日晟。"该词在占米话中一般不单独用，多与"眼"搭配，表示因为光线过于明亮导致刺眼。用法与广州话相同。

偋piaŋ²¹³动词，藏。

偋，《广韵》劲韵防正切：隐偋也无人处。《说文》：偋蹇也。因与"屏"为通假字，

故也写成"屏"。《尚书·金滕》："尔不许我，我乃屏璧与珪。""屏"为藏之义。粤、客方言中也多用该词。

掌 tsɔŋ³⁵ 动词，看管，守。

掌，《广韵》养韵诸两切：手掌。引申指"主管、执掌"。《周礼·天官》："凌人掌冰正，岁十有二月"。《墨子·迎敌祠》："设守门，二人掌右阉。"《礼记·乐记》："以升降为礼者，礼之末节也，故有司掌之"。占米话中，"放牛"等看管动物的动作皆用"掌"。此外，看管门口也用"掌门"。

摜 kuan²¹³ ①动词，提着，挽着。②量词，串。

摜，《广韵》患韵胡惯切：摜甲。也写作"贯"。贯，《广韵》贯韵。《左传·成公十三年》："文公躬摜甲胄，跋履山川，踰越险阻"。杜注《左传》曰："摜，贯也。"梁萧子显《南齐书·高帝上》："躬摜甲胄，视险若夷。"都为贯穿之义，占米话引申指穿过篮子或器物的环形把手，挽着、提着的动作。后借用为量词，指一大串，多用于水果。现一般俗写成"掼"，本书从俗也写作"掼"。

孵 pu³³ 动词，孵化。

孵，《广韵》虞韵芳无切：卵化。也写作"孚"。宋张载《张子全书·正蒙》："子而孚化之，众好者翼飞之，则吾道行矣。"西汉韩婴《韩诗外传集释》："卵之性为雏，不得良鸡，覆伏孚育，积日累久，则不成为雏。"敷母字，也有个别字读为不送气音，如"捧"，"孵"读不送气音符合语音演变规律。

穵 uat⁵ 动词，用手指抠。

穵，《广韵》鎋韵乌八切：手穵为穴。指用手挖、掘。明吴承恩《西游记》第一回："只见海边有人捕鱼、打雁、穵蛤、淘盐。"占米话"穵"的范围有所不同，一般指用手指抠或挖出东西，所挖之物体积比较小，词义更倾向于"抠"，穴洞之类不可用"穵"。

赶（热）kun³⁵ 动词，趁（热）。

近代汉语词。元董君瑞《硬谒》："锅子饼热时赶热翻"，指趁热把饼翻过来。占米话中也有相似的用法：赶早走趁早走。该用法同样存在于粤东闽南方言中。

结 kit⁵ 动词，砌（砖、墙、灶）。

结，《广韵》屑韵古屑切：缔也。有建筑、构造之义。南朝宋范晔《后汉书》："乃遣千人于西县结木为栅，广二十步，长四十里，遮之"。北魏郦道元《水经注·淮水》："对岸山上结二城以防津要"。占米话中词义范围较小，一般只指修砌墙、灶台等。

睇 tʰei³⁵ 动词，看：～见看见，～书看书。

睇，《广韵》霁韵特计切：视也，又徒计切。"睇"为古楚语词。《说文》："南楚谓眄曰睇。"清钱大昭《广雅疏义·释诂》："'在父母舅姑之所，不敢睇视。'《楚辞九歌（山鬼）》：

'既含睇兮又宜笑'"。三国魏嵇康《与嵇生书》:"龙睇大野,虎啸六合,猛气纷纭,雄心四据"。广东粤客闽三大方言皆以"睇"表看。

诈 tsa²¹³ 动词,假装:～死,～唔识得。

诈,《集韵》祃韵侧驾切。《左传·宣公十五年》:"我无尔诈,尔无我虞。"清董诰等辑《全唐文·答元侍御书》:"前岁辱书,论甄逢父济识安禄山必反,即诈为暗弃去。"占米话沿用此说法。

佗 tʰo⁴¹ 动词,背负,特指负于身前:～啊渠_{背上它}。

佗,《广韵》歌韵徒河切。西汉扬雄《方言》:"凡以驴马驼驼载物者谓之负佗。"也俗写作"驮"。

噍 tsiu⁵⁵ 动词,嚼。

噍,《广韵》笑韵才笑切:嚼也。《礼记·少仪》:"数噍,毋为口容。"汉王充《论衡·道虚》:"故形上有口齿,形下有孔窍。口齿以噍食,孔窍以注泻。"

涿 tok⁵ 动词,被雨淋。

涿,《集韵》屋韵都木切:流下,滴。有击打之义。华学诚等《扬雄方言校释汇证》:"泷涿谓之沾渍。"有流下、滴下之义,可指被雨水击打。吴方言、客家方言中也用该词。

迣 tsʰei²¹³ 动词,传染。

迣,《集韵》祭韵征例切。元郝经《郝经集校勘笺注》:"睡虎地秦墓竹简《为吏之道》:'吏有五失:一曰夸以迣,二曰贵以大'"。东汉班固《汉书·礼乐志》:"体容与,迣万里"。占米话由超越转指传染,符合词义引申。

舓 sai²¹³ 动词,舔。

舓,《广韵》纸韵神纸切:以舌取物。《庄子·田子方》:"舓笔和墨,在外者半。"唐玄奘《大唐西域记》:"远则稽颡拜手,近则舓足摩踵。"占米话音义俱合。粤东闽南方言中也使用该词。

熇 hɔk⁵ 动词,给食物加热:～饭_{把冷饭加热}。

熇,《广韵》铎韵呵各切:热貌。《诗·大雅·民劳》:"多将熇熇,不可救药。"唐孔颖达《毛诗注疏》:"熇熇,是气热之气,故为炽盛也。"唐元稹《元氏长庆集·郑国公食邑三千户严公行状》:"荆俗不理室居,架竹苫茅,卑庳褊逼,风旱摩戛,熇然自火。"占米话中,把冷饭加热正是用此词。

泝泝淛 tɔk⁵tɔk⁵tɐi²¹³ 动词,不停地滴。

泝,《集韵》铎韵当各切:滴也。多指雨声。清梁章钜《农候杂占·火占》:"上火不落,下火滴泝。见崔实《农家谚》言:'丙日不雨,丁日必雨也。'滴泝,雨声。"淛,《集韵》齐韵丁计切:泣貌,一曰滴水。唐实叉难陀译《地藏菩萨本愿经》:"但于佛法中所为善事,

一毛一渧，一沙一尘，或毫发许，我渐度脱，使获大利。"占米话中也有个别阴入读为阳入的情况，如"摄"可读 sip²。"洇"读为阳入符合规律。

筪 tsʰia²¹³ 形容词，陡峭。

筪，《广韵》禡韵迁谢切：斜逆也。唐元稹《胡旋女》诗："潜鲸暗吸筪海波，回风乱舞当空霰。"占米话音义相符，粤东闽南方言中也多用此词，例如：条路过筪这条路太陡峭了。也俗写成"斜"，但"斜"为阳平，声调不符。

爗 hep⁵ 形容词，闷热：天气好～天气很闷热。

爗，《集韵》缉韵迄及切：热也。东汉赵晔《吴越春秋辑校汇考·吴越春秋·勾践归国外传》："故溢堤之水，不淹其量；爗干之火，不复其炽。"占米话只用于指天气闷热。

汎 pʰaŋ²¹³ 形容词，空，虚，不饱满。

也写作"泛"。泛，《广韵》汎韵孚梵切：浮貌。东汉班固《汉书·礼乐志》："泛泛滇滇从高斿"。后引申指不切实、笼统。金王若虚《王若虚集·诸史辨惑上》："《汉书》但云更加赏赐，则泛而不明矣。"事物能浮起来，即表示其轻而不实，因而可引申指不饱满。应是受到粤东闽南方言的影响，读为后鼻音。占米话中有"汎谷"之说，指的是秕谷，还可用于指各种不饱满的事物。

腈 tsiaŋ³³ 形容词，指动物无脂肪，瘦。五～肥半肥瘦肉，～肉瘦肉。

腈，《集韵》清韵子盈切：肉之粹者。梁顾野王《大广益会玉篇》：腈，子盈切，腈肉也。多俗写成"精"，明施耐庵《水浒传》："要十斤精肉，切做臊子，不要见半点肥的在上头"。占米话用法一致。广东粤东闽南方言及客家方言中也以该词表示动物肉瘦。

靓 liaŋ²¹³ 形容词，美丽。

本字为"令"。令，《广韵》劲韵力政切：善也。指美好，音义俱合。《诗·小雅·角弓》："此令兄弟，绰绰有裕。不令兄弟，交相为愈。"宋朱熹《诗集传》："然此善兄弟，则绰绰有裕而不变。彼不善之兄弟，则由此而交相病矣"。粤客闽三大方言通常俗写作"靓"，本书也从俗写为"靓"。

晏 an²¹³ 形容词，晚，迟。

晏，《广韵》翰韵乌旰切：晚也。西汉刘安《淮南子·天文训》："至于桑野，是谓晏食。"《楚辞·离骚》："及年岁之未晏兮"。唐韩愈《崔十六少府摄伊阳以诗及书见投因酬三十韵》："有时未朝餐，得米日已晏。"

醪 neu⁴¹ 形容词，浑浊。

醪，《广韵》劳韵鲁刀切：浊酒。《说文》：醪，汁滓酒也。西汉司马迁《史记·袁盎晁错列传》："乃悉以其装赍置二石醇醪"。宋郭茂倩《乐府诗集·轻薄篇》："浮醪随觞转，素蚁自跳波。"都指浊酒。后为酒的总称。南朝宋范晔《后汉书·樊宏阴识列传》："又野王

岁献甘醪、膏饧。"占米话存在个别来母字读入泥娘母字的情况，"醪"读为n声母符合演变规律，其词义是由"浊酒"引申为"浑浊"。

唔 m⁴¹ 副词，表否定"不"。

本字为"毋"。《广韵》虞韵武夫切：止之辞。清胡培翚《仪礼正义》："若父则游目，毋上于面，毋下于带。"又《右亲迎至门告摈者辞》："古文毋为无。"粤客闽三大方言通常俗写作"唔"，本书从俗，也写为"唔"。

番 fan³³ 量词：一～被—床被。

番，《广韵》元韵孚袁切：数也，递也。表示数量和频次，可用作量词。北周庾信《庾子山集注·谢赵王赍干鱼启》："某启：蒙赍干鱼十番。"宋欧阳修《新唐书》："书舀三番，作真、行、草三体"。因被子也为片状物，占米话用"番"做其量词。粤客方言中均有该用法。

第三节

民俗文化词

一 饮食

水糍 [sui³⁵tsʰi⁴¹]

"糍" [tsʰi⁴¹] 是一种用糯米蒸熟捣碎后所制成的食品,与糍粑的原材料相同。"水糍"是占米人在农历十二月初十以后直到春节期间必做的一道点心,据称,当地人过年吃"水糍"的传统习俗至少从清代就开始了。"水糍"的原料是糯米和花生油,做法也与糍粑相似,先把糯米浸泡蒸熟,然后放在石碓里面舂成圆盘状,晾干再泡入水中即成,这种做法正是该食品命名的来源。"水糍"成形后以煎食为佳。

图 1 水糍 海丰县水美村 /2017.1.07/ 吴芳 摄

油麻茶 [iɐu⁴¹ma⁴¹tsʰa⁴¹]

"油麻" [iɐu⁴¹ma⁴¹] 指芝麻。鹅埠的"油麻茶"在做法上跟粤东客家地区的"擂茶"相似，但在材料上有自己的特色。一般家里有客人时主人多以"油麻茶"招待，因而家家户户都有制作"油麻茶"的材料。客人一来便马上拿出钵开始磨碾。其做法是先放入茶叶碾，接着是碾花生，再是碾芝麻，碾好后放入开水，再继续碾，直至"油麻"香味四溢。最后再在里面撒入炒米、花生。根据个人的口味可加入炒好的野菜，还可放入一些虾皮，这样茶不仅浓香且非常鲜甜。

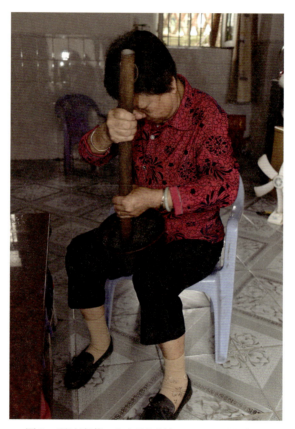

图 2　碾油麻茶　海丰县水美村 /2016.5.14/ 马绍峰 摄

□龟 ⁼[tsʰe³³kuɐi³³]

"龟"为海丰闽南方言"粿"的音译。这是旧时婚嫁或小孩"开丁 当地添丁的一种习俗"[fui³³tɐŋ³³]时一定会做的一道应节小吃。材料主要包括：糯米、"黄果仔 当地一种柑类水果"[uɔŋ⁴¹ko³⁵tsɐi³⁵]、山药。先将"黄果仔"放到水中浸泡，水浸出颜色后，把水倒入糯米中，开始和面。和好后压成小饼状，在锅里放入油，油最好是储存了两年左右的瓶装花生油，然后开始炸，炸好后装在盘子里。最后再把糖、花生碎、白芝麻搅匀拌在一起，把一个个小糯米饼放入其中，滚上这些材料。

图3 □龟～[tsʰe³³kuɐi³³] 海丰县水美村 /2018.2.14/ 吴芳 摄

黄酒 [uɔŋ⁴¹tsɐu³⁵]

当地一种糯米酒,因酒的颜色偏黄,所以称为"黄酒"。这种酒需要糯米酒饼作为材料,十斤糯米配一个酒饼。糯米需要浸泡一夜捞起来蒸熟,然后倒出来凉凉,需要降到常温,酒饼和白开水搅拌,倒进缸内,要用厚棉布盖紧瓶口,等三天后打开,洒一些米酒再盖紧瓶口,一个星期后再洒一些米酒,两个月后把酿好的糯米酒捞起来再煮开,即成。"黄酒"除了饮用外,还可以炒菜。与客家"娘酒"相似,当地人认为这种酒更适合妇女食用,尤其是在月子里食用。

二 建筑

瓦房 [ŋa³⁵fɔŋ⁴¹]

一种用石灰烧制的瓦来铺屋顶的房子,鹅埠农村传统的房子多为此类型。由于房顶的屋瓦是简单地一片片铺上去的,为了防止这些屋瓦坠落,人们常会隔几块屋瓦压一块砖。瓦房的墙为夯土墙,由石灰、石头与米浆或糖水搅拌后搭建而成,这种墙的成本较低,防风防火的性能比较好,但时间长了墙体多会出现裂缝。现今村里已很少人居住在这种房子中。

图4 瓦房 海丰县水美村 /2017.7.1/ 马绍峰 摄

围城楼 [uɐi⁴¹siaŋ⁴¹lɐu⁴¹]

又叫"城楼"[siaŋ⁴¹lɐu⁴¹]或"围城"[uɐi⁴¹siaŋ⁴¹]，由于占米人迁入鹅埠时，当地已有原住民，且民风比较凶悍，为了保护自己家族的人，他们把聚居地的房屋用三米高的围墙围起来，这些被围在围墙内部的房屋就叫"围城楼"，是一种集居住和防御于一体的建筑。"围城楼"一般有南北两个进出的门，大门一般高出围墙一层，具有观察和防御的作用。后来由于人口增长，一些占米人外迁到围墙外居住，因而就把仍旧居住在"围城楼"里的人称为"城内人"[siaŋ⁴¹nui⁵⁵iɐu⁴¹]，而迁往外面的人称为"城外人"[siaŋ⁴¹ŋoi⁵⁵iɐu⁴¹]。现今，鹅埠镇内，还保存着"围城楼"这种建筑形式的占米村落，但已不多见了。许多"围城楼"在历史发展的进程中因为各种原因被毁坏，仍旧保存"围城楼"的村落，"城内人"已锐减，"围城楼"逐渐变为一个历史名词。

图 5　围城楼　海丰县水美村 /2017.7.1/ 马绍峰 摄

王爷庙 [uɔŋ⁴¹ia⁴¹miu⁵⁵]

占米话中的"王爷庙"并非供奉有王爵封号的人。鹅埠共有三座"王爷庙"，当地人分别称为"大王爷庙""二王爷庙"和"三王爷庙"，这里的"王爷"指的是占米人来鹅埠落户时迁入的三位李姓兄弟。后人为了纪念这三位开村之祖，分别在鹅埠镇关、水美村、东寨村建了"王爷庙"，用以供奉三位兄弟的神位，并设立了专门的日子祭拜三人，以求庇护子孙后代。

图 6　王爷庙　海丰县水美村 /2016.1.10/ 吴芳 摄

谭仙庙 [tʰam⁴¹sin³³miu⁵⁵]

"谭仙" [tʰam⁴¹sin³³] 是海丰邻县惠东县一个带有传奇色彩的民间人物，传说其人受太上老君点化，有通天本领，常为当地老百姓造福，后静坐成仙，为老百姓所尊。鹅埠人自古与惠东人往来交流，也前往进香，进而从惠东请来香火，在鹅埠镇内修建"谭仙庙"，虔诚敬拜。鹅埠人一般为多神信仰者，人们对神灵的敬拜并不固定，因而，"谭仙庙"中除了供奉"谭仙"外，左右厢房还供有财神和观音娘娘，一庙多神。

图 7　谭仙庙　海丰鹅埠大显山 /2017.7.1/ 马绍峰 摄

三　日常用具

瓦钵 [ŋa²¹put⁵]

"钵" [put⁵] 指底平，口宽，有一定深度，外形像碗或盆的容器。"瓦钵"专指用陶烧制的，用来研磨"油麻茶"的一种容器。"油麻茶"的制作，除了用作容器的"瓦钵"外，还有一根"研茶棍杵" [ŋin⁴¹tsʰa⁴¹kuɐn²¹³]，是用以碾碎、搅拌并研磨芝麻花生等食材的工具。

炒米笪藤 [tsʰau³⁵mɐi³⁵tsʰia²¹tʰɐŋ⁴¹]

鹅埠依山傍海，山林中有一种当地人称为"炒米" [tsʰau³⁵mɐi³⁵] 的植物，占米人发现这种植物的枝条比较坚韧，不易折断，便将其摘采下来，扎成一捆，并对折扎成长条状，用来刷洗锅盆，可以有效去除黏在锅盆内壁的菜渍。由于山上这种"炒米"数量多，又容易生长，因而被大量用来做成刷洗厨具。

图 8　炒米笪藤　海丰县大显山 /2017.7.1/ 吴芳 摄

纸扎 [tsi³⁵tsat⁵]

"扎" [tsat⁵] 原义为缠束，店铺里的"纸扎"一般都会几十张作为一叠，并用红绳简单捆绑后再出售，因而命名为"扎"。后来"纸扎"泛指各种纸钱。鹅埠地区神灵祭拜盛行，传统的占米人家几乎每个月都有一些祭拜活动，或者是拜祖，或者是祭神，各种祭拜过程中一般都要烧纸钱，因而"纸扎"是当地居民日常不可缺少的物品。

四　行业

晒凉茶 [sɐi²¹liɔŋ⁴¹tsʰa⁴¹]

鹅埠占米话中的"凉茶" [liɔŋ⁴¹tsʰa⁴¹] 是指制作凉茶的原料，多为山中采集的一些植物枝叶。鹅埠处于亚热带，夏季相当湿热，人们也因此容易患上各种内热的疾病。由于这些

植物晒干后有清热解毒或润肺养胃的功效，因而常被当地人采摘制成中药。与一般的中药不同，"凉茶"多为常见的野生草药，如蛇舌草、荷叶、青蒿、蜈蚣草、牛契埔等。把这些晒干后的草药洗干净，置于锅中用清水煮上一个小时即做成"凉水"[liɔŋ⁴¹sui³⁵]。

养蜜仔 [iɔŋ²¹met²tsai³⁵]

"蜜仔"[met²tsai³⁵]即蜜蜂。鹅埠周边山林众多，山中花树众多，因而，养蜂成为当地的一种常见的行业。由于天气湿热，容易使人燥热生病，占米人比较注重自身饮食健康，因而鹅埠境内的山上多见人工蜂窝，不少家庭是采蜂蜜自己喝，因而也会在家中随意搭上一个简易的蜂窝，随时采蜜。

拗车簪 [ŋau²¹tsʰa³³tsɛm³³]

鹅埠靠海，占米人也有不少人是以渔为业，"拗车簪"是当地一种传统的捕鱼方式。"拗"[ŋau²¹³]指转动、滚动，"车簪"[tsʰa³³tsɛm³³]为一种传统的捕鱼工具，这种工具由车辘和渔网组成。渔网一般比较大，捕到鱼后，可利用网中央一个漏斗式的网口送出鱼群。网的四边用竹竿或铁丝撑开，中间有条主绳，控制收放网。旧时利用立在岸边的架子控制渔网的主绳，网鱼者在岸边滚动架子控制渔网收放。由于这种方式费力又费时，现代渔民进行了改良，用电动机器代替了人手收放，以此节约劳力。

图 9　拗车簪　海丰县水美村 /2018.3.31/ 马绍峰 摄

五　民间娱乐

盖仔狮 [koi²¹tsɐi³⁵si³³]

当地的一种舞狮。从狮头形象上看，应为貔貅，当地人把这种神兽归入了狮子的行列，认为是狮中之王，威严不可侵犯。"盖仔狮"最早是从军队防御用的盾牌发展而来，由于外形像锅盖，由此得名。海陆丰其他一些地方也称之为"军狮"。在各种喜庆活动中，舞"盖仔狮"这种民俗舞蹈形式是必不可少的，常以"大锣鼓_{当地一种传统的敲击乐器组合}"[tai⁵⁵lo⁴¹ku³⁵]伴奏。

图 10　盖仔狮　海丰县水美村 /2018.2.26/ 吴芳　摄

大锣鼓 [tai⁵⁵lo⁴¹ku³⁵]

当地一种传统的敲击乐器组合。鹅埠占米人的锣鼓队比较简单，一般由四个人组成，共使用三种乐器：大鼓、铜锣、铜镲。村中节庆活动时，常常会组建一支大锣鼓队，伴随着鞭炮声，游走于村中，增加节日的气氛。

图 11　大锣鼓　海丰县水美村 /2018.2.26/ 吴芳　摄

白字戏 [pak²tsi⁵⁵hi²¹³]

汕尾一带有三种传统稀有剧种："正字戏""白字戏""西秦戏"。其中，"正字戏"和"白字戏"从福建闽南地区传入汕尾海陆丰一带，"西秦戏"由西北地区的秦腔传入。"白字戏"在元末明初传入汕尾地区，是带有浓厚的汕尾闽南方言色彩的一种方言剧种，当地闽南方言又称其为"白字团"。旧时"白字戏"与"正字戏"密不可分，当地闽南方言俗语言："正字母生白字团白字戏是从正字戏演变而来的"，说明了两者关系：两种剧种同地演出时，一般会搭一正一偏两个戏棚，正棚里演"正字戏"，偏棚里演"白字戏"；如只有一个戏棚，两种戏剧则要分开演出，"正字戏"在上半夜，"白字戏"在后半夜。鹅埠占米人常听的戏剧为"白字戏"和潮剧，在各种节庆活动中，如需请戏团"做大戏"[tso⁵⁵tai⁵⁵hi²¹³]，一般也多为此两种剧种。

图 12　看白字戏　海丰县水美村 /2018.3.30/ 吴芳　摄

六　日常信奉

拜司命公 [pai²¹si³³meŋ⁵⁵koŋ³³]/拜□命公 [pai²¹sɛm³³meŋ⁵⁵koŋ³³]

"□命公" [sɛm³³meŋ⁵⁵koŋ³³] 应为"司命公" [si³³meŋ⁵⁵koŋ³³] 一词的音变，"司"字受"命"字语音的影响，主要元音和韵尾都发生了同化，变为 [sɛm³³]。"司命公"即灶神，是鹅埠民间很重要的一位神灵，一般鹅埠人家厨房的灶台上都设有这么一个神位，上面放有香炉，香炉上插着一对纸做的或金属做的"金花"，这对"金花"正是"司命公"官帽上的一对长翅，代表了"司命公"。每月初一、十五或各种节日，鹅埠人都要在灶神神位前放上祭品，对其进行祭拜。平时则烧几根香简单祭拜。此外，在很多重要的场合，如过节、结婚、搬

新居等，人们都需要"拜司命公"。

王爷生 [uɔŋ⁴¹ia⁴¹saŋ³³]

相传占米人来鹅埠落户时共有三兄弟，由于是开山创祖之人，后人便将这三兄弟按照长幼顺序，分别称为"大王爷""二王爷""三王爷"。"生"是指生辰、诞辰。"王爷生"是鹅埠占米人众多节日中最隆重的节日。当地人规定：每年农历二月初五为"大王爷生"，二月十五为"二王爷生"，二月二十五为"三王爷生"。三个王爷的王爷庙分别坐落在鹅埠镇关、水美村和东寨村。庆祝三个王爷诞辰的方式略有不同：大王爷生时，镇关的居民只到大王爷庙祭拜；二王爷生和三王爷生时，村民不仅要到王爷庙祭拜，中午还要在家中请客，一般设好几桌，菜式比较丰富，若有中午赶不上吃饭的客人，主人家还会在晚上再做一顿丰盛的大餐。在"王爷生"的前一天晚上，村里面一般会请来戏班子，连续几个晚上唱大戏，热闹非凡。除了"王爷生"正日当晚的花费是由全村村民一起筹集，接下来的几个晚上则可以由个别村民自己出钱请戏。

图 13　王爷生　海丰县水美村 /2018.3.30/ 马绍峰 摄

大清明 [tai⁵⁵tsʰeŋ³³meŋ⁴¹]

八月初一在当地叫"大清明"，这日，同一个宗族的族人都必须在统一的时间一同上山拜祖坟。祭拜场面比较盛大，祭品比较丰富，因而称之为"大"清明。而全国四月通行的清明节在当地则叫"小清明"[siu³⁵tsʰeŋ³³meŋ⁴¹]，"小清明"期间，占米人都是以家庭为单位上山拜祭自家的先人。"大清明"期间，宗族的人在上山拜祖坟前，需先在祠堂中进行祭拜，然后再一同上山拜祖。一般祖坟在此之前已清扫干净，人们把祭品献上后，宗族中有声望的人会在坟前诵读祝文，然后大家再按照辈分轮流祭拜。

十月醮 [sɐp²ŋit²tsiu⁵⁵]

农历十月是庄稼人收获的日子，鹅埠的农民往往要庆祝，他们会把刚割好的谷子磨好，

煮出一锅饭，叫作"食新米"[sik²sen³³mei³⁵]。旧时，农民还会把这些新米磨成粉，做成当地的特色小吃"角仔粉—种以米粉为皮，虾米、咸猪肉、萝卜丝、花生碎等为馅的小吃"[kɔk⁵tsei³⁵fen³⁵]，以此庆祝新收。隆重庆祝时，还会邀请朋友到家中，做一桌丰盛的荤菜，让亲戚朋友一同品尝新米。

请神 [tsʰiaŋ³⁵sen⁴¹]

当地节日或神诞活动中的一个重要环节。"请"一词既有"请示"之义，也有"迎请"之义，"请神"即向神灵请示活动，并从神庙中迎请神灵进神棚。以"开丁"为例，在确定"开丁"具体日期前，村民会选出相关代表到神庙——王爷庙，以投掷交杯的方式，向王爷请示"开丁"举办的日期。确定日期后，村民们会在"开丁"当天，抬着神轿，前往王爷庙，把王爷神像抬上神轿，迎请王爷入神棚——灯棚。随后再前往土地庙，用同样的方式迎请土地公公入神棚。沿路燃放烟花爆竹、敲锣打鼓、舞狮助兴。

图 14　请神　海丰县水美村 /2018.2.26/ 吴芳 摄

七　风物信仰

洗桂叶水 [sei³⁵kuei²¹ip²sui³⁵]

水美村大年三十晚上的一种习俗。"桂叶"指桂花树的叶子，村民在除夕前夕需连枝摘采若干桂叶带回家。到了年三十晚上，人们会把桂叶洗净后放入锅中倒入适量的水煮沸，然后把水倒出来，再用这些水洗头、洗身、洗脸。洗干净后才穿上新衣服迎接新年的到来。"桂"与"贵"同音，在当地寓意"富贵"，因此"洗桂叶水"也就象征着新年会富贵荣华，生活会变得更加美好。

送大吉 [soŋ²¹tai⁵⁵ket⁵]

这是一种与粤东潮汕地区相近的新年习俗，也反映出鹅埠占米文化受到粤东闽南文化

的影响。新年客人来家中拜年时，客人在赠送主人礼物时一般会在礼物中放上几只潮汕当地出产的"潮州柑—种柑类水果"[tsʰiu⁵²tseu³³kem³³]，同样，主人家也要回赠客人"潮州柑"。柑的数量不定，但一定为双数。在品种上，"柑"与橘子相近，"橘"与"吉"同音，所以，送柑即送出吉利，意味着新年大吉。

发粉 [fet⁵fen³⁵]

春节时家家户户必备的应节糕点，用米粉蒸成。糕点因发酵膨胀变大，这种状态在当地方言中称为"发"，因而冠名"发粉"。"发"在南方一带代表着发财，新年蒸"发粉"自然象征日子越来越美好，因而村中家家户户都会用小盆钵蒸若干发粉，放在家中各个位置直至正月十五。一些家庭会将发粉染成红色，与新春的喜庆相呼应。

寿饼 [seu⁵⁵piaŋ³⁵]

一种用面粉做的没有馅的甜味大饼，饼上印有一个大"寿"字，是"开丁"活动恭贺"新丁"时必备的一种具有吉祥意义的食品，是一种象征性的食品，大多只是用来摆放或作为礼俗祭拜品，现在很少有人会食用。"寿饼"取其"寿"字的彩头，寓意着小朋友身体健康，聪慧长命。

丁茶 [teŋ³³tsʰa⁴¹]

"丁茶"实际上是一种菜茶，茶中有丰富的菜肴，由于用于"开丁"活动中，因而另名为"丁茶"。其制作方法是把虾、粉丝、鱿鱼、香菇、鳗鱼、菠菜、红豆、茶叶等材料切碎炒熟，然后盛入碗中，再倒入熬制的骨头汤中，最后铺上炒米和花生仁即可。"丁茶"是"贺丁"活动的必备食品。

图 15　丁茶　海丰县水美村 /2018.2.27/ 李瑞标 摄

八　节日活动

开丁 [fui³³teŋ³³]

与南方很多地方相似，鹅埠占米人在新年至正月十五之间，也有"添丁"的习俗，当地叫"开丁"。一般是在正月十一、十二、十三、十四这几天中择日，具体"开丁"的日期是由村代表请示"王爷"后决定。只要家中前一年有出生且已满四十天的男孩，那么就可到灯棚里挂灯笼，即"挂丁"[kua²¹teŋ³³]。占米话中，"丁"与"灯"同音，挂代表添人丁的灯笼，即代表小孩儿已被接受，可进行"开丁"的一系列礼俗。若家中因为一些原因无法参加活动，可在来年补挂。灯笼挂入灯棚后一直到正月十六的早上才取下，取下来后，各家会把灯笼挂到自家的厅堂，直至明年新年前才取下。

图 16　开丁　海丰县水美村 /2018.2.26/ 吴芳 摄

迎丁 [iaŋ⁴¹teŋ³³]

"开丁"家庭在"开丁"日时，会提着灯笼去灯棚"挂丁"，舞"盖仔狮"的队伍必须在相应的路口敲锣打鼓，舞动迎接，称为"迎丁"。"迎丁"一方面为添丁家庭增加喜庆气氛，另一方面也突出了"开丁"仪式的隆重。

图 17　迎丁　海丰县水美村 /2018.2.26/ 吴芳 摄

食丁酒 [sik²teŋ³³tseu³⁵]

　　"开丁"家庭会在"开丁"当日的中午请亲戚朋友到家中吃饭喝酒，这叫"食丁酒"。"食丁酒"是为了向大家传达添丁的喜悦，同时来"食丁酒"的村民们也借这个机会选出可以带头统筹的人，共同购买一些喜糖喜饼、烟花鞭炮，供接下来要进行的"贺丁_{庆祝添丁}"[sik²teŋ³³]活动使用。"食丁酒"的菜必须足够丰富，一般在12道以上。因为亲戚朋友众多，所以很多"开丁"家庭会准备好几桌菜。由于各"开丁"家庭都在同一天宴请，许多村民们不得不跑上好几家"食丁酒"，因而宴席持续的时间会比较长，各"开丁"家庭通常会在家中先摆上两三桌酒菜，让先到的村民先吃，吃完后再收拾桌椅，再摆上两三桌酒菜，进行第二轮宴请，让后到的村民能"食丁酒"。

图 18　食丁酒　海丰县水美村 /2018.2.26/ 吴芳 摄

贺丁 [ho⁵⁵tɐŋ³³]

正月十五的晚上，"食丁酒"时被村民选出来的带头统筹的人会来到"开丁"家庭的家门口，燃放鞭炮，然后村里的妇人们就会前往"开丁"家庭家中，送上小红包，祝贺添丁。"开丁"家庭必须把准备好的"丁茶"分给来贺喜的人们食用，一般为妇女相互贺喜，这就叫"食丁茶"。除了"食丁茶"外，人们还必须随意吃几块主人家准备的茶粿、糯米糍、"□龟=" [tsʰe³³kuɐi³³]、当季水果等，并再次祝愿新丁健康成长。

舞草龙 [mu³⁵tsʰɐu³⁵loŋ⁴¹]

从20世纪90年代开始，鹅埠上街村村民每三年会举行一次元宵舞龙的风俗活动，这一活动至今已延续了近30年。村中舞的龙为雌雄两条龙，分别为布龙和草龙，两条龙皆为手工艺品。彩色的布龙为雌龙，由布、绸缎等材料制成，舞完后可存放起来，来年继续舞。草龙为雄龙，用干稻草扎成，其龙身由三捆干稻草捆绑成长条形，长约36米，出于安全考虑，龙头的制作与布龙一致。整条草龙大约有40米长，身下由29根棍子支撑。草龙龙须由剑麻做成，龙牙由竹片做成，眼睛则由手电筒做成，夜晚舞动起来放出两束白光，更显灵动鲜活。活动时间为正月十五、十六两晚，舞龙队伍从村子祭祀中心出发，龙身下的每根棍子分别由四五个人轮流撑举，舞龙者放声高喊，两条龙一齐游动于村中主要街道，直至村尾。所到之处，锣鼓声、爆竹声不绝于耳。村民们沿途焚香叩拜、燃放鞭炮，并将燃烧的香火插到草龙身上，直到将草龙插得满身香火。还会从龙身下钻过，称为"钻龙下" [tsun²¹loŋ⁴¹ha⁵⁵]，当地人认为这样做身体会健康强壮。草龙舞动时犹如一条灵动的火龙飞腾，烟雾缭绕，场面壮观。舞龙的同时还伴随着舞狮、财神贺喜等活动。

图 19　舞草龙　海丰县上街村 /2018.3.3/ 吴芳 摄

化龙 [fa²¹loŋ⁴¹]

"化"指火化，正月十六日晚上，舞龙活动结束后，村民们会举行一个祭祀仪式，把草龙扛到村子的晒谷场，即当地方言称为"地堂" [ti⁵⁵tʰɔŋ⁴¹] 的地方火化，旧时则扛到山上火化。民间认为龙可辟邪消灾，是五谷丰登的象征，火化草龙意在驱灾祈福，希望新年吉祥安康。

图 20　化龙　海丰县上街村 /2018.3.3/ 吴芳 摄

第五章 分类词表

说明：

1.分类词表收词或短语约5000条。

2.第一节收录《中国语言资源调查手册·汉语方言》中的词汇条目，根据鹅埠占米话的实际情况有所删减合并，分14类，共1190余条（不含同义词），均附视频。视频目录与《中国语言资源调查手册·汉语方言》词汇条目一致。（本方言不说的除外；同义词共用一个视频条目）

3.第二节词汇以《汉语方言词语调查条目表》（《方言》2003年第1期）为基础，根据鹅埠占米话的实际情况有所增删合并，分29类，共3800条左右，均不附音频。第一节已收的词条不在第二节出现（量词例外）。

4.词条按照方言说法、方言语音、注释的方式列出。词条有多个义项时，分别以数字"①②③"标示每个义项，并以"。"隔开。量词和义项有跨类别的除外，均根据条目分别列出。同音字在该字右上角加"="表示，有音无字的音节用"□"表示，与词条相互搭配的词用"（ ）"括出。同一个词有不同读音的，用"／"表示不同读音。

5.词形和词义与普通话相同的词语只记录词形、语音，不做注释。注释中，需用例词、例句进行说明的，在释义后以"："引出例词、例句，例词、例句中以"～"代表该词条。

6.同义词第一条顶格列出，并依次注音注释，其他各条缩一字符另起一行列出。一个词条的内容超过一行时，另一起一行缩两个字符排列。

7.标音依照实际读音，标调字在此不标注本调。

8.凡第四章已收词语，词条前加"*"，只写方言说法和音标，不做说明解释。

第一节

《中国语言资源调查手册·汉语方言》

一　天文地理

热头 $ŋit^2tʰɐu^{41}$ ①太阳。②阳光

月光 $ŋit^2kɔŋ^{33}$ 月亮

星星 $siaŋ^{33}siaŋ^{33}$

云 uan^{41}

风 $foŋ^{33}$

台风 $tʰui^{41}foŋ^{33}$

闪电 $sim^{35}tin^{55}$

雷 lui^{41}

水 sui^{35} 雨

落水 $lɔk^2sui^{35}$ 下雨

*涿 tok^5

晒 sai^{213}

雪 sit^5

冰 $pɐŋ^{33}$

冰泡 $pɐŋ^{33}pʰau^{213}$ 冰雹

霜 $sɔŋ^{33}$

雾 mu^{55}

露 lu^{55}

虹 $kʰoŋ^{41}$

日食 $ŋɐt^5sik^2$

月食 $ŋit^2sik^2$

天气 $tʰin^{33}hi^{213}$

晴 $tsʰiaŋ^{41}$

阴 iam^{33}

旱 fun^{213}

涝 lau^{41}

天皓 tʰin³³hau⁵⁵ 天亮

水田 sui³⁵tʰin⁴¹

旱田 fun²¹tʰin⁴¹

田□ tʰin⁴¹pok⁵ 田埂

　田塍□ tʰin⁴¹sɐŋ⁴¹

路仔 lu⁵⁵sɐi³⁵ 路

山 san³³

山谷 san³³kok⁵

江 kɔŋ³³

溪 kʰɐi³³

坑仔 haŋ³³sɐi³⁵ 水沟儿

　水沟仔 sui³⁵kɐu³³sɐi³⁵

湖 fu⁴¹

池塘 tsʰi⁴¹tʰɔŋ⁴¹

水坑仔 sui³⁵haŋ³³tsɐi³⁵ 水坑儿

大水 tai⁵⁵sui³⁵ 洪水

浸 tsɐm²¹³ 淹

河岸 ho⁴¹ŋan⁵⁵

坝 pa²¹³

地震 ti⁵⁵tsin³⁵

窟 fɐt⁵ 窟窿

　空仔 kʰoŋ³³tsɐi³⁵

罅 la²¹³ 缝儿

石牯 sɐk⁵ku³⁵ 石头

泥 nɐi⁴¹ 土

泥 nɐi⁴¹

红毛泥 foŋ⁴¹mɐu⁴¹nɐi⁴¹ 水泥

沙 sa³³ 沙子

砖 tsun³³

瓦 ŋa³⁵

煤 mui⁴¹

火水 fo³⁵sui³⁵ 煤油

炭 tʰan²¹³

灰 fui³³

烟尘 in³³tsʰɐn⁴¹ 灰尘

火 fo³⁵

烟 in³³

火烧屋 fo³⁵siu³³ok⁵ 失火

水 sui³⁵

冻水 toŋ²¹sui³⁵ 凉水

热水 ŋit⁵sui³⁵

滚水 kuɐn³⁵sui³⁵ 开水

□ hip⁵ 磁铁

二　时间方位

时候 si⁴¹hɐu⁵⁵

几时 ki³⁵si⁴¹ 什么时候

　□时 kiɔŋ³³si⁴¹

近下 kɐn⁵⁵ha⁵⁵ 现在

以前 i²¹tsʰin⁴¹ ①以前。②往年

不底 pɐt⁵tɐi³⁵ ①以后。②后面。③背后

一世人 iɐt⁵sɐi²¹iɐn⁴¹ 一辈子

今年 kɐn³³nin⁴¹

出年 tsʰɐt⁵nin⁴¹ 明年

后年 hɐu⁵⁵nin⁴¹

旧年 kiɐu⁵⁵nin⁴¹ 去年

前年 tsʰin⁴¹nin⁴¹

以前 in²¹tsʰin⁴¹ 往年

年初 nin⁴¹tsʰo³³

年尾 nin⁴¹mi²¹³ 年底

今日 kɐn³³ŋɐt⁵ 今天

先早 sin³³tsɐu³⁵ 明天

后日 hɐu⁵⁵ŋɐt⁵ 后天

大后日 tai⁵⁵hɐu⁵⁵ŋɐt⁵ 大后天

□日 tsɔŋ⁵⁵ŋɐt⁵ 昨天

前日 tsʰin⁴¹ŋɐt⁵ 前天

大前日 tai⁵⁵tsʰin⁴¹ŋɐt⁵ 大前天

匀日 uɐn⁴¹ŋɐt⁵ 整天

每日 mui²¹ŋɐt⁵ 每天

打早朝 ta³⁵tsɐu³⁵tsiu³³ 早晨

上昼 sɔŋ⁵⁵tsɐu²¹³ 上午

晏昼 an²¹tsɐu²¹³ 中午

下昼 ha⁵⁵tsɐu²¹³ 下午

临黑 lɐm⁴¹hɐk⁵ 傍晚

白日 pak²ŋɐt⁵ 白天

晚时夜 man²¹si⁴¹ia⁵⁵ 夜晚

半夜 pun²¹ia⁵⁵

正月 tsɐŋ³³ŋit²

大年初一 tai⁵⁵nin⁴¹tsʰo³³iɐt⁵

十五晚 sɐp²m³⁵man²¹³ 元宵节

清明 tsʰɐŋ³³mɐŋ⁴¹

五月节 ŋ³⁵ŋit²tsit⁵ 端午

鬼节 kuɐi³⁵tsit⁵ 七月十五

八月半 pat⁵ŋit²pun²¹³ 中秋

做冬 tso⁵⁵toŋ³³ 冬至

十二月 sɐp²ŋi⁵⁵ŋit² 腊月

三十晚 sam³³sɐp²man²¹³ 除夕

通书 tʰoŋ³³si³³ 历书

农历 noŋ⁴¹lɐk² 阴历

新历 sɐn³³lɐk² 阳历

星期日 sɐŋ³³kʰi⁴¹ŋɐt⁵

位置 uɐi⁵⁵tsi²¹³ 地方

哪啊位 na²¹a³³uɐi⁵⁵ 什么地方

　哪啊位处 na²¹a³³uɐi⁵⁵tsʰi²¹³

屋解 ok⁵kai³⁵ ①家里。②婆家

城 sɐŋ⁴¹ 城里

乡下 hiɔŋ⁴¹ha⁵⁵

□高 nɐŋ³⁵kɐu³³ 上面

底下 tɐi³⁵ha⁵⁵ 下面

左边 tso³⁵pin³³

右边 iɐu⁵⁵pin³³

中间 tsoŋ³³kan³³

头前 tʰɐu⁴¹tsʰin⁴¹ ①前面。②之前，先前

不⁼底 pɐt⁵tɐi³⁵ 后面

最不⁼底 tsui²¹pɐt⁵tɐi³⁵ 末尾

对面 tui²¹min⁵⁵

头前 tʰɐu⁴¹tsʰin⁴¹ 前面

不⁼底 pɐt⁵tɐi³⁵ 背后

下街⁼肚 ha⁵⁵kai³³tu³⁵ 里面

门口 mun⁴¹hɐu³⁵ 外面

边头 pin³³tʰɐu⁴¹ ①旁边。②边儿

上 sɔŋ⁵⁵

底下 tɐi³⁵ha⁵⁵ 下

边头 pin³³tʰɐu⁴¹ 边儿

角头 kɔk⁵tʰɐu⁴¹ 角儿

上去 sɔŋ²¹hi²¹³

落来 lɔk²lui⁴¹ 下来

翻去 fan³³hi²¹³ 进去

出来 tsʰɐt⁵lui⁴¹

出去 tsʰɐt⁵hi²¹³

归来 kuɐi³³lui⁴¹ 回来

起身 hi³⁵sɐn³³ ①起来。②起床

三　植物

树 si⁵⁵

柴头 tsʰai⁴¹tʰɐu⁴¹ 木头

松树 soŋ³³si⁵⁵

松柏 tsʰoŋ⁴¹pʰak⁵ 柏树

杉 tsʰam²¹³ 杉树

柳树 lɐu²¹si⁵⁵

竹仔 tsok⁵tsɐi³⁵ 竹子

笋 sɛn³⁵

叶仔 ip²tsɐi³⁵ 叶子

花 fa³³

花蕾 fa³³lui³⁵

梅花 mui⁴¹fa³³

牡丹 mau²¹tan³³

荷花 ho⁴¹fa³³

草 tsʰɐu³⁵

藤 tʰɐŋ⁴¹

棘 nɐk⁵ 刺

水果 sui³⁵ko³⁵

苹果 pʰɐŋ⁴¹ko³⁵

桃仔 tʰɐu⁴¹tsɐi³⁵ 桃子

梨 li⁴¹

李仔 li³⁵tsɐi³⁵ 李子

杏 hɐŋ⁵⁵

橘仔 kɐt⁵tsɐi³⁵ 橘子

碌仔 lok⁵tsɐi³⁵ 柚子

柿仔 sɐi²¹tsɐi³⁵ 柿子

石榴 sɐk²lau⁴¹

枣 tsau³⁵

栗仔 lɐt⁵tsɐi³⁵ 栗子

核桃 hɐt²tʰɐu⁴¹

白果 pak²ko³⁵ 银杏

蔗 tsa²¹³ 甘蔗

木耳 mok²ŋi³⁵

蘑菇 mo⁴¹ku³³

香菇 hiɔŋ³³ku³³

禾 uo⁴¹ 稻

谷 kok⁵ 稻谷

禾秆草 uo⁴¹kun³⁵tsʰɐu³⁵ 稻草

大麦 tai⁵⁵mɐk²

细麦 sɐi²¹mɐk² 小麦

麦秆 mɐk²kun³⁵ 麦秸

谷 kok⁵

粟仔 sok⁵tsɐi³⁵ 高粱

包粟 pau³³sok⁵ 玉米

棉花 mi⁴¹fa³³

油菜籽 iɐu⁴¹tsʰui²¹tsi³⁵ 油菜

油麻 iɐu⁴¹ma⁴¹ 芝麻

向日葵 hiɔŋ²¹ŋɐt⁵kʰuɐi⁴¹

蚕豆 tsʰan⁴¹tɐu⁵⁵

豌豆 un³⁵tɐu⁵⁵

地豆 ti⁵⁵tɐu⁵⁵ 花生

黄豆 uɔŋ⁴¹tɐu⁵⁵

绿豆 lok²tɐu⁵⁵

豆角 tɐu⁵⁵kɔk⁵ 豇豆

大白菜 tai⁵⁵pak²tsʰui²¹³

包心菜 pau³³sɐm³³tsʰui²¹³

*菠棱 po³³lɐŋ⁴¹

芹菜 kʰɐn⁴¹tsʰui²¹³

禾笋 ho⁴¹sɐn³⁵ 莴笋

韭菜 kiɐu³⁵tsʰui²¹³

芫荽 in⁴¹sui³³ 香菜

葱 tsʰoŋ³³

蒜 sun²¹³

姜 kiɔŋ³³

洋葱 iɔŋ⁴¹tsʰoŋ³³

辣椒 lak²tsiu³³

茄仔 kʰio⁴¹tsɐi³⁵ 茄子

番茄 fan³³kʰio⁴¹

菜头 tsʰui²¹tʰɐu⁴¹ 萝卜

红菜头 foŋ⁴¹tsʰui²¹tʰɐu⁴¹ 胡萝卜

青瓜 tsʰiaŋ³³kua³³ 黄瓜

水瓜 sui³⁵kua³³ 丝瓜，无棱的

金瓜 kiɐm³³kua³³ 南瓜

马蹄子 ma²¹tʰei⁴¹tsi³⁵ 荸荠

番薯 fan³³si⁴¹ 红薯

马铃薯 ma²¹leŋ⁴¹si⁴¹

芋仔 fu⁵⁵tsɐi³⁵ 芋头

淮山 uai⁴¹san³³ 山药

莲藕 lin⁴¹ŋɐu²¹³

四　动物

老虎 lɐu³⁵fu³⁵

＊猴仔 hau⁴¹tsɐi³⁵

蛇 sa⁴¹

老鼠 lɐu³⁵tsʰi³⁵

虫鼠 tsʰoŋ⁴¹tsʰi³⁵ 蝙蝠

雀仔 tsiɔk⁵tsɐi³⁵ 鸟儿

麻雀 ma⁴¹tsiɔk⁵

喜鹊 hi³⁵siak⁵

乌鸦 u³³a³³

白鸽 pak²kap⁵ 鸽子

翼拍 iɐk²pʰak⁵ 翅膀

爪 tsau³⁵

尾 mi²¹³

窦 tɐu²¹³ 窝

虫 tsʰoŋ⁴¹

翼仔 iɐk²tsɐi³⁵ 蝴蝶

□蜺 no⁴¹ni⁴¹ 蜻蜓

蜜仔 mɐt²tsɐi³⁵ 蜜蜂

蜜蜡 mɐt²lap⁵ 蜂蜜

蝉 sim⁴¹

蚂蚁 ma²¹ŋɐi³⁵

禾□ uo⁴¹hin³⁵ 蚯蚓

蚕 tsʰam⁴¹

蜘蛛 ti³³tu³³

蚊仔 mɐn³³tsɐi³⁵ 蚊子

乌蝇 u³³iɐŋ⁴¹ 苍蝇

狗虱 kɐu³⁵sɐt⁵ 跳蚤

□□ koŋ³³pɐi³³ 一种会吃血的虱子，主要躲在
　　床板或草席里

鱼 ŋi⁴¹

鲤鱼 li²¹ŋi⁴¹

大头宋 tai⁵⁵tʰɐu⁴¹soŋ²¹³ 鳙鱼

鲫鱼 tsɐk⁵ŋi⁴¹

团鱼 tʰun⁴¹ŋi⁴¹ 甲鱼
　　水鱼 sui³⁵ŋi⁴¹

鳞 lɐn⁴¹

虾 ha³³

蟹 hai²¹³ 螃蟹

蛤姆 kap⁵na²¹³ 蛙和蟾蜍的总称

蟛蜍 kʰɐm⁴¹si⁴¹ 蛤蟆

马 ma²¹³

驴 lu⁴¹

骡 li⁴¹

牛 ŋɐu⁴¹

牛牯 ŋɐu⁴¹ku³⁵ ①公牛。②阉过的公牛

牛姆 ŋɐu⁴¹na²¹³ 母牛

掌牛 tsɔŋ³⁵ŋɐu⁴¹ 放牛

羊 iɔŋ⁴¹

猪 tsi³³

猪哥 tsi³³ko³³ 种猪

猪牯 tsi³³ku³⁵ 公猪

猪姆 tsi^{33}na^{213} 母猪

猪仔 tsi^{33}tsɐi^{35} 猪崽

猪栏 tsi^{33}lan^{41} 猪圈

养猪 iɔŋ^{21}tsi^{33}

猫 miu^{35}

猫牯 miu^{35}ku^{35} 公猫

猫姆 miu^{35}na^{213} 母猫

狗 kɐu^{35}

*狗牯 kɐu^{35}ku^{35} 公狗

狗姆 kɐu^{35}na^{213} 母狗

吠 fei^{55} （狗）叫

兔仔 tʰu^{21}tsɐi^{35} 兔子

鸡 kɐi^{33}

鸡头 kɐi^{33}tʰɐu^{41} 成年的公鸡

　　□鸡头 tsʰio^{33}kɐi^{33}tʰɐu^{41}

鸡姆 kɐi^{33}na^{213} 母鸡

啼 tʰɐi^{41} （鸡）叫

生春 saŋ^{33}tsʰɐn^{33} 下蛋

*孵 pu^{33}

鸭 ap^{5}

鹅 ŋo^{41}

阉 im^{33} 阉（公的猪）

阉 im^{33} 阉（母的猪）

阉 im^{33} 阉（鸡）

分 pɐn^{33} 喂

□猪 lut^{5}tsi^{33} 杀猪

□ lut^{5} 杀

五　房舍器具

乡里 hiɔŋ^{33}li^{213} 村庄

巷仔 hɔŋ^{55}tsɐi^{35} 胡同

街 kai^{33} 街道

起屋 hi^{35}ok^{5} 盖房子

屋 ok^{5} ①房子。②住宅

屋间 ok^{5}kan^{33} 屋子

房间 foŋ^{41}kan^{33} 卧室

草屋 tsʰɐu^{35}ok^{5} ①草房。②茅屋

火食廊 fo^{35}sik^{2}lɔŋ^{41} 厨房

灶 tsɐu^{213}

镬 uɔk^{2} 锅

沙锅 sa^{33}ko^{33}

镬仔 uɔk^{5}tsɐi^{35} 菜锅

　　镬姆 uɔk^{5}na^{213}

*厕缸 tsʰa^{21}kɔŋ^{33}

桁仔 haŋ^{41}tsɐi^{35} 檩

等 ^{t}teŋ^{35} 柱子

大门 tai^{55}mun^{41}

门担 mun^{41}tam^{33} 门槛儿

窗 tsʰɔŋ^{33}

竹梯 tsok^{5}tʰɐi^{33} 梯子

　　柴梯 tsʰai^{41}tʰɐi^{33}

□耙 lap^{5}pʰa^{41} 扫帚

扫地 sɐu^{21}ti^{55}

　　扫屋 sɐu^{21}ok^{5}

垃圾 lap^{2}sap^{5}

家具 ka^{33}ki^{55}

家伙 ka^{33}fo^{35} 东西

炕 haŋ^{33}

眠床 mun^{21}tsʰɔŋ^{41} 床

枕头 tsɐm^{35}tʰɐu^{41}

被 pʰi^{213} 被子

棉丝 min^{41}si^{33} 棉絮

床单 tsʰɔŋ^{41}tan^{33}

*床贴 tsʰɔŋ^{41}tʰip^{5}

席 tsiak²

蚊帐 mɐn³³tsɔŋ²¹³

台 tʰui⁴¹ 桌子

柜 kuɐi⁵⁵ 柜子

拖箱 tʰo³³siɔŋ³³ 抽屉

琴台 kʰiɐm⁴¹tʰui⁴¹ 案子

凳 tɐŋ²¹³ 凳子

凳 tɐŋ²¹³ 椅子

屎桶 si³⁵tʰoŋ³⁵ 马桶

薄刀 pɔk²tɐu³³ 菜刀

勺嫲 sɔk⁵na²¹³ 瓢

水□ sui³⁵ŋ²¹³ 水缸

*埕 tsʰɐŋ⁴¹

*罂 aŋ³³

盖 koi²¹³ 盖子

碗 un³⁵

*箸 tsi⁵⁵

汤匙 tʰɔŋ³³si⁴¹ 小汤勺

柴火 tsʰai⁴¹fo³⁵

火柴 fo³⁵tsʰai⁴¹

锁 so³⁵

锁匙 so³⁵si⁴¹ 钥匙

暖壶 nun²¹fu⁴¹

面盆 min⁵⁵pʰun⁴¹ 脸盆

洗面水 sɐi³⁵min⁵⁵sui³⁵ 洗脸水

手巾 sɐu³⁵kɐn³³ 毛巾

手巾仔 sɐu³⁵kɐn³³tsɐi³⁵ 手绢

番碱 fan³³kan³⁵ 肥皂

梳仔 so³³tsɐi³⁵ 梳子

针 tsɐm³³ 缝衣针

*铰剪 kau³³tsin³⁵

蜡烛 lap²tsok⁵

电火 tin⁵⁵fo³⁵ 手电筒

遮 tsa³³ 雨伞

单车 tan³³tsʰa³³ 自行车

六　服饰饮食

衫裤 sam³³fu²¹³ 衣服

着 tsok⁵ 穿

剥 pok⁵ 脱

䌸 pɔŋ³⁵ 系

□衫 lɐp⁵sam³³ 衬衫

背心 pui²¹sɐm³³

冷衫 laŋ³³sam³³ 毛衣

膨衫 pʰɐŋ⁴¹sam³³ 棉衣

衫袖 sam³³tsɐu⁵⁵ 袖子

袋 tui⁵⁵ 口袋

裤 fu²¹³

短裤 tun³⁵fu²¹³

裤脚 fu²¹kiɔk⁵

帽 mɐu⁵⁵

鞋 hɐi⁴¹

袜 mɐt²

围巾 uɐi⁴¹kɐn³³

围裙 uɐi⁴¹kʰuɐn⁴¹

尿布 niu⁵⁵pu²¹³

纽仔 nɐu³⁵tsɐi³⁵ 扣子

纽 nɐu³⁵ 扣，动词

戒指 kai²¹tsi³⁵

手鈪 sɐu³⁵ak⁵ 手镯

剃头 tʰɐi²¹tʰɐu⁴¹ 理发

梳头 so³³tʰɐu⁴¹

饭 fan⁵⁵ 米饭

粥 tsok⁵ 稀饭

面粉 min⁵⁵fen³⁵

面条 min⁵⁵tʰiu⁴¹

擦粉 tsʰat⁵fen³⁵ 面儿

馒头 man⁵⁵tʰɐu⁴¹

包仔 pau³³tsɐi³⁵ 包子

饺仔 kiu³⁵tsɐi³⁵ 饺子

云吞 uɐn⁴¹tʰɐn³³ 馄饨

馅 ham⁵⁵

油条 iɐu⁴¹tʰiu⁴¹

豆浆 tɐu⁵⁵tsiɔŋ³³

豆腐花 tɐu⁵⁵fu⁵⁵fa³³ 豆腐脑

圆仔 in⁴¹tsɐi³⁵ 汤圆

粽仔 tsoŋ²¹tsɐi³⁵ 粽子

糕粉团 kɐu³³fen³⁵tʰun⁴¹ 年糕

点心 tim³⁵sɐm³³

菜 tsʰui²¹³ 菜肴

菜干 tsʰui²¹kun³³ 干菜

豆腐 tɐu⁵⁵fu⁵⁵

猪红 tsi³³foŋ⁴¹ 猪血

猪蹄 tsi³³tʰei⁴¹

猪舌嫲 tsi³³sik⁵na²¹³ 猪舌头

猪肝 tsi³³kun³³

下水 ha⁵⁵sui³⁵

鸡春 kɐi³³tsʰun³³ 鸡蛋

皮蛋 pʰi⁴¹tan⁵⁵ 松花蛋

猪油 tsi³³iɐu⁴¹

火油 fo³⁵iɐu⁴¹ 香油

豉油 si⁵⁵iɐu⁴¹ 酱油

盐 im⁴¹

醋 tsʰu²¹³

烟仔 in³³tsɐi³⁵ 香烟

□烟 sut⁵in³³ 旱烟

草烟 tsʰɐu³⁵in³³

白酒 pak²tsɐu³⁵

糯米酒 no⁵⁵mɐi³⁵tsɐu³⁵ 黄酒

酒糟 tsɐu³⁵tsɐu³³ 江米酒

茶叶 tsʰa⁴¹ip²

泡（茶）pʰau²¹³（tsʰa⁴¹）沏（茶）

雪条 sit⁵tʰiu⁴¹ 冰棍儿

煮饭 tsi³⁵fan⁵⁵ 做饭

炒菜 tsʰau³⁵tsʰui²¹³

*煠（春）tsap²（tsʰɐn³³）

煎 tsin³³

炸 tsa²¹³

蒸 tsɐŋ³³

拭 tsʰɐt⁵ 揉（面）

□ lok⁵ 擀（面）

食朝 sik⁵tsiu³³ 早饭

食晏昼 sik⁵an²¹tsɐu²¹³ 午饭

食晚 sik⁵man²¹³ 晚饭

食 sik² 吃

食（酒）sik²（tsɐu³⁵）喝（酒）

食（茶）sik²（tsʰa⁴¹）喝（茶）

食（烟）sik²（in³³）吸（烟）

舀 iu³⁵ 盛

钳 kʰim⁴¹ 夹（菜）

斟 tsɐm³³

渴 fut⁵

饿 ŋo⁵⁵

哽 kʰaŋ³⁵ 噎

七 身体医疗

头 tʰɐu⁴¹

*头毛 tʰɐu⁴¹mɐu⁴¹

辫仔 pin³³tsɐi³⁵ 辫子

□ tsin⁵⁵ 头发旋儿

额门头 ŋak⁵mun⁴¹tʰɐu⁴¹ 额头

样 ioŋ⁵⁵ 相貌

面 min⁵⁵ ①脸蛋儿。②面子，情面

眼 ŋan³⁵ 眼睛

眼仁 ŋan³⁵ŋɐn⁴¹ ①整个眼珠子。②黑眼珠儿

眼汁 ŋan³⁵sɐp⁵ 眼泪

眉毛 mi⁴¹mɐu⁴¹

耳吉 ŋi³⁵kɐt⁵ 耳朵

鼻公 pi⁵⁵koŋ³³ 鼻子

鼻水 pi⁵⁵sui³⁵ 清鼻涕

擤 sɐŋ²¹³

嘴角 tsui³⁵kɔk⁵ 嘴巴

嘴唇 tsui³⁵sɐn⁴¹

口水 hɐu³⁵sui³⁵

舌嫲 sit²na²¹³ 舌头

牙齿 ŋa⁴¹tsʰi³⁵

下托 ha⁵⁵tʰɔk⁵ 下巴

须 su³³ 胡子

颈 kiaŋ³⁵ 脖子

喉咙 hɐu⁴¹loŋ⁴¹

肩头 kan³³tʰɐu⁴¹ 肩膀

手臂 sɐu³⁵pi²¹³

手 sɐu³⁵ 上肢，包括手掌和手臂

左手 tso³⁵sɐu³⁵

右手 iɐu⁵⁵sɐu³⁵

拳头 kʰin⁴¹tʰɐu⁴¹

手指 sɐu³⁵tsi³⁵

手指公 sɐu³⁵tsi³⁵koŋ³³ 大拇指

食指 sik⁵tsi³⁵

中指 tsoŋ³³tsi³⁵

无名指 mu⁴¹miaŋ⁴¹tsi³⁵

手指仔 sɐu³⁵tsi³⁵tsɐi³⁵ 小拇指

手甲 sɐu³⁵kak⁵ 指甲

脚 kiɔk⁵ 腿

脚 kiɔk⁵ 脚，包括大腿和小腿

脚节头 kiɔk⁵tsit⁵tʰɐu⁴¹ 膝盖

□脊 pɐn²¹tsiak⁵ 脊背

肚腹 tu³⁵pak⁵ 肚子

肚脐 tu³⁵tsʰi⁴¹

□ nia³⁵ 乳房

屎窟 si³⁵fɐt⁵ 屁股

屎窟窿 si³⁵fɐt⁵loŋ³³ 肛门

卵 lɐn³⁵ 阴茎

□□ tsi⁵⁵pit⁵ 女阴

屌 tiu³⁵ 性交

□ siɐu⁴¹

□□流血 tsi⁵⁵pit⁵lɐu⁴¹hit⁵ 来月经

屙屎 o³³si³⁵ 拉屎

屙尿 o³³niu⁵⁵ 撒尿

屙屁 o³³pʰi²¹³ 放屁

屌 tiu³⁵ 相当于"他妈的"的口头禅

病 piaŋ⁵⁵

感冒 kɐm³⁵mɐu⁵⁵ 着凉

咳 kʰɐt⁵ 咳嗽

发热 fat⁵ŋit² 发烧

震 tsɐn²¹³ 发抖

肚腹痛 tu³⁵pak⁵tʰoŋ²¹³ 肚子疼

*肚腹屙 tu³⁵pak⁵o³³

*屙痢疾 o³³li⁵⁵tsɐk⁵

中暑 tsoŋ²¹³si³⁵

肿 tsoŋ³⁵

化脓 fa²¹loŋ⁴¹

痕 hɐn⁴¹ 疤，指开刀、创伤后的疤痕

癣 sin³⁵

痣 tsi²¹³

□ put⁵ 疙瘩

肋膌下臭 lɐk⁵tshak⁵ha⁵⁵tshɐu²¹³ 狐臭

睇病 thei³⁵piaŋ⁵⁵ 看病

捉脉 tsok⁵mɐk² 诊脉

针□ tsɐm³³im³³ 针灸

打针 ta³⁵tsɐm³³

打吊针 ta³⁵tiu²¹tsɐm³³

食药 sik²iɔk² 吃药

水药 sui³⁵iɔk² 汤药

病好咯 piaŋ⁵⁵hɐu³⁵lo³³ 病轻了

八　婚丧信仰

谈嫁婚 tham⁴¹ka²¹fun³³ 说媒

媒人婆 mui⁴¹iɐn⁴¹pho⁴¹ 媒人

相睇 siɔŋ³³thei³⁵ 相亲

订婚 tɐŋ⁵⁵fɐn³³

嫁妆 ka²¹tsɔŋ³³

结婚 kik⁵fɐn³³

娶老婆 tshu³⁵lɐu³⁵pho⁴¹

嫁女 ka²¹ŋi³⁵ 出嫁

拜堂 pai⁴¹thɔŋ⁴¹

新郎 sɐn³³lɔŋ⁴¹

新娘 sɐn³³niɔŋ⁴¹

有身孕 iɐu²¹sɐn³³iɐn⁵⁵

*大肚腹 tai⁵⁵tu³⁵phak⁵

呕 ɐu³⁵ ①呕吐。②害喜

生仔 saŋ³³tsɐi³⁵ 分娩

流仔 lɐu⁴¹tsɐi³⁵ 流产

双生仔 sɔŋ³³saŋ³³tsɐi³⁵ 双胞胎

坐月 tso⁵⁵ŋit⁵ 坐月子

食□ sik²nia³⁵ 吃奶

断□ thun²¹nia³⁵

出月 tshɐt⁵ŋit² 满月

生日 saŋ³³ŋɐt⁵

做大生日 tso⁵⁵tai⁵⁵saŋ³³ŋɐt⁵ 做寿

死 si³⁵

走了 tsɐu³⁵lo²¹ 死，婉称

　归了 kuɐi³³lo²¹

　去了 hi²¹lo²¹

自杀 tsi²¹sak²

断气 thun²¹hi²¹³ 咽气

入葬 iɐp²tsɔŋ⁵⁵ 入殓

棺材 kun³³tshui⁴¹

出殡 tshɐt⁵pɐn²¹³

灵位 lɐŋ⁴¹uɐi⁵⁵

坟头 fɐn⁴¹thɐu⁴¹

*挂纸 kua²¹tsi³⁵

纸钱 tsi³⁵tshin⁴¹

老天爷 lɐu³⁵thin³³ia⁴¹

菩萨 phu⁴¹sat⁵

观音 kun³³iɐm³³

司命灶君 si³³mɐŋ⁵⁵tsɐu²¹kuɐn³³ 灶神

寺庙 tsi⁵⁵miu⁵⁵

祖堂 tsu³⁵thɔŋ⁴¹ 祠堂

和尚 uo⁴¹sɔŋ⁵⁵

尼姑 nɐi⁴¹ku³³

道士 tɐu⁵⁵si⁵⁵

卜卦 pok⁵kua²¹³

运 uɐn⁵⁵ 运气

保佑 pɐu³⁵iɐu⁵⁵

九　人品称谓

人 ien⁴¹

男人 nam⁴¹ien⁴¹

女人 ŋi³⁵ien⁴¹

老单 leu³⁵tan³³ 单身汉

　光棍 kɔŋ³³kuen²¹³

　单身哥 tan³³sen³³ko³³

老姑婆 leu³⁵ku³³pʰo⁴¹ 老姑娘

　姑婆仔 ku³³pʰo⁴¹tsei³⁵

拥伢仔 oŋ²¹ŋa⁴¹tsei³⁵ 婴儿

细仔 sei²¹tsei³⁵ 小孩儿

男子仔 nam⁴¹tsi³⁵tsei³⁵ 男孩

妹仔人 mui³⁵tsei³⁵ien⁴¹ 女孩

老人 leu³⁵ien⁴¹

亲戚 tsʰen³³tsʰek⁵

朋友 pʰeŋ⁴¹ieu²¹³

隔篱邻舍 kak⁵li⁴¹len⁴¹sa³⁵ 邻居

人客 ien⁴¹hak⁵ 客人

□□ tsoŋ³⁵tu³⁵ 农民

生理人 saŋ³³li²¹ien⁴¹ 商人

手艺师傅 seu³⁵ŋei⁵⁵si³³fu⁵⁵ 手艺人

泥水师傅 nei⁴¹sui³⁵si³³fu⁵⁵ 泥水匠

木匠师傅 mok²tsiɔŋ⁵⁵si³³fu⁵⁵ 木匠

裁衫师傅 tsʰui⁴¹sam³³si³³fu⁵⁵ 裁缝

剃头师傅 tʰei²¹tʰeu⁴¹si³³fu⁵⁵ 理发师

厨房师傅 tsʰi⁴¹fɔŋ⁴¹si³³fu⁵⁵ 厨师

师傅 si³³fu⁵⁵

徒弟 tʰu⁴¹tei⁵⁵

乞食 hek⁵sik² 乞丐

老妓 leu³⁵ki³⁵ 妓女

烂仔 lan⁵⁵tsei³⁵ 流氓

贼 tsʰek²

盲仔 maŋ⁴¹tsei³⁵ 瞎子，统称

聋哑 loŋ⁴¹a³⁵ 聋子，统称

哑仔 a³⁵tsei³⁵ 哑巴，统称

腰疴仔 iu³³ku³³tsei³⁵ 驼子，统称

□脚 pʰia³⁵kiɔk⁵ 瘸子，统称

神经 sen⁴¹kieŋ³³ 疯子，统称

傻仔 so⁴¹tsei³⁵ 傻子，统称

懵仔 moŋ³⁵tsei³⁵ 笨蛋，戏谑色彩，统称

　笨蛋 pei²¹ten⁵⁵

阿公 a³³koŋ³³ 爷爷

阿婆 a³³pʰo⁴¹ 奶奶

姐公 tsia³⁵koŋ³³ 外祖父

姐婆 tsia³⁵pʰo⁴¹ 外祖母

＊爸㜷 pa³³mi³³

阿爸 a³³pa³³ 父亲的叙称

阿㜷 a³³mi³³ 母亲的叙称

阿爸 a³³pa³³ 爸爸的呼称，最通用的

　阿叔 a³³sok⁵

　阿爷 a³³ia⁴¹

阿妈 a³³ma³³ 妈妈的呼称，最通用的

　阿娘 a³³niɔŋ⁴¹

　阿婶 a³³sem³⁵

　阿㜷 a³³mi³³

□爷 ni³³ia⁴¹ 继父

　□爸 ni³³pa³³

□母 ni³³mu²¹³ 继母

丈人佬 tsɔŋ⁵⁵ien⁴¹leu³⁵ 岳父

丈人婆 tsɔŋ⁵⁵ien⁴¹pʰo⁴¹ 岳母

家公 ka³³koŋ³³ 公公的叙称

家婆 ka³³pʰo⁴¹ 婆婆的叙称

阿伯 a³³pak⁵ 伯父

阿娘 a³³ŋɔŋ⁴¹ 伯母
阿叔 a³³sok⁵ 叔父
叔仔 sok⁵tsɐi⁵⁵ 排行最小的叔叔
阿婶 a³³sɐm³⁵ 叔母
阿姑 a³³ku³³ 姑姑
姑爷 ku³³ia⁴¹ 姑父
　姑丈 ku³³tsɔŋ⁵⁵

阿舅 a³³kʰiɐu²¹³ 舅舅
阿妗 a³³kʰiɐm²¹³ 舅妈
阿姨 a³³i⁴¹ 姨妈
姨父 i⁴¹fu⁵⁵
兄弟 hɛŋ³³tʰɐi²¹³
姊妹 tsi³⁵mui³⁵
阿大 a³³tai⁵⁵ 哥哥
阿嫂 a³³sɐu³⁵ 嫂子
阿弟 a³³tʰɐi²¹³ 弟弟
小婶 siu³⁵sɐm³⁵ 弟媳
阿姊 a³³tsi³⁵ 姐姐
姊夫 tsi³⁵fu³³ 姐夫
阿妹 a³³mui³⁵ 妹妹
妹夫 mui³⁵fu³³
叔伯兄弟 sok⁵pak⁵hɛŋ³³tɐi⁵⁵ 堂兄弟
表兄弟 piu³⁵hɛŋ³³tʰɐi²¹³
阿嫂小婶 a³³sɐu³⁵siu³⁵sɐm³⁵ 妯娌
老妗 lɐu³⁵kʰiɐm²¹³ 连襟
仔 tsɐi³⁵ 儿子
新妇 sɐm³³pʰu²¹³ 儿媳妇
女 ŋi³⁵ 女儿
女婿 ŋi³⁵sɐi²¹³
孙仔 sun³³tsɐi³⁵ 孙子
息孙 sɐk⁵sun³³ 曾孙子
侄仔 tsɐt⁵tsɐi³⁵ 侄子

外甥 ŋoi⁵⁵saŋ³³
外孙 ŋoi⁵⁵sun³³
两公婆 liɔŋ³⁵koŋ³³pʰo⁴¹ 夫妻
老公 lɐu³⁵koŋ³³
老婆 lɐu³⁵pʰo⁴¹
名 miaŋ⁴¹ 名字
花名 fa³³miaŋ⁴¹ 绰号

十　农工商文

做工夫 tso⁵⁵koŋ³³fu³³ 干活儿
（有）事（iɐu²¹）si⁵⁵ 事情
莳田 si⁴¹tʰin⁴¹ 插秧
割禾 kut⁵uo⁴¹ 割稻
种菜 tsoŋ²¹tsʰui²¹³
犁（田）lɐi⁴¹（tʰin⁴¹）
锄头 tsʰo⁴¹tʰɐu⁴¹
草镰 tsʰɐu³⁵lim⁴¹ 镰刀
柄 piaŋ²¹³ 把儿
柄 piaŋ²¹³ 扁担
箩 lo⁴¹ 箩筐
筛 sɐi³³ 筛子
粪箕 fɐn⁵⁵ki³³ 簸箕，有梁的
□箕 tsʰɐt⁵ki³³ 簸箕，簸米的
鸡公车 kɐi³³koŋ³³tsʰa³³ 独轮车
轮仔 lɐn⁴¹tsɐi³⁵ 轮子
碓 tui²¹³
舂 tsoŋ³³ 臼
磨 mo⁵⁵
收成 sɐu³³sɐŋ⁴¹
　年终结算 nin⁴¹tsoŋ³³kik⁵sun²¹³
走江湖 tsɐu³⁵koŋ³³fu⁴¹
打工 ta³⁵koŋ³³

斧头 pu³⁵tʰɐu⁴¹

铁钳 tʰit²kʰim⁴¹

螺丝批 lio⁴¹si³³pʰɐi³³ 螺丝刀

铁锤 tʰit⁵tsʰui⁴¹

钉 tiaŋ³³

绳 sɐŋ⁴¹

棍 kuɐn²¹³

做生理 tso⁵⁵saŋ³³li²¹³ 做买卖

店仔 tim²¹tsɐi³⁵ 商店

饭店 fɐn⁵⁵tim²¹³

旅店 li²¹tim²¹³

贵 kuɐi²¹³

平宜 pʰɐŋ⁴¹ŋi⁴¹ 便宜

抵手 tɐi³⁵sɐu³⁵ 合算

减价 kam³⁵ka²¹³ 折扣

折本 sik²pun³⁵ 亏本

银纸 ŋɐn⁴¹tsi³⁵ 钱

散纸 san³⁵tsi³⁵ 零钱

毫子仔 hɐu⁴¹tsi³⁵tsɐi³⁵ 硬币

本钱 pun³⁵tsʰi⁴¹

工钱 koŋ³³tsʰi⁴¹

路费 lu⁵⁵fɐi²¹³

使（钱）sɐi³⁵（tsʰi⁴¹）花

赚 tsan⁵⁵ 赚

赚 tsan⁵⁵ 挣

欠 kʰin²¹³

算盘 sun²¹pʰun⁴¹

秤 tsʰɐŋ²¹³

称 tsʰɐŋ²¹³

□墟 tʰɐu⁴¹hi³³ 赶集

墟 hi³³ 集市

神生 sɐn⁴¹saŋ³³ 庙会

学校 hɔk⁵hau⁵⁵

课室 kʰo²¹sɛt⁵ 教室

去学校 hi²¹hɔk⁵hau⁵⁵ 上学

放学 fɔŋ²¹hɔk⁵

考试 kʰau³⁵si²¹³

书包 si³³pau³³

簿仔 pu⁵⁵tsɐi³⁵ 本子

铅笔 in⁴¹pɐt⁵

钢笔 kɔŋ²¹pɐt⁵

圆子笔 in⁴¹tsi³⁵pɐt⁵ 圆珠笔

毛笔 mɐu⁴¹pɐt⁵

墨 mɐk²

墨盘 mɐk²pʰun⁴¹ 砚台

信 sɐn²¹³

公仔书 koŋ³³tsɐi³⁵si³³ 连环画

＊傅寻 piaŋ²¹tsʰɐm⁴¹

跳绳 tʰiu²¹sɐŋ⁴¹

鸡毛□ kɐi³³mɐu⁴¹tsiɐu⁵⁵ 毽子

纸鹞 tsi³⁵iu³³ 风筝

舞狮 mu³⁵si³³

炮仗 pʰau²¹tsiɔŋ⁵⁵

连炮 lin⁴¹pʰau²¹³

唱歌 tsʰɔŋ²¹ko³³

做戏 tso⁵⁵hi²¹³ 演戏

锣鼓 lo⁴¹ku³⁵

□□ a²¹i⁵⁵ 二胡

笛 tiak²

打拳 ta³⁵kʰin⁴¹ 划拳

捉棋 tsok⁵kʰi⁴¹ 下棋

赌九 tu³⁵kiɐu⁵⁵ 打扑克

打纸牌 ta³⁵tsi³⁵pʰai⁴¹

打麻雀 ta³⁵ma⁴¹tsiɔk⁵ 打麻将

□砖 kit⁵tsun³³

捶砖 tsʰui²¹tsun³³

做把戏 tso⁵⁵pa³⁵hi²¹³ 变魔术

讲古仔 kɔŋ³⁵ku³⁵tsei³⁵ 讲故事

猜字 tsʰai³³tsi⁵⁵ 猜字谜

搞 kau³⁵ 玩儿

嫽 liu³³

过家嫽 ko²¹ka³³liu³³ 串门儿

*出屋 tsʰɐt⁵ok⁵

十一　动作行为

*睇 tʰɐi³⁵

听 tʰiaŋ³³

闻 mɐn⁴¹ 嗅

吸 kʰiɐp⁵

睁 tsɐŋ³³ 睁开（眼）

闭 pɐi²¹³

眨 tsap⁵

张 tsɔŋ³³ ～嘴

□pɔk² 闭：～嘴

咬 ŋau²¹³

嚼 tsiu⁵⁵ 嚼

吞 tʰɐn³³ 咽：～口水

□lim²¹³ 舔

含 ham⁴¹

□嘴 tsɐm³³tsui³⁵ 亲嘴

嗍 tsut⁵ 吮吸

□lio²¹³ 吐：～痰

呕 au³⁵ 吐：～吐

打阿嚏 ta³⁵a³³tsʰi⁴¹ 打喷嚏

携 kʰai⁴¹ 拿

畀 pi³⁵ 给

摸 mo³⁵

伸 sɐn³³

挠 ŋiau³⁵

□net⁵ 掐

扭 nau³⁵ 拧：～螺丝

扭 nau³⁵ 拧：～毛巾

捻 nɐn³⁵

*拗 au³⁵

剥 mɔk⁵

撕 si³³

*拗 au³⁵

□tui³⁵ 拔：～萝卜

摘 tsak⁵

徛 kʰi²¹³ 站立

*凭 pɐŋ⁵⁵

*跍 kʰɐu⁴¹

坐 tsʰo²¹³

跳 tʰiu²¹³

遘 nam²¹³ 迈：～过去

□mat² 踩

□kiu⁵⁵ 翘：～腿

弯 uan³³

挺 tʰɐŋ³⁵ ～胸

趴 pʰa³³

爬 pʰa⁴¹

行 haŋ⁴¹ 走

走 tsɐu³⁵ ①跑。②走

逃 tʰɐu⁴¹

追 tsui³³

捉 tsok⁵ 抓

抱 pʰɐu²¹³

背 pi²¹³ ①背诵。②背负

□sai⁴¹ 揞着

　扶 pʰu⁴¹

□ŋ³⁵ 推：～开门

跌 tit⁵ 摔

撞 tsɔŋ⁵⁵

挡 tɔŋ³⁵

*俿 piaŋ²¹³

*俿 piaŋ²¹³

放 fɔŋ²¹³

叠 tit² 摞（书）

埋 mai⁴¹

*冚 kʰɐm³⁵

□tsak⁵ 压

揿 kiɐm⁵⁵ 摁

□tɔŋ⁵⁵ 捅

插 tsʰak⁵

□kɐt⁵ 戳

　□tok⁵

斩 tsam³⁵ 砍

剁 tiɔk⁵

削 siɔk⁵

　*剺 pʰɐi³³

裂 lit²

巢 ⁼tsʰau⁴¹ 皱：～皮

□nam⁴¹ 腐烂

擦 tsʰat⁵

　纠 kiu³⁵

倒 tɐu³⁵

*扰 tɐm³⁵

□piaŋ⁵⁵ 投掷

掉 tiu⁵⁵ 掉落

渧 tɐi²¹³ 滴

撇 lai⁵⁵ ①丢下。②忘记（东西）

寻 tsʰɐm⁴¹ 找

捡 kim³⁵

掼 kuaŋ²¹³ 提

挑 tʰiu³³

抬 tʰui⁴¹ 扛（重物）

抬 tʰui⁴¹

举 ki³⁵

撑 tsʰaŋ²¹³

撬 kiu⁵⁵

拣 kan³⁵ 挑

携好 kʰai⁴¹hɐu³⁵ 收拾

□nip⁵（手）挽着（手）

涮 sat⁵

洗 sɐi³⁵

□liɐu⁴¹ 捞起来

串 tsʰun²¹³ 拴

捆 kʰuɐn³⁵

解 kɐi³⁵ 解开

移 ŋi⁴¹ 挪

捧 poŋ³⁵ 端

扰 tam³⁵ 丢掉

　□pʰiaŋ³³

掺 tsʰam³³

烧 siu³³

拆 tsʰak⁵

转 tsun³⁵

捶 tsʰui⁴¹

打 ta³⁵

*相打 siɔŋ³³ta³⁵

歇下仔 hit²ha⁵⁵tsɐi⁵⁵ 休息

（打）酣啰（ta^{35}）ham^{33}lo^{33}（打）哈欠

躔眼瞤 tsoŋ^{33}ŋɛn^{35}fen^{213} 打瞌睡

瞤 fen^{213} 睡

扯鼻鼾 tsʰa^{35}pi^{55}hun^{41} 打呼噜

发梦 fat^{5}moŋ^{55} 做梦

起身 hi^{35}sɛn^{33}

□牙 san^{35}ŋa^{41} 刷牙

洗身 sɛi^{35}sɛn^{33} 洗澡

想 sioŋ^{35}

挂念 kʰua^{21}nim^{55} 想

商量 soŋ^{33}lioŋ^{41} 打算

知得 ti^{33}tɛk^{5} 记得

唔知得 m^{21}ti^{33}tɛk^{5} 忘记

惊 kiaŋ^{33} 害怕

信 sɛn^{213} 相信

焗气 kok^{5}hi^{213} 发愁

小心 siu^{35}sɛm^{33}

*合 hap^{5}

□□ ŋai^{21}hiok^{5} 讨厌

爽 soŋ^{35} 舒服

难□ nan^{41}ŋɛn^{213} 难受

攻心水 koŋ^{33}sɛm^{33}sui^{35} 难过

欢喜 fun^{33}hi^{35} 高兴

郁气 uɛt^{5}hi^{213} 生气

怪 kuɛi^{213} 责怪

后悔 hɛu^{55}fui^{213}

□ hiu^{55} 忌妒

见笑 kin^{21}siu^{213}

　　害羞 fui^{55}sɛu^{33}

丢格 tiu^{33}kak^{5} 丢人

　　冇面 mɛu^{21}min^{55}

虾 ⁻ha^{33} 欺负

装 tsoŋ^{33}

惜 siak^{5} 疼

爱 oi^{213} 想要

有 iɐu^{213}

冇 mɐu^{213} ①没有。②不要，"唔好"的合音：
　　　慢慢行，～跑

係 hei^{55} 是

唔係 m^{21}hei^{55} 不是

在 tsui^{55}

冇在 mɐu^{21}tsui^{55} 不在

知得 ti^{33}tɛt^{5} 知道

唔知得 m^{21}ti^{33}tɛt^{5} 不知道

识 sɛk^{5} ①懂了，明白了。②会了

唔识 m^{21}sɛk^{5} 不懂

晓得 hiu^{35}tɛk^{5} 会

唔晓得 m^{21}hiu^{35}tɛk^{5} 不会

识得 sɛk^{5}tɛk^{5} 认识

唔识得 m^{21}sɛk^{5}tɛk^{5} 不认识

得 tɛk^{5} 行

唔得 m^{21}tɛk^{5} 不行

肯 hɛn^{35}

又 iɐu^{213} 应该

可以 kʰo^{35}i^{213}

讲 koŋ^{35} 说

话 ua^{55} ①讲。②告诉。③话语

倾□ kʰiɐŋ^{33}kɐi^{35} 聊天儿

喊 ham^{213} 叫

大□ tai^{55}tut^{5} 吆喝

哭 fok^{5}

闹 nau^{213} 骂

相吵 sioŋ^{33}tsʰau^{41} 吵架

骗 pʰin^{213} 骗（人）

骗 pʰin²¹³ 哄（小孩）

讲假话 kɔŋ³⁵ka³⁵ua⁵⁵ 撒谎

讲大话 kɔŋ³⁵tai⁵⁵ua⁵⁵ 吹牛

　　车大炮 tsʰa³³tai⁵⁵pʰau²¹³

托□□ tʰɔk⁵hat²tsʰɐt⁵ 拍马屁

搞笑 kau³⁵siu²¹³ 开玩笑

讲 kɔŋ³⁵ 告诉

多谢 to³³tsia⁵⁵

对唔住 tui²¹m²¹tsi⁵⁵ 对不起

再见 tsui²¹kin²¹³

十二　性质状态

大 tai⁵⁵

细 sɐi²¹³ 小

大条 tai⁵⁵tʰiu⁴¹ 粗

细条 sɐi²¹tʰiu⁴¹ 细

长 tsʰɔŋ⁴¹ 长：线～

短 tun³⁵ 短：线～

长 tsʰɔŋ⁴¹ 长：时间～

短 tun³⁵ 短：时间～

阔 fut⁵ 宽

好阔 hɐu³⁵fut⁵ 宽敞

窄 tsak⁵

高 kɐu³³ 高：飞机飞得～

矮 ɐi³⁵ 低：飞机飞得～

高 kɐu³³ 高：他比我～

矮 ɐi³⁵ 矮：他比我～

远 in³⁵

近 kʰɐn²¹³

深 sɐm³³

浅 tsʰin³⁵

清 tsʰɐŋ³³

浊 tsok² 浑

圆 in⁴¹

扁 pin³⁵

方 fɔŋ³³

尖 tsin³³

平 pʰiaŋ⁴¹

肥 fi⁴¹ ～肉

＊腈 tsiaŋ³³

□ nɐp⁵ 形容动物肥

□ nɐp⁵ 形容人胖

瘦 sɐu²¹³ 形容人瘦

黑 hɐk⁵

白 pak²

红 fɔŋ⁴¹

黄 uɔŋ⁴¹

蓝 lam⁴¹

青 tsʰiaŋ³³ 绿

紫 tsʰi³⁵

灰 hui³³

多 to³³

少 siu³⁵

重 tsʰoŋ²¹³

轻 hiaŋ³³

直 tsɐk⁵

＊筐 tsʰia²¹³

曲 kʰok⁵ 弯

□ uɐi³⁵ 歪

□ pʰɐn⁴¹ 厚

薄 pɔk²

□ nɐu⁴¹ 稠

清 tsʰɐŋ³³ 稀

密 mɐt²

稀 hi³³

皓 hau⁵⁵ 指光线，明亮

黑 hɐk⁵ 指光线，完全看不见

热 ŋit² 指天气，热

和暖 uo⁴¹nun²¹³ 指天气，暖和

凉 liɔŋ⁴¹ 指天气，凉

冷 laŋ²¹³ 指天气，冷

热 ŋit² 指水，热

凉 liɔŋ⁴¹ 指水，凉

燥 tsau²¹³ 干，干燥

湿 sɐp⁵

净丽 tsiaŋ⁵⁵li⁵⁵ 干净

□臜 lɐi³³tsɐi³³ ①肮脏。②形容人卑劣

利 li⁵⁵（刀）快

钝 tɐn⁵⁵

快 fɐi²¹³

慢 man⁵⁵

早 tsɐu³⁵

迟 tsʰi⁴¹ 晚：来～了

*晏 an²¹³

松 soŋ³³

实 sɐt⁵ 紧

容易 ioŋ⁴¹i⁵⁵

难 nan⁴¹

新 sɐn³³

旧 kiɐu⁵⁵

老 lɐu³⁵

后生 hɐu⁵⁵saŋ³³ 年轻

软 ŋun²¹³

硬 ŋan⁵⁵

□ nam⁴¹ ①口感软而烂。②腐烂

□ nɔŋ³³ 煳了

硬净 ŋan⁵⁵tsiaŋ⁵⁵ 结实

烂 lan⁵⁵ 破

富 fu²¹³

*□ kʰiɐu⁴¹

忙 mɔŋ⁴¹

得闲 tɐk⁵han⁴¹ 闲

□ tʰiɐm⁵⁵ 累

痛 tʰoŋ²¹³

□ hai⁴¹ 痒

闹热 nau²¹ŋit⁵ 热闹

熟悉 sok²sɐk⁵

生分 saŋ³³fɐn⁵⁵ 陌生

味道 mi⁵⁵tɐu⁵⁵

味 mi⁵⁵ ①气味。②味道

咸 ham⁴¹

淡 tʰam²¹³

酸 sun³³

甜 tʰim⁴¹

苦 kʰu³⁵

辣 lak²

鲜 sin³³

香 hiɔŋ³³

臭 tsʰɐu²¹³

臭酸 tsʰɐu²¹sun³³ 馊

臭腥 tsʰɐu²¹siaŋ³³ 指鱼肉很腥

好 hɐu³⁵

坏 uɐi⁵⁵

差 tsʰa³³ ①差劲。②劣质

对 tui²¹³

错 tsʰo²¹³

*（好）靓（hɐu³⁵）liaŋ²¹³

难睇 nan⁴¹tʰɐi³⁵ 丑

落细 lɔk²sɐi²¹³ ①勤快。②认真

懒 lan²¹³

乖 kuai³³

调皮 tʰiu²¹pʰi⁴¹

老实 lɛu³⁵sɛt²

□ ŋai⁴¹ 傻，指傻气

笨 pen⁵⁵ ①笨，不灵活。②糊涂

大方 tai⁵⁵fɔŋ³³

小鬼 siu³⁵kuɐi³⁵ 小气

爽快 sɔŋ³⁵fai²¹³ 直爽

固老神 ku²¹lɛu³⁵sɐn⁴¹ 犟

十三　数量

一 iɐt⁵

二 ŋi⁵⁵

三 sam³³

四 si²¹³

五 ŋ³⁵

六 lok²

七 tsʰɐt⁵

八 pat⁵

九 kiɐu³⁵

十 sɐp²

二十 ŋi⁵⁵sɐp²

三十 sam³³sɐp²

一百 iɐt⁵pak⁵

一千 iɐt⁵tsʰin³³

一万 iɐt⁵man⁵⁵

百零五 pak⁵liaŋ⁴¹ŋ³⁵ 一百零五

百五十 pak⁵ŋ³⁵sɐp² 一百五十

第一 tɛi⁵⁵iɐt⁵

两两 liɔŋ³⁵liɔŋ³⁵ 二两

几个 ki³⁵ko²¹³

两只 liɔŋ³⁵tsɐk⁵ 俩

三只 sam³³tsɐk⁵ 仨

斤零两斤 kɐn³³liaŋ⁴¹liaŋ³⁵kɐn³³ 个把

只 tsɐk⁵ 一～人

匹 pʰɐt⁵ 一～马

条 tʰiu⁴¹ 一～牛

条 tʰiu⁴¹ 一～猪

条 tʰiu⁴¹ 一～狗

只 tsɐk⁵ 一～鸡

只 tsɐk⁵ 一～蚊子

条 tʰiu⁴¹ 一～鱼

条 tʰiu⁴¹ 一～蛇

只 tsɐk⁵ 一～嘴

张 tsɔŋ³³ 一～桌子

番 fan³³ 一～被子

番 fan³³ 一～席子

对 tui²¹³ 一～鞋

支 ki³³ 一～刀

把 pa³⁵ 一～锁

条 tʰiu⁴¹ 一～绳子

支 ki³³ 一～毛笔

副 fu²¹³ 一～眼镜

只 tsɐk⁵ 一～镜子

只 tsɐk⁵ 一～香皂

辆 liɔŋ²¹³ 一～车

栋 toŋ²¹³ 一～房子

　　间 kan³³

条 tʰiu⁴¹ 一～桥

条 tʰiu⁴¹ 一～河

条 tʰiu⁴¹ 一～路

蔸 tɐu³³ 一～树

朵 tio³⁵ 一～花

只 tsɐk⁵ 一～珠子

只 tsɐk⁵ 一～米

餐 tsʰan³³ 一～饭

包 pau³³ 一～中药

阵 tsɐn⁵⁵ 一～香味

□ lat² 一～字

只（银）tsɐk⁵（ŋen⁴¹）一～钱

角（钱）kɔk⁵（tsʰi⁴¹）一～钱

件 kin⁵⁵ 一～事情

点仔 tim⁵⁵tsei⁵⁵ 一～东西

（一）乃（iɐt⁵）nai⁵⁵ 一～东西

下 ha⁵⁵ 打一～，动量

下仔 ha⁵⁵tsei⁵⁵ 坐了一～

（一）次（iɐt⁵）tsʰi²¹³ 打一～

阵 tsɐn⁵⁵ 下了一～雨

次 tsʰi²¹³ 去了一～

十四　代副介连词

我 ŋo²¹³

你 ni²¹³

你 ni²¹³ 尊称：您

渠 ki²¹³ 他

我乃 ŋo²¹nai⁵⁵ 我们，不包括听话人

我乃 ŋo²¹nai⁵⁵ 咱们，包括听话人

你乃 ni²¹nai⁵⁵ 你们

渠乃 ki²¹nai⁵⁵ 他们

齐家 tsʰei⁴¹ka³³ ①大家。②一起

自己 tsi⁵⁵ki³⁵

别人 pit²iɐn⁴¹

我阿爸 ŋo²¹a³³pa³³ 我爸

你阿爸 ni²¹a³³pa³³ 你爸

渠阿爸 ki²¹a³³pa³³ 他爸

哩只 li³⁵tsɐk⁵ 这个

兀只 u³³tsɐk⁵ 那个

哪只 na³⁵tsɐk⁵ 哪个

乃谁 nai⁵⁵sui⁴¹ 谁

哩□ li³⁵nɐu⁴¹ 这里

兀头 u³³tʰɐu⁴¹ 那里

乃头 nai³⁵tʰɐu⁴¹ 哪里

（係）哩□（hei⁵⁵）li³⁵ŋan⁵⁵（是）这样

兀□ u³³ŋan⁵⁵ 那样

点□ tim³⁵ŋan⁵⁵ 怎样

咁 kam²¹³ ①那么（高）。②这么（高）

点□ tim³⁵ŋan⁵⁵ 怎么

咩 mia⁴¹ 什么：这个是～字？

咩 mia⁴¹ 什么：你找～？

做乜 tso⁵⁵met⁵ 为什么

做咩（啊）tso⁵⁵mia⁴¹（a³³）干什么

几多 ki³⁵to³³ 多少

好 hɐu³⁵ 很

好好 hɐu³⁵hɐu³⁵ 非常

更加 kɐŋ²¹ka³³ 更

太 tʰai²¹³

最 tsui²¹³

都 tu³³ ①都。②也：明仔～去

做下 tso⁵⁵ha⁵⁵ 一共

齐家 tsʰei⁴¹ka³³ 一起

正 tsɐŋ²¹³ 只：～去过一次

啱 ŋam³³ 刚：～好

正（到）tsɐŋ²¹（tɐu²¹³）刚：～到

正（来）tsɐŋ²¹³（lui⁴¹）才：你怎么～来啊？

就 tsɐu⁵⁵ ①表示动作很快发生：～过来咯。

　　　②加强肯定语气：～係

经常 kiɐŋ³³soŋ⁴¹

又 iɐu⁵⁵ 表重复：他～来了

还 uan⁴¹ 依然，仍然：他～没回家

再 tsui²¹³

又 iɐu⁵⁵ 也

反正 fan³⁵tsɐŋ²¹³

冇 mɐu²¹³ 没有：昨天我～去

＊唔 m²¹³

唔好 m²¹hɐu³⁵ 别：你～去

唔好 m²¹hɐu³⁵ 甭：你～客气

快 fai²¹³ 快要：天～亮了

争乃仔 tsaŋ³³nai⁵⁵tsɐi⁵⁵ 差点儿

宁可 nɐŋ⁴¹kʰo³⁵

故意 ku²¹i²¹³

随便 sui⁴¹pin⁵⁵

白 pak² 白白地：～跑一趟

肯定 hɐŋ³⁵tɐŋ⁵⁵

可能 kʰo³⁵nɐŋ⁴¹

一边 iɐt⁵pin³³

捞 lau³³ 和：我～他都姓王

捞 lau³³ 和：我昨天～他去城里了

对 tui²¹³ 他～我很好

向 hiɔŋ²¹³ ～东走

捞 lau³³ 向：～他借一本书

按 un²¹³ ～他的要求做

替 tʰɐi²¹³ ～他写信

如果 i⁴¹ko³⁵

唔管 m²¹kun³⁵ 不管：～怎么劝他都不听

第二节

《汉语方言词语调查条目表》

一 天文

热头猛 ŋit²tʰɐu⁴¹maŋ³⁵ 阳光猛烈

热头晒到 ŋit²tʰau⁴¹sai²¹tɐu³⁵ ①太阳地儿，太阳照到的地方。②向阳

西照日 sɐi³³tsiu²¹ŋɐt⁵ 太阳下山前的阳光

向日 hioŋ²¹ŋɐt⁵ 向阳

阴影 iɐn³³iaŋ³⁵ 背阴

月光晒到 ŋit²kɔŋ³³sai²¹tɐu³⁵ 月亮地儿，月亮照到的地方

满月 mun²¹ŋit²

峨眉月 ŋo⁴¹mi⁴¹ŋit² 月牙儿

　*禾镰月 uo⁴¹lim⁴¹ŋit²

河溪 ho⁴¹kʰɐi³³ 银河

　天河 tʰin³³ho⁴¹

北斗星 pɐt⁵tɐu³⁵siaŋ³³

金星 kiɐm³³siaŋ³³

　启明星 kʰɐi³⁵mɐn⁴¹siaŋ³³

獭⁼屎星 lai⁵⁵si³⁵siaŋ³³ 名词，流星

□耙星 lap⁵pʰa⁴¹siaŋ³³ 彗星

大风 tai⁵⁵foŋ³³

大北风 tai⁵⁵pɐk⁵foŋ³³

　狂风 kʰɔŋ⁴¹foŋ³³

细风 sɐi²¹foŋ³³ 小风

*鬼转风 kuɐi³⁵tsun³⁵foŋ³³

　旋风 sun⁴¹foŋ³³

龙转风 loŋ⁴¹tsun³⁵foŋ³³ 龙卷风

对面风 tui²¹min⁵⁵foŋ³³ 顶风

　逆风 ŋɐk²foŋ³³

顺风 sɐn⁵⁵foŋ³³

发风 fat⁵foŋ³³

　刮风 kuat⁵foŋ³³

风停啦 foŋ³³tʰɐŋ⁴¹la³³

乌云 u³³uɐn⁴¹ 黑云

红云 foŋ⁴¹uɐn⁴¹

　霞 ha⁴¹

雷公响 lui⁴¹koŋ³³hioŋ³⁵

　打雷 ta³⁵lui⁴¹

劈 pʰiak⁵ 被雷打：大树界雷～

落水仔 lɔk²sui³⁵tsɐi³⁵ 掉点儿

粒水仔 lɐp⁵sui³⁵tsɐi³⁵ 小雨

　水溦仔 sui³⁵mɐi⁴¹tsɐi³⁵

溦烟水 mɐi⁴¹in³³sui³⁵ ①毛毛雨。②接连多日
　阴雨。③指雾气很大

水溦丝 sui³⁵mɐi⁴¹si³³ 毛毛雨

大水 tai⁵⁵sui³⁵ 大雨

暴雨 pɐu⁵⁵i²¹³

打西北 ta³⁵sɐi³³pɐk⁵ 雷阵雨

　西北水 sɐi³³pɐk⁵sui³⁵

热头水 ŋit⁵tʰɐu⁴¹sui³⁵ 太阳雨

龙舟水 loŋ⁴¹tsɐu³³sui³⁵ 端午节时下的大雨

水□咯 sui³⁵tim⁵⁵lo⁴¹ 雨停了

畀水涿 pi³⁵sui³⁵tok⁵ 淋雨

　涿水 tok⁵sui³⁵

结冰 kit⁵pɐŋ³³

冰沙 pɐŋ³³sa³³ 碎冰

落雪 lɔk²sit⁵ 下雪

雪好大 sit⁵hɐu³⁵tai⁵⁵ 鹅毛雪

融雪 ioŋ⁴¹sit⁵ 化雪

落露水 lɔk²lu⁵⁵sui³⁵ 下露

落霜 lɔk²sɔŋ³³ 下霜

起雾 hi³⁵mu⁵⁵ 下雾

溦烟 mɐi⁴¹in³³ 薄薄的雾

雾水 mu⁵⁵sui³⁵ 形容雾气大，几乎要下雨的
　样子

天时热 tʰin³³si⁴¹ŋit² 天气热

天时冷 tʰin³³si⁴¹laŋ²¹³ 天气冷

冇热头 mɐu²¹ŋit⁵ɐu⁴¹ 阴天

　天阴 tʰin³³iɐm³³

多云 to³³uɐn⁴¹

落水天 lɔk²sui³⁵tʰin³³ 雨天

二　地理

平地 pʰiaŋ⁴¹ti⁵⁵ 平原

菜地 tsʰui²¹ti⁵⁵

荒地 foŋ³³ti⁵⁵

沙地 sa³³ti⁵⁵ 沙土地

　泥沙地 nɐi⁴¹sa³³ti⁵⁵

斜地 sia⁴¹ti⁵⁵ 坡地

水□ sui³⁵tat⁵ 滩地

　沙滩 sa³³tʰan³³

山田 san³³tʰin⁴¹ 指山上的农业用地

山地 san³³ti⁵⁵

152

岭 liaŋ²¹³ 山

沙石 sa³³sɐk²

半岭排 pun²¹liaŋ²¹pʰai⁴¹ 山腰

砖仔 tsun³³tsɐi³⁵ 整砖

　　半山腰 pun²¹san³³iu³³

砖节 tsun³³tsit⁵ 碎砖

山脚 san³³kiɔk⁵

红砖 foŋ⁴¹tsun³³

山坳 san³³au²¹³

青砖 tsʰiaŋ³³tsun³³

山坑 san³³haŋ³³ 山涧

泥砖 nɐi⁴¹tsun³³

　　山溪水 san³³kʰɐi³³sui³⁵

泥坯 nɐi⁴¹pʰui³³

山坡 san³³po³³

砖坯 tsun³³pʰui³³

山□ san³³nɐŋ³⁵ 山顶

瓦片□ ŋa³⁵pʰin³⁵sak⁵ 碎瓦

山督 ⁼san³³tok⁵ 山最顶部

　　瓦碎 ŋa³⁵sui²¹³

山崖 san³³ŋai⁴¹

烂泥 lan⁵⁵nɐi⁴¹ 水分比较多的泥土

溪坑 kʰɐi³³haŋ³³ 河里

燥泥 tsau²¹nɐi⁴¹ 干的泥土

　　河内 ho⁴¹nui⁵⁵

水泥浆 sui³⁵nɐi⁴¹tsiɔŋ³³ 混凝土

沙泥 sa³³nɐi⁴¹ 含沙多的土

金 kiɐm³³

海 fui³⁵

银 ŋɐn⁴¹

□堤 pɔk⁵tʰɐi⁴¹ 沿河或海防水的建筑物

铜 tʰoŋ⁴¹

墩洲 tɐn³³tsɐu³³ 指水中的陆地

铁 tʰit⁵

沙坝 sa³³pa²¹³ 河滩

锡 siak⁵

滩 tʰan³³

玉 ŋiok²

清水 tsʰɐŋ³³sui³⁵

汽油 hi²¹iɐu⁴¹

浊水 tsok²sui³⁵

石灰 sɐk⁵fui³³

落大水 lɔk²tai⁵⁵sui³⁵ 发大水

　　白灰 pak²fui³³

*□暖水 na⁴¹nun²¹sui³⁵

壳灰 hɔk⁵fui³³ 用贝壳烧成的石灰

泉水 tsʰan⁴¹sui³⁵

煤炭 mui⁴¹tʰan²¹³

大石牯 tai⁵⁵sɐk²ku³⁵ 大石块

蜂窝煤 foŋ³³uo³³mui⁴¹

细只石 sɐi²¹tsɐk⁵sɐk² 小石块

城市 sɐŋ⁴¹si²¹³

　　小石头 siu³⁵sɐk²tʰau⁴¹

围墙 uɐi⁴¹tsʰiɔŋ⁴¹ 城墙

石板 sɐk²pan³⁵

　　城篱 sɐŋ⁴¹li⁴¹

鹅卵石 ŋo⁴¹lun³⁵sɐk²

壕沟 hɐu⁴¹kɐu³³

　　坑石 haŋ³³sɐk²

乡里肚 hiɔŋ³³li²¹tu³⁵ 城内

　　鹅春石 ŋo⁴¹tsʰun³³sɐk²

　　城肚 sɐŋ⁴¹tu³⁵

麻石 ma⁴¹sɐk² 花岗岩

旷野 kʰɔŋ²¹ia²¹³ 城外

城门头 sɛŋ⁴¹mun⁴¹tʰɐu⁴¹ 乡里的正门外
　城门口 sɛŋ⁴¹mun⁴¹kʰɐu³⁵
城门 sɛŋ⁴¹mun⁴¹ 乡里的正门
农村 noŋ⁴¹tsʰun³³ 乡村
乡里仔 hiɔŋ³³li²¹tsɐi³⁵ 山沟，偏僻的山村
　山坑角□ san³³hɐŋ³³kɔk⁵lip⁵
归屋解 kuɐi³³ok⁵kai³⁵/kuɐi³³ok⁵ki³⁵ 家乡
　乡里 hiɔŋ³³li³⁵
大路 tai⁵⁵lu⁵⁵ ①宽大的路。②主干道
掘头巷 kuɐt²tʰɐu⁴¹hɔŋ⁵⁵ 死胡同

三　时令时间

春天 tsʰɛn³³tʰin³³
夏天 ha⁵⁵tʰin³³
　热天 ŋit²tʰin³³
秋天 tsʰɐu³³tʰin³³
冬天 toŋ³³tʰin³³
　冷天 laŋ²¹tʰin³³
立春 lɛp⁵tsʰɛn³³
雨水 i²¹sui³⁵
惊蛰 kiaŋ³³tsɛk⁵
春分 tsʰɛn³³fɛn³³
谷雨 kok⁵i²¹³
立夏 lɛp²ha⁵⁵
小满 siu³⁵mun²¹³
芒种 mɔŋ⁴¹tsoŋ²¹³
夏至 ha⁵⁵tsi²¹³
小暑 siu³⁵si³⁵
大暑 tai⁵⁵si³⁵
立秋 lɛp⁵tsʰɐu³³
处暑 tsʰi²¹si³⁵
白露 pak²lu⁵⁵

秋分 tsʰɐu³³fɛn³³
寒露 fun⁴¹lu⁵⁵
霜降 sɔŋ³³kɔŋ²¹³
立冬 lɛp⁵toŋ³³
小雪 siu³⁵sit⁵
大雪 tai⁵⁵sit⁵
小寒 siu³⁵fun⁴¹
大寒 tai⁵⁵fun⁴¹
七月初七 tsʰɛt⁵ŋit²tsʰo³³tsʰɛt⁵ 七夕
　七月七 tsʰɛt⁵ŋit²tsʰɛt⁵
九月九 kiɐu³⁵ŋit²kiɐu³⁵ 重阳节
　重阳 tsʰoŋ⁴¹iɔŋ⁴¹
寒食节 fun⁴¹sik²tsit⁵ 清明前一两天
拜年 pai²¹nin⁴¹
做年 tso⁵⁵nin⁴¹ ①拜年。②春节
过节 ko²¹tsit⁵
小清明 siu³⁵tsʰɛŋ³³mɐŋ⁴¹ 清明节
*大清明 tai⁵⁵tsʰɛŋ³³mɐŋ⁴¹
*十月醮 sɛp²ŋit²tsiu⁵⁵
新年 sɛn³³nin⁴¹ 元旦
伏天 fok²tʰin³³
三伏天 sam³³fok²tʰin³³
入伏 iɐp²fok²
前几年 tsʰin⁴¹ki³⁵nin⁴¹
大前年 tai⁵⁵tsʰin⁴¹nin⁴¹
大后年 tai⁵⁵hau⁵⁵nin⁴¹
每年 mui²¹nin⁴¹
年中 nin⁴¹tsoŋ³³
上半年 sɔŋ⁵⁵pun²¹nin⁴¹
下半年 ha⁵⁵pun²¹nin⁴¹
全年 tsʰun⁴¹nin⁴¹ 整年
闰月 lɛn⁵⁵ŋit²

月头 ŋit²tʰɐu⁴¹ 月初
  月初 ŋit²tsʰo³³
月中 ŋit²tsoŋ³³
月尾 ŋit²mi²¹³ 月底
一只月 iet⁵tsɐk⁵ŋit² 一个月
前只月 tsʰin⁴¹tsɐk⁵ŋit² 上个月
  前啊月 tsʰin⁴¹a³³ŋit²
  上只月 soŋ⁵⁵tsɐk⁵ŋit²
  上啊月 soŋ⁵⁵a³³ŋit²
哩只月 li³⁵tsɐk⁵ŋit² 这个月
  哩啊月 li³⁵a³³ŋit²
  □只月 nau⁴¹tsɐk⁵ŋit²
  □啊月 nau⁴¹a³³ŋit²
下只月 ha⁵⁵tsɐk⁵ŋit² 下个月
  下啊月 ha⁵⁵a³³ŋit²
上半昼 soŋ⁵⁵pun²¹tsɐu²¹³ 前半晌
下半昼 ha⁵⁵pun²¹tsɐu²¹³ 后半晌
每月 mui²¹ŋit²
  只只月 tsɐk⁵tsɐk⁵ŋit²
前十日 tsʰin⁴¹sɐp²ŋɐt⁵ 上旬
中十日 tsoŋ³³sɐp²ŋɐt⁵ 中旬
后十日 hɐu⁵⁵sɐp²ŋɐt⁵ 下旬
月大 ŋit²tai⁵⁵ 农历三十天的月份
月小 ŋit²siu³⁵ 农历二十九天的月份
第二日 tei⁵⁵ŋi⁵⁵ŋɐt⁵ 次日
前几日 tsʰin⁴¹ki³⁵ŋɐt⁵ 前几天
一只星期 iet⁵tsɐk⁵sɐŋ³³kʰi⁴¹ 一星期
  一只礼拜 iet⁵tsɐk⁵lɐi²¹pai²¹³
十零日 sɐp²liaŋ⁴¹ŋɐt⁵ 十几天
  十几日 sɐp²ki³⁵ŋɐt⁵
过摆 ko²¹pai³⁵ 前些时候
今早 kɐn³³tsɐu³⁵/kiɐm³³tsɐu³⁵

明早 mɐŋ⁴¹tsɐu³⁵
明早朝 mɐŋ⁴¹tsɐu³⁵tsiu³³
先朝晚 sin³³tsiu³³man²¹³ 明晚
□日朝 tsoŋ⁵⁵ŋɐt⁵tsiu³³ 昨天早上
  □日朝早 tsoŋ⁵⁵ŋɐt⁵tsiu³³tsɐu³⁵
□晚夜 tsoŋ⁵⁵man²¹ia⁵⁵ 昨晚
  □日晚夜 tsoŋ⁵⁵ŋɐt⁵man²¹ia⁵⁵
当间 toŋ³³kan³³
  中间 toŋ³³kan³³
半日 pun²¹ŋɐt⁵ ①半天。②大半天
大半日 tai⁵⁵pun²¹ŋɐt⁵ 大半天
天有皓 tʰin³³mɐu²¹hau⁵⁵ 指天快亮的时候
热头出 ŋit²tʰɐu⁴¹tsʰɐt⁵ 清晨
十一点零 sɐp²iet⁵tim³⁵liaŋ⁴¹ 午前
两点零 liɔŋ³⁵tim³⁵liaŋ⁴¹ 午后
*煞尾 sat⁵mi²¹³
上夜 soŋ⁵⁵ia⁵⁵ 上半夜
下夜 ha⁵⁵ia⁵⁵ 下半夜
中间心 toŋ³³kan³³sɐm³³ 最中间的位置
钟头 tsoŋ³³tʰɐu⁴¹
一只字 iet⁵tsɐk⁵tsi⁵⁵ 五分钟
三只字 sam³³tsɐk⁵tsi⁵⁵ 一刻钟
一晚夜 iet⁵man²¹ia⁵⁵ 整夜
  一夜 a³³ia⁵⁵
晚晚夜 man²¹man²¹ia⁵⁵ 每天晚上
*□晚夜 tʰaŋ²¹man²¹ia⁵⁵
年 nin⁴¹
月 ŋit²
日 ŋɐt⁵
日历 ŋɐt⁵lɐk²

四　农业

春耕 tsʰɐn³³kɐŋ³³

六月□割禾 lok²ŋit²lɐu⁵⁵kut⁵uo⁴¹ 夏收

割冬禾 kut⁵toŋ³³uo⁴¹ 秋收

早割 tsɐu³⁵kut⁵ 早秋

晚割 man²¹kut⁵ 晚秋

谷粒 kok⁵lɐp⁵ 稻子

糯谷 no⁵⁵kok⁵ 糯稻

整田塍 tsɐŋ³⁵tʰin⁴¹sɐŋ⁴¹ 整地

落谷 lɔk²kok⁵ 下种

　下谷 ha⁵⁵kok⁵

耘禾 uɐn⁴¹uo⁴¹ 薅草

禾枝 uo⁴¹ki³³ 稻穗

割麦 kut⁵mɐk²

地堂 ti⁵⁵tʰɔŋ⁴¹ 打场，晒场

出禾 tsʰɐt⁵uo⁴¹ 禾苗抽穗

老米 lɐu³⁵mɐi³⁵ 上季产的米

场地 tsʰɔŋ⁴¹ti⁵⁵ 场院

锄田 tsʰo⁴¹tʰin⁴¹

　锄地 tsʰo⁴¹ti⁵⁵

松泥 soŋ³³nɐi⁴¹ 松土

驶牛 si³⁵ŋɐu⁴¹ 犁田

研 ŋin⁴¹ 研磨

落□ lɔk²maŋ²¹³ 施肥

　下□ ha⁵⁵maŋ²¹³

淋□ nam⁴¹maŋ²¹³

　浇粪 ŋiu²¹fɐn²¹³

田厕 tʰin⁴¹tsʰa²¹³ 无墙无门隔着的厕所

积□ tsɐk⁵maŋ²¹³

　积肥 tsɐk⁵fi⁴¹

捡粪 kin³⁵fɐn²¹³ 拾粪

捡□ kin³⁵maŋ²¹³

捡猪屎 kin³⁵tsi³³si³⁵

粪□ fɐn²¹maŋ²¹³ 粪肥

　大粪 tai⁵⁵fɐn²¹³

猪屎 tsi³³si³⁵

牛屎 ŋɐu⁴¹si³⁵

*机器□ ki³³hi²¹maŋ²¹³

　化肥 fa²¹fi⁴¹

耕田 kaŋ³³tʰin⁴¹

淋水 lɐm⁴¹sui³⁵ ①浇水。②灌水

□水 tsok⁵sui³⁵ 灌水

*锄水 tsʰo⁴¹sui³⁵

*慅 tɐu⁵⁵

打水 ta³⁵sui³⁵

井 tsiaŋ³⁵

*拗车簪 ŋau²¹tsʰa³³tsɐm³³

*养蜜仔 iɔŋ²¹mɐt²tsai³⁵

风柜 foŋ³³kuɐi⁵⁵ 风车

铁铲 tʰit⁵tsʰan³⁵

水桶 sui³⁵tʰoŋ³⁵

　桶仔 tʰoŋ³⁵tsɐi³⁵

铁□ tʰit⁵tsʰiɔŋ³³ 铁撬杠

耙铙 pʰa⁴¹ŋiɐu²¹³ 钉耙

井绳 tsiaŋ³⁵sɐŋ⁴¹

□ lam³³ 篮子

米筛 mɐi³⁵sɐi³³ 筛米的筛子

谷筛 kok⁵sɐi³³ 筛谷子的筛子

糠筛 kʰɔŋ³³sɐi³³ 筛米糠的筛子

沙筛 sa³³sɐi³³ 筛沙子的筛子

石筛 sɐk⁵sɐi³³ 筛石头的筛子

水车 sui³⁵tsʰa³³

牛拉车 ŋɐu⁴¹lai³³tsʰa³³ 大车

拉板车 lai^{33}pan^{35}ts^{h}a^{33} 板车

牛轭 ŋeu^{41}ŋak^5

牛嘴□ ŋeu^{41}tsui^{35}lam^{33} 牛笼嘴

牛鼻□ ŋeu^{41}pi^{55}k^{h}im^{35} 穿在牛鼻子里的铁环

犁脚 lɐi^{41}kiɔk^5 犁把

犁碗仔 lɐi^{41}un^{35}tsɐi^{35} 犁铧

　犁头 lɐi^{41}t^{h}ɐu^{41}

耙 p^{h}a^{41}

烫耙 t^{h}ɔŋ^{21}p^{h}a^{41} 晒谷粒和收谷粒用的木耙，无齿

□仔 k^{h}iu^{35}tsɐi^{35} 用高粱或芦苇的篾片、竹等编的粗而长的席，可以围起来囤粮食

谷□ kok^{5}k^{h}iu^{35}

围□ uɐi^{41}k^{h}iu^{35} 打谷子时，围在打谷机上的竹席

绞米机 kau^{35}mɐi^{35}ki^{33} 使米粒跟谷壳分离的农具

衣 i^{33} 蒙覆在动植物表面的一层薄膜

磨底 mo^{55}tɐi^{35} 磨盘

磨钩 mo^{55}kau^{33} 磨把儿

磨心 mo^{55}sɐm^{33} 磨脐儿，磨扇中心的铁轴

罗斗 lo^{41}tɐu^{35} 筛粉末状细物用的器具

研茶棍 ŋin^{41}ts^{h}a^{41}kuɐn^{213} 杵

泥□ nɐi^{41}ts^{h}iu^{33} 铡刀

*刀嫲 tɐu^{33}na^{213}

柴刀 ts^{h}ai^{41}tɐu^{33}

铲 ts^{h}an^{35} 木锨

担担 tam^{33}tam^{213} 挑担子

钓鱼 tiu^{21}ŋi^{41}

钓竿 tiu^{21}kun^{33}

钓仔 tiu^{21}tsɐi^{35} 钓鱼钩儿

鱼□ ŋi^{41}lam^{33} 鱼篓儿

　鱼罾 ŋi^{41}lui^{35}

渔网 ŋi^{41}mɔŋ^{35}

　网 mɔŋ^{35}

地笼 ti^{55}lɔŋ^{41} 一种捕捞小鱼、龙虾、黄鳝、泥鳅、螃蟹等水生动物的工具，网眼较小，可拉至十几米甚至几十米长

五谷 ŋ^{35}kok^5

麦 mɐk^2

黄米 uɔŋ^{41}mɐi^{35} 小米儿

高粱 kɐu^{33}liɔŋ^{41}

禾秆 uo^{41}kun^{35}

　稻秆 tɐu^{55}kun^{35}

高粱秆 kɐu^{33}liɔŋ^{41}kun^{35}

早谷 tsɐu^{35}kok^5 ①早稻。②早米

　早□谷 tsɐu^{35}lau^{33}kok^5

迟谷 ts^{h}i^{41}kok^5 ①晚稻。②晚米

　尾□谷 mi^{35}lau^{33}kok^5

新米 sɐn^{33}mɐi^{35} 早米

汎谷 p^{h}aŋ^{21}kok^5 秕子

米 mɐi^{35} 去壳后稻子的籽实

糯米 no^{55}mɐi^{35}

粘米 tsim^{33}mɐi^{35} 大米，相对糯米而言

油粘米 iɐu^{41}tsim^{33}mɐi^{35} 籼米，米粒细长，黏性较小

糙米 tsɐu^{55}mɐi^{35} 未舂碾过的米

白米 pɐk^{2}mɐi^{35} 经过舂碾的米

麻秆 ma^{41}kun^{35}

　麻骨 ma^{41}kuɐt^5

苎麻 ts^{h}i^{35}ma^{41}

瓜子 kua^{33}tsi^{35}

　葵子 k^{h}uɐi^{41}tsi^{35}

芋叶 fu^{55}ip^2 芋头叶子

　*芋□ fu^{55}hak^5

薯姑 si⁴¹ku³³ 慈姑

西洋菜 sei³³iɔŋ⁴¹tsʰui²¹³

红枣 foŋ⁴¹tsau³⁵

莲子 lin⁴¹tsi³⁵

乌豆 u³³tɐu⁵⁵ 黑豆

赤豆 tsʰak⁵tɐu⁵⁵ 红小豆

扁豆 pi³⁵tɐu⁵⁵

苦瓜 kʰu³⁵kua³³

冬瓜 toŋ³³kua³³

瓠蒲 fu⁴¹pʰu⁴¹ 葫芦

瓠仔 fu⁴¹tsɐi³⁵ 瓠子

新姜 sɐn³³kiɔŋ³³ 嫩姜

葱叶 tsʰoŋ³³ip²

葱白 tsʰoŋ³³pak⁵

蒜头 sun²¹tʰau⁴¹

　蒜头米 sun²¹tʰau⁴¹mɐi³⁵

蒜苗 sun²¹miu⁴¹

蒜仔 sun²¹tsɐi³⁵ 蒜、青蒜

蒜浆 sun²¹tsiɔŋ²¹³ 蒜泥

韭黄 kiɐu³⁵uɔŋ⁴¹

苋仔菜 hin⁵⁵tsɐi³⁵tsʰui²¹³ 苋菜

菜椒 tsʰui²¹tsiu³³ 柿子椒

　大椒 tai⁵⁵tsiu³³

剥□菜 pɔk⁵hak⁵tsʰui²¹³ 芥菜

胡椒 fu⁴¹tsiu³³

□心白 hɐm²¹sɐm³³pak² 结球白菜

椰菜 ia⁴¹tsʰui²¹³ 洋白菜

椰花 ia⁴¹fa³³ 花椰菜

小白菜 siu²¹pak⁵tsʰui²¹³

白菜 pak⁵tsʰui²¹³

麦仔生 mɐk⁵tsɐi³⁵saŋ³³ 莴笋叶

麦菜 mɐk⁵tsʰui²¹³ 生菜

　麦仔菜 mɐk⁵tsɐi³⁵tsʰui²¹³

猪姆菜 tsi³³na²¹tsʰui²¹³ 莙荙菜

□心 pu⁵⁵sɐm³³ 植物因失掉水分而中空

菜头□ tsʰui²¹tʰɐu⁴¹hak⁵ 萝卜缨儿

　菜头叶 tsʰui²¹tʰɐu⁴¹ip²

*菜脯 tsʰui²¹pu³⁵

大头菜 tai⁵⁵tʰɐu⁴¹tsʰui²¹³ 苤蓝

　甘蓝 kam³³lam⁴¹

茭白 kɐu³³pak²

割心菜 kut⁵sɐm³³tsʰui²¹³ 油菜

菜心 tsʰui²¹sɐm³³ 油菜苔

菜米 tsʰui²¹mɐi³⁵

　油菜籽 iɐu⁴¹tsʰui²¹tsi³⁵

蕹菜 oŋ²¹tsʰui²¹³

青菜 tsʰiaŋ³³tsʰui²¹³ 绿叶蔬菜

*角瓜 kɔk⁵kua³³

金针 kiɐm³³tsɐm³³ 黄花菜

洋参仔 iɔŋ⁴¹sɐm³³tsɐi³⁵ 西洋参

五　植物

树林 si⁵⁵lɐm⁴¹

树苗 si⁵⁵miu⁴¹

　树仔 si⁵⁵tsɐi³⁵

树身 si⁵⁵sɐn³³ 树干

树丫 si⁵⁵a³³ 树梢

　树尾 si⁵⁵mi²¹³

树头 si⁵⁵tʰau⁴¹

　树根 si⁵⁵kɐn³³

树叶 si⁵⁵ip²

树枝 si⁵⁵ki³³

　树□ si⁵⁵kʰia²¹³

种树 tsoŋ²¹si⁵⁵

斩树 tsam³⁵si⁵⁵ 砍树

松叶 tsʰoŋ⁴¹ip² 松针

　松□ tsʰoŋ⁴¹kʰia³⁵

松鸡 tsʰoŋ⁴¹kɐi³³ 松球

松香 tsʰoŋ⁴¹hioŋ³³

松油 tsʰoŋ⁴¹iɐu⁴¹

杉叶 tsʰam²¹ip² 杉针

□ kʰuaŋ³⁵ 草木植物的茎、秆

桑仔树 soŋ³³tsɐi³⁵si⁵⁵

　桑树 soŋ³³si⁵⁵

桑仔 soŋ³³tsɐi³⁵ 桑葚

桑仔叶 soŋ³³tsɐi³⁵ip²

　桑叶 soŋ³³ip²

杨树 ioŋ⁴¹si⁵⁵

白藤 pɐk²tʰɐŋ⁴¹ 荆条

桐油树 tʰoŋ⁴¹iɐu⁴¹si⁵⁵

桐油仔 tʰoŋ⁴¹iɐu⁴¹tsɐi³⁵

　桐子 tʰoŋ⁴¹tsi³⁵

桐油 tʰoŋ⁴¹iɐu⁴¹

苦楝树 fu³⁵lin⁵⁵si⁵⁵/kʰu³⁵lin⁵⁵si⁵⁵

红豆树 foŋ⁴¹tɐu⁵⁵si⁵⁵

　相思树 sioŋ³³si³³si⁵⁵

冬笋 toŋ³³sɐn³⁵

春笋 tsʰɐn³³sɐn³⁵

竹壳 tsok⁵hɔk⁵

　笋壳 sɐn³⁵hɔk⁵

棘竹 nɐk⁵tsok⁵ 笆竹、篱竹

泥竹 nɐi⁴¹tsok⁵ 生长在河边的一种竹子，实用
　　性强

水竹 sui³⁵tsok⁵ 一种可用来制席子的竹子

苗儿竹 miu⁴¹ŋi⁴¹tsok⁵ 一种韧性很好，可用来

　　做乐器的竹子

竹篙 tsok⁵kɐu³³ 竹竿

　竹□ tsok⁵kʰia³⁵

竹叶 tsok⁵ip²

篾仔 mit⁵tsɐi³⁵ 篾片

篾郎 mit⁵loŋ⁴¹ 篾黄

　篾青 mit⁵tsʰiaŋ³³

桂花 kuɐi²¹fa³³

菊花 kʰok⁵fa³³

荷叶 ho⁴¹ip²

莲蓬 lin⁴¹foŋ⁴¹

水仙 sui³⁵sin³³

茉莉 mut²li⁵⁵

喇叭花 la³⁵pa³³fa³³

杜鹃 tu⁵⁵kin³³

万年青 man⁵⁵nin⁴¹tsʰiaŋ³³

仙人掌 sin³³iɐn⁴¹tsɔŋ³⁵

花片 fa³³pʰin²¹³ 花瓣儿

花蕊 fa³³lui³⁵

河笛竹 ho⁴¹tiak²tsok⁵ 芦苇

果干 ko³⁵kun³³

　干果 kun³³ko³⁵

雪梨 sit⁵lɐi⁴¹ 梨子

沙梨 sa³³lɐi⁴¹ 梨的一种，皮比较粗糙

柑 kam³³

潮州柑 tsʰiu⁴¹tsɐu³³kam³³ 当地一种柑类水果

枇杷 pʰi⁴¹pʰa⁴¹

柿饼 sei²¹piaŋ³⁵

橘丝 kɐt⁵si³³ 橘络

金橘 kiɐm³³kɐt⁵

橙仔 tsʰaŋ⁴¹tsɐi³⁵ 橙子

　橙 tsʰaŋ⁴¹

□瓜 lin³³kua³³ 木瓜

龙眼 loŋ⁴¹ŋan³⁵

龙眼肉 loŋ⁴¹ŋan³⁵iok² 去壳去核的龙眼干

龙眼干 loŋ⁴¹ŋan³⁵kun³³ ①去壳去核的龙眼干。
②带壳和核的龙眼干

荔果 lei⁴¹ko³⁵ 荔枝

芒果 mɔŋ³³ko³⁵

菠萝 po³³lo⁴¹

橄榄 kam³⁵lam³⁵

西瓜 sei³³kua³³

*瓜米 kua³³mei³⁵

瓜子 kua³³tsi³⁵

甜瓜 tʰim⁴¹kua³³

地豆米 ti⁵⁵teu⁵⁵mei³⁵ 花生米

地豆衣 ti⁵⁵teu⁵⁵i³³ 花生米外面的红皮

地豆皮 ti⁵⁵teu⁵⁵pʰi⁴¹

荷兰豆 ho⁴¹lan³³teu⁵⁵

乌蔗 u³³tsa²¹³ 皮为黑色的甘蔗

竹蔗 tsok⁵tsa²¹³ 皮为青色的甘蔗

糖蔗 tʰɔŋ⁴¹tsa²¹³ 用来制糖的甘蔗

冬菇 toŋ³³ku³³

茶树菇 tsʰa⁴¹si⁵⁵ku³³

*溜苔 leu⁴¹tʰui⁴¹

六 动物

牛羊猪 ŋeu⁴¹iɔŋ⁴¹tsi³³ 牲口

头牲 tʰeu⁴¹saŋ³³

山猪 san³³tsi³³ 野猪

马牯 ma²¹ku³⁵ 公马

马嬷 ma²¹na²¹³ 母马

黄牛 uɔŋ⁴¹ŋeu⁴¹

水牛 sui³⁵ŋeu⁴¹

牛仔 ŋeu⁴¹tsei³⁵ 牛犊

*牛牸 ŋeu⁴¹tsi⁵⁵

牛牸仔 ŋeu⁴¹tsi⁵⁵tsei³⁵

□ pen³³ 喂食

驴牯 lu⁴¹ku³⁵ 公驴

母驴 mu²¹lu⁴¹

驴嬷 lu⁴¹na²¹³

骆驼 lɔk²tʰo⁴¹

绵羊 min⁴¹iɔŋ⁴¹

山羊 san³³iɔŋ⁴¹

羊仔 iɔŋ⁴¹tsei³⁵ 羊羔

狗仔 keu³⁵tsei³⁵ 小狗儿

哈巴狗 ha³³pa³³keu³⁵

鸡公仔 kei³³kɔŋ³³tsei³⁵ 未成年的小公鸡

□鸡 tsʰio³³kei³³

阉鸡 im³³kei³³ 阉过的公鸡

*攋孵鸡 lai⁵⁵pu³³kei³³

鸡□ kei³³lan²¹³ 未成年的小母鸡

鸡仔□ kei³³tsei³⁵tieu⁵⁵ 小鸡儿

鸡仔 kei³³tsei³⁵

鸡冠 kei³³kuan³³

鸡□ kei³³ŋieu³⁵ 鸡爪子

鸭牯 ap⁵ku³⁵ 公鸭

鸭嬷 ap⁵na²¹³ 母鸭

鸭仔 ap⁵tsei³⁵ 小鸭子

番鸭 fan³³ap⁵ 旱鸭

水鸭 sui³⁵ap⁵

鸭春 ap⁵tsʰen³³ 鸭蛋

鹅牯 ŋo⁴¹ku³⁵ 公鹅

鹅嬷 ŋo⁴¹na²¹³ 母鹅

鹅仔 ŋo⁴¹tsei³⁵ 小鹅儿

猫仔 miu³⁵tsei³⁵ 小猫

野兽 ia²¹sɐu²¹³

狮子 si³³tsi³⁵

熊 ioŋ⁴¹

豹 pa²¹³

狐狸 fu⁴¹li⁴¹

黄鼠狼 uoŋ⁴¹tsʰi³⁵lɔŋ⁴¹

蟒蛇 kʰiɐm⁴¹sa⁴¹

八步蛇 pat⁵pu⁵⁵sa⁴¹ 蛇的一种，有毒

眼镜蛇 ŋan³⁵kiaŋ²¹sa⁴¹

水蛇 sui³⁵sa⁴¹

青竹□ tsʰiaŋ³³tsok⁵pi³³ 竹叶青蛇

泥蛇 nei⁴¹sa⁴¹ 一种栖息在溪流或水田里的蛇

南˭蛇 nam⁴¹sa⁴¹ 一种比较凶猛主要以鼠类为
　　食的蛇

番薯头蛇 fan³³si⁴¹tʰɐu⁴¹sa⁴¹ 一种头为铲形的
　　毒蛇

雀窦 tsiɔk⁵tɐu²¹³ 鸟窝

*厕缸虫 tsʰa²¹koŋ³³tsʰoŋ⁴¹

鸽嫲 kap⁵na²¹³ 母鸽子

燕仔 i²¹tsɐi³⁵ 燕子

雁 ŋan⁵⁵

斑鸠 pan³³kɐu³³

鹌鹑 am³³tsʰun³³

鹧鸪 tsa²¹ku³³

啄木鸟 tiɔk⁵mok²niu²¹³

猫头雀 miu³⁵tʰɐu⁴¹tsiɔk⁵

崖婆 ŋai⁴¹pʰo⁴¹ ①夜鹰。②老鹰

鹩哥仔 liu³⁵ko³³tsɐi³⁵ ①鹦鹉。②八哥儿

鹤 hɔk²

野鸡 ia²¹kɐi³³

山鸡 san³³kɐi³³

野鸭 ia²¹ap⁵

鸬鹚 lu⁴¹tsʰi⁴¹

白鹤 pak²hɔk²

嘴 tsui³⁵ 鸟类的嘴

草蜢 tsʰɐu³⁵maŋ²¹³ 蚱蜢

□□ kam³³pui⁵⁵ 臭虫

大水蚁 tai⁵⁵sui³⁵ŋɐi³⁵ 飞蚂蚁

蚕蛹 tsʰam⁴¹ioŋ³⁵

蚕丝 tsʰam⁴¹si³³

蚕沙 tsʰam⁴¹sa³³

　蚕屎 tsʰam⁴¹si³⁵

蜗牛 uo³³ŋɐu⁴¹

牛屎蛄 ŋɐu⁴¹si³⁵ku³⁵ 蜣螂

壁宿 piak⁵sok⁵ 蜈蚣

蝎子 hut⁵tsi³⁵

檐蛇 sim⁴¹sa⁴¹ 壁虎

毛毛虫 mɐu⁴¹mɐu⁴¹tsʰoŋ⁴¹

蛀虫 tsi²¹tsʰoŋ⁴¹ 肉虫，指米里的虫子

　米虫 mei³⁵tsʰoŋ⁴¹

蚜虫 ŋa⁴¹tsʰoŋ⁴¹

□仔 ŋak⁵tsɐi³⁵ 孑孓

牛虻 ŋɐu⁴¹mɔŋ⁴¹

知蟀仔 tsi³³sut⁵tsɐi³⁵ ①蟋蟀。②灶蟋蟀

鸡由 kɐi³³tsat² 蟑螂

蝗虫 uoŋ⁴¹tsʰoŋ⁴¹

　*翼虫 iɐk²tsʰoŋ⁴¹

斩刀蜢 tsam³⁵tɐu³³maŋ²¹³ 螳螂

马蜂 ma²¹foŋ³³

牛蜂 ŋɐu⁴¹foŋ³³ 雄性牛蜂

嫲蜂 ma⁴¹foŋ³³ 雌性牛蜂

□ tɐŋ⁴¹ 蜇：马蜂～人

蜂窦 foŋ³³tɐu²¹³ 蜂窝

明火虫 mɐŋ⁴¹fo³⁵tsʰoŋ⁴¹ 萤火虫

□仔 ŋet⁵tsɐi³⁵ 灯蛾

七星虫 tsʰɐt⁵siaŋ³³tsʰoŋ⁴¹ 瓢虫

牛屎牯 ŋɐu⁴¹si³⁵ku³³ 臭大姐

鳊鱼 pin³³ŋi⁴¹

草鱼 tsʰɐu³⁵ŋi⁴¹

　菜鲩 tsʰui²¹uan²¹³

黄鱼 uoŋ⁴¹ŋi⁴¹

泥鳗鱼 nɐi⁴¹man⁵⁵ŋi⁴¹

　鳗鱼 man⁵⁵ŋi⁴¹

鲇□ nim⁴¹kuai³⁵ 鲇鱼

马头鱼 ma²¹tʰɐu⁴¹ŋi⁴¹ 胖头鱼

带鱼 tai²¹ŋi⁴¹

鲈鱼 lu⁴¹ŋi⁴¹

　花鲈鱼 fa³³lu⁴¹ŋi⁴¹

乌鱼 u³³ŋi⁴¹ 黑鱼

墨斗鱼 mɐk²kɐu³⁵ŋi⁴¹

　墨斗 mɐk²kɐu³⁵

　墨鱼 mɐk²ŋi⁴¹

鱿鱼 iɐu⁴¹ŋi⁴¹

　□仔 ni⁵⁵tsɐi³⁵

金鱼 kiɐm³³ŋi⁴¹

蛇狗□ sa⁴¹kɐu³⁵tsut⁵ 泥鳅

　*狗钻 kɐu³⁵tsun²¹³

鳝 sin²¹³ 鳝鱼

黄鳝 uoŋ⁴¹sin²¹³

白鳝 pak²sin²¹³

剥皮鱼 pok⁵pʰi⁴¹ŋi⁴¹ 橡皮鱼

咸水鱼 ham⁴¹sui³⁵ŋi⁴¹ 海鱼

塘鱼 tʰoŋ⁴¹ŋi⁴¹ 池塘养的鱼

鱼脯 ŋi⁴¹pu³⁵ 剖开晒干的鱼

鱼刺 ŋi⁴¹tsʰi²¹³

鱼鳔 ŋi⁴¹pʰiu²¹³

鱼鳃 ŋi⁴¹si³³

鱼春 ŋi⁴¹tsʰɐn³³ 鱼的卵

鱼仔 ŋi⁴¹tsɐi³⁵ 鱼苗儿

　鱼种 ŋi⁴¹tsoŋ³⁵

　鱼花 ŋi⁴¹fa³³

鱼浆 ŋi⁴¹tsioŋ²¹³ 鱼肉泥

鱼丸 ŋi⁴¹in⁴¹

虾仁 ha³³ŋɐn⁴¹ ①鲜虾仁儿。②干虾米

虾肉 ha³³ŋiok²

虾米 ha³³mɐi³⁵ 干虾米

虾春 ha³³tsʰɐn³³ 虾卵，干制后可做调味品

水蟹 sui³⁵hai²¹³ 河里的螃蟹

螃蜞 pʰoŋ⁴¹kʰi⁴¹ 小螃蟹

龟 kuɐi³³

蟹仁 hai²¹ŋɐn⁴¹ 蟹黄

　蟹膏 hai²¹ko³³

牛蜞 ŋɐu⁴¹kʰi⁴¹ 水蛭

花甲 fa³³kap⁵ 蛤蜊

田螺 tʰin⁴¹lio⁴¹ 螺蛳

蚶仔 ham³³tsɐi³⁵ 海里的蚌

蚬仔 hin²¹tsɐi³⁵ 河里的蚌

□仔 kuai³³tsɐi³⁵ 已没有尾巴的蝌蚪

蝌蚪 o³³tɐu³⁵

鳖 pit⁵

七　房舍

*围城楼 uɐi⁴¹siaŋ⁴¹lɐu⁴¹

　城楼 siaŋ⁴¹lɐu⁴¹

院 in³⁵

天井 tʰin³³tsiaŋ³⁵

墙 tsʰioŋ⁴¹ 院墙

外间 ŋoi⁵⁵kan³³

里间 li²¹kan³³

板 pan³⁵ 样品

花窗 fa³³tsʰɔŋ³³ 有图案的窗栅栏

＊窗横 tsʰɔŋ³³uaŋ⁴¹

房 foŋ⁴¹kan³³ 房间，内室

＊窗眼 tsʰɔŋ³³ŋan³⁵

闩 san³³ 关，指关门窗

大厅 tai⁵⁵tʰiaŋ³³ 正房

　　正屋 tsɐŋ²¹ok⁵

房间 foŋ⁴¹kan³³ 厢房

　　□仔 lɔŋ⁴¹tsɐi³⁵

客厅 hak⁵tʰiaŋ³³

　　正厅 tsɐŋ²¹tʰiaŋ³³

洗身间 sɐi³⁵sɐn³³kan³³ 洗澡间

水□间 sui³⁵ŋ²¹kan³³

＊瓦房 ŋa³⁵fɔŋ⁴¹

瓦坑 ŋa³⁵haŋ³³ 房顶的瓦槽

屋瓦□ ok⁵ŋa³⁵nɐŋ³⁵ 房瓦顶

瓦屋 ŋa³⁵ok⁵ 平房

明瓦 mɐŋ⁴¹ŋa³⁵ 透明瓦

楼房 lɐu⁴¹fɔŋ⁴¹

蜡青纸 lap²tsʰiaŋ³³tsi³⁵ 油毡

蜡青 lap²tsʰiaŋ³³ 沥青

别墅 pit²sui²¹³ 洋房，指旧时建的新式楼房

楼上 lɐu⁴¹sɔŋ⁵⁵

楼下 lɐu⁴¹ha⁵⁵

高橱 kɐu³³tsʰi⁴¹ 大衣橱

水喉 sui³⁵hau⁴¹ 水管

水龙头 sui³⁵lɔŋ⁴¹tʰɐu⁴¹

公管 kɔŋ³³kun³⁵ 由街上通入住户的水管

胶管 kau³³kun³⁵ 橡胶或塑料水管

云南石 uɐn⁴¹nam⁴¹sɛk⁵ 大理石

阳台 iɔŋ⁴¹tʰui⁴¹

晒台 sai²¹tʰui⁴¹

炉仔 lu⁴¹tsɐi³⁵ 烧柴的炉子

　　柴炉 tsʰai⁴¹lu⁴¹

屋栋 ok⁵toŋ²¹³ 房脊

屋顶 ok⁵tiaŋ³⁵

　　屋□ ok⁵nɐŋ³⁵

屋檐 ok⁵iɐm⁴¹

　　檐下 iɐm⁴¹ha⁵⁵

梁 liɔŋ⁴¹

栋 toŋ²¹³

＊桷 kɔk⁵

底盘 tɐi³⁵pʰun⁴¹ 柱下石

楼梯级 lɐu⁴¹tʰɐi³³kʰiɐp⁵ 台阶

　　步级 pu⁵⁵kʰiɐp⁵

天花板 tʰin³³fa³³pan³⁵

后门 hɐu⁵⁵mun⁴¹

门仔 mun⁴¹tsɐi³⁵ 边门儿

偏门 pʰin³³mun⁴¹

侧门 tsɛk⁵mun⁴¹

门后 mun⁴¹hɐu⁵⁵ 门扇的后面

屋角头 ok⁵kɔk⁵tʰɐu⁴¹ 角落

　　门角头 mun⁴¹kɔk⁵tʰɐu⁴¹

门闩 mun⁴¹san³³

门 mun⁴¹ 门扇

走廊 tsɐu³⁵lɔŋ⁴¹

过道 ko²¹tɐu⁵⁵

廊仔巷 lɔŋ⁴¹tsɐi³⁵hɔŋ⁵⁵ 两堵墙之间的窄巷

隔篱 kak²li⁴¹ 隔壁

楼板 lɐu⁴¹pan³⁵

磨房 mo⁵⁵fɔŋ⁴¹

马棚 ma²¹pʰaŋ⁴¹

牛栏 ŋɐu⁴¹lan⁴¹ 牛圈

　牛棚 ŋɐu⁴¹pʰaŋ⁴¹

猪栏 tsi³³lan⁴¹ 猪圈

羊圈 ioŋ⁴¹kin²¹³

猪食棚 tsi³³sik²pʰaŋ⁴¹ 猪食槽

狗窦 kɐu³⁵tɐu²¹³ 狗窝

鸡窦 kɐi³³tɐu²¹³ 鸡窝

鸡笼 kɐi³³loŋ⁴¹

鸡□ kɐi³³tsɐm³⁵ 鸡罩，指用竹子编的罩鸡的
　　器具

　鸡𥑀 kɐi³³kʰɐm³⁵

草堆 tsʰɐu³⁵tui³³ 柴草垛

　柴堆 tsʰai⁴¹tui³³

草埔□ tsʰɐu³⁵pʰu²¹tat⁵ 草坪

八　器具用品

圆台 in⁴¹tʰui⁴¹ 圆桌

方台 foŋ³³tʰui⁴¹ 方桌

办公台 pan²¹koŋ³³tʰui⁴¹

　办公桌 pan²¹koŋ³⁵tsɔk⁵

　书台 si³³tʰui⁴¹

饭台 fan⁵⁵tʰui⁴¹ 饭桌

　食饭台 sik²fan⁵⁵tʰui⁴¹

台布 tʰui⁴¹pu²¹³

高椅 kɐu³³i³⁵ 躺椅

椅凭 i³⁵pɐŋ⁵⁵ 椅子背儿

交椅仔 kau³³i³⁵tsɐi³⁵ ①放在自行车上给小孩坐
　　的小椅子。②指爱撒娇的小孩子

椅掌 i³⁵tsʰaŋ³³ 椅子掌儿

长凳 tsʰɔŋ⁴¹tɐŋ²¹³ 板凳

*凳头 tɐŋ²¹tʰɐu⁴¹

圆头凳 in⁴¹tʰɐu⁴¹tɐŋ²¹³ 圆凳

鼓仔凳 ku³⁵tsɐi³⁵tɐŋ²¹³

凳仔 tɐŋ²¹tsɐi³⁵ 小板凳儿

马凳 ma²¹tɐŋ²¹³ 马扎

蒲团 pʰu⁴¹tʰun⁴¹

　草座位 tsʰɐu³⁵tso²¹uɐi⁵⁵

　屎窟贴 si³⁵fɐt⁵tʰip⁵

铺板 pʰu³³paŋ³⁵ 一块的木板，用来拼搭床铺

棉被 min⁴¹pʰi³⁵

棉胎 min⁴¹tʰui³³ 棉花胎

竹床 tsok⁵tsʰɔŋ⁴¹

被褥 pʰi²¹iok² 褥子

蚊帐钩 mun³³tsɔŋ²¹kɐu³³

蚊帐帘 mun³³tsɔŋ²¹lim⁴¹ 蚊帐檐儿

毡仔 tsin³³tsɐi³⁵ 毯子

　毡仔被 tsin³³tsɐi³⁵pʰi²¹³

被窦 pʰi²¹tau²¹³ 被窝儿

被底 pʰi²¹tɐi³⁵ 被里

被面 pʰi²¹min⁵⁵

褥 tsiak² 席子

竹褥 tsok⁵tsiak² 竹篾编的席子

草褥 tsʰɐu³⁵tsiak² 水草编的席子

枕头面 tsɐn³⁵tʰɐu⁴¹min⁵⁵ 枕套儿

　枕头套 tsɐn³⁵tʰɐu⁴¹tʰɐu²¹³

枕头芯 tsɐn³⁵tʰɐu⁴¹sɐm³³ 枕头芯儿

梳妆柜 so³³tsɔŋ³³kuɐi⁵⁵ 梳妆台

镜 kiaŋ²¹³ 镜子

手提箱 sɐu³⁵tʰɐi⁴¹siɔŋ³³

皮箱 pʰi⁴¹siɔŋ³³

衫架 sam³³ka²¹³ ①衣架子。②晾、挂衣服的
　　架子

晾衫架 liɔŋ⁵⁵sam³³ka²¹³ 晾、挂衣服的架子

尿壶 niu⁵⁵fu⁴¹

164

尿钵 niu⁵⁵put⁵

火盆 fo³⁵pʰun⁴¹

风箱 foŋ³³sioŋ³³

铁杆 tʰit²kun³⁵ 火钳

火箸 fo³⁵tsi⁵⁵ 火筷子

火铲 fo³⁵tsʰan³⁵ 铲炉灰用的铲子

　　火灰锡 fo³⁵hui³³tʰɔŋ²¹³

杉丝 tsʰam²¹si³³ 锯末

　　杉屎 tsʰam²¹si³⁵

刨花 pʰau⁴¹fa³³

镬炉 uɔk²lu⁴¹ 锅烟子

烟囱 in³³tsʰoŋ³³

铝镬 li²¹uɔk² 铝锅

　　铜煲仔 tʰoŋ⁴¹pɐu³³tsɐi³⁵

大镬 tai⁵⁵uɔk² ①菜锅。②糟糕

镬盖 uɔk²koi²¹³ 锅盖

板盖 pan³⁵koi²¹³ 大锅盖

镬铲 uɔk²tsʰan³⁵ 锅铲

水□ sui³⁵koŋ⁵⁵ 行军水壶

水壶 sui³⁵fu⁴¹ 烧水用的壶

　　水煲 sui³³pɐu³³

海碗 fui³⁵un³⁵

碟仔 tip⁵tsɐi³⁵ 碟子

饭勺 fan⁵⁵sɔk²

　　*饭匙 fan⁵⁵si⁴¹

　　饭□ fan⁵⁵tsʰiu³³

箸□ tsi⁵⁵lui³⁵ 放筷子用的筒

　　箸□ tsi⁵⁵koŋ⁵⁵

　　箸筒 tsi⁵⁵tʰoŋ⁴¹

茶杯 tsʰa⁴¹pui³³ 指瓷的带把儿的茶杯

茶托 tsʰa⁴¹tʰɔk⁵

茶盘 tsʰa⁴¹pʰun⁴¹

揸杯 tsa³³pui³³ 喝茶用，有盖不带把儿，下有
　　茶托儿的盖碗儿

酒杯 tsɐu³⁵pui³³

浅 tsʰin³⁵ 盘子

　　盘仔 pʰun⁴¹tsɐi³⁵

龙盘 loŋ⁴¹pʰun⁴¹ 椭圆形的大盘子

　　大浅 tai⁵⁵tsʰin³⁵

铜托 tʰoŋ⁴¹tʰɔk⁵ 蒸糕点的盘子

酒壶 tsɐu³⁵fu⁴¹

酒埕 tsɐu³⁵tsʰɐŋ⁴¹ 酒坛子

酒瓶 tsɐu³⁵pʰiaŋ⁴¹

罐仔 kun²¹tsɐi³⁵ 罐子

花瓶 fa³³pʰiaŋ⁴¹ ①花瓶。②花盆

花罂 fa³³aŋ³³

瓶盖 pʰiaŋ⁴¹koi²¹³

　　樽盖 tsun³³koi²¹³

罂盖 aŋ³³koi²¹³

*瓦钵 ŋa²¹put⁵

瓯盅 kʰɐm³⁵tsoŋ³³ 带盖的陶瓷或搪瓷容器

菜头礤 tsʰui²¹tʰɐu⁴¹tsʰak⁵ 礤床

砧板 tsɐm³³pan³⁵

碌钱□ lok⁵tsʰin⁴¹koŋ⁵⁵ 储钱罐

碌罐 lok⁵kun²¹³ 研船，铁制研药材用具，船形

米证 mɐi³⁵tsɐŋ²¹³ 粮票

饭桶 fan⁵⁵tʰoŋ³⁵ 盛饭的器具

　　饭甑 fan⁵⁵tsɐŋ²¹³

蒸笼 tsɐŋ³³loŋ⁴¹

臭水桶 tsʰɐu²¹sui³⁵tʰoŋ³⁵ 泔水缸

　　臭水缸 tsʰɐu²¹sui³⁵koŋ³³

　　米水桶 mɐi³⁵sui³⁵tʰoŋ³⁵

臭水 tsʰɐu²¹sui³⁵ 泔水

米水 mɛi³⁵sui³⁵

抹布 mɛt⁵pu²¹³

　拭台布 tsʰɛt⁵tʰui⁴¹pu²¹³

　抹台布 mɛt⁵tʰui⁴¹pu²¹³

　抹桌布 mɛt⁵tsɔk⁵pu²¹³

拖把 tʰo³³pa³⁵

　地拖 ti⁵⁵tʰo³³

火镰 fo³⁵lin⁴¹ 旧时取火用具

火石 fo³⁵sɛk²

纸媒 tsi³⁵mui²¹³

*炒米笪藤 tsʰau³⁵mɛi³⁵tsʰia²¹tʰɐŋ⁴¹

螺仔 lio⁴¹tsɛi³⁵ 螺丝

刨仔 pʰau⁴¹tsɛi³⁵ 刨子

锯仔 ki²¹tsɛi³⁵ 锯子

凿仔 tsɔk⁵tsɛi³⁵ 凿子

尺 tsʰak⁵ 尺子

曲尺 kʰok⁵tsʰak⁵

摺尺 tsap⁵tsʰak⁵

卷尺 kin³⁵tsʰak⁵

墨斗 mɛk²tɐu³⁵

墨斗线 mɛk²tɐu³⁵sin²¹³

老虎钳 lɐu³⁵fu³⁵kʰim⁴¹

夹仔 kip⁵tsɛi³⁵ 镊子

扳手 pan³⁵sɐu³⁵

叠页 tip⁵ip² 合页

　合□ hap²iɛk⁵

　叠仔 tip⁵tsɛi³⁵

瓦刀 ŋa³⁵tɐu³³

瓦斗 ŋa³⁵tɐu³⁵ 瓦工用来盛抹墙物的木板

灰匙 fui³³si⁴¹ 抹泥刀

灰板 fui³³pan³⁵ 泥板

铁砧 tʰit⁵tsɐm³³ 打铁时垫铁块用的砧子

剃刀 tʰɐi²¹tɐu³³

　剃头刀 tʰɐi²¹tʰɐu⁴¹tɐu³³

摸剪 mo³³tsin³⁵ 推子

剪刀 tsin³⁵tɐu³³ 理发剪

须头刨 su³³tʰɐu⁴¹pʰau⁴¹ 保险刀

磨刀布 mo⁴¹tɐu³³pu²¹³ 鐾刀布

剃头凳 tʰɐi²¹tʰɐu⁴¹tɐŋ²¹³ 理发椅

车衣机 tsʰa³³i³³ki³³ 缝纫机

烫斗 tʰɔŋ²¹tɐu³⁵ 熨斗

纺车 fɔŋ³⁵tsʰa³³

织布机 tsɐk⁵pu²¹ki³³

梭 so³³

*电管 tin⁵⁵kun²¹³

电风扇 tin⁵⁵fɔŋ³³sin²¹³

面盆架 min⁵⁵pʰun⁴¹ka²¹³ 脸盆架

洗身盆 sɛi³⁵sɐn³³pʰun⁴¹ 澡盆

香枧 hiɔŋ³³kan³⁵ 香皂

洗衫粉 sɛi³⁵san³³fɐn³⁵ 洗衣粉

荡口盅 tʰɔŋ²¹hɐu³⁵tsoŋ³³ 刷牙的杯子

　口盅 hɐu³⁵tsoŋ³³

灯泡 tɐŋ³³pʰa³⁵

脚箅 kiɔk⁵tɐu³³ 脚盆

擦脚布 tsʰat⁵kiɔk⁵pu²¹³

气灯 hi²¹tɐŋ³³

遁灯 tɐn³⁵tɐŋ³³ 指有玻璃罩的煤油灯

　灯仔 tɐŋ³³tsɛi³⁵

马灯 ma²¹tɐŋ³³ 旧时提在手上照路的煤油灯

灯心 tɐŋ³³sɛm³³

灯罩 tɐŋ³³tsau²¹³

灯筒 tɐŋ³³tʰoŋ⁴¹

灯盏 tɐŋ³³tsan³⁵

灯草 tɐŋ³³tsʰɐu³⁵

灯笼 teŋ³³loŋ⁴¹

□ lep⁵ ①套子。②自上而下罩

手提包 seu³⁵tʰɐi⁴¹pau³³

钱包 tsʰin⁴¹pau³³

　荷包 ho⁴¹pau³³

偷荷包 tʰau³³ho⁴¹pau³³ 偷钱包

印 ien²¹³ 私人用的图章

　印仔 ien²¹tsei³⁵

章 tsoŋ³³ 公家的印章

布碎 pu²¹sui²¹³ 碎布

望远镜 moŋ⁵⁵in³⁵kiaŋ²¹³

浆糊 tsioŋ³³fu⁴¹

顶指 teŋ³⁵tsi³⁵ 顶针儿

线轴 sin²¹tsok⁵

针鼻 tsem³³pi⁵⁵ 针上引线的孔

针尖 tsem³³tsim³³

　针头 tsem³³tʰeu⁴¹

针脚 tsem³³kiok⁵

穿针 tsʰun³³tsem³³ 穿针线

臭丸 tsʰeu²¹in⁴¹ 樟脑丸

锥仔 tsui³³tsei⁵⁵ 锥子

铁窿子 tʰit⁵loŋ³³tsi³⁵ 插销

洗衫贴 sei³⁵sam³³tʰip⁵ 洗衣板儿

　洗衫板 sei³⁵sam³³pan³⁵

洗衫槌 sei³⁵sam³³tsʰui⁴¹ 洗衣服用的棒槌

　槌仔 tsʰui⁴¹tsei³⁵

洗衫裤 sei³⁵sam³³fu²¹³ 洗衣服

鸡毛扫 kei³³meu⁴¹seu²¹³ 鸡毛掸子

扇 sin²¹³

葵扇 kʰuei⁴¹sin²¹³

拐棍 kuei³⁵kuen²¹³ 中式拐杖

手棍 seu³⁵kuen²¹³ 西式手杖

缗屎纸 min³⁵si³⁵tsi³⁵ 手纸

屈遮 kʰuet⁵tsa³³ 折叠伞

　拗遮 au³⁵tsa³³

塑胶 sok⁵kau³³ 塑料

水龙水 sui³⁵loŋ⁴¹sui³⁵ 自来水

* 櫼 tsim³³

* 鉎 siaŋ²¹³

九　称谓

老人 leu³⁵ien⁴¹ 长辈

* 男子佬 nam⁴¹tsi³⁵leu³⁵

妇女经 fu⁵⁵ŋi³⁵kieŋ³³ 女里女气的男人

老太公 leu³⁵tʰai²¹koŋ³³ 老头儿

　老人家 leu³⁵ien⁴¹ka³³

死老鬼 si³⁵leu³⁵kuei³⁵ 老头子，带有贬义色彩

老不死 leu³⁵pet⁵si³⁵

老妇女 leu³⁵fu⁵⁵ŋi³⁵ 老太婆

老千 leu³⁵tsʰin³³ 骗子

老衬 leu³⁵tsʰen²¹³ 愚蠢的人

后生仔 heu⁵⁵saŋ³³tsei³⁵ 小伙子

仔嬷 tsei³⁵na²¹³ 一家人

城市人 seŋ⁴¹si²¹ien⁴¹ 城里人

　城市佬 seŋ⁴¹si²¹leu³⁵

乡下人 hioŋ³³ha⁵⁵ien⁴¹ 中性词

乡下佬 hioŋ³³ha⁵⁵leu³⁵ 乡巴佬，带有贬义色彩

　乡下仔 hioŋ³³ha⁵⁵tsei³⁵

一家人 iet⁵ka³³ien⁴¹ 同宗同姓的人

客人 hak⁵ien⁴¹ 客家人

香港客 hioŋ³³koŋ³⁵hak⁵ 香港人

广州客 koŋ³⁵tseu³³hak⁵ 广州人

学佬客 hok²leu³⁵hak⁵ 学佬人

同门楼 tʰoŋ⁴¹mun⁴¹leu⁴¹ 住在同一所房子里

的人

别位人 pit²uɐi⁵⁵iɐn⁴¹ 外地人

　别位处人 pit²uɐi⁵⁵tsʰi²¹iɐn⁴¹

本地人 pun³⁵ti⁵⁵iɐn⁴¹

外国佬 ŋoi²¹kɔk⁵lɐu³⁵ 外国人，多指西方人

　鬼佬 kuɐi³⁵lɐu³⁵ 西方外国人，旧称

　番国鬼 fan³³kɔk⁵kuɐi³⁵

　番国佬 fan³³kɔk⁵lɐu³⁵

　红毛番 foŋ⁴¹mɐu⁴¹fan³³

自己人 tsi⁵⁵ki³⁵iɐn⁴¹

外人 ŋoi⁵⁵iɐn⁴¹

　外姓人 ŋoi⁵⁵siaŋ²¹iɐn⁴¹

同年 tʰoŋ⁴¹nin⁴¹ 同庚

□花㜮 tsak⁵fa³³tɐn³⁵ 童养媳

寡妇 kua³⁵fu⁵⁵

鸡婆 kɐi³³pʰo⁴¹ 婊子

伙计 fo³⁵ki²¹³ 姘头

屋主 ok⁵tsi³⁵ 房东

野仔 ia²¹tsɐi³⁵ 私生子

禁监 kiɐm²¹kam³³ 囚犯

　禁监佬 kiɐm²¹kam³³lɐu³⁵

发大财 fat⁵tai⁵⁵tsʰui⁴¹ 暴发户

番外客 fan³³ŋoi⁵⁵hak⁵ 华侨

和佬哥 ho⁴¹lɐu³⁵ko³³ 情夫

　寻佬哥 tsʰɐm⁴¹lɐu³⁵ko³³

和佬妹 ho⁴¹lɐu³⁵mui³⁵ 情妇

　寻佬妹 tsʰɐm⁴¹lɐu³⁵mui³⁵

拍油货 pʰak⁵iɐu⁴¹fo²¹³ 情夫或情妇的统称

卖艺人 mɐi⁵⁵ŋɐi⁵⁵iɐn⁴¹ 走江湖的人

打锡佬 ta³⁵siak⁵lɐu³⁵ 锡匠

　打锡师傅 ta³⁵siak⁵si³³fu⁵⁵

打铜佬 ta³⁵tʰoŋ⁴¹lɐu³⁵ 铜匠

打铜师傅 ta³⁵tʰoŋ⁴¹si³³fu⁵⁵

打铁佬 ta³⁵tʰit⁵lɐu³⁵ 铁匠

　打铁师傅 ta³⁵tʰit⁵si³³fu⁵⁵

补镬佬 pu³⁵uɔk⁵lɐu³⁵ 补锅的人

铁焊佬 tʰit⁵fun⁵⁵lɐu³⁵ 焊洋铁壶的人

□猪佬 lut⁵tsi³³lɐu³⁵ 屠户

搬运 pun³³uɐn⁵⁵ 搬运夫

咕哩 ku³³li³³ 搬运夫，也泛指干重活的人

火头军 fo³⁵tʰɐu⁴¹kuɐn³³ 炊事员

假人 ka³⁵iɐn⁴¹ 骗子

骗仔 pʰin²¹tsɐi³⁵ 专门拐带小孩的人

土匪 tʰu³⁵fi³⁵

强盗 kʰiɔŋ⁴¹tɐu⁵⁵

小偷 siu³⁵tʰɐu³³

　□仔 tsʰut⁵tsɐi³⁵

鸡 kɐi³³ 暗娼

工仔 koŋ³³tsɐi³⁵ 工人

工人 koŋ³³iɐn⁴¹ ①工人。②合作的人

长工 tsʰɔŋ⁴¹koŋ³³

短工 tun³⁵koŋ³³

零工 liaŋ⁴¹koŋ³³

老板 lɐu³⁵pan³⁵

头家 tʰɐu⁴¹ka³³ 东家

　东家 toŋ³³ka³³

　东主 toŋ³³tsi³⁵

老板娘 lɐu³⁵pan³⁵liɔŋ⁴¹

管家 kun³⁵ka³³

雇工 ku²¹koŋ³³ ①店员。②长工

学徒 hɔk⁵tʰu⁴¹

顾客 ku²¹hak⁵

小贩 siu³⁵fan²¹³

摊贩 tʰan³³fan²¹³

摆摊仔 pai³⁵tʰan³³tsɐi³⁵

先生 sin³³saŋ³³ 私塾里的教书先生

老师 lɐu³⁵si³³

学生 hɔk⁵saŋ³³

同学 tʰoŋ⁴¹hɔk⁵

佣 ioŋ³⁵ 兵，相对百姓而言

警察 kiɐŋ³⁵tsʰak⁵

医生 i³³saŋ³³

司机 si³³ki³³

*使妹仔 sɐi³⁵mui⁵⁵tsɐi³⁵

　　梅香仔 mui⁴¹hiɔŋ³³tsɐi³⁵

　　梅香 mui⁴¹hiɔŋ³³

介绍人 kai²¹siu⁵⁵iɐn⁴¹ 指介绍保姆、奶妈等的
　　介绍人

　　中间人 tsoŋ³³kan³³iɐn⁴¹

*兵哥屎 pɐŋ³³ko³³si³⁵

*担担佬 tam³³tam²¹lɐu³⁵

　　担脚 tam³³kiɔk⁵

抬轿佬 tʰui⁴¹kiu⁵⁵lɐu³⁵ 轿夫

船公 sun⁴¹koŋ³³ 艄公

　　船家 sun⁴¹ka³³

饲养员 si²¹iɔŋ²¹in⁴¹

奶娘 nai²¹niɔŋ⁴¹

奶爷 nai²¹ia⁴¹ 奶妈的丈夫

奴才 nu⁴¹tsʰui⁴¹ 仆人

　　下人 ha⁵⁵iɐn⁴¹

□□ iɐn⁴¹ŋam⁴¹ 接生婆

　　接生婆 tsit⁵saŋ³³pʰo⁴¹

*地理先生 ti⁵⁵li²¹sin³³saŋ³³

大哥大 tai⁵⁵ko³³tai⁵⁵ ①最有权威的人。②最有
　　能耐的人

盲婆 maŋ⁴¹pʰo⁴¹ 瞎子，女性

独眼仔 tok²ŋan³⁵tsɐi³⁵ 瞎了一只眼的年轻男性

独眼龙 tok²ŋan³⁵loŋ⁴¹ 瞎了一只眼的人

□脚 pʰia³⁵kiɔk⁵ 瘸子

　　跛脚 pei³³kiɔk⁵

跛嬷 pei³³na²¹³ 瘸子，女性

笨牛 pen⁵⁵ŋɐu⁴¹ 笨人

半精□ pun²¹tsɐn³³siɐu⁴¹ 傻瓜

矮仔□ ai³⁵tsɐi³⁵kɐt² 矮子

　　矮□□ ai³⁵tiɐt⁵tiɐt⁵

*拆天 tsʰak⁵tʰin⁴¹

娇丝娘 kiu³³si³³niɔŋ⁴¹ 爱撒娇的孩子

　　娇丝丝 kiu³³si³³si³³

*流鼻仙 lɐu⁴¹pi⁵⁵sin³³

*大喊鬼 tai⁵⁵ham²¹kuɐi³⁵

男人婆 nam⁴¹iɐn⁴¹pʰo⁴¹

□□鬼 tap²ti³³kuɐi³⁵ 全身脏兮兮的人，多指
　　　小孩

三脚凳 sam³³kiɔk⁵tɐŋ²¹³ 不可依靠的人

*大细乐 tai⁵⁵sɐi²¹lɔk⁵

大食懒 tai⁵⁵sik⁵lan²¹³ 好吃懒做的人

　　蛀米虫 tsi²¹mɐi³⁵tsʰoŋ⁴¹

猴仔 hɐu⁴¹tsɐi³⁵ 好色的男人

大头 tai⁵⁵tʰɐu⁴¹ 脑袋很大的人

　　*大头壳 tai⁵⁵tʰɐu⁴¹hɔk⁵

*片烟鬼 pʰin²¹in³³kuɐi³⁵

*青眼猴 tsʰiaŋ³³ŋan³⁵hɐu⁴¹

斑面婆 pan³³mi⁵⁵pʰo⁴¹ 脸上有麻子的女人

□食鬼 nɐm⁵⁵sik⁵kuɐi³⁵ 嘴馋的人

　　死食鬼 si³⁵sik⁵kuɐi³⁵

□嬷 nɐp⁵na²¹³ 女性胖子

　　□婆 nɐp⁵pʰo⁴¹

□仔 nɐp⁵tsɐi³⁵ 男性胖子

*瘦藤 sɐu²¹tʰɐŋ⁴¹

大只佬 tai⁵⁵tsɐk⁵lɐu³⁵ 壮汉

四眼仔 si²¹ŋan³⁵tsɐi³⁵ 戴眼镜的人

斜眼 sia⁴¹ŋan³⁵ 斜视的人

*高脚筒 kɐu³³kiɔk⁵tʰoŋ⁴¹

小鬼相 siu³⁵kuɐi³⁵siɔŋ²¹³ 吝啬鬼

　□涩鬼 ŋip⁵sip⁵kuɐi³⁵

　*铁老鼠 tʰit⁵lɐu⁵tsʰi³⁵

破家仔 pʰo²¹ka³³tsɐi³⁵ 败家子

　败家仔 pai⁵⁵ka³³tsɐi³⁵

*老蒜头 lɐu³⁵sun²¹tʰɐu⁴¹

粪箕仔 fɐn²¹ki³³tsɐi³⁵ 不孝顺的儿子

九斗汎 kiɐu³⁵tɐu³⁵pʰaŋ²¹³ 吹牛大王

　*大炮筒 tai⁵⁵pʰau²¹tʰoŋ⁴¹

　风柜尾 foŋ³³kuɐi⁵⁵mi²¹³

*哭面鬼 fok⁵min⁵⁵kuɐi³⁵

短命仔 tun³⁵miaŋ⁵⁵tsɐi³⁵ 坏孩子，带责骂色彩

　黄命仔 uɔŋ⁴¹miaŋ⁵⁵tsɐi³⁵

恶鸡嫲 ɔk⁵kɐi³³na²¹³ 蛮横的女人

老虎嫲 lɐu³⁵fu³⁵na²¹³ ①母老虎。②指性格彪悍的妇女

*三八嫲 sam³³pat⁵na²¹³

胡须佬 fu⁴¹su³³lɐu³⁵ 长着大胡子的人

□脚奶 tsin⁵⁵kiɔk⁵nai²¹³ 缠脚的女人

青惊 tsʰiaŋ³³kiaŋ³³ 行动慌张的人

长脚猛 tsʰɔŋ⁴¹kiɔk⁵maŋ²¹³ 腿长的人

双头蛇 sɔŋ³³tʰɐu⁴¹sa⁴¹ 两面派

草包 tsʰɐu³⁵pau³³

*米筛神 mɐi³⁵sɐi³³sɐn⁴¹

娇嫲 kiu³³na²¹³ 淫妇

单丁 tan³³tɐŋ³³ 单个儿

北佬 pɐk⁵lɐu³⁵ 外省人，男性

北婆 pɐk⁵po⁴¹ 外省人，女性

疍家仔 tɐŋ⁵⁵ka³³tsɐi³⁵ 男性水上居民

疍家婆 tɐŋ⁵⁵ka³³pʰo⁴¹ 女性水上居民

十　亲属

阿 a³³ 词头，用于对人的称呼

阿公 a³³koŋ³³ 祖父

　祖公 tsu³⁵koŋ³³

姑婆 ku³³pʰo⁴¹ 姑奶奶，父亲的姑母

襟兄弟 kʰiɐm³³hɐŋ³³tɐi⁵⁵ 连襟

妹仔 mui³⁵tsɐi³⁵ 女孩儿

叔伯姊妹 sok⁵pak⁵tsi³⁵mui³⁵ 堂姐妹

老祖公 lɐu³⁵tsu³⁵koŋ³³ 曾祖父

阿婆 a³³pʰo⁴¹ 祖母

　祖婆 tsu³⁵pʰo⁴¹

老祖婆 lɐu³⁵tsu³⁵pʰo⁴¹ 曾祖母

亲家 tsʰɐn³³ka³³ 弟兄的岳父、姐妹的公公

老姨 lɐu³⁵i⁴¹ 父亲的姨母

同辈 tʰoŋ⁴¹pui²¹³ 平辈

阿大 a³³tɐi⁵⁵ 丈夫的兄长，面称

阿弟 a³³tʰɐi²¹³ ①丈夫的弟弟，面称。②堂弟

大姑 tai⁵⁵ku³³ 丈夫的姐姐，面称

小姑 siu³⁵ku³³ 丈夫的妹妹，面称

　姑仔 ku³³tsɐi³⁵

大舅 tai⁵⁵kʰiɐu²¹³ 妻子的兄弟，面称

　舅仔 kʰiɐu²¹tsɐi³⁵

妻舅 tsʰɐi³³kʰiɐu²¹³ 妻子的兄弟，背称

大姨 tai⁵⁵i⁴¹ 大姨子

姨仔 i⁴¹tsɐi³⁵ 小姨子

姨丈 i⁴¹tsɔŋ⁵⁵ 姨父

姨婆 i⁴¹pʰo⁴¹ 姨奶奶，指父亲的姨母

阿哥 a³³ko³³ 堂兄

叔伯阿哥 sok⁵pak⁵a³³ko³³

阿弟 a³³tɐi⁵⁵ 堂弟

　叔伯阿弟 sok⁵pak⁵a³³tʰɐi²¹³

阿姊 a³³tsi³⁵ 堂姐

　叔伯阿姊 sok⁵pak⁵a³³tsi³⁵

阿□ a³³mia⁴¹ 堂妹

　叔伯阿□ sok⁵pak⁵a³³mia⁴¹

表哥 piu³⁵ko³³

阿表 a³³piu³⁵ 表哥或表弟，带有不太尊重的
　色彩

表嫂 piu³⁵sɐu³⁵

表弟 piu³⁵tɐi⁵⁵

表姊妹 piu³⁵tsi³⁵mui³⁵ 表姐妹

表姊 piu³⁵tsi³⁵ 表姐

表妹 piu³⁵mui³⁵

后辈 hɐu⁵⁵pui²¹³ 晚辈

　下辈 ha⁵⁵pui²¹³

　小辈 siu³⁵pui²¹³

　细辈 sɐi²¹pui²¹³

仔女 tsɐi³⁵ŋi³⁵ 儿子和女儿的总称

大仔 tai⁵⁵tsɐi³⁵ 大儿子

尾仔 mi²¹tsɐi³⁵ 最小的儿子

　□仔 lai³⁵tsɐi³⁵

　细仔 sɐi²¹tsɐi³⁵

□女 lai³⁵ŋi³⁵ 最小的女儿

　细女 sɐi²¹ŋi³⁵

养仔 ioŋ²¹tsɐi³⁵ 养子

　*捡仔 kin³⁵tsɐi³⁵

孙仔老婆 sun³³tsɐi³⁵lɐu³⁵pʰo⁴¹ 孙媳妇

　孙新妇 sun³³sɐm³³pʰu²¹³

孙女 sun³³ŋi³⁵

孙女婿 sun³³ŋi³⁵sɐi²¹³

外孙 ŋoi⁵⁵sun³³

重孙女 tsʰoŋ⁴¹sun³³ŋi³⁵ 曾孙女

　息孙女 sɐk⁵sun³³ŋi³⁵

*息 sɐk⁵

外孙女 ŋoi⁵⁵sun³³ŋi³⁵

　外家孙女 ŋoi⁵⁵ka³³sun³³ŋi³⁵

外甥女 ŋoi⁵⁵saŋ³³ŋi³⁵

外甥仔 ŋoi⁵⁵saŋ³³tsɐi³⁵ 外甥

侄女 tsɐt⁵ŋi³⁵

亲家母 tsɐn³³ka³³mu²¹³

　亲家婆 tsɐn³³ka³³pʰo⁴¹

亲家公 tsɐn³³ka³³koŋ³³

先只阿爸生嘅 sin³³tsɐk⁵a³³pa³³saŋ³³ka³³ 妇女改
　嫁带的孩子

妹家 mui⁵⁵ka³³ 娘家

　外家 ŋoi⁵⁵ka³³

男家头 nam⁴¹ka³³tʰɐu⁴¹ 从外人角度说，婚姻
　关系中的男方

女家婆 ŋi³⁵ka³³pʰo⁴¹ 从外人角度说，婚姻关系
　中的女方

姐婆屋企 ᵗsia³⁵pʰo⁴¹ok⁵ki³⁵/tsia³⁵pʰo⁴¹ok⁵kai³⁵
　姥姥家

丈人佬屋企 ᵗsoŋ⁵⁵iɐn⁴¹lɐu³⁵ok⁵ki³⁵/tsoŋ⁵⁵iɐn⁴¹lɐu³⁵
　ok⁵kai³⁵ 丈人家

　自人佬屋企 ᵗtsi⁵⁵iɐn⁴¹lɐu³⁵ok⁵ki³⁵/tsi⁵⁵iɐn⁴¹lɐu³⁵
　　ok⁵kai³⁵

细婆 sɐi²¹pʰo⁴¹ 小老婆

十一　身体

身体 sɐn³³tʰɐi³⁵

身材 sɐn³³tsʰui⁴¹

凸头 tɐt²tʰɐu⁴¹ 前额生得向前突

光头 kɔŋ³³tʰɐu⁴¹ 秃头

  光头勺 kɔŋ³³tʰɐu⁴¹sɔk²

头顶 tʰɐu⁴¹tiaŋ³⁵ 头

头壳 tʰɐu⁴¹hɔk⁵ 头顶

  头壳顶 tʰɐu⁴¹hɔk⁵teŋ³⁵

  头壳心 tʰɐu⁴¹hɔk⁵sɐm³³

后枕坑 hɐu⁵⁵tsɛn³⁵haŋ³³ 后脑勺子

  后颈 hɐu⁵⁵kiaŋ³⁵

颈根 kiaŋ³⁵kɐn³³

白毛□ pak²mɐu⁴¹tok⁵ 少白头

□头毛 lɛt⁵tʰɐu⁴¹mɐu⁴¹ 掉头发

牙肉 ŋa⁴¹ŋiok² 齿龈

云峥角 uɐn⁴¹tsɛŋ³³kɔk⁵ 鬓角

  额角头 ŋak⁵kɔk⁵tʰɐu⁴¹

*雀仔肚 tsiɔk⁵tsɐi³⁵tu³⁵

国字面 kɔk⁵tsi⁵⁵min⁵⁵ 国字脸

瓜子面 kua³³tsi³⁵min⁵⁵ 瓜子脸

髻团 kei²¹tʰun⁴¹ 中老年盘在脑后的鬃

荫仔 iɐm³³tsɐi³⁵ 刘海儿

  荫 iɐm³³

鹅春面 ŋo⁴¹tsʰun³³min⁵⁵ 脸蛋儿

白仁 pak²iɐn⁴¹ 白眼珠子

乌仁 u³³iɐn⁴¹ 黑眼珠子

面珠墩骨 min⁵⁵tsi³³tɐn³³kuɐt⁵ 颧骨

酒捏 tsɐu³⁵nip⁵ 酒窝

颈骨 kiaŋ³⁵kuɐt⁵ 颈

人中 iɐn⁴¹tsoŋ³³

须头□ su³³tʰɐu⁴¹tsʰan²¹³ 腮帮子

*眼箍 ŋan³⁵kʰu³³

  眼眶 ŋan³⁵kʰiɔŋ³³

眼白 ŋan³⁵pak² 白眼珠儿

瞳孔 tʰoŋ⁴¹kʰoŋ³⁵ 瞳仁儿

眼角 ŋan³⁵kɔk⁵

乌眼圈 u³³ŋan³⁵kʰin³³ 黑眼圈儿

眼屎 ŋan³⁵si³⁵ 眼眵

眼皮 ŋan³⁵pʰi⁴¹

单重眉 tan³³tsʰoŋ⁴¹mi⁴¹ 单眼皮儿

双重眉 soŋ³³tsʰoŋ⁴¹mi⁴¹ 双眼皮儿

  重眉眼 tsʰoŋ⁴¹mi⁴¹ŋan³⁵

  □眼牛 hɐm⁴¹ŋan³⁵ŋɐu⁴¹

眼毛 ŋan³⁵mɐu⁴¹ 眼睫毛

皱眼眉 tsɐu²¹ŋan³⁵mi⁴¹ 皱眉头

鼻齈 pi⁵⁵noŋ⁴¹ 浓鼻涕

鼻屎 pi⁵⁵si³⁵ 鼻垢

鼻孔 pi⁵⁵kʰoŋ³⁵

鼻毛 pi⁵⁵mɐu⁴¹

  鼻公毛 pi⁵⁵koŋ³³mɐu⁴¹

鼻□ pi⁵⁵tio⁵⁵ 鼻子尖儿

  鼻公利 pi⁵⁵koŋ³³li⁵⁵

鼻灵 pi⁵⁵leŋ⁴¹ 嗅觉灵敏

鼻梁 pi⁵⁵liɔŋ⁴¹

  鼻梁记 pi⁵⁵liɔŋ⁴¹ki²¹³

草莓鼻 tsʰɐu³⁵mi⁴¹pi⁵⁵ 酒糟鼻子

口水星 kʰɐu³⁵sui³⁵siaŋ³³ 唾沫星儿

舌苔 sit²tʰui³³

挡门牙 toŋ³⁵mun⁴¹ŋa⁴¹ 门牙

大牙 tai⁵⁵ŋa⁴¹

虎牙 fu³⁵ŋa⁴¹

牙屎 ŋa⁴¹si³⁵ 牙垢

牙床 ŋa⁴¹tsʰoŋ⁴¹

  牙头肉 ŋa⁴¹tʰɐu⁴¹ŋiok²

缺牙 kʰit⁵ŋa⁴¹ 虫牙

  蛀牙窟 tsi²¹ŋa⁴¹fɐt⁵

耳空 ŋi³⁵kʰoŋ³³ 耳朵眼儿

172

耳屎 ŋi³⁵si³⁵

喉结 hau⁴¹kit⁵

胡须□ fu³³su³³tsʰɐn³⁵ 络腮胡子

胡须巴拉□ fu⁴¹su³³pa³³la³³sa²¹³ 形容满脸络腮
　　胡子的样子

八字胡 pat⁵tsi⁵⁵fu⁴¹

　　两撇仔 liɔŋ³⁵pʰit⁵tsei³⁵

长须 tsʰɔŋ³³su³³ 下巴须

肩胛骨 kan³³kak⁵kuɐt⁵

　　肩骨 kan³³kuɐt⁵

肩头斜 kan³³tʰɐu⁴¹sia⁴¹ 溜肩膀儿

　　溜肩 lɐu⁴¹kan³³

手踭节 sɐu³⁵tsaŋ³³tsit⁵ 胳膊肘儿

　　手踭头 sɐu³⁵tsaŋ³³tʰɐu⁴¹

　　手节 sɐu³⁵tsit⁵

*肋膭下 lɐt⁵tsʰak⁵ha⁵⁵

　　屃旮底 ka³³la³³tɐi³⁵

手腕 sɐu³⁵un³⁵

关节 kuan³³tsit⁵ 指头的关节

手指罅 sɐu³⁵tsi³⁵la²¹³ ～ lia²¹³ 手指缝儿

□食窟 nɐm³³sik²fɐt⁵ 后颈窝

指肉 tsi³⁵ŋiok² 手踭子

*踭 kan³⁵

指甲罅 tsi³⁵kak⁵la²¹³ ～ lia²¹³ 指甲盖和指尖肌
　　肉连接处

手指肚 sɐu³⁵tsi³⁵tu³⁵

手指朒 sɐu³⁵tsi³⁵lio⁴¹

手掌 sɐu³⁵tsɔŋ³⁵

巴掌 pa³³tsɔŋ³⁵

脑门 lɐu³⁵mun⁴¹

　　囟门 sɐn³³mun⁴¹

手板心 sɐu³⁵pan³⁵sɐm³³ 手掌心

手势 sɐu³⁵sei²¹³ 手气

手盘 sɐu³⁵pʰun⁴¹

　　手背 sɐu³⁵pui²¹³

*大髀 tai⁵⁵pi³⁵

小腿 siu³⁵tʰui³⁵

后腿肉 hɐu⁵⁵tʰui³⁵ŋiok² 腿肚子

　　脚轮肚 kiɔk⁵lɐn⁴¹tu³⁵

胫骨 kiɐŋ²¹kuɐt⁵

　　牛鼻□ ŋɐu⁴¹pi⁵⁵hun²¹³

转轮骨 tsun³⁵lɐn⁴¹kuɐt⁵ 胯骨

　　大髀骨 tai⁵⁵pi³⁵kuɐt⁵

阆 lɔŋ⁵⁵ 裆

屎窟墩 si³⁵fɐt⁵tɐn³³ 屁股蛋儿

屎窟□ si³⁵fɐt⁵liɐt⁵ 屁股沟儿

尾骨 mi²¹kuɐt⁵

卵□仔 lɐn³⁵tsiɐu⁵⁵tsei³⁵ 鸡鸡，指赤子阴

脚趾尾 kiɔk⁵tsi³⁵mi²¹³ 脚的小拇指

手指尾 sɐu³⁵tsi³⁵mi²¹³ 手的小拇指

脚踭头 kiɔk⁵tsaŋ³³tʰɐu⁴¹ ①踝骨。②脚跟

脚趾公 kiɔk⁵tsi³⁵koŋ³³ 脚的大拇指

剥赤脚 pɔk⁵tsʰak⁵kiɔk⁵ 赤脚

脚眼□ kiɔk⁵ŋan³⁵liu³³ 脚踝

脚面 kiɔk⁵min⁵⁵ 脚背

　　脚盘 kiɔk⁵pʰun⁴¹

脚底 kiɔk⁵tɐi³⁵ 脚掌

脚尖 kiɔk⁵tsim³³

脚趾头 kiɔk⁵tsi³⁵tʰɐu⁴¹

脚趾甲 kiɔk⁵tsi³⁵kap⁵

后踭跟 hɐu⁵⁵tsaŋ³³kɐn³³ 脚跟

脚迹 kiɔk⁵tsiak⁵ 脚印儿

鸡眼脚 kɐi³³ŋan³⁵kiɔk⁵ 鸡眼

　　□球 nɐk⁵kʰiɐu⁴¹

心肝 sɐm³³kun³³ 心口儿

　　心肝窟 sɐm³³kun³³fɐt⁵

*心肝头 sɐm³³kun³³tʰɐu⁴¹

肋丸仔 lat⁵in³⁵tsɐi³⁵ 肋骨

　　□离骨 pʰian³³li⁴¹kuɐt⁵

□汁 nia³⁵tsap⁵ 乳汁

小肚 siu³⁵tu³⁵ 小腹

　　下肚 ha⁵⁵tu³⁵

腰 iu³³

　　腰骨 iu³³kuɐt⁵

水蛇腰 sui³⁵sa⁴¹iu³³

背梁骨 pui²¹liɔŋ⁴¹kuɐt⁵

双□ sɔŋ³³tsin⁵⁵ 双旋儿

手指模 sɐu³⁵tsi³⁵mu⁴¹ 指纹

指纹 tsi³⁵mɛn⁴¹

胭 lio⁴¹ 圆形的指纹

箕 ki³³ 簸箕形的指纹

手毛 sɐu³⁵mɐu⁴¹ 寒毛

　　汗毛 fun²¹mɐu⁴¹

毛孔 mɐu⁴¹kʰɔŋ³⁵

骨 kuɐt⁵

筋 kɛn³³

血 hit⁵

血管 hit⁵kun³⁵

脉 mɛk²

五脏 ŋ³⁵tsɔŋ⁵⁵

心 sɐm³³

肝 kun³³

肺 fei²¹³

胆 tan³⁵

脾 pʰi²¹³

胃 uɐi⁵⁵

肾 sɐn²¹³

肠 tsʰɔŋ⁴¹

大肠 tai⁵⁵tsʰɔŋ⁴¹

肠仔 tsʰɔŋ⁴¹sɐi³⁵ 小肠

粉肠 fɛn³⁵tsʰɔŋ⁴¹ 动物的小肠

盲肠 maŋ⁴¹tsʰɔŋ⁴¹

十二　疾病医疗

小病 siu³⁵piaŋ⁵⁵

大病 tai⁵⁵piaŋ⁵⁵ 重病

睇医生 tʰɐi³⁵i³³saŋ³³ 看病

　　喊医生 ham²¹i³³saŋ³³

医 i³³ 治病

探热 tam²¹ŋit⁵ 量体温

脑充血 lɐu³⁵tʰɔŋ³³hit⁵ 脑出血

□药 tʰiak⁵iɔk⁵ 开药方子

　　开药 fui³³iɔk⁵

　　开单 fui³³tan³³

偏方 pʰin³³fɔŋ³³

涸 kʰɔk² 喉咙因干燥而不舒服

携药 kʰai⁴¹iɔk⁵ 抓中药

　　执药 tsʰɐp⁵iɔk⁵

　　捡药 kin³⁵iɔk⁵

买药 mai²¹iɔk⁵ 买西药

药材店 iɔk⁵tsʰui⁴¹tim²¹³ 中药铺

药罐 iɔk⁵kun²¹³

药罌 iɔk⁵aŋ³³ ①药罐子。②指总是生病的人

煲药 pɐu³³iɔk⁵ 煎药，动宾结构

药膏 iɔk⁵kau³³ 指西药中的软膏药

膏药 kau³³iɔk⁵ 指中药中的药膏

药粉 iɔk⁵fɛn³⁵

　　药散仔 iɔk⁵sam³⁵tsɐi³⁵

药房 iɔk⁵fɔŋ⁴¹ 西药药房

药引 iɔk⁵ieŋ³⁵

烟火焗 im³³fo³⁵kok⁵ 拔火罐儿

浮脓 pʰu⁴¹noŋ⁴¹ 溃脓

　　出脓 tsʰɐt⁵noŋ⁴¹

膨胀 pʰaŋ⁴¹tsioŋ²¹³ 消化不良

肚腹饿 tu³⁵pak⁵ŋɔ⁵⁵ 饿了

发青光 fat⁵tsʰiaŋ³³kɔŋ³³ 得青光眼

眼曚 ŋan³⁵moŋ³³ 眼睛看不清

发鸡盲 fat⁵kei³³maŋ⁴¹ 夜盲症

发冷仔 fat⁵laŋ²¹tsei³⁵ 疟疾发作

发麻风 fat⁵ma⁴¹foŋ³³ ①患麻风。②麻风病

　　患者

起鸡翅毛 hi³⁵kei³³tsʰi²¹mɐu⁴¹ 起鸡皮疙瘩

　　起鸡丝毛 hi³⁵kei³³si³³mɐu⁴¹

　　起鸡毛皮 hi³⁵kei³³mɐu⁴¹pʰi⁴¹

伤风 sɔŋ³³foŋ³³

发大气 fat⁵tai⁵⁵hi²¹³ 气喘

　　*发哈吁 fat⁵ha³³hi³³

　　吠气 fei²¹hi²¹³

气管炎 hi²¹kun³⁵im⁴¹

发神经 fat⁵sɐn⁴¹kieŋ³³ 患精神病

燥热 tsʰɐu²¹ŋit⁵ 上火

发胀肚 fat⁵tsioŋ²¹tu³⁵ 积滞

胸口疼 hoŋ³³kʰɐu³⁵tʰoŋ²¹³

　　心肝痛 sɐm³³kun³³tʰoŋ²¹³

□鼻 na³³pi⁵⁵ ①鼻子不通气。②发音带重鼻音

聋 loŋ⁴¹ ①耳背。②听不见

　　背耳 pui²¹ŋi³⁵

*出□ tsʰɐt⁵tan³³

冚被 kʰɐm³⁵pʰi²¹³ 发汗

　　出汗 tsʰɐt⁵fun⁵⁵

去风 hi²¹fɔŋ³³

去火 hi²¹fo³⁵

发花癫 fat⁵fa³³tin³³ 犯癫痫病

　　*发脉 fat⁵mɐk²

发冷 fat⁵laŋ³⁵

去湿 hi²¹sɐp⁵

去毒 hi²¹tok²

消食 siu³³sik²

□眼 tsʰam⁴¹ŋan³⁵ 眩目

头晕 tʰɐu⁴¹uɐn⁴¹

　　头壳晕 tʰɐu⁴¹hɔk⁵uɐn⁴¹

晕车 uɐn⁴¹tsʰa³³

晕船 uɐn⁴¹sun⁴¹

头痛 tʰɐu⁴¹tʰoŋ²¹³

　　头壳痛 tʰɐu⁴¹hɔk⁵tʰoŋ²¹³

恶意 ok⁵i²¹³ 恶心，要呕吐

　　作呕 tsɔk⁵ɐu³⁵

　　畏 uɐi²¹³

　　□ pʰi⁵⁵ 吐出来

怀癯 huai⁴¹uɔk² 干哕

小阳气 siu³⁵ioŋ⁴¹hi²¹³ 疝气

　　大癯春 tai⁵⁵uɔk²tsʰun³³

漏肛 lɐu⁵⁵kɔŋ³³ 脱肛

　　漏肠头 lɐu⁵⁵tsʰɔŋ⁴¹tʰɐu⁴¹

发人瘟 fat⁵ieŋ⁴¹uɐn³³ 霍乱

做麻仔 tso⁵⁵ma⁴¹tsei³⁵ 出麻疹

做水痘 tso⁵⁵sui³⁵tɐu⁵⁵ 出水痘

出天花 tsʰɐt⁵tʰin³³fa³³

种痘 tsoŋ²¹tɐu⁵⁵

伤寒 sɔŋ³³fun⁴¹

黄疸 uɔŋ⁴¹tan³⁵

肝炎 kun³³in⁴¹

肺炎 fei²¹in⁴¹

胃病 uɐi⁵⁵piaŋ⁵⁵

　　胃痛 uɐi⁵⁵tʰoŋ²¹³

盲肠炎 maŋ⁴¹tsʰɔŋ⁴¹in⁴¹

肺痨病 fei²¹lɐu⁴¹piaŋ⁵⁵ 结核病

发抽筋 fatˢtsʰɐu³³kɐn³³ 抽筋

□ tɐm²¹³ 碰撞

抹药膏 mutˢiɔkˢkɐu³³

　　涂药膏 tʰu⁴¹iɔkˢkɐu³³

□药 ɐpˢiɔk² 上药

　　抹药 mutˢiɔk²

跌伤 titˢsɔŋ³³

□到 tɐn²¹tɐu³⁵ 碰伤

　　撞到 tsɔŋ⁵⁵tɐu³⁵

磕□皮 kʰapˢlɐtˢpʰi⁴¹ 蹭破皮儿

　　擦□皮 tsʰatˢlɐtˢpʰi⁴¹

凸一只窿 tutˢa³³tsɐkˢloŋ³³ 刺个口子

出血 tsʰɐtˢhitˢ

　　流血 lɐu⁴¹hitˢ

结血 kitˢhitˢ 淤血

　　淤血 i³³hitˢ

*乌青 u³³tsʰiaŋ³³

结迹 kitˢtsiakˢ 结痂

　　□庀 kiɐn³³pʰi³⁵

生猪头皮 saŋ³³tsi³³tʰɐu⁴¹pʰi⁴¹ 腮腺炎

生疮 saŋ³³tsʰɔŋ³³

生疔仔 saŋ³³tɐŋ³³tsɐi³⁵ 长疔

痔疮 tsi⁵⁵tsʰɔŋ³³

　　痔 tsi⁵⁵

生疮仔 saŋ³³tsʰɔŋ³³tsɐi³⁵ 疥疮

微尾仔 mi⁴¹mi²¹tsɐi³⁵ 痱子

　　热痱 ŋit²pi⁵⁵

斑 pan³³ ①麻子。②指人出天花后留下的瘢痕

　　斑仔 pan³³tsɐi³⁵

汗斑 fun⁵⁵pan³³

麻雀斑 ma⁴¹tsiɔkˢpan³³ 雀斑

　　铁癞 tʰitˢla³³

粉刺 fɐn³⁵tsʰi²¹³

□ nɐŋ³⁵ 蚊子咬后形成的疙瘩

口臭 kʰɐu³⁵tsʰɐu²¹³

大颈龟 tai⁵⁵kiaŋ³⁵kuɐi³³ 甲状腺肿大

鼻塞 pi⁵⁵sɐtˢ 嗅觉不灵

　　塞鼻 sɐtˢpi⁵⁵

声喉赤 sɐŋ³³hɐu⁴¹tsʰakˢ 公鸭嗓儿

单眼 tan³³ŋan³⁵ 一只眼睛是瞎的

近视眼 kɐn⁵⁵si⁵⁵ŋan³⁵

远视眼 in³⁵si⁵⁵ŋan³⁵

老花眼 lɐu³⁵fa³³ŋan³⁵

肿眼 tsoŋ³⁵ŋan³⁵ 鼓眼泡儿

□□眼 tsʰua³⁵tsiɐu⁵⁵ŋan³⁵ 眼睛羞明

*发羊彩 fatˢioŋ⁴¹tsʰui³⁵

月内风 ŋit²nui⁵⁵foŋ³³ 产褥热

抽风仔 tsʰɐu³³foŋ³³tsɐi³⁵ 惊风，小儿病

抽风 tsʰɐu³³foŋ³³

中风 tsoŋ²¹foŋ³³

发癫风 fatˢtin³³foŋ³³

半身不遂 pun²¹sɐn³³pɐtˢsui⁵⁵

腰寒⁻iu³³fun⁴¹ 罗锅儿

　　*腰痀 iu³³ku³³

结舌 kitˢsit² 大舌头，指口齿不清

　　吊舌根 tiu²¹sit²kɐn³³

□手 kuɐi²¹sɐu³⁵ 拽子，指手残

缺嘴 kʰitˢtsui³⁵ 豁唇儿

龅牙 pau⁵⁵ŋa⁴¹

缺牙 kʰit⁵ŋa⁴¹

妇女嘴 fu⁵⁵ŋi³⁵tsui³⁵ 指成年男子不生胡须

十一指 sɐp²iɐt⁵tsi³⁵ 六指儿

写左手 sia³⁵tso³⁵sɐu³⁵ 左撇子

　左手拐 tso³⁵tsɐu³⁵kuai³⁵

十三　衣服穿戴

假好俏 ka³⁵hɐu³⁵tsʰiau²¹³ 穿戴、打扮

着衫裤 tsiɔk⁵sam³³fu²¹³ 穿衣服

剥衫裤 pɔk⁵sam³³fu²¹³ 脱衣服

衫脚 sam³³kiɔk⁵ 衣服的下摆

裷仔 kua²¹tsɐi³⁵ 厚背心

鞋头 hɐi⁴¹tʰɐu⁴¹ 鞋尖

衫袋 sam³³tui⁵⁵ 衣服上的口袋

裤袋 fu²¹tui⁵⁵

手套 sɐu³⁵tʰɐu²¹³ 袖套

绒 iɔŋ⁴¹ 呢绒

公文袋 kɔŋ³³mɐn⁴¹tui⁵⁵ 公文包

单被 tan³³pʰi²¹³ 被套

中山装 tsɔŋ³³san³³tsɔŋ³³

　唐装 tʰɔŋ⁴¹tsɔŋ³³

西装 sei³³tsɔŋ³³

款 kʰun³⁵ 款式

长衫 tsʰɔŋ⁴¹sam³³

马褂 ma²¹kua²¹³

旗袍 kʰi⁴¹pʰau⁴¹

棉褛 min⁴¹lɐu³³ 棉袄

皮褛 pʰi⁴¹lɐu³³ 皮袄

大褛 tai⁵⁵lɐu³³ 大衣

短大褛 tun³⁵tai⁵⁵lɐu³³ 短大衣

褛仔 lɐu³³tsɐi³⁵ 小孩穿的大衣

外衣 ŋoi⁵⁵i³³

面衫 min⁵⁵sam³³ 上衣

　上衫 sɔŋ⁵⁵sam³³

底衫 tɐi³⁵sam³³

　内衣 nui⁵⁵i³³

底裤 tɐi³⁵fu²¹³

　内裤 nui⁵⁵fu²¹³

衫领 sam³³liaŋ²¹³ 领子

披肩 pʰi³³kin³³

文化衫 mɐn⁴¹fa²¹sam³³ 针织汗衫

衣襟 i³³kʰiɐm³³

飞机恤 fi³³ki³³sit⁵ 夹克

尼龙丝 nɐi⁴¹lɔŋ⁴¹si³³

对面襟 tui²¹min⁵⁵kʰiɐm³³ 对襟儿

领 liaŋ²¹³

长袖 tsʰɔŋ⁴¹tsɐu⁵⁵

短袖 tun³⁵tsɐu⁵⁵

裙仔 kʰuɐn⁴¹tsɐi³⁵ 裙子

　裙 kʰuɐn⁴¹

内布 nui⁵⁵pu²¹³ 衬裙

　内里裙 nui⁵⁵li²¹kʰuɐn⁴¹

水裤头 sui³⁵fu²¹tʰɐu⁴¹ 一种宽松可外穿的短裤

　牛头裤 ŋɐu⁴¹tʰɐu⁴¹fu²¹³

单裤 tan³³fu²¹³

三角裤 sam³³kɔk⁵fu²¹³

锁边 so³⁵pin³³ 缝在衣服里子边上的窄条

　贴边 tʰip⁵pin³³

袜裤 mɐt²fu²¹³

　连脚裤 lin⁴¹kiɔk⁵fu²¹³

裤肚 fu²¹tu³⁵ 裤裆

开窿裤 fui³³lɔŋ³³fu²¹³ 开裆裤

闭裆裤 pɐi²¹tɔŋ²¹fu²¹³ 死裆裤

裤裆 fu²¹tɔŋ²¹³

裤头 fu²¹tʰɐu⁴¹ 裤腰

裤头带 fu²¹tʰɐu⁴¹tai²¹³ 裤腰带

身势 sɐn³³sɐi²¹³ 穿着打扮

纽 nɐu³⁵ 中式的纽扣

　　布纽 pu²¹nɐu³⁵

纽夹 nɐu³⁵kip⁵ 扣襻，中式的

　　纽鲣 nɐu³⁵na²¹³

纽框 nɐu³⁵kʰiɔŋ³³ 扣眼儿，西式的

刺□针 tsʰi²¹tsʰiak⁵tsɐm³³ 打毛衣的针

纽空 nɐu³⁵kʰoŋ³³

□带 pi²¹tai²¹³ 背小孩用的背带

拖鞋 tʰo³³hɐi⁴¹

棉鞋 min⁴¹hɐi⁴¹

高跻鞋 kɐu³³tsaŋ³³hai⁴¹ 高跟鞋

皮鞋 pʰi⁴¹hɐi⁴¹

布鞋 pu²¹hɐi⁴¹

水鞋 sui³⁵hɐi⁴¹ 雨鞋

木屐 mok⁵kiak²

　　*屐 kiak²

鞋底 hɐi⁴¹tɐi³⁵

鞋帮 hɐi⁴¹pɔŋ³³

鞋带 hɐi⁴¹tai²¹³

沙袜 sa³³mɐt² 线袜

　　丝袜 si³³mɐt²

长袜 tsʰɔŋ⁴¹mɐt²

短袜 tun³⁵mɐt²

三寸金莲 sam³³tsʰun²¹kiɐm³³lin⁴¹ 弓鞋，旧时
　　裹脚妇女穿的鞋

包脚布 pau³³kiɔk⁵pu²¹³ 旧时妇女裹脚的布

　　□脚布 tsin⁵⁵kiɔk⁵pu²¹³

雪屐 sit⁵kiak²

军帽 kun³³mɐu⁵⁵

军转 kun³³tsun³⁵

草帽 tsʰɐu³⁵mɐu⁵⁵

斗篷 tɐu³⁵foŋ⁴¹ 斗笠

边转 pin³³tsun³⁵ 帽檐儿

舌仔转 sit²tsɐi³⁵tsun³⁵ 有帽檐的帽子

毡帽 tsin³³mɐu⁵⁵

颈巾 kiaŋ³⁵kɐn³³ 长条围巾

首饰 sɐu³⁵sɐk⁵

颈链 kiaŋ³⁵lin⁵⁵

　　项链 hɔŋ⁵⁵lin⁵⁵

颈圈 kiaŋ³⁵kʰin³³ 项圈

　　链圈 lin⁵⁵kʰin³³

银锁 ŋan⁴¹so³⁵ 百家锁，小儿佩戴的

扣针 kɐu²¹tsɐm³³ 别针儿

簪仔 tsam³³tsɐi³⁵ 簪子

耳环 ŋi³⁵uan⁴¹

胭脂 in³³tsi³³

粉 fɐn³⁵ 化妆粉

用品 ioŋ⁵⁵pɐn³⁵

小狗肚仔 siu³⁵kɐu³⁵tu³⁵tsɐi³⁵ 肚兜

口水枷 kʰɐu³⁵sui³⁵ka³³ 围嘴儿

*手□ sɐu³⁵lɐp⁵

　　手套 sɐu³⁵tʰɐu²¹³

眼镜 ŋan³⁵kiaŋ²¹³

箬仔棕衣 hiɔk⁵tsɐi³⁵tsoŋ³³i³³ 棕榈皮做的蓑衣

水衣 sui³⁵i³³ 雨衣

手表 sɐu³⁵piu³³

十四　饮食

食点心 sik⁵tim³⁵sɐm³³ 吃点心

食物 sik²mɐt²

*零星 liaŋ⁴¹siaŋ³³

茶果 tsʰa⁴¹ko³⁵

食酒 sik⁵tsɐu³⁵ 喝酒

啉酒 lim³³tsɐu³⁵ 小口喝酒

宵夜 siu³³ia⁵⁵

　夜宵 ia⁵⁵siu³³

食宵夜 sik⁵siu³³ia⁵⁵ 吃夜宵

　食夜宵 sik⁵ia⁵⁵siu³³

剩饭 sɐŋ⁵⁵fan⁵⁵

　现饭 hin⁵⁵fan⁵⁵

　冷饭 laŋ²¹fan⁵⁵

□ loŋ³³（饭）煳了

臭馊 tsʰɐu²¹sok⁵（饭）馊了

　*臭酸 tsʰɐu²¹sun³³

饭末 fan⁵⁵mɐt⁵ 锅巴

食新米 sik⁵sɐn³³mɐi³⁵ 十月醮时，用新收的米

　煮出的饭

饮 iɐm³⁵ 米汤

梳打粉 so³³ta³⁵fɐn³⁵ 发酵粉

糊仔 fu⁴¹tsɐi³⁵ 米糊

叉烧包 tsʰa³³siu³³pau³³

*捼面 no⁴¹min⁵⁵

叉烧 tʰsa³³siu³³

咕噜肉 ku³³lu³³ŋiok² 红烧肉

半腈瘦 pun²¹tsiaŋ³³sɐu²¹³ 半肥不瘦的肉

五腈肥 ŋ³⁵tsiaŋ³³fi⁴¹ 五花肉

脢肉 mui⁴¹ŋiok² 里脊肉

渌面 lok⁵min⁵⁵ 带汤的面条

肉糁 ŋiok²sam³⁵ 肉末

　肉粉 ŋiok²fɐn³⁵

烧饼 siu³³piaŋ³⁵

煎饼 tsin³³piaŋ³⁵ 烙饼，名词

熇饼 hɔk⁵piaŋ³⁵ 烙饼，动词

花卷 fa³³kin³⁵

烧卖 siu³³mɐi⁵⁵ 广式烧卖

小米 siu³⁵mɐi³⁵ 当地学佬人的一种特色小吃，

　番薯粉为皮，半透明状，馅儿为猪肉和

　鱼肉

　占米挲 tsin³³mɐi³⁵so³³

*狗耳吉 kɐu³⁵ŋi³⁵kɐt⁵

饮茶 iɐm³⁵tsʰa⁴¹ ①喝茶。②到酒楼吃点心

糯米粽 no⁵⁵mɐi³⁵tsoŋ²¹³ 以糯米为主料的粽子

三角粽 sam³³kɔk⁵tsoŋ²¹³ 包成三角形状的粽

　子，多为碱水粽

咸粽 ham⁴¹tsoŋ²¹³ 咸味儿的粽子，里面多为

　肉馅

蛋糕 tan⁵⁵kɐu³³

*发粉 fɐt⁵fɐn³⁵

月光饼 ŋit²kɔŋ³³piaŋ³⁵ 月饼

　车辘头 tsʰa³³lok⁵tʰɐu⁴¹

饼干 piaŋ³⁵kun³³

　饼仔 piaŋ³⁵tsɐi³⁵

*寿饼 sɐu⁵⁵piaŋ³⁵

角仔粉 kɔk²tsɐi³⁵fɐn³⁵ 一种以米粉为皮，虾米、

　咸猪肉、萝卜丝、花生碎等为馅的小吃

酵种 kau²¹tsoŋ³⁵ 酵子，发酵用的面团

　酵粉团 kau²¹fɐn³⁵tʰun⁴¹

发酵 fat⁵kau²¹³

*水糍 tsʰui³⁵tsʰi⁴¹

*□龟 ˭tsʰe³³kɐi³³

肉□ ŋiok⁵tsim³³ 混杂多种肉的丸子

肉丸 ŋiok⁵in⁴¹ 单种肉做成的丸子

猪肠粉 tsi³³tsʰoŋ⁴¹fɐn³⁵ 卷状粉条

猪脚 tsi³³kiɔk⁵ 猪蹄

肉丁 ŋiok⁵tiaŋ³³

肉片 ŋiok⁵pʰin²¹³

腊肠 lap²tsʰɔŋ⁴¹ 广式香肠

肉丝 ŋiok⁵si³³

肉皮 ŋiok⁵pʰi⁴¹

猪油皮 tsi³³iɐu⁴¹pʰi⁴¹

板油 pan³⁵iɐu⁴¹ 猪板油

肉松 ŋiok⁵sɔŋ³³

猪脚肉 tsi³³kiɔk⁵ŋiok² 肘子

猪脚筋 tsi³³kiɔk⁵kɐn³³ 蹄筋

牛舌鳢 ŋɐu⁴¹sik⁵na²¹³ 牛舌头

猪肠仔 tsi³³tsʰɔŋ⁴¹tsɐi³⁵ 猪的肠子

脚筒骨 kiɔk⁵tʰɔŋ⁴¹kuɐt⁵ 筒骨

　*饭匙骨 fan⁵⁵si⁴¹kuɐt⁵

排骨 pʰai⁴¹kuɐt⁵

牛草肚 ŋɐu²¹tsʰɐu³⁵tu³⁵ 牛肚儿

　牛草□ ŋɐu²¹tsʰɐu³⁵pi³³

猪塞仔 tsi³³sɐt⁵tsɐi³⁵ 猪腰子

春 tsʰɐn³³ 蛋

鸡肾 kɐi³³sɐn⁵⁵

鸡杂 kɐi³³tsap⁵

　鸡内水 kɐi³³nui⁵⁵sui³⁵

鸡胫 kɐi³³kiɐŋ²¹³ 鸡胗

鸡血 kɐi³³hit⁵

　鸡红 kɐi³³fɔŋ⁴¹

炒鸡春 tsʰau³⁵kɐi³³tsʰɐn³³ 炒鸡蛋

荷包春 ho⁴¹pau³³tsʰɐn³³ 荷包蛋

煎鸡春 tsim³³kɐi³³tsʰɐn³³ 煎荷包蛋

煮水春 tsi³⁵sui³⁵tsɐn³³ 水煮的鸡蛋

打春羹 ta³⁵tsʰɐn³³kɐŋ³³ 蛋羹，加水调匀蒸的

蒸春 tsɐŋ³³tsʰɐn³³ 蒸鸡蛋羹

烧鹅 siu³³ŋo⁴¹

煎堆 tsin³³tui³³ 一种圆球形油炸食品，外层为

糯米粉，有馅

酿 iɔŋ⁵⁵ 一种菜肴做法，把馅料包进掏空的
　　鱼、瓜或豆腐等中

酿豆腐 iɔŋ⁵⁵tɐu⁵⁵fu⁵⁵

咸鸡春 ham⁴¹kɐi³³tsʰɐn³³ 咸鸡蛋

咸鸭春 ham⁴¹ap⁵tsʰɐn³³ 咸鸭蛋

香肠 hiɔŋ³³tsʰɔŋ⁴¹

斋菜 tsɐi³³tsʰui²¹³ 素菜

荤菜 fɐn³³tsʰui²¹³

咸菜 ham⁴¹tsʰui²¹³

小菜 siu³⁵tsʰui²¹³ 小菜儿

豆腐皮 tɐu⁵⁵fu⁵⁵pʰi²¹³

腐竹 fu⁵⁵tsok⁵

油角仔 iɐu⁴¹kɔk⁵tsɐi³⁵ 一种包馅的油炸食品，
　　过春节时食用及用于送礼

豆腐干 tɐu⁵⁵fu⁵⁵kun³³

油豆腐 iɐu⁴¹tɐu⁵⁵fu⁵⁵ 豆腐泡儿

豆腐□ tɐu⁵⁵fu⁵⁵nui²¹³ 豆腐乳

　南□ nam⁴¹nui²¹³

番薯粉 fan³³si⁴¹fɐn³⁵ 打芡用的豆粉等

米丝 mei³⁵si³³ 用米做的粉丝

北丝 pɐt⁵si³³ 绿豆做的粉丝

绿丝 lok⁵si³³ 绿豆粉条

粉仔 fɐn³⁵tsɐi³⁵ 粉条，白薯做的，粗条状的

　薯粉线 si⁴¹fɐn³⁵sin²¹³

白番薯 pak²fan³³si⁴¹ 白薯

凉粉 liɔŋ⁴¹fɐn³⁵ 绿豆做的，呈凝冻状

藕粉 ŋɐu²¹fɐn³⁵

竹薯粉 tsok⁵si⁴¹fɐn³⁵ 当地一种长得像笋一样
　　的薯做的粉

豆豉 tɐu⁵⁵si²¹³

生粉 saŋ³³fɐn³⁵ 芡粉

白木耳 pak²mok²ŋi³⁵ 银耳

海参 fui³⁵sɐm³³

海带 fui³⁵tai²¹³

海蜇 fui³⁵tsit⁵

*腌 ip⁵

色泽 sɐk⁵tsak⁵ 颜色

薏米 i²¹mɐi³⁵ 薏苡仁

麻油 ma⁴¹iɐu⁴¹ 芝麻油

菜子油 tsʰui²¹tsi³⁵iɐu⁴¹

粗盐 tsʰu³³im⁴¹

盐粉 im⁴¹fɐn³⁵ 精盐

油麻酱 iɐu⁴¹ma⁴¹tsiɔŋ²¹³ 芝麻酱

甜酱 tʰim⁴¹tsiɔŋ²¹³ 甜面酱

豆酱 tɐu⁵⁵tsiɔŋ²¹³ 豆瓣儿酱

辣椒酱 lat²tsiu³³tsiɔŋ²¹³

料酒 liu⁵⁵tsɐu³⁵

乌糖 u³³tʰɔŋ⁴¹ 红糖

白糖 pak²tʰɔŋ⁴¹

冰糖 pɐŋ³³tʰɔŋ⁴¹

糖片 tʰɔŋ⁴¹pʰin²¹³ 糖块

   糖饼 tʰɔŋ⁴¹piaŋ³⁵

   糖角 tʰɔŋ⁴¹kɔk⁵

地豆糖 ti⁵⁵tɐu⁵⁵tʰɔŋ⁴¹ 花生糖

   地豆酥 ti⁵⁵tɐu⁵⁵su³³

麦芽糖 mɐt²ŋɐm⁴¹tʰɔŋ⁴¹

酱料 tsiɔŋ²¹liu⁵⁵ 作料

   配料 pʰui²¹liu⁵⁵

香料 hiɔŋ³³liu⁵⁵

八角 pat⁵kɔk⁵

桂皮 kuɐi²¹pʰi⁴¹

花椒 fa³³tsiu³³

胡椒粉 fu⁴¹tsiu³³fɐn³⁵

烟 in³³

烟叶 in³³ip⁵

烟丝 in³³si³³

黄烟丝 uɔŋ⁴¹in³³si³³ 黄烟

水烟筒 sui³⁵in³³tʰɔŋ⁴¹ 水烟袋，为铜制品

烟筒斗 in³³tʰɔŋ⁴¹tɐu³⁵ 旱烟袋，细竹竿做的烟具

火机 fo³⁵ki³³ 打火机

烟盒 in³³hap² 装香烟的金属盒，有的还带打
    火机

烟仔笔 in³³tsɐi³⁵pɐt⁵ 烟油子

烟仔头 in³³tsɐi³⁵tʰɐu⁴¹ 烟灰

   烟仔灰 in³³tsɐi³⁵fui³³

   烟屎 in³³si³⁵

*凉水 liɔŋ⁴¹sui³⁵

晒凉茶 sɐi²¹liɔŋ⁴¹tsʰa⁴¹

*油麻茶 iɐu⁴¹ma⁴¹tsʰa⁴¹

菜茶 tsʰui²¹tsʰa⁴¹ 一种用虾、粉丝、鱿鱼、香
    菇、鳗鱼、菠菜、红豆、茶叶等材料切
    碎炒熟，再放入骨头汤的茶

*丁茶 tɐŋ³³tsʰa⁴¹

茶 tsʰa⁴¹ 沏好的茶

斟茶 tsɐm³³tsʰa⁴¹

   倒茶 tɐu³⁵tsʰa⁴¹

十五　红白大事

亲事 tsʰɐn³³si⁵⁵

做好事 tso⁵⁵hɐu³⁵si⁵⁵

年龄 nin⁴¹lɐŋ⁴¹

   年纪 nin⁴¹ki³⁵

   年岁 nin⁴¹sui²¹³

定礼 tɐŋ⁵⁵lɐi²¹³

好日子 hɐu³⁵ŋɐt⁵tsi³⁵ 喜期，指结婚的日子

做媒人 tso⁵⁵mui⁴¹iɐn⁴¹ 做媒

相屌 sioŋ³³tiu³⁵ 交合

喜酒 hi³⁵tsɐu³⁵

　　新娘酒 sɐn³³nioŋ⁴¹tsɐu³⁵

送礼 soŋ²¹lɐi²¹³ 过嫁妆

　　担酒 tam³³tsɐu³⁵

嫁女 ka²¹ŋi³⁵ 嫁闺女

生仔 saŋ³³tsɐi³⁵ 生孩子

花轿 fa³³kiu⁵⁵

新屋 sɐn³³ok⁵ 新房

　　新娘房 sɐn³³nioŋ⁴¹foŋ⁴¹

　　*新娘间 sɐn³³nioŋ⁴¹kan³³

交杯酒 kau³³pui³³tsɐu³⁵

暖房 nun²¹foŋ⁴¹

头转面 tʰɐu⁴¹tsun³⁵min⁵⁵ 回门

　　走朝 tsɐu³⁵tsiu³³

翻嫁 fan³³ka²¹³ 再醮,指寡妇再嫁

翻娶 fan³³tsʰu³⁵ 续弦,从男方说

□门 ip²mun⁴¹ 填房,从女方说

招驸马 tsiu³³fu⁵⁵ma²¹³ 入赘

三朝回门 sam³³tsiu³³ui⁴¹mun⁴¹ 结婚三天后回
　　娘家

接生 tsip⁵saŋ³³

胎盘 tʰui⁴¹pʰun⁴¹

头胎 tʰɐu⁴¹tʰui³³

落仔 lɔk⁵tsɐi³⁵ 打胎

奶头 nai²¹tʰɐu⁴¹

姜醋 kioŋ³³tsʰu²¹³ 醋煮姜、鸡蛋,为产妇坐月
　　子准备的食物

瀬尿 lai⁵⁵niu⁵⁵ 小孩子尿床

有路 iɐu²¹lu⁵⁵ 通奸

寿星 sɐu⁵⁵siaŋ³³

白事 pak²si⁵⁵

　　丧事 soŋ³³si⁵⁵

奔丧 pʰɐn³³soŋ³³

　　*赶丧 kun³⁵soŋ³³

　　报丧 pɐu²¹soŋ³³

　　灵床 lɐŋ⁴¹tsʰɔŋ⁴¹

　　摊尸床 tʰan³³si³³tsʰɔŋ⁴¹

寿枋 sɐu⁵⁵foŋ³³ 寿材,指生前预制的棺材

灵堂 lɐŋ⁴¹tʰɔŋ⁴¹

佛堂 fɐt²tʰɔŋ⁴¹

庵堂 am³³tʰɔŋ⁴¹

守灵 sɐu³⁵lɐŋ⁴¹

做七 tso⁵⁵tsʰɐt⁵

　　做头七 tso⁵⁵tʰɐu⁴¹tsʰɐt⁵

守孝 sɐu³⁵hau²¹³

戴孝 tai²¹hau²¹³

□孝 lɐt⁵hau²¹³ 除孝

孝子 hau²¹tsi³⁵

孝孙 hau²¹sun³³

送葬 soŋ²¹tsɔŋ²¹³

　　送殡 soŋ²¹pɐn²¹³

炮仗棍 pʰau²¹tsɔŋ⁵⁵kuɐn²¹³ 哭丧棒

墓碑 mu⁵⁵pi³³

　　坟头碑 fɐn⁴¹tʰɐu⁴¹pi³³

跳水 tʰiu²¹sui³⁵ 投水

吊颈 tiu²¹kiaŋ³⁵ 上吊

　　吊蜡鸭 tiu²¹lap²ap⁵

尸骨 si³³kuɐt⁵

骨头铿 kuɐt⁵tʰɐu³³tsʰɐŋ⁴¹ 骨灰坛子

　　金倒□ kiɐm³³tɐu³⁵ŋ²¹³

　　金倒瓮 kiɐm³³tɐu³⁵aŋ²¹³

佛 fɐt²

土地庙 tʰu³⁵ti⁵⁵miu⁵⁵

　伯公庙 pak⁵koŋ³³miu⁵⁵

*王爷庙 uoŋ⁴¹ia⁴¹miu⁵⁵

*谭仙庙 tʰam⁴¹sɪn³³miu⁵⁵

关帝庙 kuan³³tɐi²¹miu⁵⁵

城隍庙 sɐŋ⁴¹uɔŋ⁴¹miu⁵⁵

城门老爷 sɐŋ⁴¹mun⁴¹lɐu³⁵ia⁴¹

阎王 im³³uɔŋ⁴¹

谭仙 tʰam⁴¹sin³³ 惠东县一位带有传奇色彩的 民间人物，相传被点化成仙，受周边老 百姓敬仰

*王爷生 uoŋ⁴¹ia⁴¹saŋ³³

佛龛 fɐt²kʰam³³

神龛 sɐn⁴¹kʰam³³

香案 hioŋ³³un²¹³

　香炉台 hioŋ³³lu⁴¹tʰui⁴¹

摆家伙 pai³⁵ka³³fo³⁵ 上供

　摆牲仪 pai³⁵saŋ³³ŋi⁴¹

烛台 tsok⁵tʰui⁴¹

香烛 hioŋ³³tsok⁵ 敬神的蜡烛

香 hioŋ³³ 敬神的线香

香炉 hioŋ³³lu⁴¹

烧香 siu³³hioŋ³³

　点香 tim³⁵hioŋ³³

利是 lɐi⁵⁵si⁵⁵ 为讨吉利而赠的红包

签诗 tsʰim³³si³³ 印有谈吉凶诗文的纸条

阴间钱 iɐm³³kan³³tsʰi⁴¹ 冥钱

博 pɔk⁵ ①碰运气。②抓住时机努力

求签诗 kʰiɐu⁴¹tsʰim³³si³³ 求签

运数 uɐn⁵⁵su²¹³ 运气

珓 kau³³ 用一正一反两片竹片制成的占卜工具

阴珓 iɐm³³kau³³

阴杯 iɐm³³pui³³

阳珓 iɔŋ⁴¹kau³³

　阳杯 iɔŋ⁴¹pui³³

圣珓 sɐŋ²¹kau³³

　圣杯 sɐŋ²¹pui³³

做斋 tso⁵⁵tsai³³ 做道场

念经 nin⁵⁵kiɐŋ³³

测字 tsʰɐk⁵tsi⁵⁵

相赌 sioŋ³³tu³⁵ 打赌

头彩 tʰɐu⁴¹tsʰui³⁵ 兆头

许福 hi³⁵fok⁵ 许愿

　祈福 kʰi⁴¹fok⁵

还神 uan⁴¹sɐn⁴¹

　还愿 uan⁴¹in⁵⁵

*请神 tsʰiaŋ³⁵sɐn⁴¹

请王爷 tsʰiaŋ³⁵uoŋ⁴¹ia⁴¹ 当地一种信仰活动，在 相应的节日，抬着神轿，前往王爷庙， 把王爷神像抬上神轿，迎请入活动地点

*送神 soŋ²¹sɐn⁴¹

*开丁 fui³³tɐŋ³³

*迎丁 iaŋ⁴¹tɐŋ³³

*食丁酒 sik²tɐŋ³³tsɐu³⁵

*贺丁 ho⁵⁵tɐŋ³³

新丁头 sɐn³³tɐŋ³³tʰɐu⁴¹ 指开丁活动中，当年 正月里第一个出生的男孩

老丁头 lɐu³⁵tɐŋ³³tʰɐu⁴¹ 指开丁活动中，农历前 一年最后出生的男孩

打花篮 ta³⁵fa³³lam⁴¹ 编花篮

睇风水 tʰɐi³⁵foŋ³³sui³⁵ 看风水

*化龙 fa²¹loŋ⁴¹

睇相佬 tʰɐi³⁵sioŋ²¹lɐu³⁵ 看相的

算命佬 sun²¹miaŋ⁵⁵lɐu³⁵ 算命先生

*关筒婆 kuan³³tʰoŋ⁴¹pʰo⁴¹

落筒 lɔk²tʰoŋ⁴¹ 跳神

搭人办事 tap⁵ien⁴¹pan⁵⁵si⁵⁵ 托人办事

砸年 tsak²nin⁴¹ 压岁

命水 miaŋ⁵⁵sui³⁵ 命运

烂命 lan⁵⁵miaŋ⁵⁵ 命不好

   艰苦命 kan³³kʰu³⁵miaŋ⁵⁵

*洗桂叶水 sɐi³⁵kuɐi²¹ip²sui³⁵

*送大吉 soŋ²¹tai⁵⁵ket⁵

十六　日常生活

剥鞋 pɔk⁵hɐi⁴¹ 脱鞋

量衫裤 lioŋ⁴¹sam³³fu²¹³ 量衣服

量身 lioŋ⁴¹sɐn³³

度 tɔk² 量（长度）

做衫裤 tso⁵⁵sam³³fu²¹³ 做衣服

家头细务 ka³³tʰɐu⁴¹sɐi²¹mu⁵⁵ 家中琐事

爆 pau²¹³ ①裂。②炸。③把内幕公开出来

穿煲 tsʰun³³pɐu³³ 指秘密泄露或事情败露

滚沿边 kuɐn³⁵in⁴¹pʰin³³ 绲边，指在衣服、布
    鞋等的边缘特别缝制的一种圆棱的边儿

肩贴 kan³³tʰip⁵ 扛东西时垫肩用的正方形布

折转 tsit⁵tsun³⁵ 缲边儿

鞔鞋踭 mɐŋ³³hɐi⁴¹tsaŋ³³ 鞔鞋帮儿

塞鞋 sɐt⁵hɐi⁴¹ 纳鞋底子

   串鞋底 tsʰun²¹hɐi⁴¹tɐi³⁵

钉纽仔 tiaŋ³³nɐu³⁵tsɐi³⁵ 钉扣子

绣花 sɐu²¹fa³³

补衫 pu³⁵sam³³ 打补丁

洗一摆 sɐi³⁵iɐt⁵pai³⁵

   洗一次 sɐi³⁵iɐt⁵tsʰi²¹³

褪 tʰui²¹³ 用清水漂洗

晒衫 sɐi²¹sam³³ 晒衣服

晾衫 lioŋ⁵⁵sam³³ 晾衣服

浆衫 tsiɔŋ²¹sam³³ 浆衣服

烫衫 tʰoŋ²¹sam³³ 熨衣服

联 lin⁴¹ 缝（衣服等）

车 tsʰa³³ 用缝纫机缝（衣服）

烧火 siu³³fo³⁵ 生火

   起火 hi³⁵fo³⁵

洗米 sɐi³⁵mɐi³⁵ 淘米

抠 kʰɐu³³ 拌和

发面 fat⁵min⁵⁵

搓面 tsʰai³³min⁵⁵ 和面

碌面条 lok⁵min⁵⁵tʰiu⁴¹ 抻面条

蒸包 tsaŋ³³pau³³ 蒸馒头

拣菜 kan³⁵tsʰui²¹³ 择菜

煮菜 tsi³⁵tsʰui²¹³ 做菜的总称

   煮餸 tsi³⁵soŋ²¹³

煮汤 tsi³⁵tʰɔŋ³³ 做汤

   煲汤 pɐu³³tʰɔŋ³³

半生熟 pun²¹saŋ³³sok² （饭）半生不熟

煮好 tsi³⁵hɐu³⁵ 指（饭菜）做好了

   煮熟 tsi³⁵sok²

饭煲唔熟 fan⁵⁵pɐu³³m²¹sok² （饭）煮不熟

好食饭啦 hɐu³⁵sik²fan⁵⁵la³³ 开饭

夹 kap⁵ 用筷子夹菜

舀汤 iu³⁵tʰoŋ⁴¹

   拨汤 pʰut⁵tʰoŋ⁴¹

过 ko²¹³ 用板油或肥肉炸出油来

食零星 sik⁵liaŋ⁴¹siaŋ³³ 吃零食

使箸 sɐi³⁵tsi⁵⁵ 用筷子

肉冇烂 ŋiok⁵mɐu²¹lan⁵⁵ 肉不烂

   肉冇□ ŋiok⁵mɐu²¹nɐm⁴¹

噍唔郁 tsiu⁵⁵m²¹iok⁵ 咬不动

　　咬唔郁 ŋɐu²¹m²¹iok⁵

打边炉 ta³⁵pin³³lu⁴¹

冲茶 tsʰoŋ³³tsʰa⁴¹ 沏茶

打呜仔 ta³⁵u³³tsɐi³⁵ 吃饭后打嗝儿

　　打□仔 ta³⁵ek⁵tsɐi³⁵

胀 tsoŋ²¹³ 吃得太多，吃撑着了

冇味 mɐu²¹mi⁵⁵ 嘴里没味儿

　　嘴淡淡 tsui³⁵tʰɐm²¹tʰɐm²¹³

洗手 sɐi³⁵sɐu³⁵

洗面 sɐi³⁵min⁵⁵ 洗脸

荡嘴 tʰɔŋ²¹tsui³⁵ 漱口

□牙 tsʰu³⁵ŋa⁴¹ 拔牙

剃头仔 tʰɐi²¹tʰɐu⁴¹tsɐi³⁵ 理发师

　　剃头师傅 tʰɐi²¹tʰɐu⁴¹si³³fu⁵⁵

电发 tin⁵⁵fat⁵ 烫发

剪头毛 tsin³⁵tʰɐu⁴¹mɐu⁴¹

梳辫仔 so³³pin³³tsɐi³⁵ 梳辫子

辫辫仔 pɐn⁵⁵pin³³tsɐi³⁵ 辫麻花辫子

梳髻团 so³³kɐi²¹tʰun⁴¹ 梳髻

　　打髻团 ta³⁵kɐi²¹tʰun⁴¹

剪指甲 tsin³⁵tsi³⁵kap⁵

□耳吉 nim³³ŋi³⁵kɐt⁵ 掏耳朵

　　撩耳屎 liu³³ŋi³⁵si³⁵

　　挖耳屎 uat²ŋi³⁵si³⁵

打倒退 ta³⁵tɐu³⁵tʰɐn²¹³ 倒退

采凉 tsʰui³⁵liɔŋ⁴¹ 乘凉

　　*吹凉 tsʰui³³liɔŋ⁴¹

晒热头 sai²¹ŋit²tʰɐu⁴¹ 晒太阳

□暖 tsak⁵nun²¹³ 烤火取暖

　　□火 tsak⁵fo³⁵

　　□暖 tʰam⁴¹nun²¹³

炕 kʰɔŋ²¹³ 烤

点灯 tim³⁵tɐŋ³³

　　点火 tim³⁵fo³⁵

熄灯 sek⁵tɐŋ³³

　　吹火 tsʰui³³fo³⁵

　　□火 tui³⁵fo³⁵

□屋 iɐu⁴¹ok⁵ 擦地板

好□ hɐu³⁵tʰiɐm⁵⁵ 困了

　　眼涩 ŋan³⁵sip⁵

晒命 sai²¹miaŋ⁵⁵ 躺下休息（戏谑语）

铺眠床 pʰu³³mun⁴¹tsʰoŋ⁴¹

　　铺床 pʰu³³tsʰoŋ⁴¹

瞓落 fɐn²¹lɔk² 躺下

　　瞓下 fɐn²¹ha⁵⁵

　　困落 kʰuɐn²¹lɔk²

瞓啦 fɐn²¹la³³ 睡着了

　　困落觉 kʰuɐn²¹lɔk²kau²¹³

瞓唔落觉 fɐn²¹m²¹lɔk²kau²¹³ 睡不着

　　困唔落觉 kʰuɐn²¹m²¹lɔk²kau²¹³

瞓晏觉 fɐn²¹an²¹kau²¹³ 睡午觉

　　困晏觉 kʰuɐn²¹an²¹kau²¹³

坦坦昂 tʰan³⁵tʰan³⁵ɔŋ²¹³ ①仰面睡。②仰泳

打侧身瞓 ta³⁵tsek⁵sɐn³³fɐn²¹³ 侧着睡

　　□身困 kʰi³³sɐn³³kʰuɐn²¹³

□□扑 ɐm⁵⁵ɐm⁵⁵pʰok⁵ 趴着睡

　　趴倒困 pʰa³³tɐu³⁵kʰuɐn²¹³

失枕 sɐt⁵tsɐn³⁵ 落枕

发梦讲 fat⁵moŋ⁵⁵kɔŋ³⁵ 说梦话

　　讲梦话 kɔŋ³⁵moŋ⁵⁵ua⁵⁵

发恶梦 fat⁵ɔk⁵moŋ⁵⁵ 魇住了

　　鬼砸倒 kuɐi³⁵tsɐk²tɐu³⁵

捱夜 ŋɐi⁴¹ia⁵⁵ 熬夜

掌夜 tsiɔŋ³⁵ia⁵⁵ 守夜

战 tsin²¹³ 拼命工作

开夜车 fui³³ia⁵⁵tsʰa³³

落班 lɔk²pan³³ 下班

* 出门 tsʰɐt⁵mun⁴¹

翻工 fan³³kɔŋ³³ ①出门。②上工

粗话 tsʰu³³ua⁵⁵ 脏话

开工 fui³³kɔŋ³³ 上工

　　去做工 hi²¹tso⁵⁵kɔŋ³³

收工 sɐu³³kɔŋ³³

炒鱿鱼 tsʰau³⁵iɐu⁴¹ŋi⁴¹

归 kuɐi³³ 回家了

揸车 tsa³³tsʰa³³ 驾车

溜 liu³³ 逛街

　　行街 haŋ⁴¹kai³³

出去行下 tsʰɐt⁵hi²¹haŋ⁴¹ha⁵⁵ 散步

十七　讼事

惹官司 ia²¹kun³³si³³ 打官司

告状 kɐu²¹tsɔŋ⁵⁵

原告 ŋin⁴¹kɐu²¹³

被告 pi⁵⁵kɐu²¹³

状子 tsɔŋ²¹tsi³⁵

坐堂 tsʰo²¹tʰɔŋ⁴¹

退堂 tʰui²¹tʰɔŋ⁴¹

问案 mɐn⁵⁵un²¹³

过堂 ko²¹tʰɔŋ⁴¹

证人 tsɐŋ²¹iɐn⁴¹

人证 iɐn⁴¹tsɐŋ²¹³

物证 mɐt²tsɐŋ²¹³

对质 tui²¹tsɐt⁵

　　对证 tui²¹tsɐŋ²¹³

刑事 hɐŋ⁴¹si⁵⁵

民事 mɐn⁴¹si⁵⁵

屋解事 ok⁵kai³⁵si⁵⁵ 家务事：清官难理～

律师 lɐt⁵si³³

代写人 tui⁵⁵sia³⁵iɐn⁴¹ 代人写状子的人

服 fok²

唔服 m²¹fok² 不服

愿输 ŋin⁵⁵si³³

上诉 sɔŋ²¹su²¹³

宣判 sin³³pʰun²¹³

招认 tsiu³³iɐn²¹³

　　承认 sɐŋ⁴¹iɐn²¹³

口供 kʰɐu³⁵kɔŋ³³

供 kɔŋ³³

同谋 tʰoŋ⁴¹mɐu⁴¹

故犯 ku²¹fan⁵⁵

误犯 ŋ⁵⁵fan⁵⁵

犯法 fan⁵⁵fɐt⁵

犯罪 fan⁵⁵tsui⁵⁵

诬蔑 mu⁴¹mit²

害死 fui⁵⁵si³⁵

连坐 lin⁴¹tso⁵⁵

保释 pɐu³⁵sɐk⁵

取保 tsʰi³⁵pɐu³⁵

捉 tsok⁵ 逮捕

　　逮捕 tɐi⁵⁵pʰu³⁵

押解 ap⁵kai³⁵

囚车 tsʰɐu⁴¹tsʰa³³

监车 kam³³tsʰa³³

青天大老爷 tsʰiaŋ³³tʰin³³tai⁵⁵lɐu³⁵ia⁴¹

　　清官 tsʰɐŋ³³kun³³

县台 in³⁵tʰui⁴¹ 县太爷

186

贪官 tʰam⁴¹kun³³

受赂 sɐu⁵⁵lɔk⁵ 受贿

行赌 hɐŋ⁴¹tu³⁵ 行贿

罚钱 fɐt²tsʰin⁴¹ 罚款

斩头 tsan³⁵tʰɐu⁴¹ 斩首

打靶 ta³⁵pa³⁵

    枪毙 tsʰiɔŋ³³pei⁵⁵

封签 foŋ³³tsʰim³³ 斩条，旧时插在死囚背后验
    明正身的木条

逼供 pɐk⁵koŋ³³ 拷打

打屎窟 ta³⁵si³⁵fɐt⁵ 杖责，古代刑罚

上枷 sɔŋ²¹ka³³

手铐 sɐu³⁵kʰau²¹³

脚镣 kiɔk⁵liu⁴¹

绑起来 pɔŋ³⁵hi³⁵lui⁴¹

禁起来 kiɐm²¹hi³⁵lui⁴¹ 囚禁起来

坐监 tsʰo²¹kam³³

探监 tʰam²¹kam³³

立字据 lɐp²tsi⁵⁵ki²¹³

画押 uak²ap⁵

盖手指模 koi²¹sɐu³⁵tsi³⁵mu⁴¹ 按手印
    打手印 ta³⁵sɐu³⁵iɐn²¹³

捐税 kin³³sui²¹³

地租 ti⁵⁵tsu³³

屋租 ok⁵tsu³³

地契 ti⁵⁵kʰei²¹³

屋契 ok⁵kʰei²¹³

税契 sui²¹kʰei²¹³

纳税 nɐp⁵sui²¹³

交税 kau³³sui²¹³

执照 tsɐp⁵tsiu²¹³

牌照 pʰai⁴¹tsiu²¹³

告示 kɐu²¹si⁵⁵

通知 tʰoŋ³³ti³³

路条 lu⁵⁵tʰiu⁴¹

命令 mɐŋ⁵⁵lɐŋ⁵⁵

暗访 am²¹fɔŋ³⁵ 私访

*跪大路 kuɐi²¹tai⁵⁵lu⁵⁵

交待 kau³³tai²¹³ 把经手的事务移交给接替的人

上任 sɔŋ²¹iɐn⁵⁵

卸任 sia²¹iɐn⁵⁵

    落台 lɔk²tʰui⁴¹

罢免 pa⁵⁵min²¹³

案卷 un²¹kin⁵⁵

睇死 tʰei³⁵si³⁵ 认定

冤枉 in³³mɔŋ³⁵

传 tsʰun⁴¹ 传票

身家 sɐn³³ka³³ 财产

例规 lei⁵⁵kʰuɐi³³ 规矩。规则

食死猫 sik²si³⁵mau³³ 背黑锅。吃冤枉亏

睇水 tʰei³⁵sui³⁵ 望风

报风 pɐu²¹foŋ³³ 传递消息

十八　交际

应酬 iɐŋ²¹tsʰɐu²¹³

交际 kau³³tsɐi²¹³

来往 lui⁴¹uɔŋ³⁵

    相行 siɔŋ³³haŋ⁴¹

睇人 tʰei³⁵iɐn⁴¹

    看望 kʰun²¹mɔŋ⁵⁵

拜访 pai²¹fɔŋ³⁵

归拜 kuɐi³³pai²¹³ 回拜

请人客 tsʰiaŋ³⁵iɐn⁴¹hak⁵ 请客

招呼 tsiu³³fu³³

接待 tsip⁵tui⁵⁵

男客 nam⁴¹hak⁵

女客 ŋi³⁵hak⁵

礼 lɛi²¹³ 礼物

人情 iɐn⁴¹tsʰɐŋ⁴¹

招待 tsiu³³tui⁵⁵ 陪客

　　陪人客 pʰui⁴¹iɐn⁴¹hak⁵

送客 soŋ²¹hak⁵

唔送 m²¹soŋ²¹³ 不送

唔客气 m²¹hak⁵hi²¹³ 不客气

　　唔使客气 m²¹sɛi³⁵hak⁵hi²¹³ 不客气

做酒 tso⁵⁵tsɐu³⁵ 摆酒席

　　摆酒席 pai³⁵tsɐu³⁵tsɐk⁵

一张酒台 iɐt⁵tsioŋ³³tsɐu³⁵tʰui⁴¹ 一桌酒席

请帖 tsʰiaŋ³⁵tʰip⁵

　　请柬 tsʰiaŋ³⁵kan³⁵

送柬 soŋ²¹kan³⁵ 下请帖

手信 sɐu³⁵sɐn²¹³ 访友时携带的礼物

坐围 tsʰo²¹uɐi⁴¹ 入席

放菜 foŋ²¹tsʰui²¹³ 上菜

劝酒 kʰin²¹tsɐu³⁵

斟酒 tsɐm³³tsɐu³⁵

使净 sɛi³⁵tsiaŋ⁵⁵ 干杯

猜拳 tsʰai³³kʰin⁴¹

合唔来 hap²m²¹lui⁴¹ 合不来

对头 tui²¹tʰɐu⁴¹ 冤家

　　死对头 si³⁵tui²¹tʰɐu⁴¹

不平 pɐt⁵pʰɐŋ⁴¹ 不公平

　　唔公平 m²¹koŋ³³pʰɐŋ⁴¹

诈骗 tsa²¹pʰin²¹³

插嘴 tsʰap⁵tsui³⁵

爱好又爱好 oi²¹hɐu²¹uɐu⁵⁵oi²¹hɐu²¹³ 吹毛求疵

做专 tso⁵⁵tsun³³ 做作

　　老卵死 lɐu³⁵laŋ³⁵si³⁵

摆架子 pai³⁵ka²¹tsi³⁵

诈懵 tsa²¹moŋ³⁵ 装疯扮傻

　　假癫 ka³⁵tin³³

出洋相 tsʰɐt⁵ioŋ⁴¹sioŋ²¹³

□□ tʰɔk⁵hak² 巴结

　　□□趴 tʰɔk⁵laŋ³³pʰa³³

假亲热 ka³⁵tsʰɐn³³ŋit⁵ 套近乎

契 kʰɐi²¹³ 干（亲）

认义父 iɐn²¹ŋi⁵⁵fu⁵⁵ 认干亲

睇得起 tʰɐi³⁵tɛk⁵hi³⁵ 看得起

睇唔起 tʰɐi³⁵m²¹hi³⁵ 看不起

* 佮 kap⁵

佮伙计 kap⁵fo³⁵ki²¹³

　　合伙 hap⁵fo³⁵

　　佮份 kap⁵fɐn⁵⁵

舞 mu³⁵ 忙碌，弄

应承 ɐŋ³³sɐŋ⁴¹ 答应

唔应承 m²¹ɐŋ³³sɐŋ⁴¹ 不肯

　　唔肯 m²¹kʰiɐn³⁵ ～ m²¹hɐŋ³⁵

锓出去 nip²tsʰɐt⁵hi²¹³ 撵出去

拍拖 pʰɐk⁵tʰo³³ 谈恋爱

　　拈草心 nim³³tsʰɐu³⁵sɐm³³

十九　商业交通

字号 tsi⁵⁵hɐu⁵⁵

招牌 tsiu³³pʰai⁴¹

唛头 mɐk⁵tʰɐu⁴¹ 商标

广告 kɔŋ³⁵kɐu²¹³

吹销 tsʰui³³siu³³ 推销

开铺 fui³³pʰu²¹³ 开铺子

开店 fui³³tim²¹³

门市 mun⁴¹si²¹³ 店铺

闩门 san³³mun⁴¹ 倒闭

冚档 kʰɐm³⁵tɔŋ²¹³

执笠 tsɐp⁵lɐp⁵

店面 tim²¹min⁵⁵

摆摊 pai³⁵tʰan³³

散卖 san³⁵mai⁵⁵ 零售

底货 tɐi³⁵fo²¹³ 残货

起货 hi³⁵fo²¹³ 完成产品或工程

闯市场 tsʰɔŋ³⁵si²¹tsʰɔŋ⁴¹ 倒爷

山货店 san³³fo²¹tim²¹³ 卖碗筷等生活用品的店

出去食 tsʰɐt⁵hi²¹sik² 下馆子

上茶楼 sɔŋ²¹tsʰa⁴¹lɐu⁴¹

服务员 fok²mu⁵⁵in⁴¹

布店 pu²¹tim²¹³

百货店 pak⁵fo²¹tim²¹³

杂货店 tsap⁵fo²¹tim²¹³

咸杂店 ham⁴¹tsap²tim²¹³ 油盐店

米店 mɐi³⁵tim²¹³ 粮店

盘碗店 pʰun⁴¹un³⁵tim²¹³ 瓷器店

卖簿仔卖笔 mai⁵⁵pu⁵⁵tsɐi³⁵mai⁵⁵pet⁵ 文具店

茶馆 tsʰa⁴¹kun³⁵

茶楼 tsʰa⁴¹lɐu⁴¹

剃头店 tʰɐi²¹tʰɐu⁴¹tim²¹³ 理发店

剃须头 tʰɐi²¹su³³tʰɐu⁴¹ ①刮脸。②刮胡子

刮须头 kuat⁵su³³tʰɐu⁴¹ 刮胡子

肉店 ŋiok²tim²¹³ 肉铺

卖肉档 mai⁵⁵ŋiok²tɔŋ²¹³

卖油店 mai⁵⁵iɐu⁴¹tim²¹³ 油坊

当店 tɔŋ²¹tim²¹³ 当铺

租屋 tsu³³ok⁵

租房 tsu³³fɔŋ⁴¹

典屋 tim³⁵ok⁵ 典房子

煤店 mui⁴¹tim²¹³ 煤铺

煤厂 mui⁴¹tsʰɔŋ³⁵

煤饼 mui⁴¹piaŋ³⁵ 煤球

煤气罐 mui⁴¹hi²¹kun²¹³

开销 fui³³siu³³

关门 kuan³³mun⁴¹ 停业，指结束营业

开业 fui³³ip⁵

盘点 pʰun⁴¹tim³⁵

清点 tsʰɐŋ³³tim³⁵

柜台 kuɐi⁵⁵tʰui⁴¹

开价 fui³³ka²¹³

攞价 lo³⁵ka²¹³

还银 uan⁴¹ŋɐn⁴¹

还价 uan⁴¹ka²¹³

一口价 iɐt⁵kʰɐu³⁵ka²¹³ 不能还价的价格

畀面 pi³⁵min⁵⁵ 给面子

平银 pʰɐŋ⁴¹ŋɐn⁴¹ 价格公道

买晒 mai²¹sɐi²¹³ 包圆儿

生意好 saŋ³³i²¹hɐu³⁵

捏乌蝇 nip⁵u³³iɐŋ³³ 买卖冷清

冇咩生理 mɐu²¹mia⁵⁵saŋ³³li²¹³

保本 pɐu³⁵pun³⁵

赚钱 tsan⁵⁵tsʰi⁴¹

利息 li⁵⁵sɐk⁵

行运 haŋ⁴¹uɐn⁵⁵ 运气好

押金 ap⁵kiɐm³³

按金 un²¹kiɐm³³

账房 tsɔŋ²¹fɔŋ⁴¹

开销 fui³³siu³³

收钱 sɐu³³tsʰi⁴¹ 收账

出账 tshɐt⁵tsɔŋ²¹³

打理 ta³⁵li²¹³ 管理

估 ku³⁵ ①估计。②猜想

欠账 khin²¹tsɔŋ²¹³

　欠数 khin²¹sɐu²¹³

收账 sɐu³³tsɔŋ²¹³ 要账

　攞数 lo³⁵su²¹³

死数 si³⁵su²¹³ 烂账，指要不来的账

发票 fat⁵phiu²¹³

单据 tan³³ki²¹³

歇店 hit⁵tim²¹³ 住店

存钱 tshɐn⁴¹tshi⁴¹

　斗钱 tɐu²¹tshi⁴¹

整钱 tsɐŋ³⁵tshi⁴¹

纸钱 tsi³⁵tshin⁴¹ 钞票

　银纸 ŋɐn⁴¹tsi³⁵

铜板 thoŋ⁴¹pan³⁵

　铜钱 thoŋ⁴¹tshin⁴¹

银元 ŋɐn⁴¹in⁴¹

　大银 tai⁵⁵ŋɐn⁴¹

一分钱 iɐt⁵fen³³tshi⁴¹

一角钱 iɐt⁵kɔk⁵tshi⁴¹

一只银 iɐt⁵tsɐk⁵ŋɐn⁴¹ 一块钱

十只银 sɐp²ɐk⁵ŋɐn⁴¹ 十块钱

百银 pɐk⁵ŋɐn⁴¹ 一百块钱

　一□水 iɐt⁵kɐu⁵⁵sui³⁵

一张银纸 iɐt⁵tsiɔŋ³³ŋɐn⁴¹tsi³⁵ 一张票子

一只铜钱 iɐt⁵tsɐk⁵thoŋ⁴¹tshin⁴¹ 一个铜子儿

　一只镭 iɐt⁵tsɐk⁵lui³³

相 siɔŋ²¹³ 照片

争 tsaŋ³³ 差：还~十只银

*臬 thiu²¹³

耳 ŋi³⁵ 器皿等的提手

天平秤 thin³³phɐŋ⁴¹tshɐŋ²¹³ 天平

厘等 li⁴¹tɐŋ³⁵ 戥子

磅秤 pɔŋ⁵⁵tshɐŋ²¹³

秤盘 tshɐŋ²¹phun⁴¹

秤星 tshɐŋ²¹siaŋ³³

秤杆 tshɐŋ²¹kun³³

秤钩 tshɐŋ²¹kau³³

秤砣 tshɐŋ²¹tho⁴¹

盒仔皮 hap²tsɐi³⁵phi⁴¹ 硬纸板

厘等秤 li⁴¹tɐŋ³⁵tshɐŋ²¹³ 秤毫

秤尾□ tshɐŋ²¹mi²¹tɐp⁵ 称物品时秤尾低

　唔够秤 m²¹kɐu⁵⁵tshɐŋ²¹³

秤尾□ tshɐŋ²¹mi²¹hiɐu²¹³ 称物品时秤尾高

　秤深 tshɐŋ²¹sɐm³³

兼职 kim³³tsɐk⁵

打零工 ta³⁵lɐŋ⁴¹koŋ³³

薪水 sɐn³³sui³⁵

铁路 thit⁵lu⁵⁵

轨 khuɐi³⁵

火车 fo³⁵tsha³³

火车站 fo³⁵tsha³³tsan⁵⁵

公路 koŋ³³lu⁵⁵

　车路 tsha³³lu⁵⁵

汽车 hi²¹tsha³³

客车 hak⁵tsha³³

货车 fo²¹tsha³³

公共汽车 koŋ³³koŋ⁵⁵hi²¹tsha³³

的士 tɐt⁵si³⁵ 小轿车

　小车 siu³⁵tsha³³

摩托车 mo⁴¹thɔk⁵tsha³³

天桥 thin³³khiu⁴¹

三轮车 sam³³lɐn⁴¹tsʰa³³ ①载人的三轮车。②拉
　　货的平板车

板车 pan³⁵tsʰa³³ 拉货的平板车

救火车 kiɐu²¹fo³⁵tsʰa³³ 消防车

钢线 kɔŋ³³sin²¹³ 自行车辐条

船 sun⁴¹

帆 fan⁴¹

桅杆 ŋɐi⁴¹kun³³

舵 to⁵⁵

桨□ tsiɔŋ³⁵ia⁵⁵ 橹

　　□仔 pɐi³³tsɐi³⁵

　　桨 tsiɔŋ³⁵

竹篙 tsok⁵kɐu³³

跳板 tʰiu²¹pan³⁵

帆船 fan⁴¹sun⁴¹

篷船 pʰoŋ⁴¹sun⁴¹

舢板 san³³pan³⁵ 一种木船，较小，可载2—3人

渔船 ŋi⁴¹sun⁴¹

渡船 tu⁵⁵sun⁴¹

轮船 lɐn⁴¹sun⁴¹

溜仔 liu³³tsɐi³⁵ 摆渡船

过渡 ko²¹tu⁵⁵

渡口 tu⁵⁵kʰɐu³⁵

行船 haŋ⁴¹sun⁴¹ 当水手

二十　文化教育

逃学 tʰɐu⁴¹hɔk⁵

私塾 si³³sok²

学费 hɔk⁵fɐi²¹³

放假 fɔŋ²¹ka³⁵

暑假 si³⁵ka³⁵

寒假 fun⁴¹ka³⁵

请假 tsʰiaŋ³⁵ka³⁵

偷鸡 tʰɐu³³kɐi³³ 开小差

幼儿园 iɐu²¹ŋi⁴¹in⁴¹

托儿所 tʰɔk⁵ŋi⁴¹so³⁵

小学 siu³⁵hɔk⁵

初中 tsʰo³³tsoŋ³³

高中 kɐu³³tsoŋ³³

大学 tai⁵⁵hɔk⁵

大专 tai⁵⁵tsun³³

揿钉 kiɐm⁵⁵tiaŋ³³ 图钉

笔□ pɐt⁵koŋ⁵⁵ 笔套

墨水 mɐt²sui³⁵ 毛笔用的墨汁

讲台 kɔŋ³⁵tʰui⁴¹

黑板 hɐk⁵pan³⁵

粉笔 fɐn³⁵pɐt⁵

耳耙仔 ŋi³⁵pʰa⁴¹tsɐi³⁵ 耳挖子

黑板擦 hɐk⁵pan³⁵tsʰat⁵

　　粉笔擦 fɐn³⁵pɐt⁵tsʰat⁵

点名簿 tim³⁵mɐŋ⁴¹pu⁵⁵

戒尺 kai²¹tsʰak⁵

*铅笔搅 in⁴¹pɐt⁵kau³⁵

笔水 pɐt⁵sui³⁵ 钢笔用的墨水

笔记簿 pɐt⁵ki²¹pu⁵⁵

书 si³³ 课本

铅笔擦 in⁴¹pɐt⁵tsʰat⁵ 橡皮擦

铅笔刀 in⁴¹pɐt⁵tɐu³³

圆规 in⁴¹kʰuɐi³³

三角尺 sam³³kɔk⁵tsʰak⁵

笔嘴 pɐt⁵tsui³⁵ 笔尖

作文簿 tso⁵⁵mɐn⁴¹pu⁵⁵ 作文本

毛笔字簿 mo⁴¹pɐt⁵tsi⁵⁵pu⁵⁵ 大字本

字印 tsi⁵⁵iɐn²¹³ 红模子

笔筒 pet⁵tʰoŋ⁴¹

磨墨 mo⁴¹met² 研墨

墨盒 met²hap²

摆笔 pai³⁵pet⁵ 抏笔

读书人 tok⁵si³³iɐn⁴¹

识字 sɐk⁵tsi⁵⁵

唔识字 m²¹sɐk⁵tsi⁵⁵ 不识字

放风 foŋ²¹foŋ³³ 放风声

读书 tok⁵si³³

念书歌 nim⁴¹si³³ko³³ 死板地背书

复习 fok⁵tsɐp²

背书 pui⁵⁵si³³

报考 pɐu²¹kʰau³⁵

考场 kʰau³⁵tsʰoŋ⁴¹

翻场 fan³³tsʰoŋ⁴¹ 入场，进考场

　　入场 iɐp²tsʰoŋ²¹³

试卷 si²¹kin³⁵

一百分 iet⁵pak⁵fɐn³³

鸭春 ap⁵tsʰɐn³³ 零分

发榜 fat⁵poŋ³⁵

头名 tʰɐu⁴¹miaŋ⁴¹

*捡死鸭 kim³⁵si³⁵ap⁵

尾名 mi²¹miaŋ⁴¹ 末名

毕业 pet⁵ŋip²

文凭 mɐn⁴¹pʰɐŋ⁴¹

繁体字 fan⁴¹tʰɐi³⁵tsi⁵⁵

简写 kan³⁵sia³⁵ 简体字

大楷 tai⁵⁵kʰai²¹³

小楷 siu³⁵kʰai²¹³

字帖 tsi⁵⁵tʰip⁵

复写 fok⁵sia³⁵ 临帖

四方形 si²¹foŋ³³iɐŋ⁴¹ 正方形

写错字 sia³⁵tsʰo²¹tsi⁵⁵ 写白字

写漏字 sia³⁵lɐu⁵⁵tsi⁵⁵ 掉字

颠倒写 tin³³tɐu³⁵sia³⁵

草稿 tsʰɐu³⁵kɐu³⁵

起稿 hi³⁵kɐu³⁵ 打草稿

一点 iet⁵tim³⁵

一横 iet⁵uɐŋ⁴¹

一徛 iet⁵kʰi²¹³ 一竖

一撇 iet⁵pʰit⁵

一捺 iet⁵nat²

一勾 iet⁵kau³³

一挑 iet⁵tʰiu³³

一笔 iet⁵pet⁵ 一画：王字有四～

　　一划 iet⁵uak²

偏旁 pʰin³³pʰoŋ⁴¹

　　字旁 tsi⁵⁵pʰoŋ⁴¹

徛人旁 kʰi²¹iɐn⁴¹pʰoŋ⁴¹ 立人儿（亻）

　　单人字 tan³³iɐn⁴¹tsi⁵⁵

双徛人 soŋ³³kʰi²¹iɐn⁴¹ 双立人儿（彳）

　　双人字 soŋ³³iɐn⁴¹tsi⁵⁵

弓字旁 koŋ³³tsi⁵⁵pʰoŋ⁴¹ 弯弓张

立早章 lɐp²tsɐu³⁵tsoŋ³³

禾立旁 uo⁴¹lɐp²pʰoŋ⁴¹ 禾旁程

口仔 kʰɐu³⁵tsɐi³⁵ 四框栏儿（囗）

冚缝头 kʰɐm³⁵foŋ⁴¹tʰɐu⁴¹ 宝盖儿（宀）

宝盖头 pɐu³⁵koi²¹tʰɐu⁴¹ 秃宝盖儿（冖）

穿心旁 tsʰun³³sɐm³³pʰoŋ⁴¹ 竖心旁（忄）

狗爪旁 kɐu³⁵tsau³⁵pʰoŋ⁴¹ 反犬旁（犭）

*戽斗边 fu²¹tɐu³⁵pin³³

狗耳旁 kɐu³⁵ŋi³⁵pʰoŋ⁴¹ 双耳刀儿（阝）

反文旁 fan³⁵mɐn⁴¹pʰoŋ⁴¹

挑玉旁 tʰiu³³ŋiok²pʰoŋ⁴¹ 斜玉儿（王）

土字旁 $t^hu^{35}tsi^{55}p^hɔŋ^{41}$ 提土旁（土）

竹字头 $tsok^5tsi^{55}t^hɐu^{41}$

火字旁 $fo^{35}tsi^{55}p^hɔŋ^{41}$

四点底 $si^{21}tim^{35}tɐi^{35}$ 四点（灬）

　　四点 $si^{21}tim^{35}$

三点水 $sam^{33}tim^{35}sui^{35}$

两点 $liɔŋ^{35}tim^{35}$ 两点水儿（冫）

病字旁 $piaŋ^{55}tsi^{55}p^hɔŋ^{41}$ 病旁儿（疒）

走字旁 $tsɐu^{35}tsi^{55}p^hɔŋ^{41}$ 走之儿（辶）

　　走马旁 $tsɐu^{35}ma^{21}p^hɔŋ^{41}$

扭丝旁 $nɐu^{35}si^{33}p^hɔŋ^{41}$ 绞丝旁（纟）

挑手旁 $t^hiu^{33}sɐu^{35}p^hɔŋ^{41}$ 提手旁（扌）

　　提手旁 $t^hɐi^{21}sɐu^{35}p^hɔŋ^{41}$

草字头 $ts^hɐu^{35}tsi^{55}t^hɐu^{41}$

二十一　文体活动

□眼 $am^{33}ŋan^{35}$ 蒙上眼睛抓人

踢鸡毛□ $t^hiak^5kɐi^{33}mɐu^{41}tsiɐu^{55}$ 踢毽儿

打石子 $ta^{35}sɛk^5tsi^{35}$ 抓子儿：用几个小沙包或石
　　子儿，扔起其一，做规定动作后再接住

波子 $po^{33}tsi^{35}$ 小玻璃球

弹球 $t^han^{41}k^hiɐu^{41}$

　　打波子 $ta^{35}po^{33}tsi^{35}$

浮头 $fɐu^{41}t^hɐu^{41}$ 浮在水面上

沉头 $ts^hɐn^{41}t^hɐu^{41}$ 沉在水里

□水 $p^hin^{35}sui^{35}$ 打水漂儿

跳单双 $t^hiu^{21}tan^{33}sɔŋ^{33}$ 跳房子

花绳 $fa^{33}sɐŋ^{41}$ 翻绳：两人轮流翻动手指头上
　　的细绳，变出各种花样

公仔 $koŋ^{33}tsɐi^{35}$ 布娃娃

翻转斗 $fan^{33}tsun^{21}tɐu^{35}$ 翻跟斗

打翻车 $ta^{35}fan^{33}ts^ha^{33}$

估字 $ku^{35}tsi^{55}$ 出谜语

　＊出估仔 $ts^hɐt^5ku^{35}tsɐi^{35}$

　　做估 $tso^{55}ku^{35}$

不倒翁 $pɐt^5tɐu^{35}uoŋ^{33}$

麻雀 $ma^{41}tsiɔk^5$ 麻将

＊跌斗子 $tit^5tɐu^{35}tsi^{35}$

赌大细 $tu^{35}tai^{55}sɐi^{213}$ 压宝

　□暗宝 $tsak^5am^{21}pɐu^{35}$

赌手气 $tu^{35}sɐu^{35}hi^{213}$ 碰手气

打连炮 $ta^{35}lin^{41}p^hau^{213}$ 放鞭炮

连炮 $lin^{41}p^hau^{213}$ 爆竹

拗手霸 $au^{35}sɐu^{35}pa^{213}$ 掰腕子

千秋 $ts^hin^{33}ts^hɐu^{33}$ 秋千

银鸡 $ŋɐn^{41}kɐi^{33}$ 哨子

＊鸡□ $kɐi^{33}lɔk^2$

＊大锣鼓 $tai^{55}lo^{41}ku^{35}$

舞龙 $mu^{35}loŋ^{41}$

＊盖仔狮 $koi^{21}tsɐi^{35}si^{33}$

＊舞草龙 $mu^{35}ts^hɐu^{35}loŋ^{41}$

炮芯 $p^hau^{21}sɐm^{33}$ 引燃鞭炮的导火索

□□ $o^{35}sɐm^{41}$ 游戏，石头剪子布

嘘 hi^{33} 起哄

修整 $sɐu^{33}tsɐŋ^{35}$ 修理

映电影 $iaŋ^{35}tin^{55}iaŋ^{35}$ 放电影

　做电影 $tso^{55}tin^{55}iaŋ^{35}$

派 p^hai^{213} 分发

烟火 $in^{33}fo^{35}$

　烟花 $in^{33}fa^{33}$

象棋 $tsiɔŋ^{55}k^hi^{41}$

将 $tsɔŋ^{213}$

帅 sui²¹³

士 si⁵⁵

象 tsioŋ⁵⁵

相 sioŋ²¹³

车 ki³³

马 ma²¹³

炮 pʰau²¹³

兵 peŋ³³

卒仔 tsut⁵tsei³⁵ 卒

放卒 foŋ⁴¹tsut⁵ 拱卒

上士 soŋ²¹si⁵⁵

落士 lok⁵si⁵⁵

起象 hi³⁵tsioŋ⁵⁵ 飞象

落象 lok⁵tsioŋ⁵⁵

将军 tsioŋ³³kueŋ³³

围棋 uei⁴¹kʰi⁴¹

黑子 hek⁵tsi³⁵

白子 pak⁵tsi³⁵

和棋 uo⁴¹kʰi⁴¹

拔河 pet²ho⁴¹

溜冰 leu³³peŋ³³ 滑旱冰

*坐雪屐 tsʰo²¹sik⁵kiak²

洗身仔 sei³⁵sen³³tsei³⁵ 游泳

游水 ieu⁴¹sui³⁵ ①泛指各种游泳。②专指蛙泳

自由泳 tsi²¹ieu⁴¹ueŋ²¹³

*汩水 mi⁵⁵sui³⁵

　　没 mut²

打波 ta³⁵po³³ 打球

赛球 sai²¹kʰieu⁴¹

乒乓波 peŋ³³poŋ³³po³³

　　乒乓球 peŋ³³poŋ³³kʰieu⁴¹

篮球 lam⁴¹kʰieu⁴¹

排球 pʰai⁴¹kʰieu⁴¹

足球 tsok⁵kʰieu⁴¹

羽毛球 i²¹meu⁴¹kʰieu⁴¹

跳远 tʰiu²¹in³⁵

跳高 tʰiu²¹keu³³

打弯车 ta³⁵uan³³tsʰa³³ 连续翻好几个跟头

打□□□ ta³⁵no³³ni³³ten⁴¹ 倒立

颠倒 tin³³teu³⁵

高屐 keu³³kiak² 高跷

玩刀 uan³⁵teu³³ 耍刀

打关刀花 ta³⁵kuan³³teu³³fa³³ 耍枪

扒船仔 pʰa⁴¹tsʰun⁴¹tsei³⁵ 划小船

跳舞 tʰiu²¹mu³⁵

柴头戏 tsʰai⁴¹tʰeu⁴¹hi²¹³ 木偶戏

皮影戏 pʰi⁴¹iaŋ³⁵hi²¹³

*大戏 tai⁵⁵hi²¹³

大班戏 tai⁵⁵pan³³hi²¹³

*白字戏 pak²tsi⁵⁵hi²¹³

正字戏 tseŋ²¹tsi⁵⁵hi²¹³ 汕尾一带的传统戏剧，是南戏的一支，用中州官话唱念，是一个多声腔的古老稀有剧种

京剧 kieŋ³³kiak²

粤剧 it²kiak²

潮剧 tsʰiu⁴¹kiak²

白话剧 pak²ua⁵⁵kiak²

　　话剧 ua⁵⁵kiak²

戏院 hi²¹in³⁵

礼堂 lei²¹tʰoŋ⁴¹

戏台 hi²¹tʰui⁴¹

演员 ieŋ²¹in⁴¹

讲书 koŋ³⁵si³³ 说书

花笺 fa³³tsin³³ 民间流传的一种歌谣形式

讲耶稣 kɔŋ³⁵ia⁴¹su³³ 讲空泛的大道理

乌面 u³³min⁵⁵ 花脸

　　花面 fa³³min⁵⁵

丑角 tsʰɐu³⁵kiɔk⁵ 小丑

武生 mu²¹sɐŋ³³ ①老生。②武生

生角 sɐŋ³³kiɔk⁵

小生 siu³⁵sɐŋ³³

武旦 mu²¹tan²¹³

生旦 sɐŋ³³tan²¹³ 刀马旦

乌衫 u³³sam³³ 青衣

老旦 lɐu³⁵tan²¹³

老花旦 lɐu³⁵fa³³tan²¹³

旦仔 tan²¹tsɐi³⁵

　　小旦 siu³⁵tan²¹³

二十二　动作

听闻 tʰiaŋ³³mɐn⁴¹ 听说

捆 kuak⁵

□sip⁵ 以薄物入缝中

震 tsɐn²¹³ 抖（腿）

□lio²¹³ 用舌头顶着慢慢往外吐

□iɐm⁴¹ 掏

眨 tsam³⁵

打开嘴 ta³⁵fui³³tsui³⁵ 张嘴

*燊 piu³³

郁 iok⁵ 动

*䉤 pɐn⁵⁵

□sɐm²¹³ 撒：～盐

*唴 ŋɐt²

鹐 tsam³³ 家禽或鸟啄东西

□眯眼 sip⁵mi³³ŋan³⁵ 闭眼

*晟 tsʰaŋ⁴¹

磕 hap⁵

□tok⁵ ①扎。②捅

□lɐt⁵ 脱落

*扑 pɔk⁵

揞 am³⁵ 用手捂

掹 mɐŋ³³ ①拉。②扯

攘 iɔŋ⁵⁵ 推让

□nɐt⁵ 用食指和拇指的指甲掐

*擘 mɐk⁵

搣 mit⁵ 掰开，撕开

倚恃 i³⁵tsʰi⁴¹ 依赖

*摎 lɐu³³

*揽 lam³⁵

*佗 tʰo⁴¹

泵 pɔŋ³³

□纽 kiɐp⁵nɐu³⁵ 摁纽扣

*绹 tʰɐu⁴¹

泻 sia²¹³ 倒出

擗 pʰiak⁵ 用力扔

*㖞 uat⁵

*冚 kʰɐm³⁵

□tsʰam⁴¹ 被小刺儿扎

淉 tsʰok⁵ 水呛着

*戽 fu²¹³

□后 tʰɐn²¹hɐu⁵⁵ 后退

驳 pɔk⁵ ①接上。②反驳

巢 tsʰau⁴¹ 皱

*沰沰渧 tɔk²tɔk²tɐi²¹³

曳 iɐp² ①招手。②摆动

*㪣 tʰɐu³⁵

*拎 tsʰɐm⁴¹

*减 kam³⁵

*熇hɔk⁵加热饭菜

□pʰaŋ³³把热水在容器间倒来倒去使之凉

□pʰa³³用筛状的厨具从汤水中捞东西

*矬no⁴¹

*荡tʰɔŋ²¹³

□tsʰai³³揉搓（面粉）

黏nim⁴¹粘贴

□mak⁵有黏性

*燩lok²

*凑紧tsʰɐu²¹kɐn³⁵

牟tɐp⁵无力地下垂，低下头

撇nip⁵顺着梳理（毛发等）

迭tiɐt⁵溜达

□la³⁵抓取

□tɐu²¹³组装

入iɐp²装入

*安un³³

*结kit⁵

*掌tsɔŋ³⁵

□住sip⁵tsi⁵⁵用东西塞住缝隙

轮lɐn⁴¹排队，挨个儿

喷头pʰɐn²¹tʰɐu⁴¹

洗相sei³⁵siɔŋ²¹³洗照片

影相iaŋ³⁵siɔŋ²¹³照相

想唔停当siɔŋ³⁵m²¹tʰɐŋ⁴¹tɔŋ²¹³①没想清楚。②
　　犹豫

想定定siɔŋ³⁵tɐŋ⁵⁵tɐŋ⁵⁵想清楚

益iɐk⁵使人得益

跌倒tit⁵tɐu³⁵

　　跌落去tit⁵lɔk²hi²¹³

爬起来pʰa⁴¹hi³⁵lui⁴¹

摇头ŋiu⁴¹tʰɐu⁴¹

□头ŋɐp²tʰɐu⁴¹点头

仰起头ŋɔŋ⁵⁵hi³⁵tʰɐu⁴¹

　　担起头tam³³hi³⁵tʰɐu⁴¹

低头tei³³tʰɐu⁴¹

　　牟低头tɐp⁵tei³³tʰɐu⁴¹

望不＝底mɔŋ²¹pɐt⁵tei³⁵回头

　　翻转头fan³³tsun³⁵tʰɐu⁴¹

面扭过来min⁵⁵nɐu³⁵ko²¹lui⁴¹脸转过去

*睩lok⁵

□眼iu⁵⁵ŋan³⁵挤眼儿

□被tɐm⁵⁵pʰi²¹³蹬被子

*堵到tu³⁵tɐu³⁵

　　遇到i⁵⁵tɐu³⁵

唔见m²¹kin²¹³不见

眼乱睇ŋan³⁵lun⁵⁵tʰei³⁵眼睛乱转

　　双眼割来割去sɔŋ³³ŋan³⁵kut⁵lui⁴¹kut⁵hi²¹³

流眼汁lɐu⁴¹ŋan³⁵tsap⁵流眼泪

唔觉眼m²¹kɔk⁵ŋan³⁵没看到，没注意

拢嘴lɔŋ³⁵tsui³⁵努嘴

　　扭嘴nɐu³⁵tsui³⁵

扁嘴pin³⁵tsui³⁵撇嘴，表示轻蔑或小孩准备哭

举手ki³⁵sɐu³⁵

□kʰɔk⁵用指节敲击

摆手pai³⁵sɐu³⁵

撒手sa³⁵sɐu³⁵

□位tin⁵⁵uɐi⁵⁵①占着位置，挡道。②碍事

郁手iok⁵sɐu³⁵动手

拍掌pʰak⁵tsɔŋ³⁵拍手

　　打手掌ta³⁵sɐu³⁵tsɔŋ³⁵

背手pui²¹sɐu³⁵背着手儿

交紧手kau³³kɐn³⁵sɐu³⁵两手交叉在胸前

*打空手ta³⁵fɔŋ³³sɐu³⁵

拂扇 pʰut⁵sin²¹³ 煽扇子

拂凉 pʰut⁵lioŋ⁴¹ 煽风使凉

□衫袖 loŋ⁵⁵sam³³tsɐu⁵⁵ 双手交叉伸到袖筒里

拨 pʰut⁵

□tui³⁵ 用力拉

摁住 ɐm⁵⁵tsi⁵⁵ 捂住

摩擦 mo⁴¹tsʰat⁵ 摩挲

□ŋɐi³³ 恳求

□tɐk⁵ 用手托着向上

托 tʰok⁵

屙屎 o³³si³⁵ 大便

屙尿 o³³niu⁵⁵ 小便

屙 o³³ 排便

*□□ŋ²¹ŋ³⁵

兜屎 tɐu³³si³⁵

□□su²¹su⁵⁵ 把尿

兜尿 tɐu³³niu⁵⁵

攋 lai⁵⁵ ①（不自觉地）排泄。②因忘记而把东西遗放在某处

□ɐm³³ 陪小孩睡觉，哄其入睡

凑 tsʰɐu²¹³ 带小孩

□nua²¹³ 赖（在地上）

扶着 pʰu⁴¹tsok⁵

唔心水 ŋan³³sɐm³³sui³⁵ 合心意

踵□□tsoŋ⁵⁵lɐm³³hɐm³³ 指人走路跌跌撞撞

赚食 tsan⁵⁵sik² 混饭吃

弹手指 tʰan⁴¹sɐu³⁵tsi³⁵

揸拳头 tsa³³kʰin⁴¹tʰɐu⁴¹ 攥起拳头

揸头牯 tsa³³tʰɐu⁴¹ku³⁵

□脚 tɐm⁵⁵kiok⁵ 跺脚

□脚 nɐŋ³⁵kiok⁵ 踮脚

交脚 kau³³kiok⁵ 跷二郎腿

□脚 kiu³³kiok⁵ 蜷腿

发震风 fat⁵tsɐn²¹foŋ³³ 抖腿

踢腿 tʰiak⁵kiok⁵

泵风 poŋ³³foŋ³³ 给轮胎打气

　加气 ka³³hi²¹³

伸懒腰 sɐn³³lan²¹iu³³

弯腰 uan³³iu³³

拗腰 au³⁵iu³³ 向后弯腰

□kuan²¹³ 用力摔

撑腰 tsʰaŋ³³iu³³ ①撑着腰。②支持

□屎窟 tsʰa²¹si³⁵fɐt⁵ 撅屁股

　拱屎窟 koŋ³⁵si³⁵fɐt⁵

捶腰骨 tsʰui⁴¹iu³³kuɐt⁵ 捶背

　捶背脊 tsʰui⁴¹pui²¹tsɐk⁵

缩鼻齈 sok⁵pi⁵⁵noŋ⁴¹ 吸溜鼻涕

嫌弃 him⁴¹hi²¹³

捡起来 kim³⁵hi³⁵lui⁴¹

捡邋遢 kin³⁵lap²sap² 捡破烂

噍舌头 tsiu⁵⁵sit²tʰɐu⁴¹ 编造事实

　*漏下颌 lɐu⁵⁵ha⁵⁵hap²

忘记 moŋ⁵⁵ki²¹³

寻到 tsʰɐm⁴¹tɐu³⁵ 找着了，捡到了

□起 sɐu³⁵hi³⁵ 码起来

开声 fui³³siaŋ³³ 吭声

*徙屋 sɐi³⁵ok⁵

着 tsok⁵ 开，打开（灯、机器、炉子等）

打赏 ta³⁵sioŋ³⁵ 赏赐

佗累 tʰo⁴¹lui⁵⁵ 连累

带□ tai²¹pok⁵ 提携

做好心 tso⁵⁵hɐu³⁵sɐm³³ 出于好心办事

扒头 pʰa⁴¹tʰɐu⁴¹ 超越到前头

摊冻 tan³³toŋ²¹³ 凉凉

打□ ta³⁵tʰap² 配种

　　上□ sɔŋ²¹tʰap²

算数 sun²¹su²¹³ 作罢

想啊想 siɔŋ³⁵a³³siɔŋ³⁵ 想想

估量 ku³³liɔŋ⁵⁵

想办法 siɔŋ³⁵pan⁵⁵fat⁵

估睇 ku³⁵tʰɐi³⁵ 猜想

算定 sun²¹tɐŋ⁵⁵

料定 liu⁵⁵tɐŋ⁵⁵

主张 tsi³⁵tsɔŋ³³

怀疑 huɐi⁴¹ŋi⁴¹

唔定 m²¹tɐŋ⁵⁵ 犹疑

留神 lɐu⁴¹sɐn⁴¹

吓到 hak⁵tɐu³⁵

　　着惊 tsɔk²kiaŋ³³

着急 tsɔk²kiɐp⁵

　　着紧 tsɔk²kɐn³⁵

想念 siɔŋ³⁵nim⁵⁵

放心 fɔŋ²¹sɐm³³

　　安心 un³³sɐm³³

期望 kʰi⁴¹mɔŋ⁵⁵

　　望 mɔŋ⁵⁵

巴不得 pa³³pɐt⁵tɐk⁵

想起来 siɔŋ³⁵hi³⁵lui⁴¹

发赤眼 fat⁵tsʰak⁵ŋan³⁵ 眼红嫉妒

　　眼赤 ŋan³⁵tsʰak⁵

恨 hɐn⁵⁵

诈娇 tsa²¹kiu³³ 撒娇

吟吟吟 ŋɐm⁴¹ŋɐm⁵⁵ŋɐm²¹³ ①嘀咕。②絮叨

□ ha³³ 向小孩的痛处呵气以表示安慰

□□ o³³lo³⁵ 羡慕

发愕 fat⁵ŋɔk⁵ 发呆

偏心 pʰin³³sɐm³³

屈气 uɐt⁵hi²¹³ 怄气

　　□ sap⁵hi²¹³

监 kam²¹³ ①督促。②强迫

埋怨 mai⁴¹in²¹³

闭气 pɐi²¹hi²¹³ 憋气

爱惜 oi²¹sɐk⁵

　　痛惜 tʰoŋ²¹sɐk⁵

感谢 kam³⁵tsia⁵⁵

睇紧 tʰɐi³⁵kɐn³⁵ 小心

冇面 mɐu²¹min⁵⁵ 丢脸

纵惯 tsoŋ²¹kuan²¹³ 娇惯

　　惯势 kuan²¹si²¹³

就 tsɐu⁵⁵ 迁就

　　迁就 tsʰin³³tsɐu⁵⁵

搭话 tap⁵ua⁵⁵ 搭茬儿

整蛊 tsɐŋ³⁵ku³⁵ 作弄

唔出声 m²¹tsʰɐt⁵siaŋ³³ 不作声

驳嘴 pɔk⁵tsui³⁵ 顶嘴

　　应话 ɐŋ²¹uɐ⁵⁵

绷 maŋ³³ 绷紧

　　衡 hɐŋ⁴¹

硬堵硬做 ŋaŋ⁵⁵tu³⁵ŋaŋ⁵⁵tso⁵⁵ 硬撑着

郁心 uɐt⁵sɐm³³ 翻脸

畀人闹 pi³⁵iɐn⁴¹nau⁵⁵ 挨骂

*有变 iɐu²¹pin⁵⁵

吩咐 fɐn³³fu²¹³

弹弓 tan⁵⁵kɔŋ³³ ①批评。②指责

啰闹 lo⁴¹nau⁵⁵ 挨说，挨批评

　　畀人讲 pi³⁵iɐn⁴¹kɔŋ³⁵

记得 ki²¹tɐk⁵

唔知得 m²¹ti³³tɐk⁵ 忘记

唔晓得 m²¹hiu³⁵tek⁵ 不会

*迣 tsʰɐi²¹³

过嘴 ko²¹tsui³⁵（被别人）责骂

喝 hut⁵ 呵斥

嘈 tsʰɐu⁴¹ 喧哗

詏 au²¹³ 争吵，争论

合埋嘴 hap²mei⁴¹tsui³⁵ 闭嘴

卖嘴乖 mai⁵⁵tsui³⁵kuai³³ 说乖巧动听的话

表错情 piu³⁵tsʰo²¹tsʰeŋ⁴¹ 在交际中误解对方的
意图或情感，作出错误的情意表达。

二十三 位置

地下 ti⁵⁵ha⁵⁵ ①地面上。②地面下

地㙟下 ti⁵⁵na²¹ha⁵⁵ 地面下

天□ tʰin³³nɐŋ³⁵ 天上

山□ san³³nɐŋ³⁵ 山上

路头 lu⁵⁵tʰɐu⁴¹ 路上
　车路□ tsʰa³³lu⁵⁵nɐŋ³⁵

街头 kɐi³³tʰɐu⁴¹ 街上

墙头 tsʰɔŋ⁴¹tʰɐu⁴¹ 墙上
　篱壁□ li⁴¹piak⁵nɐŋ³⁵

门头 mun⁴¹tʰɐu⁴¹ 门上
　门哥头 mun⁴¹ko³³tʰɐu⁴¹

台头 tʰui⁴¹tʰɐu⁴¹ 桌上

交椅头 kau³³i³⁵tʰɐu⁴¹ 椅子上

手头 sɐu³⁵tʰɐu⁴¹ 手里

心头 sɐm³³tʰɐu⁴¹ 心里

大门兀头 tɐi⁵⁵mun⁴¹u³³tʰɐu⁴¹ 大门外
　大门口 tɐi⁵⁵mun⁴¹kʰɐu³⁵

篱壁兀头 li⁴¹piak⁵u³³tʰɐu⁴¹ 墙外

窗眼兀头 tsʰɔŋ³³ŋan³⁵u³³tʰɐu⁴¹ 窗户外头
　窗仔下 tsʰɔŋ³³tsɐi³⁵ha⁵⁵

别位 pit²uɐi⁵⁵ 别处，其他地方

车□ tsʰa³³nɐŋ³⁵ 车上，指车里边

车门口 tsʰa³³mun⁴¹kʰɐu³⁵ 车外

车前 tsʰa³³tsʰin⁴¹

车不⁼底 tsʰa³³pɐt⁵tei³⁵ 车的后面
　车后底 tsʰa³³hɐu⁵⁵tei³⁵

山前 san³³tsʰin⁴¹

山后 san³³hɐu⁵⁵

屋不⁼头 ok⁵pɐt⁵tʰɐu⁴¹ 房子的后面
　屋后 ok⁵hɐu⁵⁵

过后 ko²¹hɐu⁵⁵ 之后
　行二时 haŋ⁴¹ŋi⁵⁵si⁴¹
　煞底 sat⁵tei³⁵

以上 i²¹sɔŋ⁵⁵

以下 i²¹ha⁵⁵

后来 hɐu⁵⁵lui⁴¹
　后底 hɐu⁵⁵tei³⁵

从此以后 tsʰoŋ⁴¹tsʰi³⁵i²¹hɐu⁵⁵

□摆 nau⁴¹pai³⁵ 最近
　哩摆 li³⁵pai³⁵

下 ha⁵⁵

东 toŋ³³

西 sɐi³³

南 nam⁴¹

北 pɐk⁵

东南 toŋ³³nam⁴¹

东北 toŋ³³pɐk⁵

西南 sɐi³³nam⁴¹

西北 sɐi³³pɐk⁵

路边 lu⁵⁵pin³³
　车路边 tsʰa³³lu⁵⁵pin³³

床脚下 tsʰɔŋ⁴¹kiɔk⁵ha⁵⁵ 床底下

眠床下 mun^{41}tsʰɔŋ^{41}ha^{55}

脚下 kiɔk^{5}ha^{55}

　脚底 kiɔk^{5}tɐi^{35}

碗底下 un^{35}tɐi^{35}ha^{55} 碗底儿

镬姆底 uɔk^{5}na^{21}tɐi^{35} 锅底儿

水□底 sui^{35}ŋ^{21}tɐi^{35} 缸底儿

　罂底 aŋ^{33}tɐi^{35}

邻近 lɐn^{41}kɐn^{55} 附近

眼前 ŋan^{35}tsʰin^{41} 跟前儿

　面前 min^{55}tsʰin^{41}

捞□肚行 lau^{33}hat^{5}tu^{35}haŋ^{41} 望里走

捞门口行 lau^{33}mun^{41}kʰɐu^{35}haŋ^{41} 望外走

捞东行 lau^{33}toŋ^{33}haŋ^{41} 望东走

捞西行 lau^{33}sɐi^{33}haŋ^{41} 望西走

倒转头 tɐu^{35}tsun^{35}tʰɐu^{41} 望回走

捞头前行 lau^{33}tʰɐu^{41}tsʰin^{41}haŋ^{413} 望前走

二十四　代词等

我嘅 ŋo^{21}ke^{33} ～ ko^{33} 我的

□ nia^{33} 你的

□ kia^{33} 他的

哩 li^{35} ～ ni^{35} ～ nɐi^{35} 指示代词"这"

□ nau^{41}

嗰 ko^{33} ～ ko^{35} ～ ko^{213} 指示代词"那"

嗰边 ko^{35}pin^{33} 那边。那一面

哩边 li^{35}pin^{33} 这边。这一面

嗰阵 ko^{35}tsɐn^{21} 那时候

　嗰阵时 ko^{35}tsɐn^{21}si^{41}

几 ki^{35} 多（久、高、大、厚、重）

哩乃 li^{35}nai^{55} 这些

嗰乃 ko^{35}nai^{55} 那些

哪乃 na^{35}nai^{55} 哪些

□办 tian^{55}pan^{55} 怎么办

我呢两 ŋo^{21}ne^{55}liɔŋ^{35} 我们俩。咱们俩

你呢两只 ni^{21}ne^{55}liɔŋ^{35}tsɐk^{5} 你们俩

　你呢两啊人 ni^{21}ne^{55}liɔŋ^{35}a^{33}iɐn^{41}

渠呢两只 ki^{21}ne^{55}liɔŋ^{35}tsɐk^{5} 他们俩

　渠呢两啊人 ki^{21}ne^{55}liɔŋ^{35}a^{33}iɐn^{41}

两爷孙 liɔŋ^{35}ia^{41}sun^{33} 爷孙俩

　两公孙 liɔŋ^{35}koŋ^{33}sun^{33}

两仔嬷 liɔŋ^{35}tsɐi^{35}na^{213} ①母子俩。②婆媳俩

两仔爷 liɔŋ^{35}tsɐi^{35}ia^{41} 父子俩

两姑嫂 liɔŋ^{35}ku^{33}sɐu^{35} 姑嫂俩

两兄弟 liɔŋ^{35}hɐŋ^{33}tɐi^{55} ①兄弟俩。②哥们俩

两姊妹 liɔŋ^{35}tsi^{35}mui^{35} ①姐妹俩。②姐儿俩

两兄妹 liɔŋ^{35}hɐŋ^{33}mui^{35} 兄妹俩

两姐弟 liɔŋ^{35}tsia^{35}tɐi^{55} 姐弟俩

两舅甥 liɔŋ^{35}kʰiɐu^{21}saŋ^{33} 舅甥俩

两姑孙 liɔŋ^{35}ku^{33}sun^{33} 姑侄俩

两叔侄 liɔŋ^{35}sok^{5}tsɐt^{2} 叔侄俩

两师徒 liɔŋ^{35}si^{33}tʰu^{41} 师徒俩

□乃人 nau^{41}nai^{55}iɐn^{41} 人们

几姑嫂 ki^{35}ku^{33}sɐu^{35} 姑嫂们

几师徒 ki^{35}si^{33}tʰu^{41} 师徒们

哩乃老师学生 li^{35}nai^{55}lɐu^{35}si^{33}hɔk^{2}sɐŋ^{33} 先生学生们

哩乃道理 li^{35}nai^{55}tɐu^{21}li^{213} 这些个理儿

嗰乃事 ko^{35}nai^{55}si^{213} 那些个事儿

乃台 nai^{55}tʰui^{213}

　几张台 ki^{35}tsɔŋ^{33}tʰui^{213}

乃凳 nai^{55}tɐŋ^{213}

　几张凳 ki^{35}tsɔŋ^{33}tɐŋ^{213}

乃书 nai^{55}si^{33}

　几本书 ki^{35}pun^{35}si^{33}

二十五 形容词

冇是唔好 meu²¹si⁵⁵m²¹heu³⁵ 不错
　　几好 ki³⁵heu³⁵

差唔多 tsʰa³³m²¹to³³ 差不多

係咁啦 hei⁵⁵kam³⁵la³³ 不怎么样
　　冇是成点□ meu²¹si⁵⁵seŋ⁴¹tim³⁵ŋan⁵⁵

冇用 meu²¹ioŋ⁵⁵ 不顶事

兴 heŋ³³ 兴奋

衰样 sui³³ioŋ⁵⁵ 形容模样很糟糕

色水 sek⁵sui³⁵ 色泽，花样

浅窄 tsʰin³⁵tsak⁵ 形容地方小

疏稀 so³³hi³³ 稀疏

*醪 neu⁴¹

好开 heu³⁵fui³³ 形容离得远

倔头 kuet²tʰeu⁴¹ 尽头是封闭的

□ ɐp⁵ 封闭使不透气

大把 tai⁵⁵pa³⁵ 很多，多的是

*熻 hep⁵

逼 pek⁵ ①狭窄。②拥挤。③封闭使不透气

屈屋 uet⁵tsi²¹³ 狭窄

湿碎 sɐp⁵sui²¹³ 小意思
　　湿湿碎 sɐp⁵sɐp⁵sui²¹³

有闲 ieu²¹han⁴¹ 有空

冇闲 meu²¹han⁴¹ 忙，没时间

□nui³⁵ ①虚弱，没力气。②软弱

密实 mɐt²sɐt² 紧实

融烂 ioŋ⁴¹lan⁵⁵

有型 ieu²¹ieŋ⁴¹ ①像样。②好看

坏 uai⁵⁵（物品）次，劣质

耐 nai⁵⁵ 结实耐用

细致 sɐi²¹tsi²¹³ 仔细

□ kʰiɐm³⁵ ①节省。②吝啬

□ sai²¹³ 浪费

滂沛 pʰaŋ⁴¹pʰai²¹³ 丰富

□ tim⁵⁵ 形容安静，不爱说话

□□ na⁴¹nam³³ 唠叨
　　吟沉 ŋɐn⁴¹tsʰɐm⁴¹

臭青 tsɐu²¹tsʰiaŋ³³ 生的青菜的味道

*烈 nat²

鸭牯声 ap⁵ku³⁵seŋ³³ 形容沙哑的嗓门

擒青 kʰɐm⁴¹tsʰiaŋ³³ 形容人慌张匆忙的样子
　　擒擒青 kʰɐm⁴¹kʰɐm⁴¹tsʰiaŋ³³

大手大脚 tai⁵⁵seu³⁵tai⁵⁵kiok⁵ 指花钱没有节制

巴闭 pa³³pei²¹³ 厉害，贬义
　　巴巴闭 pa³³pa³³pei²¹³

*□ kʰiaŋ²¹³

*艰苦 kan³³kʰu³⁵

□ kip² 苦涩

紧要 kɐn³⁵iu²¹³ ①要紧。②厉害

坚韧 kin³³ŋɐn⁵⁵ 坚固
　　稳 uɐn³⁵

惊相 kiaŋ³³sioŋ²¹³ 腼腆
　　唔好意思 m²¹heu³⁵i²¹si³³

聪明 tsʰoŋ³³mɐn⁴¹
　　醒目 sɐŋ³⁵mok²

固执 ku²¹tsɐp⁵ 死心眼儿

□涩 ŋip⁵sip⁵ 吝啬

凸 tɐt²
　　拱 koŋ³⁵

□ tɐp⁵ 凹
　　*埝 nip⁵

生动 saŋ³³toŋ⁵⁵ 活络，指东西是活动的、不稳固

*正庄 tseŋ²¹tsoŋ³³

齐整 tsʰei⁴¹tsɐŋ³⁵ 整齐

林落 lɐn⁴¹lɔk⁵ 乱七八糟

称心 tsʰɐŋ²¹sem³³

合意 hap²i²¹³

嫉妒 tsɐk⁵tu⁵⁵

交关 kau³³kuan³³ 厉害

内行 nui⁵⁵hɔŋ⁴¹

外行 ŋoi⁵⁵hɔŋ⁴¹

半桶水 pun²¹tʰoŋ³⁵sui³⁵ 指人对事只是半了解

威水 uɐi³³sui³⁵ 气派

眼水 ŋan³⁵sui³⁵ 对事务判断的准确性

火气 fo³⁵hi²¹³ 有血性，有脾气

□头□骨 fɐn⁵⁵tʰɐu⁴¹fɐn⁵⁵kuɐt⁵ 散架的样子

面青青 min⁵⁵tsʰiaŋ³³tsʰiaŋ³³ 脸色苍白无力的样子

面圆圆 min⁵⁵in⁴¹in⁴¹ 脸圆圆的

面红红 min⁵⁵foŋ⁴¹foŋ⁴¹ 脸很红的样子

眼光光 ŋan³⁵kɔŋ³³kɔŋ³³ 眼巴巴

眼金金 ŋan³⁵kiɐm³³kiɐm³³

眼花花 ŋan³⁵fa³³fa³³ 眼花看不清事物

眼皱皱 ŋan³⁵tsɐu²¹tsɐu²¹³ 皱着眉头的样子

眼突突 ŋan³⁵tɐt²tɐt² 鼓眼儿

鼻公高高 pi⁵⁵koŋ³³kɐu³³kɐu³³ 鼻子很高

鼻公□□ pi⁵⁵koŋ³³tio⁵⁵tio⁵⁵ 鼻子很尖

牙突突 ŋa⁴¹tɐt²tɐt² 描写龅牙的样子

颈长长 kiaŋ³⁵tsʰɔŋ⁴¹tsʰɔŋ⁴¹ 脖子很长

手长长 sɐu³⁵tsʰɔŋ⁴¹tsʰɔŋ⁴¹ 手很长

十指尖尖 sɐp²tsi³⁵tsim³³tsim³³ 形容人娇生惯养、养尊处优

脚粗粗 kiɔk⁵tsʰu³³tsʰu³³ 腿脚很粗

腰长长 iu³³tsʰɔŋ⁴¹tsʰɔŋ⁴¹ 腰很长

腰宽宽 iu³³fun³³fun³³ 腰很宽

黑麻麻 hɐk⁵ma³³ma³³ 黑咕隆咚

软□□ ŋun²¹tap⁵tap⁵ 软而无韧性

□凉 tsim⁵⁵tsim⁵⁵liɔŋ⁴¹ 冷飕飕

卟卟脆 pok⁵pok⁵tsʰui²¹³ 非常酥脆

□□滚 ha²¹ha²¹kuɐn³⁵ 十万火急的样子

□□嫩 nɐp⁵nɐp⁵nun⁵⁵ 非常嫩

短□□ tun³⁵tsʰit⁵tsʰit⁵ 很短

重□□ tsʰoŋ²¹tɐp²tɐp² 很重

矮□□ ɐi³⁵tiɐt⁵tiɐt⁵ 很矮

圆碌碌 in⁴¹lok⁵lok⁵ 很圆

肥□□ fi⁴¹ta³³ta³³ 很油腻

白雪雪 pak²sit⁵sit⁵ 雪白

青□□ tsʰiaŋ³³pi³³pi³³ 很绿

红□□ foŋ⁴¹tsʰi³³tsʰi³³ 很红

直□□ tsɐk²liaŋ⁴¹liaŋ⁴¹ 很直

酸□□ sun³³nɐm³³nɐm³³ 很酸

花哩渌 fa³³li³³lok⁵ ①颜色或线条太乱。②指人打扮得花里胡哨

花啦吡碌 fa³³la³³pi³³lok⁵ 五花八门

巴拉□ pa³³la⁵⁵sa²¹³ 描写络腮胡子的状态

苍白 tsʰoŋ³³pak²

朱红 tsi³³foŋ⁴¹

粉红 fɐn³⁵foŋ⁴¹

深红 sem³³foŋ⁴¹

浅红 tsʰin³⁵foŋ⁴¹

浅蓝 tsʰin³⁵lam⁴¹

深蓝 sem³³lam⁴¹

天蓝 tʰin³³lam⁴¹

草绿 tsʰɐu³⁵lok²

浅绿 tsʰin³⁵lok²

鸭屎青 ap²si³⁵tsʰiaŋ³³ 鸭蛋青

灰白 fui³³pak²

深黄 sɐm³³uɔŋ⁴¹

浅黄 tsʰin³⁵uɔŋ⁴¹

莲藕色 lin⁴¹ŋɐu³⁵sɐk⁵ 藕荷色

米色 mɐi³⁵sɐk⁵

二十六　副词介词等

做 tso⁵⁵ 全部

　　咸唪呤 ham⁴¹paŋ³³laŋ³³

　　总共 tsoŋ³⁵koŋ²¹³

　　全部 tsʰun⁴¹pu⁵⁵

咸身 ham⁴¹sɐn³³ 整身，全身

啱 ŋam³³ 刚才，刚刚

正 tsɐŋ²¹³ 才：你怎么～来啊？

头下 tʰɐu⁴¹ha⁵⁵ 刚才

唔时 m²¹si⁴¹ 要不然

啱啱 ŋam³³ŋam³³ 刚好：～十只钱

　　合合 kap⁵kap⁵

携……做 kʰai⁴¹…tso⁵⁵ 拿……当

□□ kaŋ³³kaŋ³³ 净，光：～食饭，唔食菜

感怕 kam³⁵pʰa²¹³ 怕是，恐怕：～爱落水啦

　　惊怕 kiaŋ³³pʰa²¹³

马上 ma²¹sɔŋ⁵⁵

　　即刻 tsɐk⁵kʰiɐk⁵

猛醒 ⁼maŋ²¹siaŋ³⁵ 迅速

赶早 kun³⁵tsɐu³⁵ 趁早

好得 hɐu³⁵tɐk⁵ 幸亏

　　好彩 hɐu³⁵tsʰui³⁵

面头 min⁵⁵tʰɐu⁴¹ 当面：有说话～讲

背后 pui²¹hɐu⁵⁵ 背地

自己 tsi⁵⁵ki³⁵ 自个儿：渠～去

驮紧 tʰo⁴¹kɐn³⁵ 顺便

根本 kɐn³³pun³⁵ 压根儿

真正 tsɐn³³tsɐŋ²¹³ 实在

□日 tʰaŋ²¹ŋɐt⁵ 总是，老是

通通 hoŋ³³hoŋ³³ 都

登□ tɐŋ³³kɔŋ³³ 偏：你唔喊我去，我～爱去

□□ tsʰin⁵⁵tsʰai⁵⁵ 胡乱：～搞，～说

原先 in⁴¹sin³³ 原本

另自 lɐŋ⁵⁵tsi⁵⁵ 另外

冇□冇事 mɐu²¹ta³³mɐu²¹si⁵⁵ 无缘无故

畀 pi³⁵ 被：～狗咬

紧做紧……kɐn³⁵tso⁵⁵kɐn³⁵…越来越……

　　紧来紧……kɐn³⁵lui⁴¹kɐn³⁵…

向到 hiɔŋ²¹tɐu³⁵ 对着：渠～我笑

去到 hi²¹tɐu³⁵ 直到：～乃日为止

喺 hɐi³⁵ 在：掉～地嫲下

　　在 tsʰui⁵⁵～tsui⁵⁵

□□去 tsan⁵⁵nau⁴¹hi²¹³ 往这走

往 uɔŋ³⁵ 从：～乃头走

　　从 tsʰoŋ⁴¹

用 iɔŋ⁵⁵ 使：你～毛笔写

捉 tsok⁵ 拿：你～渠来试一试

替 tʰɐi²¹³

从细 tsʰoŋ⁴¹sɐi²¹³ 从小：渠～就好聪明

捞我 lau³³ŋo³⁵ 给我，虚用，主要加重语气：
　　你～吃晒碗饭

□ tsan⁵⁵ 顺着，沿着：～乃条路一直行落去

　　顺紧 sɐn⁵⁵kɐn³⁵

帮 pɔŋ³³

捞……喊做 lau³³…ham²¹tso⁵⁵ 管……叫

捞……当 lau³³…tɔŋ²¹³ 拿……当

还是 han⁴¹ ～ uan⁴¹si⁵⁵ 用于选择问句的连词：
　　红色个～黄色个

唔是……唔是……m²¹si⁵⁵…m²¹si⁵⁵…用于并列

选择关系的连词：～你来，就～渠来

冇……唔 meu^{21}...m^{213} 非……不：冇到九点唔开会

但係 tan^{55}hei^{55} 但是

唔係□□ m^{21}hei^{55}kaŋ^{33}kaŋ^{33} 不仅仅，不止

情愿 tsʰeŋ^{41}ŋin^{55} 宁可

几 ki^{35} 表示程度相当：～好食，～俏，～热

岂 kʰa^{41} 表示程度过头：～细，～热，～大力

死 si^{35} 咸～，烦～，热～

到死 teu^{21}si^{35} 咸～，烦～，热～

正 tseŋ^{213} 而已：你食到一碗饭～，食多碗啦

先 sin^{33} ～走，～食

啊 a^{33} ～ə^{33} 过，完成体助词：我食～饭啦

咯 lo^{33} ～lə^{33} 了，完成体助词：我食啊～

紧 ken^{35} ～en^{35} 着，进行体助词：唱～歌，食～饭

过 ko^{213} 经历体助词：我坐～船

起身来 hi^{35}sen^{33}lui^{41} 起始体助词：哭～

翻 fan^{33} 回复体助词：坐～去

下 ha^{55} 短暂体助词：洗～渠

到 teu^{35} 着，表示目的或有了结果：枱头放碗水，□mui^{41}撞～

二十七　量词①

一张 iɐt^{5}tsɔŋ^{33} 一把（椅子）

一只 iɐt^{5}tsɐk^{5} 一枚（奖章）

一本 iɐt^{5}pun^{35} 一本（书）

一批 iɐt^{5}pʰei^{33} 一笔（款）

一封 iɐt^{5}foŋ^{33} 一封（信）

一□ iɐt^{5}lat^{2} 一行（字）

一服 iɐt^{5}fok^{2} 一服（药）

一包 iɐt^{5}pau^{33}

一帖 iɐt^{5}tʰip^{5} 一帖（药）

一种 iɐt^{5}tsoŋ^{35} 一味（药）

一项 iɐt^{5}hɔŋ^{55} 一种（颜色）

一条 iɐt^{5}tʰiu^{41} 一道（河）

一顶 iɐt^{5}teŋ^{35} 一顶（帽子）

一锭 iɐt^{5}teŋ^{55} 一锭（墨）

一件 iɐt^{5}kin^{55} 一档子（事）

一条 iɐt^{5}tʰiu^{41} 一条（手巾）

一阵 iɐt^{5}tsen^{55} 一股（香味儿）

*一番 iɐt^{5}fan^{33}

一枝 iɐt^{5}ki^{33} 一子儿（香）

一督 ⁼iɐt^{5}tok^{5} 一泡（尿）

一枝 iɐt^{5}ki^{33} 一枝（花儿）

一朵 iɐt^{5}tio^{35}

一只 iɐt^{5}tsek^{5} 一只（手）

一盏 iɐt^{5}tsan^{35} 一盏（灯）

一台 iɐt^{5}tʰui^{41} 一桌（酒席）

一围 iɐt^{5}uei^{41}

一场 iɐt^{5}tsʰɔŋ^{41} 一场（雨）

一阵 iɐt^{5}tsen^{55} 一阵（雨）

一身 iɐt^{5}sen^{33} 一身（棉衣）

一件 iɐt^{5}kin^{55}

一支 iɐt^{5}ki^{33} 一杆（枪）

一支 iɐt^{5}ki^{33} 一管（笔）

一间 iɐt^{5}kan^{33} 一所（房子）

一□ iɐt^{5}nim^{213} 一小块（木块）

一条 iɐt^{5}tʰiu^{41} 一根（头发）

一双 iɐt^{5}sɔŋ^{33} 一双（鞋）

一对 iɐt^{5}tui^{213}

---

① 量词与数词"一"组合时，语流中"一"往往弱化读为[a^{33}]（啊）。

一只 iɐt⁵tsɛk⁵一颗（米）

一只 iɐt⁵tsɛk⁵一块（砖）

一条 iɐt⁵tʰiu⁴¹一口（猪）

一只 iɐt⁵tsɛk⁵一口儿（人）

一间 iɐt⁵kan³³一家（铺子）

一架 iɐt⁵ka²¹³一架（飞机）

一间 iɐt⁵kan³³一间（屋子）

一件 iɐt⁵kin⁵⁵一件儿（衣裳）

一篇 iɐt⁵pʰin³³一篇（文章）

一条 iɐt⁵tʰiu⁴¹一座（桥）

一条 iɐt⁵tʰiu⁴¹一头（牛）

一面 iɐt⁵min⁵⁵一页（书）

一节 iɐt⁵tsit⁵一节（文章）

一段 iɐt⁵tun⁵⁵一段（文章）

一片 iɐt⁵pʰin²¹³一片（好心）

一□ iɐt⁵mi³⁵～iɐt⁵ni³⁵一片儿（肉）

一块 iɐt⁵fai²¹³一面（旗）

一层 iɐt⁵tsʰɐŋ⁴¹一层（纸）

一盘 iɐt⁵pʰun⁴¹一盘（棋）

一头 iɐt⁵tʰɐu⁴¹一门（亲事）

一叠 iɐt⁵tip²一沓儿（纸）

一件 iɐt⁵kin⁵⁵一桩（事情）

一□ iɐt⁵ŋ²¹³一缸（水）

一碗 iɐt⁵un³⁵一碗（饭）

一揸 iɐt⁵tsa³³一把（米）

一兜 iɐt⁵tɐu³³一把儿（萝卜）

一包 iɐt⁵pau³³一包（花生）

一卷 iɐt⁵kin³⁵一卷儿（纸）

一件 iɐt⁵kin⁵⁵一捆（行李）

一担 iɐt⁵tam²¹³一担（米）

一担 iɐt⁵tam²¹³一挑（水）

一排 iɐt⁵pʰai⁴¹一排（桌子）

一间 iɐt⁵kan³³一进（院子）

一排 iɐt⁵pʰai⁴¹一挂（鞭炮）

一句 iɐt⁵ki²¹³一句（话）

一只 iɐt⁵tsɛk⁵一位（客人）

一对 iɐt⁵tui²¹³一对（花瓶）

一套 iɐt⁵tʰɐu²¹³一套（书）

一种 iɐt⁵tsoŋ³⁵一种（虫子）

一群 iɐt⁵kʰuɐn⁴¹一伙儿（人）

一帮 iɐt⁵poŋ³³一帮（人）

一批 iɐt⁵pʰei³³一批（货）

一窦 iɐt⁵tɐu²¹³一窝（蜂）

一串 iɐt⁵tsʰun²¹³一嘟噜（葡萄）

一球 iɐt⁵kʰieu⁴¹

一掼 iɐt⁵kuan²¹³

一大□ iɐt⁵tai⁵⁵nam²¹³一拃（拇指与中指张开的长度）

一细□ iɐt⁵sei²¹nam²¹³一虎口（拇指与食指张开的长度）

一□ iɐt⁵nam²¹³①一拃（拇指与中指张开的长度）。②一虎口（拇指与食指张开的长度）

一□ iɐt⁵iɐm⁴¹一庹（两臂向左右伸开的长度）

一指 iɐt⁵tsi³⁵一指（长）

一只手指仔长 iɐt⁵tsɛk⁵sɐu³⁵tsi³⁵tsei³⁵tsʰoŋ⁴¹

一成 iɐt⁵siaŋ⁴¹一成儿

一面 iɐt⁵min⁵⁵一脸（土）

咸面 ham⁴¹min⁵⁵

一身 iɐt⁵sɐn³³一身（土）

咸身 ham⁴¹sɐn³³

一肚 iɐt⁵tu³⁵一肚子（气）

一眼 iɐt⁵ŋan³⁵（看）一眼

一啖 iɐt⁵tam⁵⁵（吃）一口

一场 iet⁵tsʰoŋ⁴¹（闹）一场　　　　一组 iet⁵tsu³⁵

一摆面 iet⁵pai³⁵min⁵⁵（见）一面　　一执仔 iet⁵tsɐp⁵tsɐi⁵⁵一撮（毛）

一只 iet⁵tsɛk⁵一尊（佛像）　　　　一筒 iet⁵tʰoŋ⁴¹一轴儿（线）

一只 iet⁵tsɛk⁵一扇（门）　　　　　　一只 iet⁵tsɛk⁵

一幅 iet⁵pok⁵一幅（画儿）　　　　一□ iet⁵tsɛk⁵一绺（头发）

一堵 iet⁵tu³⁵一堵（墙）　　　　　一手 iet⁵sɐu³⁵（写）一手（好字）

　一面 iet⁵min⁵⁵　　　　　　　　　一届 iet⁵kai²¹³（开）一届（会议）

一□ iet⁵min³⁵一瓣（花瓣）　　　　一任 iet⁵iɛm⁵⁵（做）一任（官）

一餐 iet⁵tsʰan³³一顿（饭）　　　　一盘 iet⁵pʰun⁴¹（下）一盘（棋）

一蔸 iet⁵teu³³一棵（树）　　　　　一圈 iet⁵kʰin³³（打）一圈（麻将）

　一□ iet⁵pʰo³³　　　　　　　　　一轮 iet⁵lɐn⁴¹（打）一将（麻将）

一只 iet⁵tsɛk⁵一处（地方）　　　　一本 iet⁵pun³⁵（唱）一台（戏）

一部 iet⁵pu⁵⁵一部（书）　　　　　　一出 iet⁵tsʰɛt⁵

一班 iet⁵pan³³一班（车）　　　　　一点仔 iet⁵tim⁵⁵tsɐi⁵⁵一丝儿（肉）

一桶 iet⁵tʰoŋ³⁵（洗）一水（衣裳）　　点仔 tim⁵⁵tsɐi⁵⁵

一炉 iet⁵lu⁴¹（烧）一炉（陶器）　　　一乃仔 iet⁵nai⁵⁵tsɐi⁵⁵

一打 iet⁵ta³⁵一打（鸡蛋）　　　　一点仔 iet⁵tim⁵⁵tsɐi⁵⁵一点儿（面粉）

一团 iet⁵tʰun⁴¹一团（泥）　　　　　点仔 tim⁵⁵tsɐi⁵⁵

一堆 iet⁵tui³³一堆（雪）　　　　　　一乃仔 iet⁵nai⁵⁵tsɐi⁵⁵

一排 iet⁵pʰai⁴¹一槽（牙）　　　　一滴 iet⁵tik²一滴（雨）

一架 iet⁵ka²¹³一辆（车）　　　　　一盒 iet⁵hap²一盒儿（火柴）

一辆 iet⁵lioŋ⁵⁵一列（火车）　　　　一盒仔 iet⁵hap²tsɐi³⁵一匣子（首饰）

　一架 iet⁵ka²¹³　　　　　　　　　一箱 iet⁵sioŋ³³一箱子（衣裳）

一堆 iet⁵tui³³一系列（问题）　　　一架仔 iet⁵ka²¹tsɐi³⁵一架子（小说）

一只 iet⁵tsɛk⁵一路（公共汽车）　　一□ iet⁵nɐŋ³³（走）一趟

一师 iet⁵si³³一师（兵）　　　　　一柜 iet⁵kuɐi⁵⁵一橱（书）

一旅 iet⁵li²¹³一旅（兵）　　　　　一□仔 iet⁵sioŋ²¹tsɐi³⁵一抽屉（文件）

一团 iet⁵tʰun⁴¹一团（兵）　　　　　一拖箱 iet⁵tʰo³³sioŋ³³

一营 iet⁵ieŋ⁴¹一营（兵）　　　　　一篮 iet⁵lam⁴¹一筐子（菠菜）

一连 iet⁵lin⁴¹一连（兵）　　　　　　一篮仔 iet⁵lam⁴¹tsɐi³⁵

一排 iet⁵pʰai⁴¹一排（兵）　　　　　一大篮 iet⁵tai⁵⁵lam⁴¹

一班 iet⁵pan³³一班（兵）　　　　　一篮 iet⁵lam⁴¹一篓子（炭）

一箩 iɛt⁵lo⁴¹

一炉仔 iɛt⁵lu⁴¹tsei³⁵ 一炉子（灰）

一包 iɛt⁵pau³³ 一包（书）

一阵仔 iɛt⁵tsɛn⁵⁵tsei³⁵（下）一阵（雨）

一口袋 iɛt⁵kʰɐu³⁵tui²¹³ 一口袋（干粮）

一池 iɛt⁵tsʰi⁴¹ 一池子（水）

一水口 iɛt⁵sui³⁵ŋ²¹³ 一缸（金鱼）

一瓮 iɛt⁵aŋ²¹³ 一瓶子（醋）

一罐 iɛt⁵kun²¹³ 一罐子（荔枝）

一埕 iɛt⁵tsʰaŋ⁴¹ 一坛子（酒）

　　一口 iɛt⁵ŋ²¹³

一桶 iɛt⁵tʰoŋ³⁵ 一桶（汽油）

一盥 iɛt⁵kun²¹³ 一吊子（开水）

一桶 iɛt⁵tʰoŋ³⁵ 一盆（洗澡水）

一壶 iɛt⁵fu⁴¹ 一壶（茶）

一镬 iɛt⁵uɔk² 一锅（饭）

　　一煲 iɛt⁵pɐu³³

一笼 iɛt⁵loŋ⁴¹ 一笼（包子）

一盘 iɛt⁵pʰun⁴¹ 一盘（水果）

一浅 iɛt⁵tsʰin³⁵ 一碟儿（小菜）

　　一盘仔 iɛt⁵pʰun⁴¹tsei³⁵

一碗 iɛt⁵un³⁵ 一碗（汤）

一碗仔 iɛt⁵un³⁵tsei³⁵ 一小碗（药）

一杯 iɛt⁵pui³³ 一杯（茶）

一瓮 iɛt⁵aŋ²¹³ 一盅（烧酒）

　　一杯 iɛt⁵pui³³

一勺 iɛt⁵sɔk² 一瓢（汤）

一勺仔 iɛt⁵sɔk²tsei³⁵ 一勺子（汤）

　　一勺嬭 iɛt⁵sɔk²na²¹³

一勺 iɛt⁵sɔk² 一勺儿（酱油）

一汤匙仔 iɛt⁵tʰoŋ³³si⁴¹tsei³⁵ 一小勺儿（糖）

一两只 iɛt⁵liɔŋ³⁵tsɛk⁵ 一两个

只零两只 tsɛk⁵liaŋ⁴¹liɔŋ³⁵tsɛk⁵

成十只 sɛŋ⁴¹sɐp²tsɛk⁵ 十个

百零只 pak⁵liaŋ⁴¹tsɛk⁵ 一百多个

　　百几只 pak⁵ki³⁵tsɛk⁵

　　成百只 sɛŋ⁴¹pak⁵tsɛk⁵

千零只 tsʰin⁴¹liaŋ⁴¹tsɛk⁵ 一千来个

　　千几只 tsʰin⁴¹ki³⁵tsɛk⁵

　　成千只 sɛŋ⁴¹tsʰin⁴¹tsɛk⁵

成万只银 sɛŋ⁴¹man⁵⁵tsɛk⁵ŋɛn⁴¹ 一万来块钱

　　万零银 man⁵⁵liaŋ⁴¹ŋɛn⁴¹

成里路 sɛŋ⁴¹li³⁵lu⁵⁵ 一里多路

里零两里路 li³⁵liaŋ⁴¹liɔŋ³⁵li³⁵lu⁵⁵ 一两里路

百零两里路 pak⁵liaŋ⁴¹liɔŋ³⁵li³⁵lu⁵⁵ 一百多里路

亩零两亩 mau²¹liaŋ⁴¹liɔŋ³⁵mau²¹³ 一两亩

多下仔 to³³ha⁵⁵tsei⁵⁵ 一会儿

　　打仔 ta³⁵tsei⁵⁵

　　多下 to³³ha⁵⁵

　　一阵仔 iɛt⁵tsɛn⁵⁵tsei⁵⁵

　　一下仔 iɛt⁵ha⁵⁵tsei⁵⁵

　　等下仔 tɛŋ³⁵ha⁵⁵tsei⁵⁵

二十八　数词等

一号 iɛt⁵hɐu⁵⁵

二号 ŋi⁵⁵hɐu⁵⁵

三号 sam³³hɐu⁵⁵

四号 si²¹hɐu⁵⁵

五号 ŋ³⁵hɐu⁵⁵

六号 lok²hɐu⁵⁵

七号 tsʰɐt⁵hɐu⁵⁵

八号 pat⁵hɐu⁵⁵

九号 kiɐu³⁵hɐu⁵⁵

十号 sɐp²hɐu⁵⁵

初一 tsʰo³³iɐt⁵

初二 tsʰo³³ŋi⁵⁵

初三 tsʰo³³sam³³

初四 tsʰo³³si²¹³

初五 tsʰo³³ŋ³⁵

初六 tsʰo³³lok²

初七 tsʰo³³tsʰɐt⁵

初八 tsʰo³³pat⁵

初九 tsʰo³³kiɐu³⁵

初十 tsʰo³³sɐp²

老大 lɐu³⁵tɐi⁵⁵

老二 lɐu³⁵ŋi⁵⁵

老三 lɐu³⁵sam³³

老四 lɐu³⁵si²¹³

老五 lɐu³⁵ŋ³⁵

老六 lɐu³⁵lok²

老七 lɐu³⁵tsʰɐt⁵

老八 lɐu³⁵pat⁵

老九 lɐu³⁵kiɐu³⁵

老十 lɐu³⁵sɐp²

一只 iɐt⁵tsɐk⁵ 一个

　啊只 a³³tsɐk⁵

两只 liɔŋ³⁵tsɐk⁵ 两个

三只 sam³³tsɐk⁵ 三个

四只 si²¹tsɐk⁵ 四个

五只 ŋ³⁵tsɐk⁵ 五个

六只 lok²tsɐk⁵ 六个

七只 tsʰɐt⁵tsɐk⁵ 七个

八只 pat⁵tsɐk⁵ 八个

九只 kiɐu³⁵tsɐk⁵ 九个

十只 sɐp²tsɐk⁵ 十个

第一 tɐi⁵⁵iɐt⁵

第二 tɐi⁵⁵ŋi⁵⁵

第三 tɐi⁵⁵sam³³

第四 tɐi⁵⁵si²¹³

第五 tɐi⁵⁵ŋ³⁵

第六 tɐi⁵⁵lok²

第七 tɐi⁵⁵tsʰɐt⁵

第八 tɐi⁵⁵pat⁵

第九 tɐi⁵⁵kiɐu³⁵

第十 tɐi⁵⁵sɐp²

第一只 tɐi⁵⁵iɐt⁵tsɐk⁵ 第一个

第二只 tɐi⁵⁵ŋi⁵⁵tsɐk⁵ 第二个

第三只 tɐi⁵⁵sam³³tsɐk⁵ 第三个

第四只 tɐi⁵⁵si²¹tsɐk⁵ 第四个

第五只 tɐi⁵⁵ŋ³⁵tsɐk⁵ 第五个

第六只 tɐi⁵⁵lok²tsɐk⁵ 第六个

第七只 tɐi⁵⁵tsʰɐt⁵tsɐk⁵ 第七个

第八只 tɐi⁵⁵pat⁵tsɐk⁵ 第八个

第九只 tɐi⁵⁵kiɐu³⁵tsɐk⁵ 第九个

第十只 tɐi⁵⁵sɐp²tsɐk⁵ 第十个

十一 sɐp²iɐt⁵

二十一 ŋi⁵⁵sap²iɐt⁵

　廿一 ŋiɐp⁵iɐt⁵

三十一 sam³³sɐp²iɐt⁵

　三十一 sa³³a³³iɐt⁵

四十 si²¹sɐp²

四十一 si²¹sɐp²iɐt⁵

　四十一 si²¹a³³iɐt⁵

五十 ŋ³⁵sɐp²

五十一 ŋ³⁵sɐp²iɐt⁵

　五十一 ŋ³⁵a³³iɐt⁵

六十 lok²sɐp²

六十一 lok²sɐp²iɐt⁵

六十一 lok²a³³iɐt⁵

七十 tsʰɐt⁵sɐp²

七十一 tsʰɐt⁵sɐp²iɐt⁵

七十一 tsʰɐt⁵a³³iɐt⁵

八十 pat⁵sɐp²

八十一 pat⁵sɐp²iɐt⁵

八十一 pat²a³³iɐt⁵

九十 kiɐu³⁵sɐp²

九十一 kiɐu³⁵sɐp²iɐt⁵

九十一 kiɐu³⁵a³³iɐt⁵

一百一十 iɐt⁵pak⁵iɐt⁵sɐp²

百一 pak⁵iɐt⁵

一百一十只 iɐt⁵pak⁵iɐt⁵sɐp²tsɐk⁵ 一百一十个

百一只 pak⁵iɐt⁵tsɐk⁵

一百一十一 iɐt⁵pak⁵iɐt⁵sɐp²iɐt⁵

百一一 pak⁵iɐt⁵iɐt⁵

一百一十一只 iɐt⁵pak⁵iɐt⁵sɐp²iɐt⁵tsɐk⁵ 一百一十一个

一百一十二 iɐt⁵pak⁵iɐt⁵sɐp²ŋi⁵⁵

一百二十 iɐt⁵pak⁵ŋi⁵⁵sɐp²

一百二 iɐt⁵pak⁵ŋi⁵⁵

百二 pak⁵ŋi⁵⁵

一百二十只 iɐt⁵pak⁵ŋi⁵⁵sɐp²tsɐk⁵ 一百二十个

百二只 pak⁵ŋi⁵⁵tsɐk⁵

一百三十 iɐt⁵pak⁵sam³³sɐp²

一百三 iɐt⁵pak⁵sam³³

百三 pak⁵sam³³

一百五十 iɐt⁵pak⁵ŋ³⁵sɐp²

一百五 iɐt⁵pak⁵ŋ³⁵

百五 pak⁵ŋ³⁵

二百五十 ŋi⁵⁵pak⁵ŋ³⁵sɐp²

二百五 ŋi⁵⁵pak⁵ŋ³⁵

二百五十只 ŋi⁵⁵pak⁵ŋ³⁵sɐp²tsɐk⁵ 二百五十个

三百一十 sam³³pak⁵iɐt⁵sɐp²

三百一 sam³³pak⁵iɐt⁵

三百三十 sam³³pak⁵sam³³sɐp²

三百三 sam³³pak⁵sam³³

三百六十 sam³³pak⁵lok²sɐp²

三百六 sam³³pak⁵lok²

三百八十 sam³³pak⁵pat⁵sɐp²

三百八 sam³³pak⁵pat⁵

一千一百 iɐt⁵tsʰin³³iɐt⁵pak⁵

一千一 iɐt⁵tsʰin³³iɐt⁵

千一 tsʰin³³iɐt⁵

一千一百只 iɐt⁵tsʰin³³iɐt⁵pak⁵tsɐk⁵ 一千一百个

千一只 tsʰin³³iɐt⁵tsɐk⁵

一千九百 iɐt⁵tsʰin³³kiɐu³⁵pak⁵

一千九 iɐt⁵tsʰin³³kiɐu³⁵

千九 iɐt⁵tsʰin³³kiɐu³⁵

一千九百只 iɐt⁵tsʰin³³kiɐu³⁵pak⁵tsɐk⁵ 一千九百个

千九只 tsʰin³³kiɐu³⁵tsɐk⁵

三千 sam³³tsʰin³³

五千 ŋ³⁵tsʰin³³

八千 pat⁵tsʰin³³

一万二千 iɐt⁵man⁵⁵ŋi⁵⁵tsʰin³³

一万二 iɐt⁵man⁵⁵ŋi⁵⁵

万二 man⁵⁵ŋi⁵⁵

一万二千只 iɐt⁵man⁵⁵ŋi⁵⁵tsʰin³³tsɐk⁵ 一万二千个

万二只 man⁵⁵ŋi⁵⁵tsɐk⁵

三万五千 sam³³man⁵⁵ŋ³⁵tsʰin³³

三万五 sam³³man⁵⁵ŋ³⁵

三万五千只 sam³³man⁵⁵ŋ³⁵tsʰin³³tsɐk⁵ 三万五千个

三万五只 sam³³man⁵⁵ŋ³⁵tsɐk⁵

零 lɛŋ⁴¹

两斤 liɔŋ³⁵kɐn³³

两钱 liɔŋ³⁵tsʰin⁴¹

两分 liɔŋ³⁵fɐn³³

两厘 liɔŋ³⁵li⁴¹

两丈 liɔŋ³⁵tsɔŋ⁵⁵

两尺 liɔŋ³⁵tsʰiak⁵

两寸 liɔŋ³⁵tsʰun²¹³

两里 liɔŋ³⁵li³⁵

两担 liɔŋ³⁵tam²¹³

两斗 liɔŋ³⁵tɐu³⁵

两升 liɔŋ³⁵sɐŋ³³

两项 liɔŋ³⁵hɔŋ⁵⁵

两亩 liɔŋ³⁵mau²¹³

好多只 hɐu³⁵to³³tsɐk⁵ 好多个

好几只 hɐu³⁵ki³⁵tsɐk⁵ 好几个

好多乃 hɐu³⁵to³³nai⁵⁵ 好一些

点仔 tim⁵⁵tsɐi⁵⁵ 一点儿

　啲仔 tit⁵tsɐi⁵⁵

大乃仔 tai⁵⁵nai⁵⁵tsɐi⁵⁵ 大点儿

　大啲仔 tai⁵⁵tit⁵tsɐi⁵⁵

十几只 sɐp²ki³⁵tsɐk⁵ 十多个

半只 pun²¹tsɐk⁵ 半个

　一半 iɐt⁵pun²¹³

成一半 sɐŋ⁴¹iɐt⁵pun²¹³ 整整一半

　成半 sɐŋ⁴¹pun²¹³

两半 liɔŋ³⁵pun²¹³

大半 tai⁵⁵pun²¹³ 多半儿

大半只 tai⁵⁵pun²¹tsɐk⁵ 一大半儿

一大半 iɐt⁵tai⁵⁵pun²¹³

一只半 iɐt⁵tsɐk⁵pun²¹³ 一个半

……上下 …sɔŋ⁵⁵ha⁵⁵

……左右 …tso³⁵iɐu⁵⁵

二十九　成语等

一来二去 iɐt⁵lui⁴¹ŋi⁵⁵hi²¹³

一来一往 iɐt⁵lui⁴¹iɐt⁵uɔŋ³⁵

一清二白 iɐt⁵tsʰɐŋ³³ŋi⁵⁵pak²

一清二楚 iɐt⁵tsʰɐŋ³³ŋi⁵⁵tsʰo³⁵

一干二净 iɐt⁵kun³³ŋi⁵⁵tsɐŋ⁵⁵

一差三错 iɐt⁵tsʰa³³sam³³tʰo²¹³

一刀两断 iɐt⁵tɐu³³liɔŋ³⁵tʰun²¹³

一举两得 iɐt⁵ki³⁵liɔŋ³⁵tɐk⁵

三番五次 sam³³fan³³ŋ³⁵tsʰi²¹³

三年两年 sam³³nin⁴¹liɔŋ³⁵nin²¹³

三年五载 sam³³nin⁴¹ŋ³⁵tsai²¹³

三日两早起 sam³³ŋɐt⁵liɔŋ³⁵tsɐu³⁵hi³⁵

三日两夜 sam³³ŋɐt⁵liɔŋ³⁵ia⁵⁵

三长两短 sam³³tsʰɔŋ⁴¹liɔŋ³⁵tun³⁵

三言两语 sam³³nin⁴¹liɔŋ³⁵ŋi²¹³

三心二意 sam³³sɐm³³ŋi⁵⁵i²¹³

三心两意 sam³³sɐm³³liɔŋ³⁵i²¹³

三三两两 sam³³sam³³liɔŋ³⁵liɔŋ³⁵

四平八稳 si²¹pʰɐŋ⁴¹pat⁵uɐn³⁵

四通八达 si²¹tʰoŋ⁴¹pat⁵tɐt²

四面八方 si²¹min⁵⁵pat⁵fɔŋ³³

四时八节 si²¹si⁴¹pat⁵tsit⁵

五零四散 ŋ³⁵liaŋ⁴¹si²¹san³⁵ 形容零散稀疏的样子

　四四散散 si²¹si²¹san³⁵san³⁵

五湖四海 ŋ³⁵fu²¹si²¹fui³⁵

五花八门 ŋ³⁵fa³³pat⁵mun⁴¹

七上八落 tsʰɐt⁵sɔŋ²¹pat⁵lɔk²

颠七倒八 tin²¹tsʰɐt⁵tɐu³⁵pat⁵

颠三倒四 tin²¹sam³³tɐu³⁵si²¹³

乱七八糟 lun⁴¹tsʰɐt⁵pat⁵tsau³³

乌七八糟 u³³tsʰɐt⁵pat⁵tsau³³ 乱七八糟

七长八短 tsʰɐt⁵tsʰɔŋ⁴¹pat⁵tun³⁵

七拼八凑 tsʰɐt⁵pʰɐŋ⁴¹pat⁵tsʰɐu²¹³

七手八脚 tsʰɐt⁵sɐu³⁵pat⁵kiɔk⁵

七嘴八舌 tsʰɐt⁵tsui³⁵pat⁵sit²

七言八语 tsʰɐt⁵ŋin⁴¹pat⁵ŋi²¹³

乱□廿四 lun⁵⁵ŋɐp⁵ia⁵⁵si²¹³ 胡说八道

千辛万苦 tsʰin³³sɐn³³man⁵⁵kʰu³⁵

千真万确 tsʰin³³tsɐn³³man⁵⁵kʰɔk⁵

千军万马 tsʰin³³kuɐn³³man⁵⁵ma²¹³

千人万马 tsʰin³³iɐn⁴¹man⁵⁵ma²¹³

千变万化 tsʰin³³pin⁵⁵man⁵⁵fa²¹³

千家万户 tsʰin³³ka³³man⁵⁵fu⁵⁵

千言万语 tsʰin³³ŋin⁴¹man⁵⁵ŋi²¹³

大声大喉 tai⁵⁵siaŋ³³tai⁵⁵hɐu⁴¹ 大吼大叫

冇影冇迹 mɐu²¹iaŋ³⁵mɐu²¹tsiak⁵ 毫无根据

糊涂塞屎 fu⁴¹tʰu⁴¹sɐt⁵si³⁵ 非常糊涂

佗手□脚 tʰo⁴¹sɐu³⁵nɐŋ⁴¹kiɔk⁵ 形容成为他人累赘

死蛇烂鳝 si³⁵sia⁴¹lan⁵⁵sin²¹³ 指人很懒

面无三两肉 min⁵⁵mɐu²¹sam³³liɔŋ³⁵ŋiok² 形容人非常瘦

第一节

词法

一　构词法

（一）逆序词

逆序词指与普通话语素相同、次序不同的词。这些逆序词主要集中在一些名词和形容词上，例如：

人客 iɐn⁴¹hak⁵ 客人　　菜干 tsʰui²¹kun³³ 干菜　　千秋 tsʰin³³tsʰɐu³³ 秋千　　宵夜 siu³³ia⁵⁵ 夜宵

紧要 kɐn³⁵iu²¹³ 要紧　　疏稀 so³³hi³³ 稀疏　　闹热 nau⁴¹ŋit⁵ 热闹　　齐整 tsʰɐi⁴¹tsɐŋ³⁵ 整齐

当地常见的带性别意义的动物名词，大多也是把表示性别的语素放在中心语素的后面，形成一种"正偏"的结构：

鸭牯 ap⁵ku³⁵ 公鸭　　鸡嫲 kɐi³³na²¹³ 母鸡　　猫牯 miu³⁵ku³⁵ 公猫　　猫嫲 miu³⁵na²¹³ 母猫

狗牯 kɐu³⁵ku³⁵ 公狗　　狗嫲 kɐu³⁵na²¹³ 母狗　　猪牯 tsi³³ku³⁵ 公猪　　猪嫲 tsi³³na²¹³ 母猪

（二）后缀

1.仔 [tsɐi³⁵]

"仔"是鹅埠占米话常见的后缀，主要有两个语音形式：[tsɐi³⁵] 和 [tsɐi⁵⁵]。有的主要作为名词标志，有的带有小称义。

（1）名词标志，无色彩义

橙仔 tsʰaŋ⁴¹tsɐi³⁵ 橙子　　狮仔 si³³tsɐi³⁵ 狮子　　燕仔 i²¹tsɐi³⁵ 燕子

毡仔 tsin³³tsɐi³⁵ 毯子　　碟仔 tip²tsɐi³⁵ 碟子　　刨仔 pʰau⁴¹tsɐi³⁵ 刨子

纯粹作为名词标志的词缀"仔"所辖的词并不多，不少词都无须加"仔"即可构词，例如：

被 pʰi²¹³ 被子　　　　转 tsuŋ³⁵ 帽子　　　　扇 sin²¹³ 扇子　　　钉 tiaŋ³³ 钉子

鸭 ap⁵ 鸭子　　　　爪 tsau³⁵ 爪子　　　　裙 kʰun⁴¹ 裙子　　裤 fu²¹³ 裤子

（2）表"幼小"，多指人类、动物幼崽或植物幼苗

□仔 nɐp⁵tsɐi³⁵ 小胖子　　女仔 ŋi³⁵tsɐi³⁵ 女孩子　　　树仔 si⁵⁵tsɐi³⁵ 小树

牛仔 ŋɐu⁴¹tsɐi³⁵ 牛犊　　羊仔 iɔŋ⁴¹tsɐi³⁵ 羊羔　　　鸡公仔 kɐi³³koŋ³³tsɐi³⁵ 未成年的小公鸡

（3）表"体积小、面积小"

路仔 lu⁵⁵tsɐi³⁵ 小路　　　刀仔 tɐu³³tsɐi³⁵ 小刀　　　粒水仔 lɐp⁵sui³⁵tsɐi³⁵ 小雨

（4）表"数量少"

点仔 tim⁵⁵tsɐi⁵⁵ 一点儿　　　　　　一执仔 iet⁵tsɐp⁵tsɐi⁵⁵ 一小撮

一碗仔 iet⁵uen³⁵tsɐi³⁵ 一小碗　　　　一汤匙仔 iet⁵tʰɔŋ³³si⁴¹tsɐi³⁵ 一小汤匙

表"幼小""数量少"的"仔"缀构词前，可再加上"小"或"细"等同样表"小"的语素，例如：小羊仔 小羊、小树仔 小树、细刀仔 小刀、一细碗仔 一小碗，加上"小"或"细"后进一步表小表少。另外还有一种看似不太合语义的构词方式，即在表小的"仔"缀名词前加上"大"，组成一种"大 + 名词（或形容词）+ 仔"的结构，例如：大肥仔 大胖小子、大猪仔 小猪、大刀仔 小刀、一大碗仔 一小碗。这种形式仍旧有表小之义，但相对而言，在表小的程度上："小 + 名词（或形容词）+ 仔"小于"名词（或形容词）+ 仔"小于"大 + 名词（或形容词）+ 仔"。

2. 公 [koŋ³³]（牯 [ku³⁵]）与 嬷 [na²¹³]

表示人、动植物的性别时，男性、雄性可用"公（牯）"，女性、雌性可用"嬷"，例如：

姐公 tsia³⁵koŋ³³ 外祖父　　　姨公 i⁴¹koŋ³³ 姨父　　　　老太公 lɐu³⁵tʰai²¹koŋ³³ 老头儿

阿嬷 a³³na²¹³ 母亲的背称　　娇嬷 kiu³³na²¹³ 淫妇　　　恶鸡嬷 ɔk⁵kɐi³³na²¹³ 蛮横的女人

猪牯 tsi³³ku³⁵ 公猪　　　　　鸡公 kɐi³³koŋ³³ 公鸡　　　□瓜牯 lin³³kua³³ku³⁵ 公木瓜

猪嬷 tsi³³na²¹³ 母猪　　　　鸡嬷 kɐi³³na²¹³ 母鸡　　　□瓜嬷 lin³³kua³³na²¹³ 母木瓜

此外，这一对词缀还可用于指称人体的一些部位，例如：

鼻公 pi⁵⁵koŋ³³ 鼻子　　　　手指公 sɐu³⁵tsi³⁵koŋ³³ 大拇指　　舌嬷 sik⁵na²¹³ 舌头

3. 佬 [lɐu³⁵] 与 婆 [pʰo⁴¹]

"佬"与"婆"同样可表人的性别，"佬"多为成年男子，"婆"则是指成年女子。两个词缀多用来表示某种职业或身份，这种称呼有时无明显感情色彩，例如：

丈人佬 tsɔŋ⁵⁵ien⁴¹lɐu³⁵ 岳父　　丈人婆 tsɔŋ⁵⁵ien⁴¹pʰo⁴¹ 岳母　　　北佬 pɐk⁵lɐu³⁵ 外省人，男性

北婆 pɐk⁵po⁴¹ 外省人，女性　　打铁佬 ta³⁵tʰit⁵lɐu³⁵ 铁匠　　　媒人婆 mui⁴¹ien⁴¹pʰo⁴¹ 媒婆

但有时也带有轻蔑的色彩：

乡下佬 hiɔŋ³³ha⁵⁵lɐu³⁵ 乡下人　　番国佬 fan³³kɔk⁵lɐu³⁵ 外国人　　　□婆 nɐp⁵pʰo⁴¹ 胖女人

斑面婆 pan³³mi⁵⁵pʰo⁴¹ 脸上有麻子的女人

4. 哥 [ko³³]

多指成年男性，指明人物的身份，这方面的用法与"佬"相似，但两个词缀不能互换：例如：单身哥 tan³³sɐn³³ko³³ 单身汉、和佬哥 ho⁴¹lɐu³⁵ko³³ 情夫。

5. 鬼 [kuɐi³⁵]

"鬼"缀多用于指人，一般含贬义。例如：

番国鬼 fan³³kɔk⁵kuɐi³⁵ 外国人　　死老鬼 si³⁵lɐu³⁵kuɐi³⁵ 老头子　　死食鬼 si³⁵sik⁵kuɐi³⁵ 馋嘴的人

□涩鬼 ŋiɐp⁵sip⁵kuɐi³⁵ 吝啬的人　　哭面鬼 fok⁵min⁵⁵kuɐi³⁵ 爱哭的小孩　　□□鬼 tap²ti³³kuɐi³⁵ 全身脏兮兮的人，多指小孩

6. 头 [tʰɐu⁴¹]

"头"缀一般用于表事物的词中，很多词的词形与普通话相同，例如："锄头、斧头、砖头、枕头、馒头"等，但也有不少"头"缀词与普通话不同，例如：

热头 ŋit²tʰɐu⁴¹ 太阳　　　　边头 pin³³tʰɐu⁴¹ 旁边　　　　菜头 tsʰui²¹tʰɐu⁴¹ 萝卜

脚节头 kiɔk⁵tsit⁵tʰɐu⁴¹ 膝盖　　手踭头 sɐu³⁵tsaŋ³³tʰɐu⁴¹ 胳膊肘儿　　心肝头 sɐm³³kun³³tʰɐu⁴¹ 胸脯

7. AXX 式

这一结构中，A 为形容词，XX 为叠音后缀，这种形式在鹅埠占米中相对丰富，例如：

短　　短□□ tun³⁵tsʰit⁵tsʰit⁵ 很短　　　　重　　重□□ tsʰoŋ²¹tɐp²tɐp² 很重

矮　　矮□□ ɐi³⁵tiɐt⁵tiɐt⁵ 很矮　　　　圆　　圆碌碌 in⁴¹lok⁵lok⁵ 很圆

黑　　黑麻麻 hɐk⁵ma³³ma³³ 很黑　　　　白　　白雪雪 pak²sit⁵sit⁵ 雪白

青　　青□□ tsʰiaŋ³³pi³³pi³³ 很绿　　　　红　　红□□ foŋ⁴¹tsʰi³³tsʰi³³ 很红

直　　直□□ tsɐk²liaŋ⁴¹liaŋ⁴¹ 很直　　　　酸　　酸□□ sun³³nɐm³³nɐm³³ 很酸

与基本式相比，这类叠音形式往往具有比较浓厚的形象色彩，程度加深，其中有些叠音后缀仍具有一定的词汇意义，如"白雪雪"中"雪"含有"像雪一样"的意思。

此外，还有一些非叠音形式的后缀现象，例如：胡须□□□描写络腮胡子的状态 [fu⁴¹si³³pa³³la³³sa²¹³]、花啦吡碌五花八门[fa³³la³³pi³³lok⁵]、花哩渌花里胡哨[fa³³li³³lok⁵]。

（三）前缀

相对于后缀，鹅埠占米话的前缀较少，单音节前缀主要有两个："阿"和"老"。两者多用于称呼语中。此外还存在"XXA 式"的形式。

1. 阿 [a³³]

（1）表亲属称谓的前缀

阿爸 a³³pa³³ 父亲　　阿嬰 a³³mi³³ 母亲　　阿嫂 a³³sɐu³⁵ 嫂子　　阿爷 a³³ia⁴¹ 大伯

（2）表排行，但仅限于指兄弟、儿子：

阿大 a³³tɐi⁵⁵ 哥哥、老大　　阿细 a³³sɐi²¹³ 弟弟、最小的儿子

（3）表姓名的前缀，多用在名字之前，姓氏之前用得相对较少：

阿杰 a³³kit² 小杰　　阿玉 a³³ŋiok² 小玉　　阿陈 a³³tsʰɐn⁴¹ 老陈　　阿王 a³³uɔŋ⁴¹ 老王

2. 老 [lɐu³⁵]

（1）表亲属称谓的前缀：

老公 lɐu³⁵koŋ³³ 丈夫　　　　　　老婆 lɐu³⁵pʰo⁴¹ 妻子　　　　　　老妗 lɐu³⁵kʰiem²¹³ 连襟

老祖公 lɐu³⁵tsu³⁵koŋ³³ 曾祖父　　老祖婆 lɐu³⁵tsu³⁵pʰo⁴¹ 曾祖母

（2）表姓氏的前缀，一般指成年男性：

老王 lɐu³⁵uɔŋ⁴¹　　老杨 lɐu³⁵iɔŋ⁴¹　　老李 lɐu³⁵li³⁵　　　　老陈 lɐu³⁵tsʰɐn⁴¹

（3）表行业、身份的前缀，多带有鄙视、轻蔑的感情色彩：

老单 lɐu³⁵tan³³ 单身汉　　　　老妓 lɐu³⁵ki³⁵ 妓女　　　　　老千 lɐu³⁵tsʰin³³ 骗子

老衬 lɐu³⁵tsʰɐn²¹³ 愚蠢的人

3. XXA 式

这一结构中，A 为形容词，XX 为叠音前缀，例如：

□□凉 tsim⁵⁵tsim⁵⁵liɔŋ⁴¹ 冷飕飕　　　　卟卟脆 pok⁵pok⁵tsʰui²¹³ 非常酥脆

□□滚 ha²¹ha²¹kuɐn³⁵ 十万火急的样子　　□□嫩 nɐp⁵nɐp⁵nun⁵⁵ 非常嫩

叠音词缀 XX 并无明显意义，单独的一个音节 X 与前面的形容词语素并无构词能力。与基本式 A 相比，这种 XXA 式的结构在词义上更为形象。

二　重叠

（一）形容词重叠

鹅埠占米话的重叠现象主要集中在形容词和动词上，以形容词的重叠形式最为丰富，主要有以下几种结构形式。

第一种：AA 式。鹅埠占米话单音节形容词重叠式主要为 AA 式，重叠后表状态，在句子中多做状语，后接动词，相当于普通话的 "AA 地"，例如：慢慢行、轻轻拍、快快寻迅速找。AA 式形容词后面还可跟上一个结构助词 "□" [ŋan⁵⁵]，类似普通话 "地"：慢慢□行 [man⁵⁵man⁵⁵ŋan⁵⁵haŋ⁴¹]、轻轻□拍 [hiaŋ³³hiaŋ³³ŋan⁵⁵pʰak⁵]、快快□寻 [fai²¹fai²¹ŋan⁵⁵tsʰɐm⁴¹]。

动词前面的 AA 和 AA□ŋan⁵⁵ 在用法和意义上基本一致，有 "□" [ŋan⁵⁵] 的结构一般对前面形容词表现的状态有强调的作用：

陈伯慢慢（□）行落去陈老伯慢慢地走下去。tsʰɐn⁴¹pak⁵man⁵⁵man⁵⁵(ŋan⁵⁵)haŋ⁴¹lɔk²hi²¹³.

阿妈轻轻（□）打开渠妈妈慢慢地打开它。a³³ma³³hiaŋ³³hiaŋ³³(ŋan⁵⁵)ta³⁵fui³³ki²¹³.

在实际的口语中，AA 式的使用频率要比 AA□ŋan⁵⁵ 略高，若不是对动作状态进行强调，语流中都会省去 "□" [ŋan⁵⁵]，只用 AA 式。

一些单音节形容词重叠后，可与名词组合构成"名词+AA"结构，例如：

面青青脸色苍白的样子[min⁵⁵tsʰiaŋ³³tsʰiaŋ³³]、面圆圆 [min⁵⁵in⁴¹in⁴¹]、面红红 [min⁵⁵foŋ⁴¹foŋ⁴¹]、眼光光眼巴巴[ŋan³⁵koŋ³³koŋ³³]、眼金金眼巴巴 [ŋan³⁵kiɐm³³kiɐm³³]、眼花花 [ŋan³⁵fa³³fa³³]、眼皱皱皱着眉头的样子[ŋan³⁵tsɐu²¹tsɐu²¹³]、眼突突 [ŋan³⁵tɐt²tɐt²]、鼻公高高鼻子高挺的样子[pi⁵⁵koŋ³³kɐu⁴¹kɐu⁴¹]、鼻公□□鼻子尖尖[pi⁵⁵koŋ³³tio⁵⁵tio⁵⁵]、牙突突龅牙的样子[ŋa⁴¹tɐt²tɐt²]、颈长长 [kiaŋ³⁵tsʰɔŋ⁴¹tsʰɔŋ⁴¹]、手长长 [sɐu³⁵tsʰɔŋ⁴¹tsʰɔŋ⁴¹]、十指尖尖 [sɐp²tsi³⁵tsim³³tsim³³]、脚粗粗 [kiɔk⁵tsʰu³³tsʰu³³]、腰长长 [iu³³tsʰɔŋ⁴¹tsʰɔŋ⁴¹]、腰宽宽 [iu³³fun³³fun³³]。

"名词+AA"中的名词多指身体部位，后面重叠的形容词一般与前面名词形成主谓结构，如"面圆圆"即表示脸圆圆的。有的词义具有一定的引申，如"眼光光"引申为眼睛亮亮的却毫无办法的样子。名词后面的形容词重叠后与前面名词之间的关系紧密，两者之间不能再加上其他状语成分，整个结构比较固定：

渠面青青，眼花花他脸色苍白，眼睛昏花。ki²¹min⁵⁵tsʰiaŋ³³tsʰiaŋ³³, ŋan³⁵fa³³fa³³.

阿婆眼金金睇到荷包界人抢走老太太眼巴巴地看着钱包被人抢走了。a³³pʰo⁴¹ŋan³⁵kiɐm³³kiɐm³³tʰɐi³⁵tɐu²¹ho⁴¹pau³³pi³⁵iɐn⁴¹tsʰiɔŋ³⁵tsɐu³⁵.

第二种：BBA式。这种重叠结构的基本式为BA，变式由第一个音节重叠而成，例如：

巴闭 → 巴巴闭 pa³³pa³³pɐi²¹³厉害，贬义

湿碎 → 湿湿碎 sɐp⁵sɐp⁵sui²¹³小意思

擒青 → 擒擒青 kʰɐm⁴¹kʰɐm⁴¹tsʰiaŋ³³慌张匆忙的样子

BBA重叠式中，重叠的音节，无论是重叠前还是重叠后，多无实义，仅作为一种构词形式存在，以表达一种生动形象。

第三种：AABB式。常见的重叠形式，其基本式为AB，重叠后起到加强语气的作用。

净丽 → 净净丽丽 tsiaŋ⁵⁵tsiaŋ⁵⁵li⁵⁵li⁵⁵干干净净

齐整 → 齐齐整整 tsʰɐi⁴¹tsʰɐi⁴¹tsɐŋ³⁵tsɐŋ³⁵整整齐齐

密实 → 密密实实 mɐt²mɐt²sɐt²sɐt²很紧实的样子

融烂 → 融融烂烂 ioŋ⁴¹ioŋ⁴¹lan⁵⁵lan⁵⁵非常破烂

林落 → 林林落落 lɐn⁴¹lɐn⁴¹lɔk⁵lɔk⁵七零八落的样子

第四种：ABAB式。双音节形容词还可重叠成ABAB的结构，重叠后表示程度减弱，例如：

□暖 → □暖□暖 na⁴¹nun²¹na⁴¹nun²¹³温温的

黄□ → 黄□黄□ uoŋ⁴¹kɐm²¹uoŋ⁴¹kɐm²¹有点儿黄

白色 → 白色白色 pak²sɐk⁵pak²sɐk⁵有点儿白

查蒙 → 查蒙查蒙 tsʰa⁴¹moŋ⁴¹tsʰa⁴¹moŋ⁴¹有点儿懵

（二）动词重叠

鹅埠占米话中动词重叠的形式比较少，主要形式有四种：

第一种，VV□ua⁵⁵。表示动作行为经过多次反复。

你睇睇□咁多书哦你老是看那么多书。ni²¹kʰɐi³⁵kʰɐi³⁵ua⁵⁵kam²¹to³³si³³o³³.

阿爸斗斗□乃仔钱想买架车爸爸不断地攒钱是想买辆车。a³³pa³³tɐu²¹tɐu²¹ua⁵⁵nai⁵⁵tsɐi⁵⁵tsʰin⁴¹siɔŋ³⁵ mai²¹ka²¹tsʰa³³.

阿哥收收□袋衫裤去打工咯大哥收拾了一袋衣服就去打工了。a³³ko³³sɐu³³sɐu³³ua⁵⁵tui²¹sam³³fu²¹hi²¹ ta³⁵koŋ³³lo³³.

第二种，VV哩/VV啊。主要表示一种状态，一般是作为状语修饰另外一个动作，整个结构为V₁V₁哩/啊V₂，相当于普通话中"V₁着V₂"。

想想哩讲，冇抢抢哩讲想着说，不要抢着说。siɔŋ³⁵siɔŋ³⁵li⁵⁵kɔŋ³⁵, mɐu⁴¹kʰiɔŋ³⁵kʰiɔŋ³⁵li⁵⁵kɔŋ³⁵.

我笑笑啊闪开渠我笑着躲开了他。ŋo²¹siu²¹siu²¹a³³sim³⁵fui³³ki²¹³.

第三种，VV下。表示动作经历了比较短的时量或比较小的动量完成，相当于普通话的"V了V、V了一下"，例如：

我望起来笑笑下我抬起头笑了一下。ŋo²¹mɔŋ⁵⁵hi³⁵lui⁴¹siu²¹siu²¹ha⁵⁵.

渠想想下，携起支笔写写下他想了想，拿起笔写了写。ki²¹siɔŋ³⁵siɔŋ³⁵ha⁵⁵, kʰai⁴¹hi³⁵ki³³pɐt⁵sia³⁵ sia³⁵ha⁵⁵.

第四种，V来V去。表示动作不断重复进行。

睇来睇去tʰɐi³⁵lui⁴¹tʰɐi³⁵hi²¹³看来看去　　寻来寻去tsʰɐm⁴¹lui⁴¹tsʰɐm⁴¹hi²¹³找来找去

你□日睇来睇去，寻乃谁啊你整天看来看去，找谁啊？ni²¹tʰaŋ²¹ŋɐt⁵tʰɐi³⁵lui⁴¹tʰɐi³⁵hi²¹³, tsʰɐm⁴¹ nai⁵⁵sui⁴¹a³³?

渠在屋解寻来寻去，咩都寻唔到他在家找来找去，什么都找不到。ki²¹tsʰui⁵⁵ok⁵kai³⁵tsʰɐm⁴¹lui⁴¹ tsʰɐm⁴¹hi²¹³, mia⁴¹tu³³tsʰɐm⁴¹m²¹tɐu³⁵.

三　数量方所指代

（一）数量词

1.数词

（1）称数法。鹅埠占米话称数法中，系数词和位数词的说法与普通话一致，系数和位数的组合方式也与普通话相同。略有区别的地方在于系数词"一"在许多情况下是可省略的。

鹅埠占米话的"一"在十位数前一般是省略的，在其他系数组合中，如果该数词只有前两位系数，这个"一"通常也可省略，同时这些词中的低位位数词也可以省略，例如：

"百三—百三十""千五—千五百""万八—万八千"。此外，度量单位及一些借用量词后面为约数时，"一"通常也要省略，例如："斤零两斤肉—两斤肉""碗零饭—碗多饭"。

（2）概数。鹅埠占米话概数的表示法与普通话相似，但在具体概数语素选择上有一定差别，除了与普通话相同的"几、左右"外，如"十几个、一百斤左右"，比较地道的说法还有"零""度"，例如"十零二十个—十来二十个""五十个度大约五十个"。

2.量词

（1）有方言特色的量词

浅 tsʰin⁴¹ 一～碟仔—只碟子　　　　　　　　镬 uɔk² 一～饭—锅饭

□ŋ²¹³ 一～水—缸水　　　　　　　　　　　瓮 aŋ²¹³ 一～酒—瓶酒

番 fan³³ 一～被—床被子　　　　　　　　　　窦 tɐu²¹³ 一～蜂—窝蜂

球 kʰɐu⁴¹ 一～葡萄—串葡萄　　　　　　　　□ni³⁵/□mi³⁵ 一～肉—片儿肉

□仔 siɔŋ²¹tsɐi³⁵ 一～文件—抽屉文件　　　　乃仔 nai⁵⁵tsɐi⁵⁵ 一～家伙—些东西

执仔 tsɐp⁵tsɐi⁵⁵ 一～头毛—小撮头发　　　　□仔 tim⁵⁵tsɐi⁵⁵ 一～家伙—一点儿东西

□nɐŋ³³ 行一～走一趟　　　　　　　　　　　□iɐm⁴¹ 一～长—庹长，指两臂向左右伸开的长度

□nam²¹³/大□ta⁵⁵nam²¹³ 一～长—拃长，指大拇指与中指张开的长度

□nam²¹³/细□sɐi²¹nam²¹³ 一～长—虎口长，指大拇指与食指张开的长度

上述量词有一部分也见于粤方言中，例如：一镬饭—锅饭中的"镬"，一瓮酒—瓶酒中的"瓮"。有一部分则为鹅埠占米话自身所有，例如：一浅碟仔—只碟子中的"浅"，行一□nɐŋ³³走一趟中的"□"[nɐŋ³³]。这种现象显示出鹅埠占米话源于粤方言又有自身演变发展的特点。

（2）量词的语法功能

①量词"只"的使用范围。"只"[tsɐk⁵]是鹅埠占米话使用频率最高的量词，其使用范围比较广，与客家方言相似。例如：一张嘴说"一只嘴"，一粒米说"一只米"，一颗珠子说"一只珠仔"，一出戏说"一只戏"，一块砖头说"一只砖"，一个地方说"一只到位"。

②"量词＋名词"的结构

鹅埠占米话的量词前面可以在没有数词或指示代词的情况下直接和名词组合，形成"量词＋名词"的结构，这种结构在句子中可直接做主语、宾语和定语。

只卖药个卖过假药界渠那个卖药的卖过假药给他。tsɐk⁵mai⁵⁵iɔk²ko³³mai⁵⁵ko²¹ka³⁵iɔk⁵pi³⁵ki²¹³.

镬粥煮咯只钟头来那锅粥煮了一个小时。uɔk²tsok⁵tsi³⁵lo³⁵tsɐk⁵tsoŋ³³tʰɐu⁴¹lui⁴¹.

阿明界烂仔抢啊只荷包小明被小偷抢走了钱包。a³³mɐŋ⁴¹pi³⁵lan⁵⁵tsɐi³⁵tsʰiɔŋ³⁵a³³tsɐk⁵ho⁴¹pau³³.

渠□日钓条大鱼，我半条都冇钓到他昨天钓了一条大鱼，我半条都没钓到。ki²¹tsɔŋ⁵⁵ŋɐt⁵tiu²¹tʰiu⁴¹tai⁵⁵ŋi⁴¹, ŋo²¹pun²¹tʰiu⁴¹tu³³mɐu²¹tiu²¹tɐu³⁵.

唔好界渠只人个花言巧语骗到哦不要被那个人的花言巧语骗了。m²¹hɐu³⁵pi³⁵ki²¹tsɐk⁵iɐn⁴¹ko³³

fa³³in⁴¹kʰau³⁵ ŋi²¹pʰin²¹teu³⁵o²¹.

你捞啲橘仔皮擘哦渠你把橘子皮剥了。ni²¹lau³³tit⁵ket⁵tsei³⁵pʰi⁴¹mek⁵ŋo²¹ki²¹³.

普通话"量词 + 名词"结构多在宾语的位置上，一般为无定指，而鹅埠占米话中的"量词 + 名词"结构在句子中的位置比较灵活，在指示方面，可以为有定指：

碗饭食净渠把这碗饭吃完。un³⁵fan⁵⁵sik⁵tsiaŋ⁵⁵ki²¹³.

你食啊碗饭啦你把这碗饭吃了吧。ni²¹sik²a³³un³⁵fan⁵⁵la⁵⁵.

我觉得镬粥个味好靓我觉得这锅粥的味道很好。ŋo²¹kɔk²tek⁵uɔk²tsok⁵ko³³mi⁵⁵hɐu³⁵liaŋ²¹³.

（3）从量词看鹅埠占米话与周边方言的接触。前文提及，占米话可分为"客味"占米和"粤味"占米两类，而从整体上看，鹅埠占米话应是粤方言的一个次方言。鹅埠位于与惠州客家地区接壤之处，客家方言在海丰县也有较大的流行领域，而海丰一带又以闽南方言"学佬话"为主要通行方言。受到周边这两大方言的影响，鹅埠占米话的量词也带有一些客家方言和闽南方言的色彩。

上文提及量词"只"搭配范围广泛，大体可对应普通话中"颗、个、块、粒"等，多用于指人和动物及各类物品的量，这一特点也正是客家方言的特点。

而另一些名量词，例如：一□ŋ²¹³水一缸水、一瓮aŋ²¹³酒一瓶酒中的"□"[ŋ²¹³]和"瓮"[aŋ²¹³]，在粤东闽南方言中并不少见。除了词汇上的接触痕迹，在语音上也有接触的迹象，例如：一枝花的"枝"、一支枪的"支"，在鹅埠占米话中都读为[ki³³]，声母读[k]，各地粤东闽南方言中这两个字的声母也基本上读[k]。

（二）方位词

鹅埠占米话的方位词与周边的客家方言、闽南方言不大相同，颇具有特色，例如：

头前前面tʰeu⁴¹tsʰin⁴¹   不⁼底后面pet⁵tei³⁵

大门兀头外面tei⁵⁵mun⁴¹u³³tʰeu⁴¹   下□肚里面ha⁵⁵kɐi³³tu³⁵   □肚里面hat⁵tu³⁵

边头唇边上、边缘pin³³tʰeu⁴¹sɐn⁴¹   唇边上、边缘sɐn⁴¹

表示后面称为"不⁼底"，我们认为"不"的读音应是"背"的语流音变。在广东化州一带的粤方言中，"后面"一词称为"背底"，鹅埠占米话的"不⁼底"应源于"背底"一词：因为"底"的声母为[t-]，前面语素"背"的韵尾[-i]受其影响发生同化，也变成[-t]，读为入声；同时，主要元音也发生了央化，变为[ə]，最终与"不"字同音。

由此，从上述方位词构词中，我们可以看到鹅埠占米话颇有特色的方位参照特点：以"头"为参照，表示前面称为"头前"；以"背"为参照，表示后面称为"背（不⁼）底"；以"肚子"为参照，表示里面，称为"下□肚 [ha⁵⁵kɐi³³tu³⁵]、□肚 [hat⁵tu³⁵]"；以"唇"为参照，表示边缘，称为"边头唇、唇"。从这些命名方式可以看出，鹅埠占米话的方位词倾向以人的身体部位作为参照，以此引申表方位、方向。

除此之外，鹅埠占米话中还有一些方位词一般不单独使用，需依附在其他词后呈现语义，例如：

（篱壁）兀头（屋子）外面（li^{41}piak^5）u^{33}t^{h}ɐu^{41} （窗眼）兀头（窗）外面（ts^{h}ɔŋ^{33}ŋan^{35}）u^{33}t^{h}ɐu^{41}

（山）□（山）顶部（san^{33}）nɐŋ^{35} （天）□（天）上（t^{h}in^{33}）nɐŋ^{35}

（车路）□（马路）上（ts^{h}a^{33}lu^{55}）nɐŋ^{35} （篱壁）□（墙）上（li^{41}piak^5）nɐŋ^{35}

（三）指代

1.人称代词

鹅埠占米话的人称代词系统如下：

表6-1　鹅埠占米话人称代词系统

词条	鹅埠占米话	词条	鹅埠占米话
我	我 ŋo^{213}	我们、咱们	我乃 ŋo^{21}nai^{55}/［我乃］ŋoi^{35}
你	你 ni^{213}	你们	你乃 ni^{21}nai^{55}
他（她、它）	渠 ki^{213}	他（她、它）们	渠乃 ki^{21}nai^{55}
人家	别人 pit^{2}ien^{41}	自己	自己 tsi^{55}ki^{35}
大家	齐家 ts^{h}ɐi^{41}ka^{33}		

鹅埠占米话人称代词系统主要有以下几个特点：

（1）第三人称说"渠"[ki^{213}]。

（2）复数形式用"乃"[nai^{55}]，在语流中，也会读为[nɐi^{55} nei^{55} ni^{55}]等①。

（3）第二、三人称没有敬称。

（4）第一人称复数不区别包括式与排除式，用"我乃"[ŋo^{21}nai^{55}]，有时合音成[ŋoi^{35}]：

阿明啊，我乃明早朝唔去你屋解啦小明啊，我们明天早上就不去你家了。a^{33}mɐŋ^{41}a^{33}, ŋo^{21}nai^{55}mɐŋ^{41} tsɐu^{35}tsiu^{33}m^{21}hi^{21}ni^{21}ok^{5}kai^{35}la^{33}.

阿明啊，我乃明早朝去老师屋解咯小明啊，咱们明天早上一起去老师家吧。a^{33}mɐŋ^{41}a^{33}, ŋo^{21}nai^{55} mɐŋ^{41}tsɐu^{35}tsiu^{33}hi^{21}lɐu^{35}si^{33}ok^{5}kai^{35}lo^{33}.

（5）占米话的"别人"，是指上文提到的人以外的人，例如：

支笔唔系［我乃］嘅，你有随便携别人嘅家伙这支笔不是咱们的，你不要随便拿人家的东西。ki^{33}pɐt^{5}m^{21}hɐi^{55}ŋoi^{35}ke^{33}, ni^{21}mɐu^{35}sui^{41}pin^{35}k^{h}ai^{41}pit^{2}ien^{41}kə^{33}ka^{33}fo^{35}.

（6）大家用"齐家"，例如：

齐家去爬山咯大家一起去爬山吧。tsʰɐi⁴¹ka³³hi²¹pʰa⁴¹san³³lo³³.

2.指示代词

鹅埠占米话指示代词系统如下：

表6-2 鹅埠占米话指示代词系统

指示内容		鹅埠占米话
人或事物①	近指	哩 li³⁵、□ nau⁴¹
	远指	嗰 ko³⁵
	更远指	兀 u³³
处所	近指	哩头 li³⁵tʰɐu⁴、哩只 li³⁵tsɐk⁵、□ nau⁴¹
	远指	嗰头 ko³⁵tʰɐu⁴¹、嗰只 ko³⁵tsɐk⁵
	更远指	兀头 u³³tʰɐu⁴¹
时间	近指	哩阵 li³⁵tsɐn⁵⁵
	远指	嗰阵 ko³⁵tsɐn⁵⁵
程度	近指	咁 kam²¹³/kam³³/kam⁵⁵、□ ŋan⁵⁵
	远指	
性质、状态、方式	近指	哩□ li³⁵ŋan⁵⁵、□□ hai³⁵ŋan⁵⁵
	远指	嗰□ ko³⁵ŋan⁵⁵、兀□ u³³ŋan⁵⁵

鹅埠占米话指示代词主要有如下特点：

（1）鹅埠占米话表处所指示的代词有三分的现象，近指用"哩 [li³⁵]、□ [nau⁴¹]"，"□" [nau⁴¹] 应是"哩头" [ni³⁵tʰɐu⁴¹] 的合音。表示远指的有"嗰" [ko³⁵] 和"兀" [u³³] 两类，若只指代远近两个事物，远指既可用"嗰"，又可用"兀"。但在指代三个远近距离不一致的事物时，"嗰"和"兀"有所分工，"兀"一般指代最远的事物，"嗰"指代相对没那么远的事物。例如：

哩头係屋解，嗰头係学校，兀头係市场这里是家，那里是学校，更远些的那里是市场。li³⁵tʰɐu⁴¹hɐi⁵⁵ok⁵ki³⁵, ko³⁵tʰɐu⁴¹hɐi⁵⁵hɔk²hau⁵⁵, u³³tʰɐu⁴¹hɐi⁵⁵si²¹tsʰɔŋ⁴¹.

"哩"的读音在语流中主要有三种形式②：[li³⁵]、[ni³⁵]、[nɐi³⁵]，三者为自由变体，随机出现在具体的语流中；"嗰"的读音在语流中也有三种形式：[ko³⁵]、[ko³³]、[ko²¹³]，三者

---

① "哩、□nau⁴¹、嗰、兀"实际应为指示词。

② 为了行文简洁，下文"哩"注音只标注 [li³⁵]，"嗰"只标注 [ko³⁵]。

也为自由变体，没有条件变化，随机出现。

（2）鹅埠占米话指示代词"哩"和"嗰/兀"并不能单独用作句子成分，它们必须与其他一些语素组合，如"哩□ [li^{35}ŋan^{55}]"、"嗰只 [ko^{35}tsɐk^5]"、"兀头 [u^{33}tʰɐu^{41}]"，例如：

哩项色比嗰项色淡，你睇唔出咩这颜色比那颜色淡，你都看不出来？ li^{35}hɔŋ^{55}sɐk^{5}pi^{35}ko^{35}hɔŋ^{55}sɐk^{5}tʰam^{213}, ni^{21}tʰɐi^{35}m^{21}tsʰɐt^{5}me^{33}?

哩条牛拉过车，唔识骑过人这牛拉过车，没骑过人。 li^{35}tʰiu^{41}ŋɐu^{41}lai^{33}ko^{21}tsʰa^{33}, m^{21}sɐk^{5}kʰi^{41}ko^{21}ien^{41}.

（3）由于指示代词"□" [nau^{41}] 是"哩头"的合音，因而在用法上与其他指示代词略有不同，"□" [nau^{41}] 可以单独用作句子成分，单用时只表示地点：

□冇书，书在兀这里没有书，书在那里。 nau^{41}mɐu^{21}si^{33}, si^{33}tsʰui^{55}u^{33}tʰɐu^{41}.

我正在□睇紧书我正在这里看书。 ŋo^{21}tsɐŋ^{21}tsʰui^{55}nau^{41}tʰɐi^{35}ɐn^{35}si^{33}.

（4）广州话表示性质、状态、方式的远近指都用"咁"，但鹅埠占米话这些指示代词有明确区分，例如："哩□ [li^{35}ŋan^{55}]"、"□□ [hai^{35}ŋan^{55}]" 表示近指，"嗰□ [ko^{35}ŋan^{55}]"、"兀□ [u^{33}ŋan^{55}]" 表示远指：

你哩□做唔得啊，要兀□做正得你这样做怎么可以呢，要那样做才可以。 ni^{21}li^{35}ŋan^{55}tso^{55}m^{21}tɐk^{5}a^{33}, iu^{21}u^{33}ŋan^{55}tso^{55}tsɐŋ^{21}tɐk^5.

渠阿嬰喊渠哩□写，渠唔听，偏偏爱嗰□写他妈妈叫他这样写，他不听，偏要那样写。 ki^{21}a^{33}mi^{33}ham^{21}ki^{21}li^{35}ŋan^{55}sia^{35}, ki^{21}m^{21}tʰiaŋ^{33}, pʰin^{33}pʰin^{33}oi^{21}ko^{35}ŋan^{55}sia^{35}.

（6）表示程度的指示词，鹅埠占米话并无近指远指之分：

哩只鸡春咁大只啊这只鸡蛋这么大！ li^{35}tsɐk^{5}kɐi^{33}tsʰɐn^{33}kam^{21}tai^{55}tsɐk^{5}a^{21}!

嗰只鸡春□咁细只啊那只鸡蛋怎么那么小！ ko^{35}tsɐk^{5}kɐi^{33}tsʰɐn^{33}tian^{55}kam^{21}sɐi^{21}tsɐk^{5}a^{21}!

3.疑问代词

鹅埠占米话的疑问代词系统如下：

表6-3 鹅埠占米话疑问代词系统

指示内容	鹅埠占米话
事物	咩 me^{41}、咩伙 mia^{41}fo^{35}、乜 mɐt^5、[乜嘢] mia^{41}
确指的人	哪谁 na^{35}sui^{41}、乃谁 nai^{55}sui^{41}
确指的人或事物	乃 nai^{55}/nai^{35}、哪 na^{35}
处所	乃头 nai^{35}tʰɐu^{41}、哪啊位 na^{35}a^{33}uɐi^{55}
数量	几 ki^{35}、几多 ki^{35}to^{33}
程度	几 ki^{35}

指示内容	鹅埠占米话
时间	几时 ki^{35}si^{41}
性质、状态、方式	点□ tim^{35}ŋan^{55}、□ tian^{55}、□ kian^{55}
原因目的	做咩 tso^{21}mia^{41}、做乜 tso^{21}mɐt^{5}、点□ tim^{35}ŋan^{55}、□ tian^{55}、□ kian^{55}

鹅埠占米话的疑问代词主要有以下一些特点：

（1）"咩"和"乜"两者同源，应是语流音变而形成的两种语音形式。

（2）"几"事实上有两方面的含义：

①可与量词组合，也可直接跟名词组合，例如：

来啊几人啊/来啊几只人啊来了几个人？ lui^{41}a^{33}ki^{35}iɐn^{41}a^{33}/lui^{41}a^{33}ki^{35}tsɐk^{5}iɐn^{41}a^{33}?

②相当于"多么"，后面接形容词，例如：

本书有几靓啊这本书有多好啊？ pun^{35}si^{33}iɐu^{21}ki^{35}liaŋ^{21}a^{33}?

（3）表示性质、状态、方式的疑问代词"□"[tian^{55}]，应为"点□"[tim^{35}ŋan^{55}]的合音形式，两者在用法上基本一致：

你点□唔食饭啊你怎么不吃饭呢？ ni^{21}tim^{35}ŋan^{55}m^{21}sik^{5}fan^{55}a^{55}?

□做呢？唔係嗰□做怎么做呢？不是那样做的。 tian^{55}tso^{55}ne^{55}? m^{21}hɐi^{55}ko^{35}ŋan^{55}tso^{55}.

四 性状与程度

（一）状态形容词

重叠式构词是鹅埠占米话状态形容词中比较突出的构词方式，一般的性质形容词可通过各种形式的重叠变为状态形容词，重叠后不发生任何音变。主要有以下几种重叠形式：

1.AA式

慢 man^{55}→慢慢 man^{55}man^{55}　　　高 kɐu^{33}→高高 kɐu^{33}kɐu^{33}　　　红 foŋ^{41}→红红 foŋ^{41}foŋ^{41}

2.AABB式

融烂 ioŋ^{41}lan^{55}→融融烂烂 ioŋ^{41}ioŋ^{41}lan^{55}lan^{55} 非常破烂

齐整 tsʰɐi^{41}tsɐŋ^{35}→齐齐整整 tsʰɐi^{41}tsʰɐi^{41}tsɐŋ^{35}tsɐŋ^{35} 整整齐齐

3.ABAB式

□暖 na^{41}nun^{213}→□暖□暖 na^{41}nun^{21}na^{41}nun^{213} 温温的

青黄 tsʰiaŋ^{33}uɔŋ^{4}→青黄青黄 tsʰiaŋ^{33}uɔŋ^{41}tsʰiaŋ^{33}uɔŋ^{41} 有点儿青黄

4.BBA式

巴闭 pa³³pei²¹³→巴巴闭 pa³³pa³³pei²¹³厉害，贬义

湿碎 sɐp⁵sui²¹³→湿湿碎 sɐp⁵sɐp⁵sui²¹³小意思

（二）程度副词

1.好 [hɐu³⁵]。表示程度很高，其后可接形容词、助动词和动词短语等，例如：

"好＋形容词"：好高很高、好俏很漂亮、好开心很开心

"好＋助动词"：好应该很应该、好可能很可能、好愿意很愿意

"好＋动词短语"：好食得很能吃、好识讲很能说，好有钱很有钱

鹅埠占米话的"好"不能放在助词"得"的后面做补语，例如不能说：*高得好、*俏得好、*开心得好。"好"只能放在修饰词语的前面做状语。

2.几 [ki³⁵]。表示程度挺高。

□伙生得几大只几高喂那家伙长得挺高大的。nau⁴¹fo³⁵saŋ³³tɐk⁵ki³⁵tai⁵⁵tsɐk⁵ki³⁵kɐu³³ui³³.

□碗汤几好食咧这碗汤挺好喝的。nau⁴¹un³⁵tʰɔŋ³³ki³⁵hɐu³⁵sik²lie²¹.

我几合□张凳诶我挺喜欢这张凳子的。ŋo²¹ki³⁵hap⁵nau⁴¹tsɔŋ³³tɐŋ²¹e³³.

鹅埠占米话一般是在程度副词"几"的前面加上"唔係不是"表示否定。

唔係几好食不是很好吃。m²¹hɐi⁵⁵ki³⁵hɐu³⁵sik².

3.岂 [kʰa⁴¹]。表示程度过头，一般放在形容词前面起修饰的作用。

嗰条裤岂细，我着唔落哦这条裤子太小了，我穿不下。ko³⁵tʰiu⁴¹fu²¹kʰa⁴¹sɐi²¹³, ŋo²¹tsɔk⁵m²¹lɔk²o³³.

渠岂大力，条链界渠拉断咯他太用力了，拉链都被他扯断了。ki²¹kʰa⁴¹tai⁵⁵lɐk⁵, tʰiu⁴¹lin⁵⁵pi³⁵la³³tʰun²¹lo³³.

哩项色岂深，换过别项色这种颜色太深，换一种颜色吧。li³⁵hɔŋ⁵⁵sɐk⁵kʰa⁴¹sɐm³³, un⁵⁵ko²¹pit²hɔŋ⁵⁵sɐk⁵.

包括海丰闽南方言在内的粤东闽南方言，也常用"岂"[kʰaʔ²]这一语音形式表示"太"，例如：岂恶太难、岂猛太快、岂后生太年轻。这一副词在粤方言中并不多见。从语音形式及来源上看，鹅埠占米话与海丰闽南方言应该是一致的。由此可知，鹅埠占米话这个表示"程度过头"的副词"岂"应是受到周边闽南方言影响而成。

4.还加 [uan⁴¹ka³³]。用于比较，表示程度比参照点更高。

我还加少你一岁哩我比你还小一岁呢。ŋo²¹uan⁴¹ka³³siu³⁵ni²¹iɐt⁵sui²¹li²¹.

你讲渠有钱，阿强还加界渠多钱咧你说你有钱，小强比你还有钱。ni²¹kɔŋ³⁵ki²¹iɐu²¹tsʰin⁴¹, a³³kʰiɔŋ⁴¹uan⁴¹ka³³pi³⁵ki²¹iɐu²¹tsʰin⁴¹le²¹.

5.最 [tsui²¹³]。表示程度最高。

渠最快还就等到下昼正到他最早还得等到下午才到。ki²¹tsui²¹fɐi²¹uan⁴¹tsɐu⁵⁵tɐŋ³⁵tɐu²¹ha⁵⁵tsɐu²¹tsɐŋ⁵⁵tɐu²¹³.

渠炒菜炒到最好食嘅咧他炒的菜最好吃。ki²¹tsʰau³⁵tsʰui²¹tsʰau³⁵tɐu²¹tsui²¹hɐu³⁵sik²ke³³le³³.

6.有乃 [iɐu²¹nai⁵⁵]、有啲啲 [iɐu²¹tit⁵tit⁵]。表示程度不高。

准备啊咁久，渠还在有乃惊准备了那么久，但他还是有点儿怕。tsun³⁵pi⁵⁵a³³kam²¹kiɐu³⁵, ki²¹uan⁴¹ tsui⁵⁵iɐu²¹nai⁵⁵kiaŋ³³.

□碗鱼汤有啲啲臭腥，落多啲啲姜咧那碗鱼汤有点儿腥，多放些姜吧。nau⁴¹un³⁵ŋi⁴¹tʰɔŋ³³iɐu²¹tit⁵tit⁵ tsʰɐu²¹siaŋ³³, lɔk²to³³tit⁵tit⁵kiɔŋ³³le²¹.

7.咸嗙呤 [ham⁴¹paŋ³³laŋ³³]。表示全部。

□碗药你咸嗙呤食落去你把这碗药全喝了。nau⁴¹un³⁵iɔk⁵ni²¹ham⁴¹paŋ³³laŋ³³sik²lɔk⁵hi²¹³.

渠乃全部/咸嗙呤都走哦咯，你咯好讲啊他们全都走了，这下你可以说了吧。ki²¹nai⁵⁵tsʰun⁴¹pu⁵⁵/ ham⁴¹paŋ³³laŋ³³tu³³tsɐu³⁵o³³lo³³, ni²¹lo³³hɐu³⁵kɔŋ³⁵a⁴¹.

（三）程度补语

1.死 [si³⁵]。表示程度的补语"死"，放在形容词的后面，补充说明性状程度高。

□嘈死哦，等啊我郁心咖别吵死人了，等下我跟你翻脸的了！mui⁵⁵tsʰɐu⁴¹si³⁵o³³, tɐŋ³⁵a⁵⁵ŋo²¹uɐt⁵sɐm³³ka³³!

渴死咯渴死了。fut⁵si³⁵lo³³.

哪有啊，我个字写到□死啊不是啊，我的字写得很丑啊。na³⁵iɐu²¹a³³, ŋo²¹ko³³tsi⁵⁵sia³⁵tɐu²¹ŋɐn³⁵si³⁵ə³³.

2.到 [tɐu²¹³]。形容达到某种程度。

渠讲到声喉都差啦他说得嗓子都坏了。ki²¹kɔŋ³⁵tɐu²¹saŋ³³hɐu⁴¹tu³³tsʰa³³la³³.

渠气到面都黑咯他气得脸都黑了。ki²¹hi²¹tɐu²¹min⁵⁵tu³³u³³lo³³.

渠□□到食杯水都爱界钱咖他吝啬得连喝一杯水都要给钱。ki²¹ŋip⁵sip⁵tɐu²¹sik²pui³³sui³⁵tu³³oi²¹pi³⁵ tsʰin⁴¹ka³³.

五　介引与关联

（一）介词

1.在 [tsʰui⁵⁵ ~ tsui⁵⁵]①

渠乃在教室都装上冷气他们在教室里装上了空调。ki²¹nai⁵⁵tsʰui⁵⁵kau²¹sɐt⁵tu³³tsɔŋ³³sɔŋ²¹laŋ²¹hi²¹³.

我乃係在车站买嘅车票我们是在车站买的车票。ŋo²¹nai⁵⁵hɐi⁵⁵tsui⁵⁵tsʰa³³tsam⁵⁵mai²¹ka³³tsʰa³³pʰiu²¹³.

渠在门口赚钱，好□个他在外赚钱，非常厉害！ki²¹tsʰui⁵⁵mun⁴¹kʰau³⁵tsan⁵⁵tsʰin⁴¹, hɐu³⁵kʰiaŋ⁴¹ko³³!
鹅埠占米话介词"在"后面搭配的名词只能表示处所。若要表示时间、范围、条件等情况，一般以无介词的方式出现，例如：

渠乃去上海拣到九月初一他们去上海的日子定在九月初一。ki²¹nai⁵⁵hi²¹sɔŋ⁵⁵fui³⁵kan³⁵tɐu³⁵kiɐu³⁵ŋit² tsʰo³³iɐt⁵.

渠乃打紧交，老师就走过来就在他们打架的时候，老师跑过来了。ki²¹nai⁵⁵ta³⁵kɐn³⁵kau³³, lɐu³⁵si³³tsɐu⁵⁵

---

① 介词"在"在语流中有时送气有时不送气。

tsɐu³⁵ko²¹lui⁴¹.

就敢□，我点□帮渠在这种情况下，我怎么帮他？ tsɐu⁵⁵kam³⁵ŋan⁵⁵, ŋo²¹tim³⁵ŋan⁵⁵pɔŋ³³ki³⁵?

2. 喺^①[hɐi³⁵]。用法与"在"一致，同样只用在处所名词前面。这个介词应是受广州话影响而成。

渠好像一只病人□瞓喺沙发头他像个病人一样睡在沙发上。ki²¹hɐu³⁵tsiɔŋ⁵⁵ɐk⁵tsɐk⁵piaŋ⁵⁵iɛn⁴¹ŋɐn⁵⁵fɐn²¹hɐi³⁵sa³³fa³³tʰɐu²¹.

割到个草，放喺个粪箕就唔记得食割好的草，放在簸箕里不记得吃。kut⁵tɐu²¹ko²¹tsʰɐu³⁵, fɔŋ²¹hɐi³⁵ko²¹fɐn²¹ki³³tsɐu⁵⁵m²¹ki²¹tɐk⁵sik².

我头下喺门口啊我刚才在门口啊。ŋo²¹tʰɐu⁴¹ha⁵⁵hɐi³⁵mun⁴¹kʰau³⁵a³³.

3. 从 [tsʰoŋ⁴¹]。占米话介词"从"只用于表示处所，一般不表时间、范围：

渠明早朝从海城过来他明天早上从海城过来。ki²¹mɐŋ⁴¹tsɐu³⁵tsiu³³tsʰoŋ⁴¹fui³⁵siaŋ⁴¹ko²¹lui⁴¹.

我乃爱用咩啊车从南京运乃家私过来啊我们用什么车从南京往这里运家具呢？ ŋo²¹nai⁵⁵oi²¹ioŋ²¹me⁴¹a³³tsʰa³³tsʰoŋ⁴¹nam⁴¹kiɐŋ³³uɐn²¹nai⁵⁵ka³³si³³ko²¹lui⁴¹a³³?

哩件事从乃头讲起呢这件事从哪里说起呢？ li³⁵kin⁵⁵si⁵⁵tsʰoŋ⁴¹nai³⁵tʰɐu⁴¹kɔŋ³⁵hi³⁵ne⁵⁵?

口语中，一些表地点、位置的词前，可省略介词"从"：

你哩头行去嗰头，嗰头行去哩头，行来行去行啊几啊十□啦你从这边走到那边，从那边走到这边，走来走去走了几十趟了！ ni²¹li³⁵tʰɐu⁴¹haŋ⁴¹hi²¹ko³⁵tʰɐu⁴¹, ko³⁵tʰɐu⁴¹haŋ⁴¹hi²¹li³⁵tʰɐu⁴¹, haŋ⁴¹lui⁴¹haŋ⁴¹hi²¹haŋ⁴¹a³³ki³⁵a³³sɐp²nɐŋ³³la³³!

海丰去嗰头几久啊从海丰过去要多久啊？ fui³⁵foŋ³³hi²¹ko³⁵tʰɐu⁴¹ki³⁵kiɐu³⁵a⁴¹?

此外，介词"从"还有一种固定结构，为"从+形容词₁+到+形容词₂"：

我从细到大冇出过门，净识讲占米话我从小到大都没外出过，只会讲占米话。ŋo²¹tsʰoŋ⁴¹sɛi²¹tɐu⁴¹tai⁵⁵mɐu²¹tsʰɐt⁵ko²¹mun⁴¹, tsɛŋ⁵⁵sɐk⁵kɔŋ³⁵tsim³³mei³⁵ua⁵⁵.

4. 捉 [tsok⁵]。表示动作的对象，后面多接表人的名词或代词：

你捉渠来试一试你拿它来试一下。ni²¹tsok⁵ki²¹lui⁴¹si²¹a³³si²¹³.

你点□捉啊细仔来出气啊你怎么拿了儿子来出气呢！ ni²¹tim³⁵ŋan⁵⁵tsok⁵a³³sɛi²¹tsɐi³⁵lui⁴¹tsʰɐt⁵hi²¹a³³!

5. 用 [ioŋ⁵⁵]。表示工具、材料，后面大多接表事物的名词：

你用红色笔来改试卷你拿红笔改试卷。ni²¹ioŋ⁵⁵foŋ⁴¹pɐt⁵lui⁴¹koi³⁵si²¹kin³⁵.

渠用左手写字他用左手写字。ki²¹ioŋ⁵⁵tso³⁵sɐu³⁵sia³⁵tsi⁵⁵.

6. 捞 [lau³³]。占米话的"捞"使用频率比较高，主要有四个义项：

---

^① 表示处所的介词"在"[tsʰui⁵⁵]和"喺"[hɐi³⁵]的使用依照个人偏好。当地占米人一部分人偏用"在"，一部分偏用"喺"，不少人是两词混用。

（1）表示处置义

□捞只杯仔打崩哦_{不要把茶杯打碎了。}mui⁵⁵lau³³tsɛk⁵pui³³tsɐi³⁵ta³⁵paŋ³³o⁵⁵.

捞人个头壳打出血咯，你还重笑_{把人家脑袋都打出血了，你还笑！}lau³³iɐn⁴¹ko³³tʰɐu⁴¹hɔk⁵ta³⁵tsʰɐt⁵hit⁵lo²¹, ni²¹uan⁴¹tsoŋ⁵⁵siu²¹³!

（2）表示朝着、向着

你乃多下仔捞□门口行，然后捞左行，一直捞头前行就到咯_{你们一会儿往门口走，然后往左边走，一直往前面走就到了。}ni²¹nai⁵⁵to³³ha⁵⁵tsɐi⁵⁵lau³³hat⁵mun⁴¹kʰɐu³⁵haŋ⁴¹, in⁴¹hɐu⁵⁵lau³³tso³⁵haŋ⁴¹, iɐt⁵tsɛk²lau³³tʰɐu⁴¹tsʰin⁴¹haŋ⁴¹tsɐu⁵⁵tɐu²¹lo²¹.

渠捞嗰头只车走哦过去_{他朝着那边那辆车的方向走了过去}ki²¹lau³³ko³⁵tʰɐu⁴¹tsɛk⁵tsʰa³³tsɐu³⁵uo³³ko²¹hi²¹³.

（3）表示共同行动或协助的对象

渠在嗰头捞个朋友发话哩_{他正在那儿跟一个朋友说话呢。}ki²¹tsʰui⁵⁵ko³⁵tʰɐu⁴¹lau³³ko²¹pʰɐŋ⁴¹iɐu²¹³fat⁵ua⁵⁵li²¹.

渠□日捞我讲话_{他整天都跟我说话。}ki²¹tʰaŋ²¹ŋɐt⁵lau³³ŋo²¹kɔŋ³⁵ua⁵⁵.

织女捞阿牛郎结啊婚啊_{织女和牛郎结婚了。}tsɛk⁵ŋi³⁵lau³³a³³ŋɐu⁴¹lɔŋ⁴¹kit⁵a³³fɐn³³a³³.

表示共同行动或协助的对象的"捞"很多情况下还可以用"同"替代，这种用法与广州话相同：

渠在嗰头同个朋友发话哩_{他正在那儿跟一个朋友说话呢。}ki²¹tsʰui⁵⁵ko³⁵tʰɐu⁴¹tʰoŋ⁴¹ko²¹pʰɐŋ⁴¹iɐu²¹³fat⁵ua⁵⁵li²¹.

渠□日同我讲话_{他整天都跟我说话。}ki²¹tʰaŋ²¹ŋɐt⁵tʰoŋ⁴¹ŋo²¹kɔŋ³⁵ua⁵⁵.

织女同阿牛郎结啊婚啊_{织女和牛郎结婚了。}tsɛk⁵ŋi³⁵tʰoŋ⁴¹a³³ŋɐu⁴¹lɔŋ⁴¹kit⁵a³³fɐn³³a³³.

（4）引出带有"取"义的动词

□本书你係捞谁借咖啊_{这本书你是向谁借的？}nau⁴¹pun³⁵si³³ni²¹hɐi⁵⁵lau³³sui⁴¹tsia²¹ka³³a³³?

乃谁捞你攞马铃薯_{谁向你要这些马铃薯？}nai⁵⁵sui⁴¹lau³³ni²¹lo³⁵ma²¹laŋ⁴¹si⁴¹?

我上只月捞渠借三百银_{我上个月向他借了三百块钱。}ŋo²¹sɔŋ⁵⁵tsɛk⁵ŋit²lau³³ki²¹tsia²¹sam³³pak⁵ŋɐn⁴¹.

7.畀[pi³⁵]。表示被动，用于引出动作的施动者。

渠畀阿嬰话哭咯_{他被妈妈说哭了。}ki²¹pi³⁵a³³mi³³ua⁵⁵fok⁵lo³³.

全部书信都畀火烧咯，一乃仔都冇剩_{所有的书信都被火烧了，一点儿都没有剩。}tsʰun⁴¹pu⁵⁵si³³sɐn²¹tu³³pi³⁵fo³⁵siu³³lo³³, iɐt⁵nai⁵⁵tsɐi⁵⁵tu³³mɐu²¹sɐn⁵⁵.

畀人打懵啊，一下仔冇搞清楚_{让人给打蒙了，一下子没明白过来。}pi³⁵iɐn⁴¹ta³⁵moŋ³⁵a³³, iɐt⁵ha⁵⁵tsɐi⁵⁵mɐu²¹kau³⁵tsʰiaŋ³³tsʰo³⁵.

占米话"畀"的后面一般要出现施动者，不能说"*渠畀表扬咯""*渠畀话哭咯"。

8.替[tʰei²¹³]。表示行为的对象，相当于"为""给"，一般只修饰表示心理活动的动词。

你阿弟咁调皮，我啊替渠操心啊你弟弟那么调皮，连我都替他操心。ni²¹a³³tʰei²¹kam²¹tʰiu²¹pʰi⁴¹, ŋo²¹a³³tʰei²¹ki²¹tsʰeu³³sɐm³³a³³.

渠开车□日打手机，我乃做替渠惊他开车总是玩手机，我们真替他感到害怕。ki²¹fui³³tsʰa³³tʰaŋ²¹ŋet⁵ta³⁵sɐu³⁵ki³³, ŋo²¹nai⁵⁵tso⁵⁵tʰei²¹ki²¹kiaŋ³³.

你咁积极啊，冇评上去，〔我乃〕都替你唔抵嘅你这么积极，都没评上，我们都替你不值。ni²¹kam²¹tsɐk⁵kiɐk⁵a³³, mɐu²¹pʰeŋ⁴¹soŋ²¹hi²¹³, ŋoi³⁵tu³³tʰei²¹ni²¹m²¹tei³⁵ke³³.

（二）连词

1.捞[lau³³]、同[tʰoŋ⁴¹]。后面大多跟名词或名词性词组，连接的两者为并列关系。

镬仔捞碗做唔使洗锅和碗都不用洗。uɔk⁵tsɐi³⁵lau³³un³⁵tso⁵⁵m²¹sɐi³⁵sɐi³⁵.

我捞渠做姓李我和他都姓李。ŋo²¹lau³³ki²¹tso⁵⁵siaŋ²¹li³⁵.

小明捞小张做下水美小学个学生小明和小张都是水美小学的学生。siu³⁵mɐŋ⁴¹lau³³siu³⁵tsɔŋ³³tso⁵⁵ha⁵⁵sui³⁵mi²¹siu³⁵hɔk⁵ko³³hɔk⁵sɐŋ³³.

一些情况下，"捞"也可换成"同"：

我星期六捞/同星期天做冇闲我星期六和星期天都没空。ŋo²¹sɐŋ³³kʰi⁴¹lok⁵lau³³/tʰoŋ⁴¹tsʰɐŋ³³kʰi⁴¹ŋet⁵tso⁵⁵mɐu²¹haŋ⁴¹.

2.还是[han⁴¹si⁵⁵ ～ uan⁴¹si⁵⁵]。一般用于选择问句中，连接的成分比较广泛，可以是名词性或者动词性的词、词组、分句等：

你想去海丰做工还是去黄埔做工啊你是想去海丰打工呢还是去黄埔打工？ ni²¹siɔŋ³⁵hi²¹fui³⁵foŋ³³tso⁵⁵koŋ³³han⁴¹si⁵⁵ ～ uan⁴¹si⁵⁵hi²¹uɔŋ⁴¹pu²¹tso⁵⁵koŋ³³a³³?

你合红色个还是合黄色个你是喜欢红色还是喜欢黄色？ ni²¹hap⁵foŋ⁴¹sɐk⁵ko³³han⁴¹si⁵⁵ ～ uan⁴¹si⁵⁵hap⁵uɔŋ⁴¹sɐk⁵ko³³?

嗰只手机係你嘅还是渠嘅那部手机是你的还是他的？ ko³⁵tsɐk⁵sɐu³⁵ki³³hɐi⁵⁵ni²¹ke³³han⁴¹si⁵⁵ ～ uan⁴¹si⁵⁵ki²¹ke³³?

3.唔是……唔是……[m²¹si⁵⁵...m²¹si⁵⁵...]。表示并列选择关系的连词。

唔是寻□爸来，就唔是寻□姆来，唔时□或者去找你爸爸，或者去找你妈妈，要不然怎么办？ m²¹si⁵⁵tsʰɐm⁵⁵nia³³pa²¹lui⁴¹, tsɐu⁵⁵m²¹si⁵⁵tsʰɐm⁴¹nia³³na²¹lui⁴¹, m²¹si⁴¹kian⁵⁵?

唔是坐大巴，就唔是坐高铁，你拣一只要么坐大巴，要么坐高铁，你选一个。 m²¹si⁵⁵tsʰo²¹tai⁵⁵pa³³, tsɐu⁵⁵m²¹si⁵⁵tsʰo²¹kɐu³³tʰit⁵, ni²¹kan³⁵iɐt⁵tsɐk⁵.

4.又[iɐu⁵⁵]。表示并列关系的连词，后面多跟形容词或形容词性的词组：

□乃家伙又便宜又俏哦这些东西又便宜又漂亮！ nau⁴¹nai⁵⁵ka³³fo³⁵iɐu⁵⁵pʰɐŋ⁴¹ŋi⁴¹iɐu⁵⁵tsʰiau²¹o³³!

你阿女又高又俏哦，睇到好合哦你的女儿又高又漂亮，真讨人喜欢啊！ ni²¹a³³ŋi³⁵iɐu⁵⁵kɐu³³iɐu⁵⁵tsʰia

u²¹o³³, tʰei³⁵teu²¹heu³⁵hap⁵o³³!

5.唔时 [m²¹si⁴¹]。表示假设关系的连词。

你行快咯，唔时打仔赶唔上哦你快一点儿，要不然一会儿就赶不上了。ni²¹haŋ⁴¹fei²¹lo³³, m²¹si⁴¹ta³⁵tsɐi⁵⁵kun³⁵m²¹sɔŋ²¹o³³.

唔时，你明早朝唔好去咯要不，你明天早上不要去了。m²¹si⁴¹, ni²¹mɐŋ⁴¹tseu³⁵tsiu³³m²¹heu³⁵hi²¹lo³³.

6.情愿 [tsʰeŋ⁴¹ŋin⁵⁵]。表示"宁可"。

我情愿多出一百咯我宁可多出一百块钱。ŋo²¹tsʰeŋ⁴¹ŋin⁵⁵to³³tsʰɐt⁵ɐt⁵pak⁵lo³³.

渠情愿畀老板闹，也冇讲出来他宁可被老板批评，也没有把事情说出来。ki²¹tsʰeŋ⁴¹ŋin⁵⁵pi³⁵leu³⁵pan³⁵nau⁵⁵, ia²¹mɐu²¹kɔŋ²¹tsʰɐt⁵lui⁴¹.

7.唔係□□ [m²¹hei⁵⁵kaŋ³³kaŋ³³]。除了所说的意思外，还有更进一步的意思，表递进关系。

我睇唔係□□渠自己，你也有份咧我看不光是他，连你都应该有份吧？ ŋo²¹tʰei³⁵m²¹hei⁵⁵kaŋ³³kaŋ³³ki²¹tsi⁵⁵ki³⁵, ni²¹ia⁵⁵iɐu²¹fɐn⁵⁵lie³³?

□只点心，唔係□□细仔合，连老人做合这道小吃，不仅小孩子喜欢，连老人也很喜欢。nau⁴¹tsɐk⁵tim³⁵sɐm³³, m²¹hei⁵⁵kaŋ³³kaŋ³³sei²¹tsɐi³⁵hap⁵, lin⁴¹leu³⁵iɐn⁴¹tso⁵hap⁵.

海丰闽南方言用"唔是□□"[m²¹si²¹kaŋ³³kaŋ³³]表示"不单"，例如：者撮物唔是□□kaŋ³³kaŋ³³伊爱，伊阿公下爱这些东西不单他想要，他爷爷也想要。鹅埠占米话这一用法显然是受到当地闽南方言的影响而成。

8.但（係）[tan⁵⁵（hei⁵⁵）]。表示转折关系。

我十几年前就去过，但冇咩撩，冇咩记得咯我十几年前去过，可没怎么玩，都没印象了。ŋo²¹sɐp²ki³⁵nin⁴¹tsʰin⁴¹tseu⁵⁵hi²¹ko²¹³, tan⁵⁵mɐu²¹mia⁴¹liu³³, mɐu²¹mia⁴¹ki²¹tɐk⁵lo³³.

六　体貌系统

（一）进行体

占米话表进行体的助词为"紧"[kɐn³⁵]。在语流中，"紧"的声母常脱落，读成[ɐn³⁵]。

渠食紧饭他正在吃饭。ki²¹sik²ɐn³⁵fan⁵⁵.

我正在□睇紧书咧我正在这里看书。ŋo²¹tsɐŋ²¹tsʰui⁵⁵nau⁴¹tʰei³⁵ɐn³⁵si³³le³³.

渠敲紧门咧他正敲门。ki²¹kʰau²¹kɐn³⁵mun⁴¹le⁴¹.

鹅埠修紧公路，好容易塞车个哦鹅埠正修着公路，非常容易堵车的。ŋo⁴¹feu⁵⁵seu³³kɐn³⁵koŋ³³lu⁵⁵, heu³⁵ioŋ⁴¹ŋi⁵⁵sɐt⁵tsʰa³³ko³³o³³.

你唔好追渠啊，他嗰头写紧啊你别催他，他正在那儿写。ni²¹m²¹heu³⁵tsui³³ki²¹a³³, ki²¹ko³⁵tʰɐu⁴¹sia³⁵kɐn³⁵a³³.

（二）持续体

占米话持续体标记词主要有三种语音形式，一种与进行体一样用动态助词"紧"[kɐn³⁵ ～ ɐn³⁵]表示，第二种是用"啊"[a³³]作为动态助词，第三种为零形式。零形式应为"啊"[a³³]的进一步弱化。

1. 紧 [kɐn³⁵]

小明唱紧歌行翻来小明唱着歌走回来。siu³⁵mɐŋ⁴¹tsʰiɔŋ²¹kɐn³⁵ko³³haŋ⁴¹fan³³lui⁴¹.

渠眼突突睇紧里壁啯幅画他眼巴巴地盯着墙壁上的那幅画。ki²¹ŋan³⁵tɐt⁵tɐt⁵tʰɐi³⁵kɐn³⁵li²¹piak⁵ko³⁵pok⁵ua⁵⁵.

你乃先写紧，我多下正来你们先写着，我要过一会儿才来。ni²¹nai⁵⁵sin³³sia³⁵kɐn³⁵, ŋo²¹to³³ha⁵⁵tsɐŋ²¹lui⁴¹.

携紧，冇跌咯扶着，别摔倒了！ kʰai⁴¹kɐn³⁵, mɐu³⁵tit⁵lo⁴¹!

睇紧，车来看着，车来了！ tʰɐi³⁵kɐn³⁵, tsʰa³³lui⁴¹!

件衫着紧，唔好冷到衣服穿着，别冻到了。kin⁵⁵sam³³tsɔk⁵kɐn³⁵, m²¹hɐu³⁵laŋ²¹tɐu³⁵.

你只手携紧咩啊你的手里拿着什么？ ni²¹tsɐk⁵sɐu³⁵kʰai⁴¹kɐn³⁵mia⁴¹a³³?

渠笑紧点头他笑着点着头。ki²¹siu²¹kɐn³⁵tim³⁵tʰɐu⁴¹.

2. 啊 [a³³]

老师指啊黑板喊齐家读老师指着黑板让大家一起读。lɐu³⁵si³³tsi³⁵a³³hɐk⁵pan³⁵ham²¹tsʰɐi⁴¹ka³³tok².

门口徛啊一堆人，啯头唔知讲咩门口站着一帮人，在说着什么。mun⁴¹kʰau³⁵kʰi²¹a³³iɐt⁵tui³³iɐn⁴¹, ko³⁵tʰɐu⁴¹m²¹ti³³kɔŋ³⁵mia⁴¹.

3. 零形式

里壁贴张地图墙上贴着一张地图。li²¹piak⁵tʰip⁵tsɔŋ³³ti⁵⁵tʰu⁴¹.

眠床瞓只老人床上躺着一个老人。mun⁴¹tsʰɔŋ⁴¹fɐn²¹tsɐk⁵lɐu³⁵iɐn⁴¹.

台头放碗水，□撞到桌上放着一碗水，小心别碰倒了。tʰui³⁵tʰɐu⁴¹fɔŋ²¹un³⁵sui³⁵, mui⁵⁵tsɔŋ²¹tɐu³⁵.

我先少你三千银，别日正还你我先欠着你三千块钱，下次再还给你。ŋo²¹sin³³siu³⁵ni²¹sam³³tsʰin³³ŋɐn⁴¹, pit²ŋɐt⁵tsɐŋ²¹uan⁴¹ni²¹³.

（三）完成体

完成体助词的形式主要有"啊"[a³³ ～ ə³³]、"咯"[lo³³ ～ lə³³]，表示动作已经完成。

1. 啊 [a³³ ～ ə³³]

我洗啊身啦，今日就唔打篮球啦我洗过澡了，今天不打篮球了。ŋo²¹sɐi³⁵a³³sɐn³³la³³, kɐn³³ŋɐt⁵tsɐu⁵⁵m²¹ta³⁵lam⁴¹kʰiɐu⁴¹la³³.

我徙咯屋咯我搬了家了。ŋo²¹sɐi³⁵lə³³ok⁵lo³³.

讲啊一次又一次，唔知讲啊几啊次咯说了一遍又一遍，都不知道说了多少遍了。kɔŋ³⁵a³³a³³tsʰi²¹iɐu⁵⁵a³³tsʰi²¹³, m²¹ti³³kɔŋ³⁵a³³ki³⁵a³³tsʰi²¹lo³³.

2.咯 [lo³³ ～ lə³³]

我食咯碗汤咯我喝了那碗汤了。ŋo²¹sik⁵lə³³un³⁵tʰɔŋ³³lo³³.

本书我送咯界渠咯那本书我送给他了。pun³⁵si³³ŋo²¹soŋ²¹lo³³pi³⁵ki²¹lo²¹.

此外，表示完成体的助词"啊/咯"可放在句末语气词前。例如：

渠算术个成绩提高啊咯他数学成绩提高了。ki²¹sun²¹sut⁵ko³³sɐŋ⁴¹tsɐk⁵tʰɐi⁴¹kɐu³³a³³lo³³.

嗰间屋界渠卖啊咯那房子被他买了。ko³⁵kan³³ok⁵pi³⁵ki²¹mai⁵⁵ə³³lo³³.

你个药食啊冇哦? ——食咯哦你的药有没有吃啊？——吃了啊。ni²¹ko²¹iɔk²sik⁵a³³mɐu³⁵o³³?—sik⁵lo³³o³³.

由于表完成体的助词"啊/咯"与表示语气的助词"啊/咯"同形，因而在某些情况下，"啊/咯"兼有表完成和语气的作用：

唔好讲咁大声，我阿姆瞓咯别说那么大声，我妈已经睡了。m²¹hɐu³⁵kɔŋ³⁵kam²¹tai⁵⁵siaŋ³³, ŋo²¹a³³na²¹fan²¹lo³³.

（四）经历体

经历体助词的形式一般用"过"[ko²¹³]表示，指已经历的事件，有时会省略。

□间屋冇住过人这间房没住过人。nau⁴¹kan³³ok⁵mɐu²¹tsi⁵⁵ko²¹iɐn⁴¹.

以前我坐过船，唔识骑过马以前我坐过船，可从来没骑过马。i²¹tsʰin⁴¹ŋo²¹tsʰo²¹ko²¹sun⁴¹, m²¹sɐk⁵kʰi⁴¹ko²¹ma²¹³.

我肯定睇（过）出电视剧啦我肯定看过那部电视剧！ŋo²¹kʰiɐn³⁵tɐŋ⁵⁵tʰɐi³⁵(ko²¹)tsʰɐt⁵tin⁵⁵si⁵⁵kiak²la³³!

鹅埠占米话表经历体的助词"过"常与副词"有（冇）"搭配使用，形成"有（冇）+动词+过"格式，表示动作、事件已经历或还没有经历。

我食过兔仔肉，你有食过吗？ ——我冇食过我吃过兔子肉，你吃过没有？——没有，我没吃过。ŋo²¹sik²ko²¹tʰu²¹tsɐi³⁵ŋiok², ni²¹iɐu²¹sik²ko²¹ma³³?——ŋo²¹mɐu²¹sik²ko²¹³.

渠阿公有读过书，渠阿婆冇读（过）书他爷爷读过书，奶奶没读过书。ki²¹a³³koŋ³³iɐu²¹tok²ko²¹si³³, ki²¹a³³pʰo⁴¹mɐu²¹tok²(ko²¹)si³³.

□条牛有拉过车这头牛拉过车。nau⁴¹tʰiu⁴¹ŋɐu⁴¹iɐu²¹lai³³ko²¹tsʰa³³.

经历体的"过"还可引申指"修正"，即表示"对已然的事件的不如意结果进行的实践性修正"（严丽明，2009），又叫"重行体"（林华勇，2005；温昌衍，2020），意味着要把已完成的动作再经历一遍。鹅埠占米话的"过"在表"重行体"时，通常会与表示重新义的副词"翻"连用，形成"翻+V+过"的结构，例如：

我算得好急，算错咯，界我翻算过一次我算得太快，算错了，让我重新算一遍。ŋo²¹sun²¹tɐt⁵hɐu³⁵kiɐp⁵, sun²¹tsʰo²¹lo³³, pi³⁵ŋo²¹fan³³sun²¹ko²¹iɐt⁵tsʰi²¹³.

我睇唔清楚，畀我翻睇过一次啦我看得不太清楚，让我重新看一遍。ŋo²¹tʰei³⁵m²¹tsʰɐŋ³³tsʰo³⁵, pi³⁵ŋo²¹ fan³³tʰei³⁵ko⁵⁵iɐt⁵tsʰi²¹la⁵⁵.

（五）起始体

起始体助词的形式为："起身来" [hi³⁵sɐn³³lui⁴¹]，表示动作或变化的开始。

渠哭起身来咯他哭了起来。ki²¹fok⁵hi³⁵sɐn³³lui⁴¹lo³³.

渠两啊人冇□有事打起身来哦他们两个无缘无故打起架来。ki²¹liɔŋ³⁵a³³iɐn⁴¹mɐu²¹ta³³mɐu²¹si⁵⁵ta³⁵ hi³⁵sɐn³³lui⁴¹o³³.

（六）短时貌

短时貌助词形式一般是在动词后加"下" [ha⁵⁵]，表示时量短、动量少。

你捞乃碗洗下渠你把碗洗一下。ni²¹lau³³nai⁵⁵un³⁵sei⁵⁵ha⁵⁵ki²¹³.

你闻下仔□朵花香唔香哦你闻闻这朵花香不香？ ni²¹mɐn⁴¹ha⁵⁵tsɐi⁵⁵nau⁴¹tio³⁵fa³³hiɔŋ³³m²¹hiɔŋ³³ŋo⁵⁵?

通常有两种语法意义：一是表示尝试，二是表示动作行为随意、轻松。

1.表示尝试

你尝下渠做嘅点心正走啦你尝尝他做的点心再走吧。ni²¹tsʰɔŋ⁴¹ha⁵⁵ki²¹tso⁵⁵ke³³tim³⁵sɐm³³tsɐŋ²¹ tsɐu³⁵la³³.

2.表示动作行为随意、轻松

我昂起头笑笑下我抬起头笑了一下。ŋo²¹ŋɔŋ⁴¹hi³⁵tʰɐu⁴¹siu²¹siu²¹ha⁵⁵.

（七）其他体貌助词

广州话有个比较特殊的体助词"翻"，主要用来表示动作"回复本来的或曾有的"状态，一些学者称之为"回复体"（彭小川，1999）。鹅埠占米话中也存在这一体助词"翻"，主要表示状态、情况的回复，例如：

啯乃零件散啊咯，我装翻起来零件散了，我再重新把它们装回去。ko³⁵nai⁵⁵lɐŋ⁴¹kin³⁵san³⁵a³³lo²¹, ŋo²¹tsɔŋ³³fan³³hi³⁵lui⁴¹.

行快，坐翻去哦快点，坐回到位置上。haŋ⁴¹fai²¹³, tsʰo²¹fan³³hi²¹o³³.

或者表示中断了的动作行为的回复，例如：

阿明又唱翻首歌咯小明又重新唱回那首歌了。a³³mɐŋ⁴¹iɐu⁵⁵tsʰɔi²¹fan³³sɐu³⁵ko³³lo²¹.

今年我又食翻酒咯今年我又开始喝酒了。kɐn³³nin⁴¹ŋo²¹iɐu⁵⁵sik⁵fan³³tsɐu³⁵lo²¹.

七 语气词

鹅埠占米话的语气词并不丰富，在实际口语中，如只表示一般语气，而非对语气进行强调，很多情况下都不用加语气词。以下列举常见的语气词。

（一）陈述句语气词

1.嘅/个 [ke³³ ～ ko³³ ～ kə³³]。表示确认、强调的语气。

渠好懵嘅他很傻。ki²¹hɐu³⁵moŋ³⁵ke³³.

唔好逼渠啦，渠今日正想食虾个不要勉强她了，她今天只想吃虾。m²¹hɐu³⁵pɐk⁵ki²¹la³³, ki²¹kɐn³³ŋɐt⁵tsɐŋ²¹siɔŋ³⁵sik⁵ha³³ko³³.

你□做唔好个你这样做是不对的。ni²¹ŋan⁵⁵tso⁵⁵m²¹hɐu³⁵kə³³.

2.咯 [lo³³]。表示事情已然或新情况出现。

我个仔从学校归来咯我儿子从学校回来啦。ŋo²¹ko³³tsɐi³⁵tsʰoŋ⁴¹hɔk⁵hau⁵⁵kuɐi³³lui⁴¹lo³³.

你准备好冇？ —— 准备好啦，家□好唱咯你准备好没？ —— 准备好了，现在可以唱了。ni²¹tsun²¹pi⁵⁵hɐu³⁵mɐu²¹³?——tsun³⁵pi⁵⁵hɐu³⁵la³³, ka³³na⁵⁵hɐu³⁵tsʰɔŋ²¹lo³³.

3.啊 [a³³ ～ ə³³]。表示确认判断或认为某种事实显而易见。

哪有啊，我嘅字写到□死啊不是啊，你的字写得很丑啊。na³⁵iɐu²¹a³³, ŋo²¹ke³³tsi⁵⁵sia³⁵tɐu²¹ŋɐn³⁵si³⁵ə³³.

冇你来帮手我做唔切啊没有你帮忙我做不来啊。mɐu²¹ni²¹lui⁴¹pɔŋ³³sɐu³⁵ŋo²¹tso⁵⁵m²¹tsʰit⁵a³³.

鱼卖净啊咯，你明早朝早乃仔来买啊鱼卖光了，你明天要早些过来买啊。ŋi⁴¹mai⁵⁵tsiaŋ⁵⁵a³³lo³³, ni²¹mɐŋ⁴¹tsɐu³⁵tsiu³³tsɐu³⁵nai⁵⁵tsɐi⁵⁵lui⁴¹mai²¹a³³.

4.咖 [ka³³]。表示对事实的确认或肯定，"咖" [ka³³] 为 "嘅/个啊" [ke³³/ko³³a³³] 在语流中的合音。

唔好食咁猛，会哽到咖别吃那么急，会噎住的。m²¹hɐu³⁵sik²kam²¹mɐŋ²¹³, ui⁵⁵kʰɐŋ³⁵tɐu³⁵ka³³.

我讲你唔听，我即刻走咖你再不听我说，我马上走了。ŋo²¹kɔŋ³⁵ni²¹m⁵⁵tʰiaŋ³³, ŋo²¹tsɐk⁵kʰiɐk⁵tsɐu³⁵ka³³.

哩包好好食咖这些包子真的很好吃。ni³⁵pau³³hɐu³⁵hɐu³⁵sik²ka³³.

5.正 [tsɐŋ²¹]。把事情往小里说，表示仅此而已。

我□只月正两千银正我这个月只有两千块而已！ŋo²¹nau⁴¹tsɐk⁵ŋit²tsɐŋ²¹liɔŋ³⁵tsʰin³³ŋɐn⁴¹tsɐŋ²¹!

我正食两碗正我才吃了两碗饭而已！ŋo²¹tsɐŋ²¹sik²liɔŋ³⁵un³⁵tsɐŋ²¹!

跑八百米正（嘛），容易哦跑八百米而已啦，小意思啦。pʰau³⁵pak⁵pak⁵mai³⁵tsɐŋ²¹(tsa²¹), iɔŋ⁴¹i²¹o³³.

很多时候可以用"正……正"的形式，以达到强调的效果。

正读三千只字正，冇问题读三千个字而已，没问题！tsɐŋ²¹tok⁵sam³³tsʰin³³tsɐk⁵tsi⁵⁵tsɐŋ²¹, mɐu²¹mɐn⁵⁵tʰɐi⁴¹!

正少你一百银正，你喊咩啊欠一百块钱而已，你用不着大喊大叫吧！tsɐŋ²¹siu³⁵ni²¹iɐt⁵pak⁵ŋɐn⁴¹tsɐŋ²¹, ni²¹ham²¹mia⁴¹a³³!

真咖，我屋解正剩啲仔马铃薯正真的，我家只剩下马铃薯而已。tsɐn³³ka³³, ŋo²¹ok⁵ki³⁵tsɐŋ²¹sɐŋ⁵⁵tit⁵

tsɐi⁵⁵ma²¹laŋ⁴¹si⁴¹tsɐŋ²¹.

语气词"正"在语流中鼻音韵尾会脱落，整个音节会弱化读成"嗻"[tsa²¹]。某些情况下甚至可以省略该语气词，省略后表仅此而已的语气也相应减弱。

6.啦[la³³]。表示事实如此。

我洗啊身啦，今日就唔打篮球啦_{我洗过澡了，今天不打篮球了}。ŋo²¹sɐi³⁵a³³sɐn³³la³³, kɐn³³ŋɐt⁵tsɐu⁵⁵m²¹ta³⁵lam⁴¹kʰiɐu⁴¹la³³.

我还识讲白话、客家话、学佬话，不过讲得冇咁正就系啦_{我还会说白话、客家话、学佬话，不过说得不标准}。ŋo²¹uan⁴¹sɛk⁵kɔŋ³⁵pak²ua⁵⁵, hak⁵ka³³ua⁵⁵, hɔk²lɐu³⁵ua⁵⁵, pɐt⁵ko²¹kɔŋ³⁵tɛk⁵mɐu²¹kam³³tsɐŋ²¹tsɐu⁵⁵hei⁵⁵la³³.

冇哩，多下仔就食饱_{还没有呢，再有一会儿就吃完了}。mɐu²¹li²¹, to³³ha⁵⁵tsɐi⁵⁵tsɐu⁵⁵sik²pau³⁵la³³.

7.哦[o³³]。对事实进行转述。

渠讲渠唔去哦_{他说他不去哦}。ki²¹kɔŋ³⁵ki²¹m⁵⁵hi²¹o³³.

渠讲渠食啊饭正归哦_{他说他吃过饭才回来哦}。ki²¹kɔŋ³⁵ki²¹sik²a³³fan⁵⁵tsɐŋ²¹kuɐi³³o³³.

听讲明早会发风台哦_{听说明天要刮台风哦}。tʰiaŋ³³kɔŋ³⁵mɐŋ⁴¹tsɐu⁵⁵ui⁵⁵fat⁵foŋ³³tʰai³³o³³.

8.啊哇[a³³ua³³]。对事实进行强调，多带有不以为然的语气。

你点囗咁黑正到？——嗰班高铁取消啊哇_{你怎么这么晚才到啊？——那趟高铁取消了呢}。ni²¹tim³⁵ŋan⁵⁵kam²¹hak⁵tsɐŋ²¹tɐu²¹³?——ko³⁵pan³³kɐu³³tʰit⁵tsʰi³⁵siu³³a³³ua³³.

我知得咯，日日食多啲水啊哇_{我知道啊，要天天多喝水嘛}。ŋo²¹ti³³tɐt⁵lo³³, ŋɐt⁵ŋɐt⁵sik²to³³tit⁵sui³⁵a³³ua³³.

（二）疑问句语气词

占米话中，疑问句的语气大多由语气词承担，但有的时候也不需要语气词。例如：

你讲咩_{你说什么}？ ni²¹kɔŋ³⁵mia⁴¹?

年初一，哪有人开店_{大年初一，哪有店铺会开门呀}？nin⁴¹tsʰo³³iɐt⁵, na³⁵iɐu²¹iɐn⁴¹fui³³tim²¹³?

你合食饭还是合食粉_{你喜欢吃饭还是喜欢吃河粉啊}？ni²¹hap⁵sik²fan⁵⁵haŋ⁴¹si⁵⁵hap⁵sik²fɐn³⁵?

语调可以承载语气，这种情况多出现在正反问句和特殊问句中，主要表现为句末否定词或疑问词变为升调的形式，例如：

你明早会去广州唔_{你明天去不去广州啊}？ni²¹mɐŋ⁴¹tsɐu³⁵ui⁵⁵hi²¹kɔŋ³⁵tsɐu³³m³⁵?

今晚夜我乃齐家去食酒唔_{今天晚上不跟我们一块去喝酒吗}？kɐn³³man²¹ia⁵⁵ŋo²¹nai⁵⁵tsʰɐi⁴¹ka³³hi²¹sik²tsɐu³⁵m³⁵?

嗰本书你有买冇_{那本书你有没有买啊}？ko³⁵pun³⁵si³³ni²¹iɐu²¹mai²¹mɐu³⁵?

你去乃_{你去哪里}？ni²¹hi²¹nai³⁵?

1.特指问句语气词

特指问句语气词形式比较丰富：

你去乃头啊你去哪里啊？ ni²¹hi²¹nai⁵⁵tʰɐu⁴¹a³³?

你几时正走啊那你到底想几点钟走啊？ ni²¹ki³⁵si⁴¹tsɐŋ²¹tsɐu³⁵a³³?

你讲界我听乃谁啊告诉我那个人是谁呀？ ni²¹kɔŋ³⁵pi³⁵ŋo²¹tʰiaŋ³³nai⁵⁵sui⁴¹a³³?

件事到底係□啊这件事到底是怎么样的啊？ kin⁵⁵si⁵⁵tɐu²¹tei³⁵hɐi⁵⁵kian⁵⁵a³³?

你做咩唔去广州（啊）你怎么不去广州呢？ ni²¹tso⁵⁵mia⁴¹m⁵⁵hi²¹kɔŋ³⁵tsɐu³³(a³³)?

渠□时归哦他什么时候回来啊？ ki²¹kiɔŋ³³si⁴¹kuɐi³³o³³?

乃份礼物係送界渠咖到底哪一份礼物是送给他的呀？ nai³⁵fen⁵⁵lɐi²¹mɐtʰɐi⁵⁵soŋ²¹pi³⁵ki¹ka³³?

点□会係渠咖怎么会是他呢？ tim³⁵ŋan⁵⁵ui⁵⁵hɐi⁵⁵ki¹ka³³?

□日有红包携，你做咩唔上班（呢）昨天有开门红包，你为什么不来上班呢？ tsoŋ⁵⁵taŋ⁵iɐu²¹foŋ⁴¹pau³³kʰai⁴¹, ni²¹tso⁵⁵mia⁴¹m²¹soŋ²¹pan³³(ne³³)?

你要我□讲（欸）你要我怎么说呢？ ni²¹iu²¹ŋo²¹kian⁵⁵kɔŋ³⁵(e³³)?

嗰只细仔唔知傈啊乃头咯那小男孩躲到哪里去了呢？ ko³⁵tsɐkʰɐi⁵sɐi²¹tsɐi³⁵m²¹ti³³piaŋ²¹a³³nai⁵⁵tʰɐu⁴¹lo²¹?

2.选择问句语气词

选择问句常见的语气词为"啊"，有时由于语流的原因，音变为"哇"[ua³³]。

你去啊还我去啊到底是你去还是我去啊？ ni²¹hi²¹a³³uan⁴¹ŋo²¹hi²¹a³³?

明早放假□是后日放假啊明天放假还是后天放假啊？ mɐn⁴¹tsɐu³⁵fɔŋ²¹ka³⁵ɐn³³si⁵⁵hɐu⁵⁵ŋɐtʰfɔŋ²¹ka³⁵a³³?

今日食鱼还是食猪脚啊今天晚上是吃鱼还是吃猪蹄？ kɐn³³ŋɐtʰsikʰ²ŋi⁴¹han⁴¹si⁵⁵sikʰtsi³³kiɔkʰ⁵a³³?

种番薯还是种马铃薯，还是种苞粟啊？你选一只哇种番薯、马铃薯还是玉米？你选一个吧。tsoŋ²¹fan³³si²¹uan⁴¹si⁵⁵tsoŋ²¹ma²¹lɐŋ⁴¹si⁴¹, uan⁴¹si⁵⁵tsoŋ²¹pau³³sokʰ⁵a³³? ni²¹sun³⁵iɐtʰtsɐkʰ⁵ua³³.

鹅埠中学今年考上大学嘅人多还是旧年考上嘅多哇鹅埠中学今年考上大学的人多还是去年考上的多啊？ ŋo⁴¹fɐu⁵⁵tsoŋ³³hɔkʰ⁵kɐn³³nin⁴¹kʰau³⁵soŋ²¹tai⁵⁵hɔkʰ⁵ke³³iɐn⁴¹to³³uan⁴¹si⁵⁵kiɐu⁵⁵nin⁴¹to³³ua³³?

3.正反问句语气词

鹅埠占米话正反问句的否定词主要有两个："唔"[m²¹³]和"冇"[mɐu²¹³]。因而从整体结构上可根据否定词的情况把正反问句分为两类：（1）"唔"类正反问；（2）"冇"类正反问。两类正反问都有多种句式①。

（1）"唔"类正反问

在"V＋唔、VO＋唔"句中，"唔"一般要变为[35]调。各句式常搭配的语气词主要有"啊[a³³]、哦[o³³]、呢[ne³³]"等，也可不用语气词：

你爱买唔买啊？唔买走开哦你到底买不买啊？不买就赶紧走开。ni²¹oi²¹mai²¹m²¹mai²¹³a³³?

---

① "唔、冇"类正反问句的句式详见第六章第二节"四 疑问句"中的"（三）正反问句"。

m²¹mai²¹tsɐu³⁵fui³³o³³.

小强唔知食唔食个铁观音茶（呢）小强喝不喝铁观音啊？ siu³⁵kiɔŋ⁴¹m²¹ti³³sik²m²¹sik²ko²¹tʰit⁵kun³³iɐm³³tsʰa⁴¹(ne³³)?

你乃合食饺仔唔啊你们吃不吃饺子？ ni²¹nai⁵⁵hap⁵sik²kiu³⁵tsɐi³⁵m³⁵a³³?

听讲阿佩会去哦，你会去唔哦听说阿佩会去哦，你去不去啊？ tʰiaŋ³³kɔŋ³⁵a³³pʰui⁴¹ui⁵⁵hi²¹o³³, ni²¹ui⁵⁵hi²¹m³⁵o³³?

渠今晚夜爱来唔啊他今晚来不来啊？ ki²¹kɐn³³man²¹ia⁵⁵oi²¹lui⁴¹m³⁵a³³?

"唔"除了搭配动词外，也可与形容词构成正反问句，其末尾大多会跟着相应的语气词"啊"[a³³]：

哩摆□爸个身体好唔好啊最近你爸爸身体好不好啊？ li³⁵pai³⁵nia³³pa³³ko³³sɐn³³tʰei³⁵hɐu³⁵m²¹hɐu³⁵a³³?

嗰碗汤唔知晓滚唔晓（啊）那碗汤热不热啊？ ko³⁵un³⁵tʰɔŋ³³m²¹ti³³hiu³⁵kuɐn³⁵m²¹hiu³⁵(a³³)？

渠阿仔高唔高啊他儿子个子高不高啊？ ki²¹a³³tsɐi³⁵kɐu³³m²¹kɐu³³a³³?

（2）"冇"类正反问

"冇"类正反问中，"有冇+V、有冇+VO"句一般句末要添加语气词"啊"，其他句式语气词则不是必要的。在不使用语气词的句子中，疑问语气有时会附着于句末否定词"冇"上，使得"冇"变为[35]调；即便"冇"后再增添语气词"啊"，"冇"有时仍旧会保持[35]变调。

旧年考试你有冇参加啊去年考试你参没参加？ kiɐu⁵⁵nin⁴¹kʰau³⁵si²¹ni²¹iɐu²¹mɐu²¹tsʰam³³ka³³a³³?

你行时摆有冇食烟啊你平时抽不抽烟啊？ ni²¹haŋ⁴¹si⁴¹pai³⁵iɐu²¹mɐu²¹sik⁵in³³a³³?

嗰本书你有买冇那本书你有没有买啊？ ko³⁵pun³⁵si³³ni²¹iɐu²¹mai²¹mɐu³⁵?

渠食饭咯，你有食饭冇他吃了饭了，你吃了饭没有呢？ ki²¹sik⁵fan⁵⁵lo²¹, ni²¹iɐu²¹sik⁵fan⁵⁵mɐu²¹³?

你有去学校冇（啊）你有没有去学校啊？ ni²¹iɐu²¹hi²¹hɔk⁵hau⁵⁵mɐu³⁵(a³³)?

阿奶去海丰冇（啊）奶奶去了海丰没？ a³³nai²¹hi²¹fui³⁵foŋ³³mɐu²¹(a³³)?

4.是非问句语气词

与其他疑问句相比，是非问句语气词相对比较丰富，常见的语气词有"啊[a³³]、啦[la²¹]、咖[ka³³]、吧[pa³³]、咧[le²¹]"等：

你□次正考到64分啊你这次考试才考了64分吗？ ni²¹nau⁴¹tsʰi²¹kʰau³⁵si²¹tsɐŋ²¹kʰau³⁵tɐu²¹lok⁵sɐp⁵si²¹fɐn³³a²¹?

渠正15岁啊他才15岁吗？ ki²¹tsɐŋ²¹sɐp²ŋ³⁵sui²¹a³³?

端阳节系咪扒龙舟啊端午节是不是赛龙舟啊？ tun³³iɔŋ⁴¹tsit⁵hɐi⁵⁵mei³³pʰa⁴¹loŋ⁴¹tsɐu³³a³³?

□乃事做好啦那些事做完了？ nau⁴¹nai⁵⁵si⁵⁵tso⁵⁵hɐu³⁵la²¹?

你乃讲好啊啦你们说好了啊？ ni²¹nai⁵⁵kɔŋ³⁵hɐu³⁵a³³la²¹?

广东人会食老鼠肉咖广东人会吃老鼠肉吗？ koŋ³⁵toŋ³³iɐn⁴¹ui⁵⁵sik²lɐu³⁵tsʰi³⁵ŋiok²ka²¹?

今晚夜我乃去食酒吧今晚我们去喝酒吧？ kɐm³³man²¹ia⁵⁵ŋo²¹nai⁵⁵hi²¹sik²tsɐu³⁵pa³³?

哩件事冇咁紧吧这件事情不要紧吧？ li³⁵kin⁵⁵si⁵⁵mɐu²¹kam²¹kɐn³⁵pa³³?

捞乃家伙扰啊渠咧把这些东西丢了吧？ lau³³nai⁵⁵ka³³fo³⁵tɐm³⁵a³³ki²¹le²¹?

（三）祈使句语气词

祈使句的语气词有五种语音形式：喎 [uo³³]、哦 [o³³]、啊 [a³³]、咯 [lo⁵⁵]、咖 [ka³³]。其中，"喎" [uo³³]、"哦" [o³³] 主要表示提醒，"啊" [a³³] 多表示不满情绪，"咯" [lo⁵⁵] 多表示建议，"咖" [ka³³] 表示警告、强调。具体情况如下：

1. 表提醒：喎 [uo³³]、哦 [o³³]

小心啲仔哦，唔係咁容易会个喎小心呀，不是那么容易学会的。siu³⁵sɐm³³tit⁵tsɐi⁵⁵o³³, m²¹hei⁵⁵kam²¹ioŋ⁴¹ŋi⁵⁵fui⁵⁵kə³³uo³³.

□只花罂唔好用手摸喎这个花瓶不准用手摸的。nau⁴¹tsɐk⁵fa³³aŋ³³m²¹hɐu³⁵ioŋ⁵⁵sɐu³⁵mo³⁵uo³³.

讲好哦，唔好畀渠来喎说好了啊，不能让他来！koŋ³⁵hɐu³⁵o³³, m²¹hɐu³⁵pi³⁵ki²¹lui⁴¹uo³³!

校长讲啊喎，你唔好讲唔请假个喎校长说过了，你不可以不请假的。hau⁵⁵tsioŋ³⁵koŋ³⁵a³³uo³³, ni²¹m²¹hɐu³⁵koŋ³⁵m²¹tsʰiaŋ³⁵ka²¹kə³³uo³³.

你睇紧啊！渠冇咁容易放过你个喎你小心点！他不会那么容易放过你的。ni²¹tʰei³⁵kɐn³⁵a³³! ki²¹mɐu²¹kam²¹ioŋ⁴¹ŋi⁵⁵foŋ²¹ko²¹ni²¹ko³³uo³³.

行哦，唔好在□倚啊发愕哦走啊，还在这儿发什么呆呢！haŋ⁴¹o³³, m²¹hɐu³⁵tsʰui⁵⁵nau⁴¹kʰi²¹a³³fat⁵ŋɔk²o²¹!

你去陆丰爱小心啲仔哦你去陆丰要小心点啊！ni²¹hi²¹lok⁵foŋ³³oi²¹siu³⁵sɐm³³tit⁵tsɐi⁵⁵o²¹!

今日爱交房租哦今天要交房租了哦！kɐm³³ŋɐt⁵oi²¹kau³³foŋ⁴¹tsu³³o²¹!

2. 表不满情绪：啊 [a³³]

唔好□日大声大喉讲话啊不要整天大吼大叫！m²¹hɐu³⁵tʰaŋ²¹ŋɐt⁵tai⁵⁵siaŋ³³tai⁵⁵hɐu⁴¹koŋ³⁵ua⁵⁵a³³!

行就行啦，有催啊走就走嘛，别催了！haŋ⁴¹tsɐu⁵⁵haŋ⁴¹la³³, mɐu²¹tsʰui³³a³³!

冇闲啊，走快啲仔啊没时间了，走快点儿吧！mɐu²¹han⁴¹a⁴¹, tsɐu³⁵fai²¹tit⁵tsɐi⁵⁵a³³!

3. 表示建议：咯 [lo⁵⁵]

渠唔做你就来做咯他不做你来做吧。ki²¹m²¹tso⁵⁵ni²¹tsɐu⁵⁵lui⁴¹tso⁵⁵lo⁵⁵.

想□钱就去食茶咯想省钱就去喝茶啦！sioŋ³⁵kʰiɐm³³tsʰin⁴¹tsɐu⁵⁵hi²¹sik⁵tsʰa⁴¹lo⁵⁵!

做唔来就唔好硬堵硬做咯做不了就不要硬撑着！tso⁵⁵m²¹lui⁴¹tsɐu⁵⁵m²¹hɐu³⁵ŋaŋ⁵⁵tu³⁵ŋaŋ⁵⁵tso⁵⁵lo⁵⁵!

4. 表示警告、强调：咖 [ka³³]

你唔好咁欢喜先，等下我就寻翻你咖你别那么得意，早晚我会找到你的！ni²¹m²¹hɐu³⁵kam²¹fun³³hi³⁵sin³³, tɐŋ³⁵ha⁵⁵ŋo²¹tsɐu⁵⁵tsʰɐm⁴¹fan³³ni²¹ka³³!

□嘈死哦！等啊我郁心咖别吵了！等下我跟你翻脸的了！ mui⁵⁵tsʰau⁴¹si³⁵o³³! teŋ³⁵a⁵⁵ŋo²¹uet⁵sɐm³³ka³³!

（四）感叹句语气词

占米话表示感叹的语气词有"啊[a³³]、喎[uo³³]、啦[la³³]、咯[lo³³]"，从语义上看，主要可以分为惊叹、赞叹两种，但各语气词分工并不明确。

哇，□只咁多人卖鱼啊哇，这里竟然有这么多人卖鱼啊！ ua⁴¹, nau⁴¹tsɐk⁵kam²¹to³³iɐn⁴¹mai⁵⁵ŋi⁴¹a³³!

点□食咁多啊怎么吃那么少啊！ tim³⁵ŋan⁵⁵sik²kam⁵⁵to³³a³³!

渠咁猛醒＝就瞓啊觉咯他竟然这么快就睡着了啊！ ki²¹kam²¹maŋ²¹siaŋ³⁵tsɐu⁵⁵fɐn²¹a³³kau²¹lo³³!

渴死咯渴死我啦！ fut⁵si³⁵lo³³!

好俏哦真是漂亮！ hɐu³⁵tsʰiau²¹o³³!

□乃酒个味道好正喎这酒的味道真正宗啊！ nau⁴¹nai⁵⁵tsɐu³⁵ko³³mi⁵⁵tɐu²¹hɐu³⁵tsɐŋ²¹uo³³!

第二节

句法

一 "捞" [lau³³]字句和"畀" [pi³⁵]字句

（一）"捞"字句

鹅埠占米话表处置关系的句式为"捞" [lau³³]字句。例如：

你快乃仔捞啲橘仔皮擘落来哦你快点儿把橘子皮剥下来。ni²¹fei²¹nai⁵⁵tsei⁵⁵lau³³tit⁵kɐt⁵tsei³⁵pʰi⁴¹mɐk⁵lɔk²lui⁴¹o³³.

捞啯只家伙携畀我把那个东西递给我。lau³³ko³⁵tsɐk⁵ka³³fo³⁵kʰai⁴¹pi³⁵ŋo²¹³.

猛乃仔捞本书还畀渠快去把书还给他。maŋ²¹nai⁵⁵tsei⁵⁵lau³³pun³⁵si³³uan⁴¹pi³⁵ki²¹³.

有时可在句末再加上第三人称代词"渠"，用来复指被处置的对象：

你快乃仔捞啲橘仔皮擘哦渠你快点儿把橘子皮剥下来。ni²¹fei²¹nai⁵⁵tsei⁵⁵lau³³tit⁵kɐt⁵tsei³⁵pʰi⁴¹mɐk⁵ŋo²¹ki²¹³.

快乃仔捞碗汤食净渠啦快点儿把汤喝了。fei²¹nai⁵⁵tsei⁵⁵lau³³un³⁵tʰɔŋ³³sik²tsiaŋ⁵⁵ki²¹la³³.

日常会话中，这些处置句可以没有表示处置的标记词，但这时处置的对象一般要放在动词之后：

快乃捞碗汤食净渠快点儿把汤喝了。fei²¹nai⁵⁵lau³³un³⁵tʰɔŋ³³sik²tsiaŋ⁵⁵ki²¹.

→快乃食净碗汤啦快点儿喝了汤。fei²¹nai⁵⁵sik²tsiaŋ⁵⁵un³⁵tʰɔŋ³³la⁵⁵.

快乃捞啯只家伙携过来快点把工具拿过来。fei²¹nai⁵⁵lau³³ko³⁵tsɐk⁵ka³³fo³⁵kʰai⁴¹ko²¹lui⁴¹.

→快乃携啯只家伙过来快点把工具拿过来。fei²¹nai⁵⁵kʰai⁴¹ko³⁵tsɐk⁵ka³³fo³⁵ko²¹lui⁴¹.

但这种句子的处置意味比较弱。为了增强处置意味，有的句子也可在句末加上一个"渠"，用来复指被处置的对象。例如上述例句可说成"快乃食净碗汤渠。[fei²¹nai⁵⁵sik²tsiaŋ⁵⁵un³⁵tʰɔŋ³³ki²¹³.]"，句末的复指代词"渠"在此增强了句子的处置义。

（二）"畀"字句

鹅埠占米话表被动的标记词主要是"畀"[pi³⁵]，例如：

袋米畀老鼠咬烂只空那袋米被老鼠咬了一个洞。tui⁵⁵mɐi³⁵pi³⁵lɐu³⁵tsʰi³⁵ŋau²¹lan⁵⁵tsɐk⁵kʰoŋ³³.

渠畀水渌啊身他被水淋到了。kʰi²¹pi³⁵sui³³tok⁵a³³sɐn³³.

我只手袋畀细仔擘烂啦我的袋子被儿子扯烂了。ŋo²¹tsɐk⁵sɐu³⁵tui⁵⁵pi³⁵sɐi²¹tsɐi³⁵mɐk⁵lan⁵⁵la³³.

渠顶转畀风吹走咯他的帽子被风吹走了。ki²¹tɐŋ³⁵tsun³⁵pi³⁵foŋ³³tsʰui³³tsɐu³⁵lo²¹.

鹅埠占米话的被动标记词"畀"的后面必须出现动作的施动者。若不必说出或说不清楚施动者时，"畀"的后面也要搭配一些泛指性的词，例如：

你只手机畀人偷啊咯你的手机被偷走了。ni²¹tsɐk⁵sɐu³⁵ki³³pi³⁵iɐn⁴¹tʰɐu³³a³³lo²¹.

二 双宾句

鹅埠占米话的双宾句，直接宾语和间接宾语放置的位置比较灵活：

（一）直接宾语在后，间接宾语在前

渠送畀我一只手机他送我一部手机。ki²¹soŋ²¹pi³⁵ŋo²¹iɐt⁵tsɐk⁵sɐu³⁵ki³³.

阿爸问咯渠一句话爸爸问了他一句话。a³³pa³³mɐn⁵⁵lo³³ki²¹iɐt⁵ki²¹ua⁵⁵.

我少你二十只银我差你二十块钱。ŋo²¹siu³⁵ni²¹ŋi⁵⁵sɐp²ɐk⁵ŋɐn⁴¹.

（二）直接宾语在前，间接宾语在后

畀支笔我拿支笔给我。pi³⁵ki³³pɐt⁵ŋo²¹³.

阿婆携只糖渠奶奶拿了一颗糖给他。a³³pʰo⁴¹kʰai⁴¹tsɐk⁵tʰɔŋ⁴¹ki²¹³.

在表"给予"义的"畀"字句中，鹅埠占米话的直接宾语和间接宾语的位置可以互换，意思不变。例如：

畀支笔我pi³⁵ki³³pɐt⁵ŋo²¹³↔畀我支笔pi³⁵ŋo²¹ki³³pɐt⁵

阿婆畀只糖渠a³³pʰo⁴¹pi³⁵tsɐk⁵tʰɔŋ⁴¹ki²¹³↔阿婆畀渠一只糖a³³pʰo⁴¹pi³⁵ki²¹iɐt⁵tsɐk⁵tʰɔŋ⁴¹

三 比较句

（一）差比句

鹅埠占米话表示差比主要有两种句式："甲+形容词+过+乙"和"甲+比+乙+形容词"，两种句式表达的意思一致。但"甲+形容词+过+乙"更常用：

我比渠大我比他大。ŋo²¹pi³⁵ki²¹tai⁵⁵↔我大过渠。ŋo²¹tai⁵⁵ko²¹ki²¹³.

过年菜比肉贵去年菜比肉贵。ko²¹nin⁴¹tsʰui²¹pi³⁵ŋiok²kuɐi²¹³↔过年菜贵过肉。ko²¹nin⁴¹tsʰui²¹kuɐi²¹ko²¹ŋiok².

若还有表示数量的补语，则把补语放在句末：

a.我比渠大三岁我比他大三岁。ŋo²¹pi³⁵ki²¹tai⁵⁵sam³³sui²¹³.

a.我比渠大三岁我比他大三岁。ŋo²¹pi³⁵ki²¹tai⁵⁵sam³³sui²¹³.

b.我大渠三岁。ŋo²¹tai⁵⁵ki²¹sam³³sui²¹³.

a.过年菜比肉贵好多去年菜比肉贵很多。ko²¹nin⁴¹tsʰui²¹pi³⁵ŋiok²kuɐi²¹hɐu³⁵to³³.

b.过年菜贵过肉好多。ko²¹nin⁴¹tsʰui²¹kuɐi²¹ko²¹ŋiok²hɐu³⁵to³³.

鹅埠占米话差比句的否定式主要有两种:"甲 + 冇 + 乙 + 形容词"和"甲 + 形容词 + 唔过 + 乙",其中,"甲 + 冇 + 乙 + 形容词"更常用:

a.我冇渠大我没他大。ŋo²¹mɐu²¹ki²¹tai⁵⁵.

b.我大唔过渠。ŋo²¹tai⁵⁵m²¹ko²¹ki²¹³.

"甲 + 形容词 + 过 + 乙"中的"过"是一个趋向动词,主要与前面的形容词发生语法关系,因而在"过"的前面可以插入助词"得":

屋解冇人艰苦(得)过阿爸家里没有人比爸爸更辛苦。ok⁵ki³⁵mɐu²¹iɐn⁴¹kan³³kʰu³⁵(tɐk⁵)ko²¹a³³pa³³.

讲起跑步,我一定冇办法快(得)过渠说起跑步,我一定没法比他快。kɔŋ³⁵hi³⁵pʰau³⁵pu⁵⁵, ŋo²¹iɐt⁵tɐŋ⁵⁵mɐu²¹pan⁵⁵fat⁵fɐi²¹(tɐk⁵)ko²¹ki²¹³.

这种带可能补语的比较句用于正反问句中时,前一个形容词后面的"过"一般会省略:

你走得快唔快过渠你能不能比他走得快? ni²¹tsɐu³⁵tɐk⁵fɐi²¹m²¹fɐi²¹ko²¹ki²¹³?

哩只手机贵唔贵过嗰只手机哦这部手机会不会比那部手机贵? li³⁵tsɐk⁵sɐu³⁵ki³³kuɐi²¹m²¹kuɐi²¹ko²¹ko³⁵tsɐk⁵sɐu³⁵ki³³o²¹?

(二)平比句

鹅埠占米话的平比句句式为"甲 + 捞/同 + 乙 + 平 + 形容词":

阿强仔捞/同阿杰仔平高小强和小杰一样高。a³³kʰiɔŋ⁴¹tsɐi³⁵lau³³/tʰoŋ⁵⁵a³³kit²tsɐi³⁵pʰiaŋ⁴¹kɐu³³.

今日捞/同□日平热今天和昨天一样热闹。kɐn³³ŋɐt⁵lau³³/tʰoŋ⁵⁵tsɔŋ⁵⁵ŋɐt⁵pʰiaŋ⁴¹ŋit².

占米话平比句中的助词"平",与周边粤东闽南方言的用法一致,如海丰闽南方言:"我甲(捞)你平大我年龄跟你一样大。[ua⁵²kaʔ⁵li⁵²pẽ²¹tua²¹.]"这种句式应是受到粤东闽南方言影响而形成。

四 疑问句

鹅埠占米话疑问句的基本情况如下:

(一)特指问句

1.问原因、目的,鹅埠占米话用"做咩/乜 [tso⁵⁵mia⁴¹/mɐt⁵]、做咩事 [tso⁵⁵mia⁴¹si⁵⁵]、点□ [tim³⁵ŋan⁵⁵]、□ [tian⁵⁵]":

你做咩事唔答应渠哦你为什么不答应他呢? ni²¹tso⁵⁵mia⁴¹si⁵⁵m²¹tap⁵iɐŋ²¹ki²¹o⁴¹?

大海点□/□係蓝色嘅呢大海为什么是蓝色的呢？ tai^{55}fui^{35}tim^{35}ŋan^{55}/tian^{55}hɐi^{55}lam^{41}sɐk^{5}ko^{33}ne^{55}?

你做咩唔做啦你怎么不做啦？ ni^{21}tso^{55}mia^{41}m^{21}tso^{55}la^{33}?

2. 问事物，鹅埠占米话用"咩[mia^{41}]、咩伙[mia^{41}fo^{35}]、乜[mɐt^5]"：

嗰只家伙係咩啊那个是什么东西啊？ ko^{35}tsɐk^{5}ka^{33}fo^{35}hɐi^{55}mɐt^{5}a^{33}?

你携啊咩伙啊你拿着什么啊？ ni^{21}kʰai^{41}a^{33}mia^{41}fo^{35}a^{33}?

3. 问人，鹅埠占米话用"哪谁[na^{35}sui^{41}]、乃谁[nai^{35}sui^{41}]、乃只[nai^{35}tsɐk^5]"：

扒龙舟哪谁/乃谁报啊名啦龙舟赛谁报名了？ pʰa^{41}loŋ^{41}tsɐu^{33}na^{35}sui^{41}/nai^{35}sui^{41}pɐu^{21}a^{33}miaŋ^{41}la^{33}?

哪谁/乃谁係头家啊谁是老板了啊？ na^{35}sui^{41}/nai^{35}sui^{41}hɐi^{55}tʰɐu^{41}ka^{33}a^{33}?

乃只唔来啊有谁不来了？ nai^{35}tsɐk^{5}m^{21}lui^{41}a^{33}?

4. 问性质、状态、方式，鹅埠占米话用"点□[tim^{35}ŋan^{55}]、□[tian^{55}]"：

渠煮饭煮成点□/□啊他的饭煮得怎么样啊？ ki^{21}tsi^{35}fan^{55}tsi^{35}sɐŋ^{41}tim^{35}ŋan^{55}/tian^{55}a^{33}?

哩条题点□/□做哦这道题怎么做啊？ li^{35}tʰiu^{41}tʰɐi^{41}tim^{35}ŋan^{55}/tian^{55}tso^{55}o^{33}?

5. 问处所，鹅埠占米话主要用"乃/哪头[nai^{55}/na^{35}tʰɐu^{41}]、哪啊位"也可用"咩"[mia^{41}]：

广东乃/哪头/哪啊位最好嫽啊广东哪里最好玩？ koŋ^{35}toŋ^{33}nai^{55}/na^{35}tʰɐu^{41}/na^{35}a^{33}uɐi^{55}tsui^{21}hɐu^{35}liu^{33}a^{33}?

嗰只泥水师傅嘅屋解在乃头/哪头啊那水泥工的家在哪里？ ko^{35}tsɐk^{5}nɐi^{41}sui^{35}si^{33}fu^{35}ke^{33}ok^{5}kai^{35}tsʰui^{55}nai^{35}tʰɐu^{41}/na^{35}tʰɐu^{41}o^{33}?

你乃去咩到位你们要去什么地方啊？ ni^{21}nai^{55}hi^{21}mia^{41}tɐu^{21}uɐi^{55}?

6. 问数量，鹅埠占米话用"几"[ki^{35}]：

你啊班有几只男子仔你们班有多少男生？ ni^{21}a^{33}pan^{33}iɐu^{21}ki^{35}tsɐk^{5}nam^{41}tsi^{35}tsɐi^{35}?

哩种药你一日爱食几啊摆啊这药你一天吃几次啊？ li^{35}tsoŋ^{35}iɔk^{2}ni^{21}ɐt^{5}ŋɐt^{5}oi^{21}sik^{2}ki^{35}a^{33}pai^{35}a^{33}?

（二）选择问句

选择问句中，鹅埠占米话用"还是"，但在语流中，为"□是[ɐn^{33}si^{55}]、啊是[a^{33}si^{55}]"，或者第二个音节脱落，只用"还"。此外，"还是"还可读为[han^{41}si^{55}]。一些人受广州话影响，把"是"换成"係"，说成"还係"[han^{41}hɐi^{55}]：

你去，还/□是渠去你去还是他去？ ni^{21}hi^{213}, han^{41}/ɐn^{33}si^{55}ki^{21}hi^{213}?

今日食鱼还是食猪脚啊今天是吃鱼还是吃猪蹄？ kɐn^{33}ŋɐt^{5}sik^{2}ŋi^{41}han^{41}si^{55}sik^{2}tsi^{33}kiɔk^{5}a^{33}?

若选项有三项或三项以上，第二个选择项的连词仍用"还（是）"，但第三个及以后的选择项要用"或者"：

你爱食包，还是食油条，或者食粽仔啊你要吃包子、油条，还是粽子？ ni^{21}oi^{21}sik^{2}pau^{33}, han^{41}si^{55}sik^{2}iɐu^{41}tʰiu^{41}, uak^{2}tsia^{35}sik^{2}tsoŋ^{21}tsɐi^{35}a^{33}?

鹅埠占米话的连词一般不可省略，不可说成"*你食包？油条？""*你去？渠去？"

（三）正反问句

鹅埠占米话正反问句因否定词不同可分为两种类型：

1.“唔”类正反问。主要有四种形式：V 唔 V、V 唔 VO、V + 唔、VO + 唔。

（1）V 唔 V

□乃作业你做唔做？唔做你唔好食啦_{这些作业你做不做？不做就别吃饭了！} nau⁴¹nai⁵⁵tsɔk⁵ŋip²ni²¹tso⁵⁵m⁵⁵tso⁵⁵? m⁵⁵tso⁵⁵ni²¹m²¹hɐu³⁵sik²la³³?

□包烟你爱买唔买_{这包烟你买不买？} nau⁴¹pau³³in³³ni²¹oi²¹mai²¹m²¹mai³⁵?

（2）V 唔 VO

你合食唔合食饺仔啊_{你吃不吃饺子？} ni²¹hap⁵sik²m²¹hap⁵sik²kiu³⁵tsɐi³⁵a³³?

你个钱爱还唔还我啊_{你那钱还不还给我啊？} ni²¹ko³³tsʰin⁴¹oi²¹uan⁴¹m²¹uan⁴¹ŋo²¹a³³?

（3）V + 唔

你爱去唔啊_{你去不去？} ni²¹oi²¹hi²¹m³⁵a³³?

你今晚夜爱来唔_{今晚你来不来？} ni²¹kɐn³³man²¹ia⁵⁵oi²¹lui⁴¹m³⁵?

（4）VO + 唔

你爱食油麻茶唔啊_{你吃不吃油麻茶？} ni²¹oi²¹sik²iɐu⁴¹ma⁴¹tsʰa⁴¹m³⁵a³³?

你爱食酒唔啊_{你喝不喝酒？} ni²¹oi²¹sik²tsɐu³⁵m³⁵a³³?

此外，若句子中的谓语动词后带上助词“得”，鹅埠占米话则有两种结构：“V + 唔 + V 得”，“V 得 + 唔”。

（1）V + 唔 + V 得：鹅埠占米话带“得”字补语的正反问句，表肯定的格式中，只有一个动词，动词后的“得”及其后连带的补语都不可出现，表否定的格式中，否定词要放在动词的前面。

哩件事讲唔讲得_{这事情说得说不得？} li³⁵kin⁵⁵si⁵⁵kɔŋ³⁵m²¹kɔŋ³⁵tɐk⁵?

哩次考试考唔考得过呢_{这次考试考得过考不过？} li³⁵tsʰi²¹kʰau³⁵si²¹kʰau³⁵m²¹kʰau³⁵tɐk⁵ko²¹ne⁵⁵?

（2）V 得 + 唔：

哩件事讲得唔啊_{这件事能不能说？} li³⁵kin⁵⁵si⁵⁵kɔŋ³⁵tɐk⁵m²¹a³³?

哩次考试考得过唔诶_{这次考试考不考得过？} li³⁵tsʰi²¹kʰau³⁵si⁵⁵kʰau³⁵tɐk⁵ko²¹m²¹e³³?

形容词也可用于正反问句中，主要有两种结构：

（1）adj + 唔 + adj

□摆□爸身体好唔好啊_{最近你爸爸身体好不好？} nau⁴¹pai³⁵nia³³pa³³sɐn³³tʰɐi³⁵hɐu³⁵m²¹hɐu³⁵a³³?

□仔高唔高_{你儿子个子高不高？} nia³³tsɐi³⁵kɐu³³m²¹kɐu³³?

□浅鹅好食唔好食啊_{这盘烧鹅好吃不好吃？} nau⁴¹tsʰin³⁵ŋo⁴¹hɐu³⁵sik²m²¹hɐu³⁵sik²a³³?

（2）adj + 唔

□浅鹅好食唔这盘烧鹅好吃不好吃？ nau⁴¹tsʰin³⁵ŋo⁴¹hɐu³⁵sik²m²¹?

嗰件衫俏唔那件衣服漂不漂亮？ ko³⁵kin⁵⁵sam³³tsʰiau²¹m³⁵?

2.“冇”类正反问。主要有六种形式：有＋V＋冇、有＋VO＋冇、V＋冇、VO＋冇、有冇＋V、有冇＋VO：

（1）有＋V＋冇

齐家都去啊咯，你有去冇大家都去了，你有没有去？ tsʰɐi⁴¹ka³³tu³³hi²¹a³³lo²¹, ni²¹iɐu²¹hi²¹mɐu³⁵?

渠有去冇啊他有没有去？ ki²¹iɐu²¹hi²¹mɐu³⁵a³³?

过年你有归冇啊去年你有没有回家？ ko²¹nin⁴¹ni²¹iɐu²¹kuɐi³³mɐu²¹a³³?

渠有走冇他走了没？ ki²¹iɐu²¹tsɐu³⁵mɐu³⁵?

（2）有＋VO＋冇

渠有买□件衫冇啊他有没有买这件衣服啊 ki²¹iɐu⁴¹mai²¹nau⁴¹kin⁵⁵sam³³mɐu²¹a³³?

今早你有食饭冇啊今天早上你有没有吃早饭啊？ kɐn³³tsɐu³⁵ni²¹iɐu³⁵sik²fan⁵⁵mɐu²¹a³³?

渠乃有落班冇他们下班了没有？ ki²¹nai⁵⁵iɐu²¹lok²pan³³mɐu²¹³?

星期日你乃有去黄埔冇周日你们去没去黄埔？ sɐŋ³³kʰi⁴¹ŋɐt⁵ni²¹nai⁵⁵iɐu²¹hi²¹uɔŋ⁴¹pu²¹mɐu²¹³?

（3）V＋冇

渠家□去冇他现在去了没？ ki²¹ka³³na⁵⁵hi²¹mɐu²¹³?

渠走啊冇他走了没？ ki²¹tsɐu³⁵a³³mɐu²¹³?

你食啊冇啊你吃了吗？ ni²¹sik⁵a³³mɐu³⁵a³³?

（4）VO＋冇

你食饭冇你吃饭没？ ni²¹sik²fan⁵⁵mɐu²¹³?

阿奶去海丰冇奶奶去了海丰吗？ a³³nai²¹hi²¹fui³⁵foŋ³³mɐu²¹³?

（5）有冇＋V

旧年考试你有冇参加啊去年考试你参没参加？ kiɐu⁵⁵nin⁴¹kʰau³⁵si²¹ni²¹iɐu²¹mɐu²¹tsʰam³³ka³³a³³?

渠有冇写啊他有没有写啊？ ki²¹iɐu²¹mɐu²¹sia³⁵a³³?

（6）有冇＋VO

你行时摆有冇食烟啊你平时抽不抽烟啊？ ni²¹haŋ⁴¹si⁴¹pai³⁵iɐu²¹mɐu²¹sik⁵in³³a³³?

你有冇去过广州啊你去没去过广州？ ni²¹iɐu²¹mɐu²¹hi²¹ko²¹kɔŋ³⁵tsɐu³³a³³?

同样，形容词也可与“冇”类结构构成正反问句，主要结构为“有＋adj＋冇”：

□仔有高啲啲冇你儿子有没有长高啊？ nia³³tsɐi³⁵iɐu²¹kɐu³³tit⁵tit⁵mɐu²¹³?

家□个屋有平宜冇房价现在有没有便宜一些啊？ ka³³na⁵⁵ko²¹ok⁵iɐu²¹pʰɐŋ⁴¹ŋi⁵⁵mɐu²¹³?

前文在分析疑问句语气词时已提及，正反问句若是以否定词“唔”或“冇”结尾，根据语气的需要，两个否定词可变为高升调，以进一步增强疑问的语气。其中，“唔”的情况

更为明显，其至有时还可在变调后的"唔"后再加上一个相应的语气词。例如：

听讲阿佩会去哦，你会去唔哦听说阿佩会去哦，你去不去啊？　tʰiaŋ³³koŋ³⁵a³³pʰui²¹ui⁵⁵hi²¹o³³, ni²¹ui⁵⁵hi²¹m³⁵o³³?

渠今晚夜爱来唔啊他今晚来不来啊？　ki²¹ken³³man²¹ia⁵⁵oi²¹lui⁴¹m³⁵a³³?

（四）是非问句

本书的是非问句是以回答作为判断标准的，鹅埠占米话的动词形式为"係"[hei⁵⁵]，作答时肯定式用"係"[hei⁵⁵]，否定式用"唔係"[m²¹hei⁵⁵]。从具体的问句结构上看，主要可以分为两大类：一类是谓语动词有明显标记的格式"係＋唔係"；另一类以语气词作为标记。

1."係＋唔係"式

谓语动词结构为"係＋唔係"，语流中，"唔係"常会合音，该结构音变为"係咪"[hei⁵⁵mei²¹/hei⁵⁵mi²¹]。疑问语气词主要用"啊"。占米话的这种是非问句结构与广州话基本一致：

今日係咪七月七啊今天是不是七月初七？　ken³³ŋet⁵hei⁵⁵mei²¹tsʰet⁵ŋit²tsʰet⁵a³³?

你係咪东北人啊你是不是东北人啊？　ni²¹hei⁵⁵mei²¹toŋ³³pek⁵ien⁴¹a³³?

2.语气词为标记，主要有四个语气词"啊[a³³/a²¹]、咩[me⁴¹/mia⁴¹]、咖[ka²¹]、啦[la²¹]"：

你家□归啊你现在回家吗？　ni²¹ka³³na⁵⁵kuei³³a³³?

渠係你老师啊他是你老师吗？　ki²¹hei⁵⁵ni²¹leu³⁵si³³a²¹?

今日係你生日咩今天是你生日吗？　ken³³ŋet⁵hei⁵⁵ni²¹saŋ³³ŋet⁵me⁵⁵?

你唔去咩你不去吗？　ni²¹m²¹hi²¹mia⁵⁵?

渠唔食辣咖他不吃辣椒的吗？　ki²¹m²¹sik²lat²ka²¹?

明早真嘅唔落水咖明天早上真的不下雨吗？　meŋ⁴¹tseu³⁵tsen³³ke³³m⁵⁵lɔk⁵sui³⁵ka²¹?

你唔去广州啦你不去广州吗？　ni²¹m²¹hi²¹koŋ³⁵tseu³³la²¹?

你唔买玩具畀细仔啦你不买玩具给儿子吗？　ni²¹m²¹mai²¹uan³⁵ki⁵⁵pi³⁵sei²¹tsei³⁵la²¹?

事实上，不同的语气词在具体表达的语气上是有差异的，试比较：

a.广东人会食老鼠肉咩？　kɔŋ³⁵toŋ³³ien⁴¹ui⁵⁵sik²leu³⁵tsʰi³⁵ŋiok²mia⁴¹?

b.广东人会食老鼠肉啊？　kɔŋ³⁵toŋ³³ien⁴¹ui⁵⁵sik²leu³⁵tsʰi³⁵ŋiok²a²¹?

c.广东人会食老鼠肉咖？　kɔŋ³⁵toŋ³³ien⁴¹ui⁵⁵sik²leu³⁵tsʰi³⁵ŋiok²ka²¹?

d.广东人会食老鼠肉啦？　kɔŋ³⁵toŋ³³ien⁴¹ui⁵⁵sik²leu³⁵tsʰi³⁵ŋiok²la²¹?

a句中纯粹是对"广东人会吃老鼠肉"这一事实表示疑问，惊讶的色彩比较淡。b句中的疑问多带有一种惊讶的色彩，说话人并未意识到"广东人会吃老鼠肉"这一事实，因而猛然提问。c句中也带有惊讶，但这种惊讶接近不可置信、震惊的色彩，语气更强烈。d句

表示对这一事实是否客观需要做进一步的确定，不带其他感情色彩。

（五）反诘问句

四类疑问句也可形成无疑而问的反诘问句，加强肯定或否定的语气。

你係来帮手，还係来搞搞震啊你是来帮忙，还是来捣乱？ ni²¹hɐi⁵⁵lui⁴¹pɔŋ³³sɐu³⁵, uan⁴¹hɐi⁵⁵lui⁴¹kɐu³⁵kɐu³⁵tsɐn²¹a³³?

你讲唔讲道理哦你讲不讲道理啊？ ni²¹kɔŋ³⁵m²¹kɔŋ³⁵tɐu⁵⁵li²¹o³³?

难道你有钱冇到位使啊难道你有钱没地方用吗？ nan⁴¹tɐu⁵⁵ni²¹iɐu²¹tsʰin⁴¹mɐu²¹tɐu²¹uɐi⁵⁵sɐi³⁵a²¹?

五　否定句

（一）占米话的否定词主要有"唔[m²¹³]、唔好[m²¹hɐu³⁵]、冇[mɐu²¹³]、未[mi²¹³]"等。在正反问句中否定词"唔冇"有变为[35]调的情况①。例如：

1.唔[m²¹³]：表示对行为动作、形态变化、意愿情况、性质状态等的否定。

渠唔想去广州读书他不想去广州读书。 ki²¹m²¹siɔŋ³⁵hi²¹kɔŋ³⁵tsɐu³³tok²si³³.

□件衫唔俏这件衣服不漂亮。 nau⁴¹kin⁵⁵sam³³m²¹tsʰiɐu²¹³.

门口有车去高铁站，唔使送啦外边就有车去高铁站，不用送了。 mun⁴¹kʰɐu³⁵iɐu²¹tsʰa³³hi²¹kɐu³³tʰit⁵tsan²¹³, m²¹sɐi³⁵soŋ²¹la³³.

2.唔好[m²¹hɐu³⁵]：表示对行为举止的劝阻。

你唔好去广州读书啦你别去广州读书了。 ni²¹m²¹hɐu³⁵hi²¹kɔŋ³⁵tsɐu³³tok²si³³la³³.

唔好□日大声大喉讲话啊别老整天大声说话！ m²¹hɐu³⁵tʰaŋ²¹ŋɐt⁵tai⁵⁵siaŋ³³tai⁵⁵hɐu⁴¹kɔŋ³⁵ua⁵⁵a³³!

□乃家伙唔好乱摆个喎这些东西别乱放！ nau⁴¹nai⁵⁵ka³³fo²¹m²¹hɐu³⁵lun⁵⁵pai³⁵kə³³uo³³!

3.冇[mɐu²¹³]：表示行为动作应该发生或存在却没有发生或存在。

渠冇去广州读书他没有去广州读书。 ki²¹mɐu²¹hi²¹kɔŋ³⁵tsɐu³³tok²si³³.

你点□冇喊渠过来啊你怎么没叫他过来了啊？ ni²¹tim³⁵ŋan⁵⁵mɐu²¹ham²¹ki²¹ko²¹lui⁴¹a³³?

你睇紧啊，渠冇咁容易放过你个喎你小心点儿，他没那么容易放过你的。 ni²¹tʰɐi³⁵kɐn³⁵a³³, ki²¹mɐu²¹kam²¹ioŋ⁴¹ŋi⁵⁵fɔŋ²¹ko²¹ni²¹ko³³uo⁴¹.

老张来啊冇？讲好渠都会来啊咯老张来了吗？说好他也来的。 lɐu³⁵tsɔŋ³³lui⁴¹a³³mɐu²¹³? kɔŋ³⁵hɐu³⁵ki²¹tu³³fui⁵⁵lui⁴¹a³³lo³³.

4.未[mi²¹³]：表示动作、状态、变化尚未发生。

渠还重未到咧他还没到呢。 ki²¹uan⁴¹tsoŋ⁵⁵mi²¹tɐu²¹li²¹.

几点钟啦，做咩还未食饭啊都几点了，怎么还没吃完？ ki³⁵tim³⁵tsoŋ³³la³³, tso⁵⁵mia⁴¹uan⁴¹mi²¹sik⁵

_____

① 具体详见第六章第二节"四　疑问句"中的"（三）正反问句"。

fan⁵⁵a³³?

还重未讲好啊？喊渠快乃仔啊_{还没说完啊？催他快点儿}！ uan⁴¹tsoŋ⁵⁵mi²¹kɔŋ³⁵heu³⁵a³³? ham²¹ki²¹ fɐi²¹nai⁵⁵tsɐi⁵⁵a³³!

（二）占米话否定句中的"冇"和"未"

1.占米话否定句中的否定词"冇"和"未"在使用上有所不同，"冇"主要侧重于已然事实的否定，"未"主要侧重于未然，强调动作行为尚未发生，试比较：

a.渠冇去广州_{他没去广州}。ki²¹mɐu²¹hi²¹kɔŋ³⁵tsɐu³³.

b.渠还未去广州_{他还没去广州}。ki²¹uan⁴¹mi²¹hi²¹kɔŋ³⁵tsɐu³³.

"冇"有时也可以替代"未"，例如：

我乃啊处都寻啊咯，係剩哩间屋冇寻啦_{我们到处都找了，就剩下这间房间还没找}。ŋo²¹nai⁵⁵a³³tshi²¹tu³³tshɐm⁴¹a³³lo²¹, hɐi⁵⁵tsɐŋ⁵⁵li³⁵kɐn³³ok⁵mɐu²¹tshɐm⁴¹la²¹.

2.在正反问句中，表对动作、状态、变化的已然性的疑问只能用"冇"，不能用"未"：

你乃食啊饭冇_{你们吃饭了没}？ ni²¹nai⁵⁵sik²a³³fan⁵⁵mɐu²¹³?

□日你有迟到冇啊_{昨天你迟到了没有}？ tsɔŋ⁵⁵ŋɐt⁵ni²¹iɐu²¹tshi⁴¹tɐu²¹mɐu²¹a³³?

3.否定词"未"前面多用表示"依旧，仍然"的副词"还"修饰，说成"还未"。有时会出现"还重未"这一形式，见上文例句："还重未讲好啊？喊渠快乃仔啊！"这个结构应该是占米话与广州话接触后产生的一种混合形式。广州话正是用"重"表示"依旧，仍然"，所以"还没有"说成"重未"，受到这一说法影响，占米话将两者杂糅在一起，形成"还重未"这种组合。

六　可能句

（一）占米话中，可能补语的标记词主要有两种语音形式"得"[tɐk⁵]和"啊"[a³³]，"啊"应为"得"的弱化形式。占米话可能句的结构比较丰富，主要有三类：

1.V得/啊C（O）

我携得起，渠携唔起_{我拿得动，他拿不动}。ŋo²¹khai⁴¹tɐk⁵hi³⁵, ki²¹khai⁴¹m²¹hi³⁵.

讲得出，做得到，好□_{说出出，做得到，真棒}！ kɔŋ³⁵tɐk⁵tshɐt⁵, tso²¹tɐk⁵tɐu²¹³,hɐu³⁵khiaŋ²¹³!

□只杯打啊崩_{这只杯子打得烂}。nau⁴¹tsɐk⁵pui³³ta³⁵a³³pɐŋ³³.

"V得/啊C（O）"的结构中，C和O的位置有时可以互换，例如：

我打得过渠_{我打得过他}。ŋo²¹ta³⁵tɐk⁵ko²¹ki²¹³.

我打得渠过。ŋo²¹ta³⁵tɐk⁵ki²¹ko²¹³.

渠食得落饭_{他吃得下饭了}。ki²¹sik²tɐk⁵lɔk²fan⁵⁵.

渠食得饭落。ki²¹sik²tek⁵fan⁵⁵lɔk².

2.V得O

鹅埠占米话可能补语的标记词后还可直接跟宾语，例如：

渠好讲得话个他很能说的。ki²¹hɐu³⁵kɔŋ³⁵tek⁵ua⁵⁵ko³³.

这种格式在鹅埠占米话中不多见，但在广州话中较为丰富，因而这种情况可能是受广州话影响而成。

3.V得

占米话的"V得"只用于肯定式，不用于否定式。

杰仔好食得小杰很能吃。kit²tsɐi³⁵hɐu³⁵sik²tek⁵.

（二）可能句的否定式

占米话可能句的否定式最多可以有五种格式：

（1）V唔C：我食唔饱我吃不饱。ŋo²¹sik²m²¹pau³⁵.

（2）VO唔C：我信渠唔过我信不过他。ŋo²¹sɐn²¹ki²¹m²¹ko²¹³.

（3）V唔CO：我信唔过渠。ŋo²¹sɐn²¹m²¹ko²¹ki²¹³.

（4）V唔得CO：我信唔得过渠。ŋo²¹sɐn²¹m²¹tek⁵ko²¹ki²¹³.

（5）唔V得CO：我唔信得过渠。ŋo²¹m²¹sɐn²¹tek⁵ko²¹ki²¹³.

这五种格式运用的范围是有差异的，其中，前面三种比较常见，后两种说法只在小部分述补结构中存在，可能是受广州话影响而成。

（三）可能句的正反问句

占米话可能句的正反问句的格式主要有"V唔V得（C）"和"V得唔"。

下只星期你乃归唔归得啊下个星期你们回得了回不了家啊？ha⁵⁵tsɐk⁵sɐŋ³³kʰi⁴¹ni²¹nai⁵⁵kuɐi³³m²¹kuɐi³³tek⁵a³³?

你食唔食得饱啊你吃得饱吃不饱啊？ni²¹sik²m²¹sik²tek⁵pau³⁵a³³?

哩次考试考得过唔诶这次考试考得过考不过？li³⁵tsʰi²¹kʰau³⁵si⁵⁵kʰau³⁵tek⁵ko²¹m³⁵e³³?

七　动补句

（一）占米话的动补句中，最常见的连接中心语和补语的结构助词是"到"[tɐu³⁵]和"得"[tek⁵]①：

1.到[tɐu³⁵]。"到"后面的补语主要表示动作的结果到达一个很高的程度：

我真係肚腹痛到爱死哇哦我真是肚子疼得要命啊。ŋo²¹tsɐn³³hɐi⁵⁵tu³⁵pak⁵tʰoŋ²¹tɐu³⁵oi²¹si³⁵ua³³o²¹.

---

① 这里动补句的标记"得"应为"得₂"，与可能句的标记"得"不同。

渠好经常打麻雀打到唔记得食饭他常常打麻将打到不记得吃饭。ki²¹hɐu³⁵kɐŋ³³siɔŋ⁴¹ta³⁵ma⁴¹tsiɔk⁵ta³⁵tɐu³⁵m²¹ki²¹tek⁵sik²fan⁵⁵.

好重哦，重到我都掼唔起啊真重，重得连我都拿不动了。hɐu³⁵tsʰoŋ²¹o³³, tsʰoŋ²¹tɐu³⁵ŋo²¹tu³³kuan²¹m²¹hi³⁵a³³.

2.得 [tek⁵]。"得"后面的补语一般是对动作进行评价或判断：

你讲得好好，你还识讲咩啊你说得很好，你还会说些什么呢？ ni²¹kɔŋ³⁵tek⁵hɐu³⁵hɐu³⁵, ni²¹uan⁴¹sɐk⁵kɔŋ³⁵mia⁴¹a³³?

哩间房畀渠细仔打扫得好净丽哦这房间被他儿子打扫得干干净净的。li³⁵kan³³fɔŋ⁴¹pi³⁵ki²¹sɐi²¹tsɐi³⁵ta³⁵sɐu²¹tek⁵hɐu³⁵tsiaŋ⁵⁵li⁵⁵o³³.

（二）"到"和"得"的区别

"到"和"得"都是连接中心语和补语的结构助词，在具体使用上仍有一定区别：

1.补语性质上的区别："到"所引出的补语一般都是高程度的补语，"得"所引出的补语一般都是评价性或判断性的，两者不能互换：

渠行得好猛，惊怕赶唔上只车。ki²¹haŋ⁴¹tek⁵hɐu³⁵maŋ²¹³, kiaŋ³³pʰa²¹kun³⁵m²¹sɔŋ²¹tsɐk⁵tsʰa³³.

*渠行到好猛，惊住赶唔上只车。

渠经常打麻雀打到唔记得食饭。ki²¹kɐŋ³³siɔŋ⁴¹ta³⁵ma⁴¹tsiɔk⁵ta³⁵tɐu²¹m²¹ki²¹tek⁵sik²fan⁵⁵.

*渠经常打麻雀打得唔记得食饭。

2.补语结构上的区别："到"后面的补语在结构上可以复杂一些，可由主谓词组充当，"得"后面的补语大多比较简单，较少使用小句：

渠跑得真係慢啊他跑得真是慢啊。ki²¹pʰau³⁵tek⁵tsɐn³³hɐi⁵⁵man⁵⁵a³³.

杰仔吵到阿爸□晚夜都冇困觉小杰吵得爸爸整个晚上都没法睡觉。kit²tsɐi³⁵tsʰɐu⁵⁵tɐu²¹ki²¹a³³pa³³tʰaŋ²¹man²¹ia⁵⁵tu³³mɐu²¹kʰuɐn²¹kau²¹³.

（三）"到"和"得"可互换的情况

渠□聪明，但竟然考得□差他那么聪明，竟然考得那么差。ki²¹ŋan⁵⁵tsʰoŋ³³mɐŋ⁴¹, tan⁵⁵kiɐŋ³⁵in⁴¹kʰau³⁵tek⁵ŋan⁵⁵tsʰa³³.

渠□聪明，但竟然考到□差。ki²¹ŋan⁵⁵tsʰoŋ³³mɐŋ⁴¹, tan⁵⁵kiɐŋ³⁵in⁴¹kʰau³⁵tɐu²¹ŋan⁵⁵tsʰa³³.

虽然两者都可以带上相同的补语，但在具体表达的意义上却仍有差别："考得□ŋan⁵⁵差"侧重于评价考试很差，"考到□ŋan⁵⁵差"强调差的地步很严重。

八 "有"字句

广东几大方言中都存在着一种颇具特色的"有"字句，这种句式的特点是："有"为助动词，后面带上动词性的词语。鹅埠占米话同样也存在着这种"有"字句：

我有去过广州揞渠啊_{我去过广州找过他。}ŋo²¹ieu²¹hi²¹ko²¹koŋ³⁵tseu³³ueŋ³⁵ki²¹a³³.

□日渠有畀我一本书_{昨天他给了我一本书。}tsɔŋ⁵⁵ŋet⁵ki²¹ieu²¹pi³⁵ŋo²¹iet⁵pun³⁵si³³.

"有"字句用于阐述动作行为情况已存在或已发生，其否定形式是"冇"[meu²¹³]：

我冇去过广州揞渠啊_{我没去广州找过他。}ŋo²¹meu²¹hi²¹ko²¹koŋ³⁵tseu³³ueŋ³⁵ki²¹a³³.

□日渠冇畀我一本书_{昨天他没有给我一本书。}tsɔŋ⁵⁵ŋet⁵ki²¹meu²¹pi³⁵ŋo²¹iet⁵pun³⁵si³³.

第七章 语法例句

说明：

1.第一节收录《中国语言资源调查手册·汉语方言》中的语法例句，共50条，均附视频。视频目录与《中国语言资源调查手册·汉语方言》语法例句条目一致。

2.第二节例句来自中国社会科学院语言研究所方言组《方言调查词汇表》第叁拾壹部分"语法"，参看《方言》1981年第3期第201—203页。

所有语法例句均先列调查条目，再列方言说法，方言说法包括注音和文字，注音在文字之上，一一对应。写不出本字的用"□"代替。

第一节

《中国语言资源调查手册·汉语方言》

01　小张昨天钓了一条大鱼，我没有钓到鱼。

　　siu³⁵tsɔŋ³³tsɔŋ⁵⁵ŋet⁵tiu²¹tʰiu⁴¹tai⁵⁵ŋi⁴¹, ŋo²¹pun²¹tʰiu⁴¹tu³³mɐu²¹tiu²¹tɐu³⁵.

　　小　张　□　日钓条　大鱼，我半　条　都　冇　钓到。

02　a. 你平时抽烟吗？ b. 不，我不抽烟。

　　a. ni²¹haŋ⁴¹si⁴¹pai³⁵iɐu²¹mɐu²¹sik⁵in³³lo³³?

　　　你行ᵓ时摆　冇　冇　食烟咯？

　　b. mɐu²¹a⁵⁵, ŋo²¹m²¹sik⁵in³³.

　　　冇啊，我唔食烟。

03　a. 你告诉他这件事了吗？ b. 是，我告诉他了。

　　a. ni²¹li³⁵kin⁵⁵si⁵⁵kɔŋ³⁵a⁵⁵pi²¹ki²¹tʰiaŋ³³la²¹?

　　　你哩件事讲阿畀渠听　啦？

　　b. hɐi⁵⁵a³³, ŋo²¹kɔŋ³⁵ki²¹tʰiaŋ³³la³³lo⁵⁵.

　　　係啊，我讲渠听　啦咯。

04　你吃米饭还是吃馒头？

　　ni²¹sik⁵fan⁵⁵a³³haŋ⁴¹hɐi⁵⁵sik⁵man⁵⁵tʰau⁴¹?

　　你食饭啊行ᵓ係食馒头？

05　你到底答应不答应他？

　　ni²¹tɐu²¹tɐi³⁵oi²¹ɐŋ³³sɐŋ⁴¹ki²¹m²¹ɐŋ³³sɐŋ⁴¹ki³⁵?

　　你到底爱应承渠唔应承渠？

06 　a.叫小强一起去电影院看《刘三姐》。b.这部电影他看过了。／他这部电影看过了。／
他看过这部电影了。

　　a. ham²¹siu³⁵kʰiɔŋ⁴¹tsʰɐi⁴¹ka³³hi²¹iaŋ³⁵in³⁵tʰɐi³⁵lau⁴¹sam³³tsia³⁵tin⁵⁵iaŋ³⁵.

　　　喊　小　强　齐　家　去　影　院　睇　《刘 三 姐》电　影。

　　b. li³⁵pu⁵⁵tin⁵⁵iaŋ³⁵ki²¹tʰɐi³⁵ko²¹³.

　　　哩 部　电 影　渠　睇　过。

07　你把碗洗一下。

　　ni²¹ko³⁵nai⁵⁵un³⁵lau³³ki²¹sɐi³⁵ha⁵⁵ki²¹³.

　　你 嗰 乃　碗　捞　渠 洗 下 渠。

08　他把橘子剥了皮，但是没吃。

　　ki²¹lau³³kɐt⁵tsɐi³⁵pʰi⁴¹mɐk⁵o³³ki²¹³, iɐu⁵⁵m²¹sik².

　　渠　捞　橘 仔　皮　擘　哦 渠，又　唔 食。

09　他们把教室都装上了空调。

　　ki²¹nai⁵⁵tsui⁵⁵kau²¹sɐt⁵tu³³tsɔŋ³³sɔŋ²¹liu²¹laŋ²¹hi²¹³.

　　渠 乃　在　教　室　都　装　上 了　冷　气。

10　帽子被风吹走了。

　　(ŋo²¹) tiaŋ³⁵tsun³⁵pi³⁵fɔŋ³³tsʰui³³tsɐu³⁵lo⁴¹.

　　（我）顶　转　界 风　吹　走　略。

11　张明被坏人抢走了一个包，人也差点儿被打伤。

　　tsɔŋ³³mɐŋ⁴¹pi³⁵lan⁵⁵tsɐi³⁵tsʰiɔŋ³⁵tsɐu³⁵iɐt⁵tsɐk⁵pau³³, iɐn⁴¹tsaŋ³³nai⁵⁵tsɐi⁵⁵pi³⁵ki²¹ta³⁵.

　　张　明　界 烂 仔　抢　走　一 只　包，人　争 乃　仔 界 渠 打。

12　快要下雨了，你们别出去了。

　　fai²¹lɔk⁵sui³⁵la³³, ni²¹nai⁵⁵m²¹ɐu³⁵tsʰɐt⁵hi²¹a³³.

　　快　落 水 啦，你 乃　唔 好 出　去　啊。

13　这毛巾很脏了，扔了它吧。

　　li³⁵tʰiu⁴¹sɐu³⁵kɐn³³hɐu³⁵lɐi³³tsɐi⁵⁵, tɐm³⁵o³³ki²¹³.

　　哩 条　手 巾　好　□　膌，扰 哦 渠。

14　我们是在车站买的车票。

　　ŋo²¹nai⁵⁵hɐi⁵⁵tsui⁵⁵tsʰa³³tsam⁵⁵mai²¹ko³³tsʰa³³pʰiu²¹³.

　　我 乃　係　在　车　站　买　个　车　票。

15　墙上贴着一张地图。

　　li⁴¹piak⁵tʰip⁵tsɔŋ³³ti⁵⁵tʰu⁴¹.

　　篱 壁　贴　张　地　图。

16　床上躺着一个老人。

mun⁴¹tsʰɔŋ⁴¹fɐn²¹tsɐk⁵lɐu³⁵iɐn⁴¹.

眠　床　　瞓　只　老人。

17　河里游着好多小鱼。

tsɐn³³hɐi⁵⁵hɐu³⁵to³³sɐi²¹tʰiu⁴¹ŋi⁴¹hɐi³⁵iɐu⁴¹.

真　係　好　多　细　条　鱼　喺游。

18　前面走来了一个胖胖的小男孩。

tʰɐu⁴¹tsʰin⁴¹iɐu²¹tsɐk⁵nɐp⁵nɐp⁵ke³³sɐi²¹tsɐi³⁵tsɐu³⁵a³³lui⁴¹.

头　　前　有　只　□□嘅　细　仔　走　啊来。

19　他家一下子死了三头猪。

ki²¹ok⁵kai³⁵iɐt⁵ha⁵⁵tsɐu⁵⁵si³⁵o³³sam³³tʰiu⁴¹tsi³³.

渠　屋解　一　下　就　死哦三　条　猪。

20·　这辆汽车要开到广州去。／这辆汽车要开去广州。

li³⁵ka³³tsʰa³³oi⁵⁵fui³³hi²¹kɔŋ³⁵tsɐu³³.

哩架　车　爱　开　去　广　州。

21　学生们坐汽车坐了两整天了。

hɔk²saŋ³³tsɐi³⁵tsʰo²¹tsʰa³³tu³³tsʰo²¹o³³liɐŋ³⁵ŋɐt⁵a²¹.

学　生　仔　坐　车　都　坐哦两　日啊。

22　你尝尝他做的点心再走吧。

ni²¹tsʰɔŋ⁴¹ha⁵⁵ki²¹tso⁵⁵ke³³tim³⁵sɐm³³tsɐŋ²¹tsɐu³⁵la³³.

你　尝　下　渠　做　嘅点　心　正　走　啦。

23　a. 你在唱什么？ b. 我没在唱，我放着录音呢。

a. ni²¹ko³⁵tʰɐu⁴¹tsʰiɔŋ²¹me⁴¹a³³?

你　啯　头　　唱　咩　啊？

b. ŋo³⁵mɐu²¹tsʰiɔŋ²¹³, ŋo²¹ko³⁵tʰɐu⁴¹fɔŋ²¹kɐn³⁵lok²im³³ki³³.

我　冇　唱，　我　啯　头　放　紧　录　音机。

24　a. 我吃过兔子肉，你吃过没有？ b. 没有，我没吃过。

a. ŋo²¹sik⁵ko²¹tʰu²¹tsɐi³⁵ŋiok⁵, ni²¹iɐu²¹sik⁵ko²¹mɐu³⁵?

我　食过　兔　仔　肉，　你　有　食　过　冇？

b. ŋo²¹mɐu²¹sik⁵ko²¹³.

我　冇　食过。

25 我洗过澡了，今天不打篮球了。

ŋo²¹sɐi³⁵a³³sɐn³³la³³, (ŋo²¹) kɐn³³ŋɐt⁵tsɐu⁵⁵m²¹ta³⁵lam⁴¹kʰiɐu⁴¹la³³.

我 洗 啊 身 啦,（我）今 日 就 唔 打 篮 球 啦。

26 我算得太快算错了，让我重新算一遍。

ŋo²¹sun²¹tɐk⁵hɐu³⁵kiɐp⁵o²¹, sun²¹tsʰo²¹lo³³, pi³⁵ŋo²¹fan³³sun²¹ko²¹iɐt⁵tsʰi²¹³.

我 算 得 好 急 哦,算 错 咯, 畀 我 翻 算 过 一 次。

27 他一高兴就唱起歌来了。

ki²¹iɐt⁵fun³³hi³⁵tsɐu⁵⁵tsʰiɔŋ²¹hi³⁵ko³³lui⁴¹.

渠 一 欢 喜 就 唱 起 歌 来。

28 谁刚才议论我老师来着?

tʰɐu⁴¹ha⁵⁵nai⁵⁵sui⁴¹ko³⁵tʰɐu⁴¹tʰɐu³⁵lɐn⁵⁵ŋo²¹lɐu³⁵si³³o⁵⁵?

头 下 乃 谁 嗰 头 讨 论 我 老 师 哦?

29 只写了一半，还得写下去。

(ŋo²¹) sia³⁵lo²¹iɐt⁵pun²¹³, uan⁴¹oi²¹sia³⁵lɔk²hi²¹³.

（我）写 咯 一 半, 还 爱 写 落 去。

30 你才吃了一碗米饭，再吃一碗吧。

ni⁴¹tsɐŋ²¹sik⁵tɐu³⁵iɐt⁵un³⁵fan⁵⁵tsɐŋ²¹la³³, sik⁵to³³un³⁵la⁵⁵.

你 正 食 到 一 碗 饭 正 啦, 食 多 碗 啦。

31 让孩子们先走，你再把展览仔仔细细地看一遍。

pi³⁵sɐi²¹tsɐi³⁵sin³³haŋ⁴¹a³³, ni⁴¹tsui²¹sɐi²¹tsi²¹tʰɐi³⁵ha⁵⁵tsɐi⁵⁵tsin³⁵lam⁵⁵.

畀 细 仔 先 行 啊, 你 再 细 致 睇 下 仔 展 览。

32 他在电视机前看着看着睡着了。

ki²¹a³³tʰɐi³⁵tin⁵⁵si⁵⁵tʰɐi³⁵a³³tʰɐi³⁵tsɐu⁵⁵fɐn²¹ə⁵⁵kau²¹lo²¹.

渠 啊 睇 电 视 睇 啊 睇 就 瞓 哦 觉 咯。

33 你算算看，这点钱够不够花?

ni²¹sun²¹a⁵⁵, tʰɐi³⁵tit⁵tsʰin⁴¹kau²¹m²¹kau²¹sɐi³⁵?

你 算 啊, 睇 啲 钱 够 唔 够 使?

34 老师给了你一本很厚的书吧?

sin³³sɐŋ³³pi³⁵iɐt⁵pun³⁵hɐu³⁵pʰɐn⁴¹ke³³si³³ni³⁵?

先 生 畀 一 本 好 膨 嘅 书 你?

35 那个卖药的骗了他一千块钱呢。

ko³⁵tsɐk⁵mai⁵⁵iɔk²ko³³pʰin²¹ə³³ki²¹ɐt⁵tsʰin³³ŋɐn⁴¹.

嗰 只 卖 药 个 骗 哦 渠 一 千 银。

36　a. 我上个月借了他三百块钱。借入 b. 我上个月借了他三百块钱。借出

　　a. ŋo²¹sɔŋ⁵⁵tsɐk⁵ŋit²lau³³ki²¹tsia²¹a³³sam³³pak²ŋɐn⁴¹.

　　　我 上 只 月 捞 渠 借 啊 三 百 银。

　　b. ŋo²¹sɔŋ⁵⁵tsɐk⁵ŋit²tsia²¹a³³sam³³pak⁵ŋɐn⁴¹pi³⁵ki²¹³.

　　　我 上 只 月 借 啊 三 百 银 畀渠。

37　王先生的刀开得很好。

　　uɔŋ⁴¹sin³³saŋ³³ti⁵⁵sɐu³⁵sut²tso⁵⁵tɐk⁵hɐu³⁵hɐu³⁵.

　　　王 先 生 啲 手 术 做 得 好 好。

38　我不能怪人家，只能怪自己。

　　ŋo²¹m²¹kuai²¹tɐk⁵iɐn⁴¹ka³³, ŋo²¹iu²¹kuai²¹kuai²¹tsi⁵⁵ki³⁵a³³.

　　　我 唔 怪 得 人 咖，我 要 怪 怪 自 己 啊。

39　a. 明天王经理会来公司吗？ b. 我看他不会来。

　　a. sin³³tsɐu³⁵uɔŋ⁴¹kiɐŋ³³li³⁵lui⁴¹m²¹lui⁴¹kɔŋ³³si³³a³³?

　　　先 早 王 经 理 来 唔 来 公 司 啊？

　　b. ŋo²¹tʰɐi³⁵ki²¹tu³³m²¹hiu³⁵lui⁴¹lo⁴¹.

　　　我 睇 渠 都 唔 晓 来 咯。

40　我们用什么车从南京往这里运家具呢？

　　ŋo²¹nai⁵⁵oi²¹iɔŋ²¹me⁴¹a³³tsʰa³³tsʰɔŋ⁴¹nam⁴¹kiɐŋ³³uɐn²¹nai⁵⁵ka³³si³³ko²¹lui⁴¹a³³?

　　　我 乃 爱 用 咩 啊 车 从 南 京 运 乃 家 私 过 来 啊？

41　他像个病人似的靠在沙发上。

　　ki²¹hɐu³⁵siɔŋ⁵⁵ɐk⁵tsɐk⁵piaŋ⁵⁵iɐn⁴¹ŋɐn⁵⁵fɐn²¹hɐi³⁵sa³³fa³³tʰɐu²¹.

　　　渠 好 像 一 只 病 人 □ 瞓 喺 沙 发 头。

42　这么干活连小伙子都会累坏的。

　　(ki²¹) na³⁵ŋɐn⁵⁵tso⁵⁵kɔŋ³³fu³³o²¹lin⁴¹hɐu⁵⁵saŋ³³tsɐi³⁵tu³³kau³⁵m²¹tim⁵⁵a³³.

　　　（渠）那 □ 做 工 夫 哦 连 后 生 仔 都 搞 唔 掂 啊。

43　他跳上末班车走了。我迟到一步，只能自己慢慢走回学校了。

　　ki²¹tʰiu⁵⁵sɔŋ²¹tsui²¹mi²¹iɐt⁵pan³³tsʰa³³. ŋo²¹tsʰi⁴¹tɐu²¹iɐt⁵pu⁵⁵, ŋo²¹pɐt⁵si⁵⁵tsi⁵⁵ki³⁵man⁵⁵man⁵⁵

　　　渠 跳 上 最 尾 一 班 车。 我 迟 到 一 步， 我 不 是 自 己 慢 慢

　　haŋ⁴¹iɐp² hɔk²hau⁵⁵a³³.

　　　行 入 学 校 啊。

44　这是谁写的诗？谁猜出来我就奖励谁十块钱。

　　li³⁵nai⁵⁵sui⁴¹sia³⁵ke³³si³³? nai⁵⁵sui⁴¹tsʰai⁴¹ɐk⁵tsʰɐt⁵ne⁵⁵ŋo²¹tsɐu⁵⁵pi³⁵sɐp²ɐk⁵ŋɐn⁴¹ki³⁵.

　　　哩 乃 谁 写 嘅 诗？ 乃 谁 猜 得 出 呢 我 就 畀 十 只 银 渠。

45　我给你的书是我教中学的舅舅写的。

ŋo²¹pi³⁵ni²¹ko³³si³³hɐi⁵⁵ŋo²¹tsui²¹tsoŋ³³hok⁵ŋoi²¹kʰiɐu²¹sia³⁵ko³³.

我 畀 你 个 书 係 我 在 中 学 我 舅 写 个。

46　你比我高，他比你还要高。

ni²¹pi³⁵ŋo²¹kɐu³³, ki²¹pi³⁵ni²¹han⁴¹iu²¹kɐu³³li²¹.

你 畀 我 高， 渠 畀 你 还 要 高 哩。

47　老王跟老张一样高。

lɐu³⁵uoŋ⁴¹lau³³lɐu³⁵tsoŋ³³tsʰiaŋ⁴¹kɐu³³.

老 王 捞 老 张 平 高。

48　我走了，你们俩再多坐一会儿。

ŋo²¹sin³³haŋ⁴¹la³³, ni³⁵nai³tsʰo³⁵to³³ha⁵⁵tsɐi⁵⁵a³³.

我 先 行 啦， 你 乃 坐 多 下 仔 啊。

49　我说不过他，谁都说不过这个家伙。

ŋo²¹kɔŋ³⁵m²¹iaŋ⁴¹ki²¹³, nai⁵⁵sui⁴¹tu³³kɔŋ³⁵ki²¹m²¹iaŋ⁴¹.

我 讲 唔 赢 渠， 乃 谁 都 讲 渠 唔 赢。

50　上次只买了一本书，今天要多买几本。

sɔŋ⁵⁵tsʰi⁵⁵mai²¹tɐk⁵iɐt⁵pun³⁵si³³, ŋo²¹kɐn³³ŋɐt²iu²¹mai²¹to³³nai⁵⁵a³³.

上 次 买 得 一 本 书， 我 今 日 要 买 多 乃 啊。

第二节

《汉语方言语法调查例句》

001 这句话用占米话怎么说？

nau^{41}ki^{21}ua^{55}ioŋ^{55}tsim^{33}mei^{35}ua^{55}tim^{35}ŋan^{55}kɔŋ^{35}?

□ 句 话 用 占 米 话 点 □ 讲?

li^{35}ki^{21}ua^{55}ioŋ^{55}tsim^{33}mei^{35}ua^{55}tian^{55}kɔŋ^{35}?

哩 句 话 用 占 米 话 □ 讲?

002 **你还会说别的地方的话吗？**

ni^{21}uan^{41} ~ han^{41}fui^{55}kɔŋ^{35}pit^{2}uɐi^{55}ko^{33}ua^{55}m^{21}hiu^{35}?

你 还 会 讲 别 位 个 话 唔 晓?

ni^{21}uan^{41} ~ han^{41}sɐk^{5}kɔŋ^{35}nai^{35}tsɐk^{5}ti^{55}fɔŋ^{33}ko^{33}ua^{55}?

你 还 识 讲 乃 只 地 方 个 话?

ni^{21}uan^{41} ~ han^{41}sɐk^{5}kɔŋ^{35}mia^{41}ti^{55}fɔŋ^{33}ko^{33}ua^{55}?

你 还 识 讲 咩 地 方 个 话?

003 **不会了，我从小就没出过门，只会说占米话。**

m^{21}sɐk^{5}/ hiu^{35}la^{33}, ŋo^{21}tsʰoŋ^{41}sɐi^{21}tɐu^{41}tai^{55}mɐu^{21}tsʰɐt^{5}ko^{21}mun^{41}, tsɐŋ^{55}sɐk^{5}kɔŋ^{35}tsim^{33}mei^{35}ua^{55}.

唔 识/ 晓 啦, 我 从 细 到 大 冇 出 过 门, 净 识 讲 占 米 话。

004 **会，还会说白话、客家话、学佬话，不过说得不怎么好。**

fui^{55}kɔŋ^{35}a^{33}, (ŋo^{21}) han^{41}fui^{55}kɔŋ^{35}pak^{2}ua^{55}, hak^{5}ka^{33}ua^{55}, hɔk^{2}lɐu^{35}ua^{55}, pɐt^{5}ko^{21}kɔŋ^{35}tɐk^{5}mɐu^{21}

会 讲 啊, (我) 还 会 讲 白话、客 家 话、学 佬话, 不过 讲 得 冇

kam^{21}hɐu^{35}ko^{33}lo^{33}.

咁 好 个 咯。

sek⁵a³³,（ŋo²¹）uan⁴¹sek⁵kɔŋ³⁵pak²ua⁵⁵, hak⁵ka³³ua⁵⁵, hɔk²lɐu³⁵ua⁵⁵, pɐt⁵ko²¹kɔŋ³⁵tɛk⁵mɐu²¹kam³³

识 啊，（我）还 识 讲 白 话、客 家 话、学 佬 话，不 过 讲 得 冇 咁

tsɐŋ²¹tsɐu⁵⁵hɐi⁵⁵la³³.

正 就 係 啦。

005 **会说普通话吗?**

fui⁵⁵kɔŋ³⁵pʰu³⁵tʰoŋ³³ua⁵⁵m²¹ hiu³⁵?

会 讲 普 通 话 唔 晓?

sɐk⁵m²¹sɐk⁵kɔŋ³⁵pʰu³⁵tʰoŋ³³ua⁵⁵a⁵⁵?

识 唔 识 讲 普 通 话 啊?

006 **不会说，没有学过。**

m²¹hiu³⁵kɔŋ³⁵, mɐu²¹hɔk⁵ko²¹³.

唔 晓 讲， 冇 学 过。

m²¹sɐk⁵kɔŋ³⁵, mɐu²¹hɔk⁵ko²¹³.

唔 识 讲， 冇 学 过。

007 **会说一点儿，不标准就是了。**

fui⁵⁵kɔŋ³⁵nai⁵⁵tɐi⁵⁵, m²¹tɐk⁵piu³³tsɐn³⁵la³³.

会 讲 乃 仔，唔 得 标 准 啦。

sɐk⁵kɔŋ³⁵nai⁵⁵tɐi⁵⁵, mɐu²¹ko³⁵ŋan⁵⁵tsɐŋ²¹tsɐu⁵⁵hɐi⁵⁵la³³.

识 讲 乃 仔，冇 嗰□ 正 就 係 啦。

008 **在什么地方学的普通话?**

tsʰui⁵⁵nai³⁵tʰau⁴¹hɔk⁵pʰu³⁵tʰoŋ³³ua⁵⁵a⁵⁵?

在 乃 头 学 普 通 话 啊?

tsʰui⁵⁵nai³⁵tsɐk⁵uɐi⁵⁵tsi²¹hɔk⁵tɐk⁵pʰu³⁵tʰoŋ³³ua⁵⁵?

在 乃 只 位 处 学 得 普 通 话?

009 **上小学中学都学普通话。**

sɔŋ²¹siu³⁵hɔk⁵tsoŋ³³hɔk⁵tu³³iɐu²¹hɔk²pʰu³⁵tʰoŋ³³ua⁵⁵la³³.

上 小 学 中 学 都 有 学 普 通 话 啦。

010 **谁呀? 我是老王。**

nai⁵⁵sui⁴¹a³³? ŋo²¹hɐi⁵⁵lɐu³⁵uɔŋ⁴¹ŋo⁴¹.

乃 谁 啊? 我 係 老 王 哦。

011 **您贵姓? 我姓王，您呢?**

ni²¹siaŋ²¹mia⁴¹a³³? ŋo²¹siaŋ²¹uɔŋ⁴¹, ni²¹ne³³?

你 姓 咩 啊? 我 姓 王， 你 呢?

012 我也姓王，咱俩都姓王。

ŋo^{21}ia^{55}siaŋ^{21}uɔŋ^{41}, ŋo^{21}a^{55}liɔŋ^{35}iɐn^{41}tu^{33}siaŋ^{21}uɔŋ^{41}.

我 也 姓 王， 我 啊 两 人 都 姓 王。

ŋo^{21}ia^{55}siaŋ^{21}uɔŋ^{41}, ŋo^{21}nai^{55}liɔŋ^{35}tsɐk^{5}tso^{55}ha^{55}siaŋ^{21}uɔŋ^{41}.

我 也 姓 王， 我 乃 两 只 做 下 姓 王。

013 巧了，他也姓王，本来是一家嘛。

kam^{21}a^{33}kʰau^{41}, ki^{21}ia^{55}hɐi^{55}siaŋ^{21}uɔŋ^{41}, pun^{35}sɐŋ^{33}hɐi^{55}iɐt^{5}ka^{33}a^{33}ma^{33}.

咁 啊 巧， 渠 也 係 姓 王， 本 生 係 一 家 啊 嘛。

014 老张来了吗？说好他也来的！

lɐu^{35}tsɔŋ^{33}lui^{41}a^{33}mɐu^{213}? kɔŋ^{35}hɐu^{35}ki^{21}tu^{33}hui^{55}lui^{41}o^{33}lo^{33}!

老 张 来 啊冇？ 讲 好 渠 都 会 来 啊咯！

015 他没来，还没到吧。

ki^{21}mɐu^{21}lui^{41}, han^{41}tsoŋ^{55}mɐu^{21}tɐu^{21}li^{21}.

渠 冇 来， 还 重 冇 到 哩。

016 他上哪儿了？还在家里呢。

ki^{21}hi^{21}nai^{35}tʰau^{41}o^{33}? han^{41}tsʰui^{55}ok^{5}kai^{35}(ko^{35}) tʰau^{41}a^{33}.

渠 去 乃 头 哦？ 还 在 屋 解（嗰）头 啊。

017 在家做什么？在家吃饭呢。

tsʰui^{55}ok^{5}kai^{35}tso^{55}a^{33}mia^{41}a^{33}? tsʰui^{55}ok^{5}kai^{35}sik^{2}fan^{55}a^{33}.

在 屋 解 做 啊咩 啊？ 在 屋 解 食 饭 啊。

018 都几点了，怎么还没吃完？

ki^{35}a^{33}tim^{35}tsoŋ^{33}la^{33}, tso^{55}mia^{41}han^{41}tso^{55}mɐu^{21}sik^{2}pau^{35}a^{33}?

几 啊 点 钟 啦， 做 咩 还 做 冇 食 饱 啊？

019 还没有呢，再有一会儿就吃完了。

han^{41}mɐu^{21}lie^{41}, to^{33}ha^{55}tsɐi^{55}tsɐu^{55}sik^{2}pau^{35}la^{33}.

还 冇 咧，多 下 仔 就 食 饱 啦。

020 他在哪儿吃的饭？

ki^{21}tsui^{55}nai^{35}tʰɐu^{41}sik^{2}fan^{55}o^{21}?

渠 在 乃 头 食 饭 哦？

021 他是在我家吃的饭。

ki^{21}tsui^{55}ŋo^{21}ok^{5}kai^{35}tʰɐu^{41}sik^{2}fan^{55}.

渠 在 我 屋 解 头 食 饭。

022 　真的吗？真的，他是在我家吃的饭。

　　　heɪ⁵⁵me⁵⁵? heɪ⁵⁵a³³, ki²¹heɪ⁵⁵tsʰui⁵⁵ŋo²¹ok⁵ki³⁵tʰɐu⁴¹sik²fan⁵⁵.

　　　係　咩？係啊，渠係　在　我　屋企＝头食饭。

　　　tsɐn³³ke³³me⁵⁵? iɐu²¹iaŋ³⁵a³³, ki²¹tsui⁵⁵ŋo²¹ok⁵ki³⁵sik²fan⁵⁵.

　　　真　嘅咩？　有影啊，渠在　我屋企＝食饭。

023 　先喝一杯茶再说吧！

　　　sik²tam⁵⁵tsʰa⁴¹tsɐn²¹kɔŋ³⁵la⁵⁵!

　　　食　啖　茶　正　讲　啦！

　　　sik²pui³³tsʰa⁴¹tsui²¹kɔŋ³⁵la⁵⁵!

　　　食　杯　茶　再　讲　啦！

024 　说好了就走的，怎么半天了还不走？

　　　kɔŋ³⁵hɐu³⁵a³³tsɐu⁵⁵tsɐu³⁵a³³, tso⁵⁵mia⁴¹a³³tai⁵⁵pun²¹ŋɐt⁵la³³han⁴¹a³³m²¹tsɐu³⁵?

　　　讲　好　啊就　走　啊，做　咩啊大　半　日啦　还啊唔　走？

　　　kɔŋ³⁵hɐu³⁵la³³tsɐu⁵⁵oi²¹tsɐu³⁵, tim³⁵ŋɐn⁵⁵tai⁵⁵pun²¹ŋɐt⁵la³³han⁴¹tu³³m²¹tsɐu³⁵?

　　　讲　好　啦就　爱　走，　点　□　大半　日啦还都　唔走？

025 　他磨磨蹭蹭的，做什么呢？

　　　ki²¹tʰo³³tʰo³³lai³³lai³³ŋan⁵⁵, tso⁵⁵mia⁴¹a³³ka³³fo³⁵?

　　　渠　拖　拖　拉　拉　□，做　咩　啊家　伙？

　　　ki²¹tʰo³³tʰo³³tsʰe³⁵tsʰe³⁵, tso⁵⁵mɐt⁵kuɐi³⁵o³³?

　　　渠　拖　拖　扯　扯，　做　乜　鬼　哦？

026 　他正在那儿跟一个朋友说话呢。

　　　ki²¹tsʰui⁵⁵ko³⁵tʰɐu⁴¹lau³³tsɐk⁵pʰɐŋ⁴¹iɐu²¹fat⁵ua⁵⁵li²¹.

　　　渠　在　嗰头　捞　只　朋　友　发话哩。

027 　还没说完啊？催他快点儿！

　　　uan⁴¹tsɔŋ⁵⁵mɐu²¹kɔŋ³⁵hɐu³⁵a³³? ham²¹ki²¹fɐi²¹nai⁵⁵tsɐi⁵⁵a³³!

　　　还　重　有　讲　好　啊？喊　渠快乃　仔啊！

028 　好，好，他就来了。

　　　hɐu³⁵hɐu³⁵, ki²¹tsɐu⁵⁵lui⁴¹ko²¹lo³³.

　　　好　好，渠就　来个咯。

029 　你上哪儿去？我上街去。

　　　ni²¹hi²¹nai³⁵tʰɐu⁵⁵o³³? ŋo²¹hi²¹haŋ⁴¹kai³³le³³.

　　　你去乃　头　哦？我去行街　咧。

ni²¹hi²¹nai³⁵a³³? ŋo²¹hi²¹haŋ⁴¹kai³³a³³.

你　去　乃　啊? 我　去　行　街　啊。

030　你多会儿去？我马上就去。

ni²¹kiɔŋ³³si⁴¹hi²¹o³³? ŋo²¹kɐn³³ha⁵⁵tsɐu⁵⁵hi²¹³.

你　□　时　去　哦? 我　跟　下　就　去　。

031　做什么去呀？家里来客人了，买点儿菜去。

hi²¹tso⁵⁵mia⁴¹a³³? ok⁵kai³⁵iɐu²¹iɐn⁴¹hak⁵lui⁴¹, hi²¹mai²¹nai⁵⁵soŋ²¹ / tsʰui²¹kuɐi³³.

去　做　咩　啊? 屋解有　人　客　来，去买　乃　䌛/　菜　归。

032　你先去吧，我们一会儿再去。

ni²¹sin³³haŋ⁴¹ua⁵⁵, ŋo²¹nai³³to³³ha⁵⁵tsɐi⁵⁵tsɐu⁵⁵hi²¹³.

你　先　行　哇，我　乃　多　下　仔　就　去。

033　好好儿走，别跑！小心摔跤了。

man⁵⁵man⁵⁵haŋ⁴¹, mɐu³⁵tsau³⁵!mui⁴¹tit⁵lɔk²hi²¹³.

慢　慢　行，冇　走! □　跌落　去。

034　小心点儿，不然的话摔下去爬都爬不起来。

siu³⁵sɐm³³nai⁵⁵a³³, m²¹si⁴¹tit⁵tɐu²¹lɔk²hi²¹³pʰa⁴¹tu³³pʰa⁴¹m²¹hi³⁵sɐn³³la²¹.

小　心　乃　啊，唔时　跌到　落去　爬　都　爬　唔　起　身　啦。

035　不早了，快去吧！

hɐu³⁵an²¹la³³, hɐu³⁵haŋ⁴¹fai²¹nai⁵⁵hi²¹³lo²¹!

好　晏啦，好　行　快　乃　去　咯!

036　这会儿还早呢，过一会儿再去吧。

ka³³na⁵⁵tso⁵⁵tsɐu⁵⁵si⁴¹, to³³ha⁵⁵tsɐi⁵⁵tsɐŋ²¹hi²¹la⁵⁵.

家　□　做　早　时，多　下　仔　正　去　啦。

li³⁵ha⁵⁵uan⁴¹tsoŋ⁵⁵tsɐu⁵⁵li²¹, to³³ha⁵⁵tsɐi⁵⁵tsɐŋ²¹hi²¹la⁵⁵.

哩下　还　重　早　哩，多　下　仔　正　去　啦。

037　吃了饭再去好不好？

sik²pau³⁵fan⁵⁵tsɐŋ²¹hi²¹³hɐu³⁵m²¹hɐu³⁵?

食　饱　饭　正　去　好　唔　好?

038　不行，那可就来不及了。

m²¹tɐk⁵, kian⁵⁵lui⁴¹m²¹tsʰit⁵lo²¹.

唔　得，□　来　唔　切　咯。

m²¹tɐk⁵, kian⁵⁵lui⁴¹m²¹kiɐp⁵lo²¹.

唔　得，□　来　唔　及　咯。

039 不管你去不去，反正我是要去的。

kun³⁵tsʰui⁴¹ni²¹hi²¹m²¹hi²¹³, fan³⁵tsɐŋ²¹ŋo²¹hɐi⁵⁵oi²¹hi²¹ko³³lo³³.

　管　才　你去唔去，反正　我　係　爱去　个　略。

ta³⁵kun³⁵ni²¹oi²¹hi²¹m²¹hi²¹³, fan³⁵tsɐŋ²¹ŋo²¹tsɐu⁵⁵oi²¹hi²¹³.

　打　管　你 爱去唔 去， 反 正　我　就　爱去。

040 你爱去不去。你爱去就去，不爱去就不去。

ni²¹oi²¹hi²¹m³⁵. ni²¹oi²¹hi²¹tsɐu⁵⁵hi²¹³, m²¹oi²¹hi²¹tsɐu⁵⁵m²¹hi²¹³.

　你 爱去 唔。 你 爱去　就 去，　唔 爱去 就 唔　去。

ni²¹oi²¹hi²¹m²¹hi²¹³. ni²¹oi²¹hi²¹tsɐu⁵⁵hi²¹³, m²¹hi²¹tsɐu⁵⁵m²¹hi²¹³.

　你 爱去 唔去。 你 爱去就 去，　唔去 就 唔去。

041 那我非去不可！

kian⁵⁵ŋo²¹iɐt⁵tɐŋ⁵⁵ui⁵⁵hi²¹³!

　□　我　一 定 会 去！

kian⁵⁵ŋo²¹tɐŋ⁵⁵tɐŋ⁵⁵tu³³ui⁵⁵hi²¹³!

　□　我 定 定 都 会去！

042 那个东西不在这儿，也不在那儿。

ko³⁵tsɐk⁵ka³³fo³⁵m²¹tsʰui⁵⁵nau⁴¹, ia²¹m²¹tsʰui⁵⁵ko³⁵tʰɐu⁴¹.

　嗰 只 家 伙 唔 在 □， 也 唔 在 嗰 头。

ko³⁵tsɐk⁵ka³³fo³⁵mɐu²¹tsʰui⁵⁵li³⁵tʰɐu⁴¹, iɐu²¹mɐu²¹tsʰui⁵⁵ko³⁵tʰɐu⁴¹.

　嗰 只 家 伙 冇 在 哩头， 又 冇 在 嗰 头。

ko³⁵tsɐk⁵ka³³fo³⁵mɐu²¹tsʰui⁵⁵li³⁵tsik⁵, iɐu²¹mɐu²¹tsʰui⁵⁵ko³⁵tsik⁵.

　嗰 只 家 伙 冇 在 哩□， 又 冇　在 嗰 □。

043 那到底在哪儿？

kian⁵⁵tɐu²¹tɐi³⁵tsʰui⁵⁵nai³⁵tʰɐu⁴¹?

　□　到 底 在 乃 头？

044 我也说不清楚，你问他去！

ŋo²¹kɔŋ³⁵m²¹tɐk⁵tsʰɐŋ³³tsʰo³⁵, ni²¹mɐn⁵⁵ki²¹a³³!

　我 讲 唔得　清 楚， 你 问 渠 啊！

ŋo²¹ia⁵⁵kɔŋ³⁵m²¹tsʰɐŋ³³tsʰo³⁵a²¹, ni²¹mɐn⁵⁵ki²¹la⁵⁵!

　我 也 讲唔 清 楚 啊， 你 问 渠 啦！

045 怎么办呢？不是那么办，要这么办才对。

tian⁵⁵tso⁵⁵ne⁵⁵?m²¹hɐi⁵⁵ko³⁵ŋan⁵⁵tso⁵⁵, hɐi⁵⁵hai³⁵ŋan⁵⁵tso⁵⁵.

　□　做 呢？ 唔 係 嗰 □做，　係 □ □ 做。

264

046　要多少才够呢？

oi²¹ki³⁵to⁵⁵tsɐŋ²¹tɐk⁵kɐu²¹a³³?

爱 几 多 正 得 够 啊？

047　太多了，要不了那么多，只要这么多就够了。

kʰa⁴¹to³³la³³, m²¹sɐi³⁵kam²¹to³³, kam⁵⁵to³³tsɐu⁵⁵kɐu²¹la³³.

岂 多 啦， 唔 使 咁 多， 咁 多 就 够 啦。

kʰa⁴¹ka³³to³³, m²¹sɐi³⁵kam²¹to³³, kam⁵⁵to³³tsɐu⁵⁵kɐu²¹³.

岂 加 多， 唔 使 咁 多， 咁 多 就 够。

048　不管怎么忙，也得好好儿学习。

kun³⁵tsʰui⁴¹tian⁵⁵m²¹tɐk⁵han⁴¹, han⁴¹tsui⁵⁵hɐu³⁵hɐu³⁵hɔk⁵sɐp²o²¹.

管 才 □ 唔 得 闲， 还 在 好 好 学 习 哦。

049　你闻闻这朵花香不香？

ni²¹mɐn⁴¹ha⁵⁵kʰɐi³⁵li³⁵tio³⁵fa³³hiɔŋ³³m²¹hiɔŋ³³?

你 闻 下 睇 哩朵 花 香 唔 香？

ni²¹mɐn⁴¹ha⁵⁵nau⁴¹tio³⁵fa³³hiɔŋ³³m²¹hiɔŋ³³ŋo⁵⁵?

你 闻 下 □ 朵 花 香 唔 香 哦？

050　好香呀，是不是？

hɐu³⁵hiɔŋ³³ŋo³³, hɐi⁵⁵mɐi⁵⁵?

好 香 哦， 係 咪？

hɐi⁵⁵mɐi⁵⁵hɐu³⁵hiɔŋ³³ŋa⁵⁵?

係 咪 好 香 啊？

051　你是抽烟呢，还是喝茶？

ni²¹hɐi⁵⁵oi²¹sik⁵in³³ne⁵⁵, uan⁴¹si⁵⁵oi²¹sik⁵tsʰa⁴¹?

你 係 爱 食 烟 呢， 还 是 爱 食 茶？

ni²¹oi²¹sik⁵in³³ne⁵⁵, han⁴¹tɐŋ⁵⁵sik⁵tsʰa⁴¹?

你 爱 食 烟 呢， 还 定 食 茶？

052　烟也好，茶也好，我都不会。

sik⁵in³³ia⁵⁵hɐu³⁵, sik⁵tsʰa⁴¹ia⁵⁵hɐu³⁵, ŋo²¹tsʰun⁴¹pu⁵⁵tu³³m²¹sik⁵.

食 烟 也 好， 食 茶 也 好， 我 全 部 都 唔 食。

sik⁵in³³ia⁵⁵hɐu³⁵, sik⁵tsʰa⁴¹ia⁵⁵hɐu³⁵, ŋo²¹tso⁵⁵m²¹fui⁵⁵.

食 烟 也 好， 食 茶 也 好， 我 做 唔 会。

053 医生叫你多睡一睡，抽烟喝茶都不行。

sin³³saŋ³³ham²¹ni²¹fɐn²¹to³³a³³tsɐi⁵⁵o²¹, sik⁵in³³lau³³sik⁵tsʰa⁴¹tu³³m²¹tɐk⁵.

先 生 喊 你 瞓 多 啊仔 哦，食 烟 捞 食 茶 都 唔得。

054 咱们一边走一边说。

ŋo²¹nai⁵⁵pin³³haŋ⁴¹pin³³kɔŋ³⁵ŋa³³.

我 乃 边 行 边 讲 啊。

ŋo²¹nai⁵⁵iɐt⁵lu⁵⁵haŋ⁴¹iɐt⁵lu⁵⁵kɔŋ³⁵ŋa³³.

我 乃 一 路 行 一 路 讲 啊。

ŋo²¹nai⁵⁵ko³⁵tʰɐu⁴¹haŋ⁴¹ko³⁵tʰɐu⁴¹kɔŋ³⁵ŋa³³.

我 乃 嗰头 行 嗰头 讲 啊。

055 这个东西好是好，就是太贵了。

nau⁴¹tsɐk⁵ka³³fo³⁵hɐu³⁵tsɐu⁵⁵hɐi⁵⁵hɐu³⁵, pɐt⁵ko²¹tsɐu⁵⁵hɐi⁵⁵kʰa⁴¹kuɐi²¹³.

□ 只 家 伙 好 就 係 好，不过 就 係 岂 贵。

li³⁵tsɐk⁵ka³³fo³⁵hɐu³⁵hɐi⁵⁵hɐu³⁵, pɐt⁵ko²¹kʰa⁴¹kuɐi²¹a³³.

哩 只 家 伙 好 係 好，不过 岂 贵 啊。

056 这个东西虽说贵了点儿，不过挺结实的。

li³⁵tsɐk⁵ka³³fo³⁵sui³³in⁴¹kuɐi²¹nai⁵⁵, pɐt⁵ko²¹hɐu³⁵sɐt⁵tsian⁵⁵.

哩 只 家 伙 虽 然 贵 乃，不 过 好 实 净。

nau⁴¹tsɐk⁵ka³³fo³⁵sui³³in⁴¹kuɐi²¹nai⁵⁵tsɐi⁵⁵, pɐt⁵ko²¹hɐu³⁵ŋan⁵⁵sɐt⁵.

□ 只 家 伙 虽 然 贵 乃 仔，不 过 好 硬 实。

057 他今年多大了？

ki²¹kɐn³³nin⁴¹ki²¹tai⁵⁵o³³?

渠 今 年 几 大 哦？

058 也就是三十来岁吧。

tsʰa³³m²¹to³³sam³³sɐp²lian⁴¹sui²¹lo⁵⁵.

差 唔多 三 十 零 岁 咯。

tsʰa³³m²¹to³³sam³³sɐp²lian⁴¹nai⁵⁵la²¹.

差 唔多 三 十 零 乃 啦。

059 看上去不过三十多岁的样子。

tʰɐi³⁵lɔk²tsɐu⁵⁵sam³³sɐp⁵lian⁴¹lo²¹.

睇 落 就 三 十 零 咯。

lui⁴¹tʰɐi³⁵tsɐu⁵⁵sam³³sɐp⁵lian⁴¹ko²¹iɐn⁴¹.

来 睇 就 三 十 零 个 人。

060　这个东西有多重呢？

nau⁴¹tsɐk⁵ka³³fo³⁵iɐu²¹ki³⁵tsʰoŋ²¹o⁵⁵?

□　只　家　伙　有　几　重　　哦？

061　怕有五十多斤吧。

kiaŋ³³pʰa²¹iɐu²¹ŋ⁵⁵sɐp²ki³⁵kɐn³³la³³.

惊　怕　有　五十　几　斤　啦。

062　我五点半就起来了，你怎么七点了还不起来？

ŋo²¹ŋ³⁵tim³⁵pun²¹tsɐu⁵⁵hi³⁵sɐn³³la³³, ni²¹tso⁵⁵mia⁴¹a³³tsʰɐt⁵tim³⁵la⁵⁵han²¹m²¹hi³⁵sɐn³³o⁵⁵?

我　五　点　半　就　起身　啦，你　做　咩　啊七　点　啦还　唔起身　哦?

063　三四个人盖一床被。一床被盖三四个人。

sam³³si²¹tsɐk⁵iɐn⁴¹kʰɐm³⁵iɐt⁵tsoŋ³³pʰi²¹³. iɐt⁵tsoŋ³³pʰi²¹³kʰɐm³⁵sam³³si²¹tsɐk⁵iɐn⁴¹.

三　四　只　人　冚　一　张　被。一　张　被　冚　三　四　只　人。

064　一个大饼夹一根油条。一根油条外加一个大饼。

iɐt⁵tsɐk⁵tai⁵⁵piaŋ³⁵kip⁵iɐt⁵tʰiu⁴¹iɐu⁴¹tsa²¹kuɐi³⁵. iɐt⁵tʰiu⁴¹iɐu⁴¹tsa²¹kuɐi³⁵kip⁵iɐt⁵tsɐk⁵tai⁵⁵piaŋ³⁵.

一　只　大　饼　夹　一　条　油　炸　鬼。　一　条　油　炸　鬼　夹　一　只　大　饼。

065　两个人坐一张凳子。一张凳子坐了两个人。

lioŋ³⁵tsɐk⁵iɐn⁴¹tsʰo²¹iɐt⁵tsoŋ³³tɐŋ²¹³. iɐt⁵tsoŋ³³tɐŋ²¹iɐu⁴¹lioŋ³⁵a³³iɐn⁴¹tsʰo²¹³.

两　只　人　坐　一　张　凳。一　张　凳　由　两　啊人　坐。

066　一辆车装三千斤麦子。三千斤麦子刚好够装一辆车。

iɐt⁵ka²¹tsʰa³³tsui²¹sam³³tsʰin³³kɐn³³mɐk⁵tsɐi³⁵. sam³³tsʰin³³kɐn³³mɐk⁵tsɐi³⁵ŋam³³ŋam³³hɐu³⁵

一　架　车　载　三　千　斤　麦　仔。三　千　斤　麦　仔　啱　啱　好

tsoŋ³³iɐt⁵tsʰa³³.

装　一　车。

067　十个人吃一锅饭。一锅饭够吃十个人。

sɐp²ɐk⁵iɐn⁴¹sik²a³³uɔk²fan⁵⁵. iɐt⁵uɔk²fan⁵⁵ŋam³³ŋam³³kɐu²¹sɐp²ɐk⁵iɐn⁴¹sik².

十　只　人　食一　镬　饭。一　镬　饭　啱　啱　够　十　只　人　食。

068　十个人吃不了这锅饭。这锅饭吃不了十个人。

sɐp²ɐk⁵iɐn⁴¹sik²m²¹tsiaŋ⁵⁵li³⁵uɔk²fan⁵⁵. li³⁵uɔk²fan⁵⁵sik²m²¹tɐu²¹sɐp²ɐk⁵iɐn⁴¹.

十　只　人　食　唔净　　哩镬　饭。哩镬　饭　食　唔到　十　只　人。

sɐp²ɐk⁵iɐn⁴¹sik²m²¹tɐk⁵tsiaŋ⁵⁵li³⁵uɔk²fan⁵⁵. li³⁵uɔk²fan⁵⁵m²¹kɐu²¹sɐp²ɐk⁵iɐn⁴¹sik².

十　只　人　食　唔得　净　　哩镬　饭。哩镬　饭　唔够　十　只　人　食。

069 这个屋子住不下十个人。

li³⁵kan³³ok⁵hit⁵m²¹tɐk⁵lɔk²sep²ɐk⁵iɐn⁴¹.

哩间 屋歇唔得落 十 只人。

070 小屋堆东西，大屋住人。

sɐi²¹ok⁵fɔŋ²¹ka³³fo³⁵, tai⁵⁵ok⁵tsi⁵⁵iɐn⁴¹.

细 屋放 家 伙，大 屋住 人。

071 他们几个人正说着话呢。

ki²¹ki³⁵iɐn⁴¹ko³⁵tʰɐu⁴¹kɔŋ³⁵kɐn³⁵ua⁵⁵.

渠 几人 嗰头 讲 紧 话。

072 桌上放着一碗水，小心别碰倒了。

tʰui³⁵tʰɐu⁴¹fɔŋ²¹un³⁵sui³⁵, mui⁴¹tsɔŋ²¹tɐu³⁵.

台头 放 碗水，□ 撞 倒。

tʰui³⁵tʰɐu⁴¹fɔŋ²¹un³⁵sui³⁵ko³⁵tʰɐu⁴¹, mui⁴¹tɐn²¹tɐu³⁵.

台 头 放 碗 水 嗰头， □ □ 倒。

073 门口站着一帮人，在说着什么。

mun⁴¹kʰɐu³⁵kʰi²¹iɐt⁵tui³³iɐn⁴¹, ko³⁵tʰɐu⁴¹m²¹ti³³kɔŋ³⁵mia⁴¹.

门 口 倚 一堆人，嗰头 唔知讲 咩。

074 坐着吃好，还是站着吃好？

tsʰo²¹a³³sik⁵hɐu³⁵, uan⁴¹kʰi²¹a³³sik⁵hɐu³⁵?

坐 啊食 好， 还 倚 啊食 好？

tsʰo²¹kɐn³⁵sik⁵hɐu³⁵, han⁴¹kʰi²¹kɐn³⁵sik⁵hɐu³⁵?

坐 紧 食 好， 还 倚 紧 食 好？

075 想着说，不要抢着说。

siɔŋ³⁵siɔŋ³⁵li³³kɔŋ³⁵, mɐu²¹kʰiɔŋ³⁵kʰiɔŋ³⁵li³³kɔŋ³⁵.

想 想 哩讲，冇 抢 抢 哩讲。

076 说着说着就笑起来了。

kɔŋ³⁵mɐu²¹liɔŋ³⁵ki²¹tsɐu⁵⁵siu²¹hi³⁵sɐn³³lui⁴¹lo³³.

讲 冇 两 句就 笑 起身 来 咯。

kɔŋ³⁵a²¹kɔŋ³⁵tsɐu⁵⁵hɐi⁵⁵li³⁵ŋan⁵⁵siu²¹hi³⁵lui⁴¹.

讲 啊讲 就 係 哩□ 笑 起来。

077 别怕！你大着胆子说吧。

m²¹hɐu³⁵pʰa²¹³! ni²¹fɔŋ²¹tan³⁵kɔŋ³⁵.

唔 好 怕！你 放 胆讲。

m²¹sɐi³⁵kiaŋ³³! ni²¹tai⁵⁵tan³⁵kɔŋ³⁵.

唔 使 惊! 你 大 胆 讲。

078 这个东西重着呢，足有一百来斤。

nau⁴¹tsɛk⁵ka³³fo³⁵hɐu³⁵tsʰoŋ²¹o²¹, pak⁵ki³⁵kɐn³³hi³⁵tʰɐu⁴¹lo³³.

□ 只 家 伙 好 重 哦，百 几 斤 起 头 咯。

079 他对人可好着呢。

ki²¹tui²¹iɐn⁴¹hɐu³⁵hɐu³⁵o²¹.

渠 对 人 好 好 哦。

080 这小伙子可有劲着呢。

nau⁴¹hɐu⁵⁵saŋ³³tsɐi³⁵kam²¹iɐu²¹lɐk²e³⁵.

□ 后 生 仔 咁 有 力 诶。

081 别跑，你给我站着！

ni²¹mɐu³⁵tsɐu³⁵, kʰi³⁵tim⁵⁵ko³⁵tʰɐu⁴¹!

你 冇 走， 徛 掂 𠳘 头！

082 下雨了，路上小心着！

lɔk²sui³⁵lo²¹, haŋ⁴¹lu⁵⁵ tʰɐi³⁵hi³⁵lui⁴¹!

落 水 咯，行 路 睇 起 来！

lɔk²sui³⁵lo²¹, lu⁵⁵sɔŋ⁵⁵siu³⁵sɐm³³tit³⁵tsɐi⁵⁵o²¹!

落 水 咯，路 上 小 心 啲 仔 哦！

083 点着火了。着凉了。

fo³⁵tim³⁵tsɔk⁵o²¹. pi³⁵ki²¹laŋ²¹tɐu³⁵o²¹.

火 点 着 哦。畀 渠 冷 到 哦。

084 甭着急，慢慢儿来。

mui⁴¹kam²¹kɐn³⁵, man⁵⁵man⁵⁵lui⁴¹.

□ 咁 紧，慢 慢 来。

085 我正在这儿找着呢，还没找着。

ŋo²¹tsɐŋ²¹tsʰui⁵⁵nau⁴¹tsʰɐm⁴¹, uan⁴¹tsoŋ⁵⁵mɐu²¹tsʰɐm⁴¹tɐu³⁵.

我 正 在 □ 寻， 还 重 冇 寻 到。

086 她呀，可厉害着呢！

ki²¹ia⁴¹, hɐu³⁵kʰiaŋ²¹ko³³uo²¹!

渠 呀，好 □ 个 嗰！

087　这本书好看着呢。

li³⁵pun³⁵si³³hɐu³⁵liaŋ²¹tʰei³⁵ko³³uo³³.

哩本　书好　靓　睇　个　喎。

088　饭好了，快来吃吧。

fan⁵⁵tsi³⁵sok²lo²¹, maŋ²¹lui⁴¹sik⁵lo²¹.

饭　煮熟　咯，猛　来　食　咯。

fan⁵⁵tsi³⁵sok²lo²¹, haŋ⁴¹kiɐp⁵lui⁴¹sik⁵lo²¹.

饭　煮熟　咯，行　急　来　食　咯。

089　锅里还有饭没有？你去看一看。

sa³³ko³³tɐi³⁵iɐu²¹fan⁵⁵mɐu²¹³? ni²¹hi²¹tʰei³⁵a³³tsɐi⁵⁵o²¹.

沙锅　底　有　饭　冇？　你去睇　啊仔　哦。

uɔk²na²¹han⁴¹iɐu²¹mɐu²¹fan⁵⁵? ni²¹hi²¹tʰei³⁵ha⁵⁵o²¹.

镬　嫲　还　有　冇　饭？你去睇　下　哦。

090　我去看了，没有饭了。

ŋo²¹hi²¹tʰei³⁵o³³lo²¹, mɐu²¹o³³fan⁵⁵lo²¹.

我去睇　哦咯，冇　哦饭　咯。

091　就剩一点儿了，吃了得了。

sɐŋ⁵⁵nai⁵⁵tsɐi⁵⁵o²¹, sik²o³³ki²¹lo²¹.

剩　乃　仔　哦，食哦渠　咯。

092　吃了饭要慢慢儿地走，别跑，小心肚子疼。

sik²pau³⁵fan⁵⁵man⁵⁵man⁵⁵haŋ⁴¹, mɐu²¹pʰau³⁵, mui⁴¹tu³⁵pak⁵tʰoŋ²¹³.

食饱　饭　慢　慢　行，冇　跑，□　肚腹　痛。

093　他吃了饭了，你吃了饭没有呢？

ki²¹sik²fan⁵⁵lo²¹, ni²¹iɐu²¹sik²fan⁵⁵mɐu³⁵?

渠食饭　咯，你有　食饭　冇？

094　我喝了茶还是渴。

ŋo²¹sik⁵a³³tsʰa⁴¹han⁴¹tsoŋ⁵⁵kam²¹kiaŋ³⁵fut⁵.

我食啊茶　还　重　咁　颈　渴。

095　我吃了晚饭，出去溜达了一会儿，回来就睡下了，还做了个梦。

ŋo²¹sik⁵pau³⁵man²¹lo²¹, tsʰɐt⁵hi²¹liu³³a³³tsɐi⁵⁵, lui⁴¹kuɐi³³tsɐu⁵⁵fɐn²¹lo²¹, han⁴¹tsoŋ⁵⁵fat⁵a³³

我食饱　晚　咯，出去溜　啊仔，来归　就　瞓咯，还　重　发啊

moŋ^{55}koŋ^{35}.

梦　　愭。

096　**吃了这碗饭再说。**

nau^{41}un^{35}fan^{55}sik^{5}a^{33}tsɐŋ^{21}lui^{41}kɔŋ^{35}.

□　碗饭　食啊正　来　讲。

097　**我昨天照了相了。**

ŋo^{21}tsɔŋ^{55}ŋɐt^{5}iaŋ^{35}o^{33}sioŋ^{213}.

我　□　日　影　啊相。

098　**有了人，什么事都好办。**

iɐu^{21}a^{33}iɐu^{41}sɐu^{35}, mia^{41}si^{55}tu^{33}hɐu^{35}tso^{55}.

有　啊人　手，　咩　事都好　做。

099　**不要把茶杯打碎了。**

mui^{41}lau^{33}tsɐk^{5}pui^{33}tsɐi^{35}ta^{35}paŋ^{33}o^{55}.

□　捞　只　杯　仔　打崩　哦。

100　**你快把这碗饭吃了，饭都凉了。**

maŋ^{21}sik^{2}a^{33}un^{35}fan^{55}lo^{21}, tɐŋ^{35}ha^{55}toŋ^{21}t^{h}it^{5}t^{h}it^{5}lo^{21}.

猛　食啊碗饭　咯，等　下冻　□　□　咯。

101　**下雨了。雨不下了。天要晴了。**

lɔk^{5}sui^{35}lo^{21}. mɐu^{21}lɔk^{5}sui^{35}lo^{21}. t^{h}in^{33}ts^{h}iaŋ^{41}la^{33}.

落　水　咯。冇　落　水　咯。天　晴　啦。

102　**打了一下。去了一趟。**

ta^{35}a^{33}ha^{55}tsɐi^{55}. hi^{21}a^{33}iɐt^{5}lɐn^{41}.

打　啊下　仔。去　啊一　轮。

103　**迟了就不好了，咱们快点儿走吧！**

an^{21}lo^{33}tsɐu^{55}m^{21}hɐu^{35}la^{21}, ŋo^{21}nai^{55}fei^{33}nai^{55}tsai^{55}tsɐu^{35}o^{21}!

晏　咯就　唔好　啦，我乃　快乃　仔　走　哦！

an^{21}lo^{33}tsɐu^{55}m^{21}hɐu^{35}la^{21}, ŋo^{21}nai^{55}maŋ^{21}siaŋ^{33}tsɐu^{35}o^{21}!

晏　咯就　唔好　啦，我乃　猛　声　走　哦！

an^{21}lo^{33}tsɐu^{55}m^{21}hɐu^{35}la^{21}, ŋo^{21}nai^{55}han^{41}kiɐp^{5}tsɐu^{35}o^{21}!

晏　咯就　唔好　啦，我乃　行　急　走　哦！

104　**给你三天时间做得了做不了？**

pi^{35}ni^{21}sam^{33}ŋɐt^{5}si^{41}kan^{33}, ni^{21}tso^{55}hɐu^{35}han^{41}tso^{55}m^{21}hɐu^{35}?

畀你三　日　时间，　你做好　还　做唔好?

pi³⁵sam³³ŋɐt⁵si⁴¹kan³³ni²¹³, ni²¹tso⁵⁵a³³tsiaŋ⁵⁵m²¹tsiaŋ⁵⁵?

畀 三　日 时 间　你，　你 做 啊净　唔 净?

105　**你做得了，我做不了。**

ni²¹tso⁵⁵a³³hɐu³⁵, ŋo²¹tso⁵⁵m²¹hɐu³⁵.

你 做 啊好，　我 做 唔 好。

ni²¹tso⁵⁵a³³tsiaŋ⁵⁵, ŋo²¹a³³tso⁵⁵m²¹tɐk⁵tsiaŋ⁵⁵.

你 做 啊净，　我 啊做 唔 得 净。

106　**你骗不了我。**

ni²¹pin²¹ŋo²¹m²¹tɐu³⁵.

你 骗 我 唔 到。

107　**了了这桩事情再说。**

tso⁵⁵in⁴¹kin⁵⁵si⁵⁵tsɐŋ²¹lui⁴¹kɔŋ³⁵.

做 完 件 事正　来 讲。

108　**这间房没住过人。**

nau⁴¹kan³³ok⁵mɐu²¹hit⁵ko²¹iɐn⁴¹ko³³o⁵⁵.

□　间　屋 冇　歇过 人 个 哦。

li³⁵kan³³ok⁵mɐu²¹iɐn⁴¹hit⁵ko²¹.

哩间　屋 冇　人 歇过。

109　**这牛拉过车，没骑过人。**

li³⁵tʰiu⁴¹ŋɐu⁴¹lai³³ko²¹tsʰa³³, m²¹sɐk⁵kʰi⁴¹ko²¹iɐn⁴¹.

哩条　牛 拉过 车，唔 识 骑 过 人。

nau⁴¹tʰiu⁴¹ŋɐu⁴¹lai³³ko²¹tsʰa³³, mɐu²¹pi³⁵iɐn⁴¹kʰi⁴¹ko²¹³.

□　条 牛 拉过 车，　冇　畀人 骑 过。

110　**这小马还没骑过人，你小心点儿。**

li³⁵tsɐk⁵ma²¹tsɐi³⁵uan⁴¹tsoŋ⁵⁵m²¹sɐk⁵kʰi⁴¹ko²¹iɐn⁴¹, ni²¹siu³⁵sɐm³³nai⁵⁵tsɐi⁵⁵o²¹.

哩只 马仔 还 重　唔 识 骑 过人，你 小 心 乃 仔 哦。

nau⁴¹tsɐk⁵ma²¹tsɐi³⁵uan⁴¹tsoŋ⁵⁵mɐu²¹pi³⁵ iɐn⁴¹kʰi⁴¹ko²¹³, ni²¹siu³⁵sɐm³³nai⁵⁵tsɐi⁵⁵o²¹.

□　只 马仔 还 重 冇　畀人 骑 过，你 小 心　乃 仔 哦。

111　**以前我坐过船，可从来没骑过马。**

i²¹tsʰin⁴¹ŋo²¹tsʰo²¹ko²¹sun⁴¹, m²¹sɐk⁵kʰi⁴¹ko²¹ma²¹³.

以前　我 坐 过船，唔 识 骑 过 马。

112 **丢在街上了。搁在桌上了。**

(ka³³fo³⁵) tit⁵a³³tsʰui⁵⁵kai³³tʰɐu⁴¹. tɐm³⁵tsʰui⁵⁵tʰui⁴¹tʰɐu⁴¹.

（家 伙）跌 啊在 街头。 扰 在 台 头。

113 **掉到地上了，怎么都没找着。**

(ka³³fo³⁵) tit⁵a³³lɔk²ti⁵⁵ha⁵⁵, tian⁵⁵tsʰɐm⁴¹tu³³tsʰɐm⁴¹m²¹tɐu³⁵a³³.

（家 伙）跌 啊落 地下, □ 寻 都寻 唔到 啊。

114 **今晚别走了，就在我家住下吧！**

kɐm³³man²¹ia⁵⁵m²¹hɐu³⁵tsɐu³⁵lo²¹, tsʰui⁵⁵ŋo²¹ok⁵kai³⁵hit⁵a³³ia⁵⁵lo²¹!

今 晚 夜唔好 走 咯, 在 我 屋解 歇 啊夜 咯!

115 **这些果子吃得吃不得？**

nau⁴¹ti⁵⁵sui³⁵ko³⁵m²¹ti³³sik²a³³tɐk⁵m²¹tɐk⁵a³⁵?

□ 啲水 果 唔知食 啊得 唔 得 啊?

nai⁵⁵lɐi⁴¹ko³⁵sik²m²¹sik²tɐk⁵o²¹?

乃 梨 果 食 唔食 得 哦?

116 **这是熟的，吃得。那是生的，吃不得。**

li³⁵nai⁵⁵sok²ko³³, sik² tɐk⁵. ko³⁵nai⁵⁵saŋ³³ko³³, sik² m²¹tɐk⁵.

哩乃 熟 个, 食 得。 嗰 乃 生 个, 食 唔得。

117 **你们来得了来不了？**

ni²¹nai⁵⁵lui⁴¹a³³tɐk⁵m²¹tɐk⁵o³³?

你 乃 来 啊得 唔 得 哦?

ni²¹nai⁵⁵oi²¹lui⁴¹m⁵⁵o³³?

你 乃 爱来 唔 哦?

ni²¹nai⁵⁵oi²¹lui⁴¹m²¹lui⁴¹a³³?

你 乃 爱来 唔来 啊?

118 **我没事，来得了，他太忙，来不了。**

ŋo²¹han⁴¹tsɐu⁵⁵lui⁴¹, ki²¹hɐu³⁵mɐu²¹han⁴¹, lui⁴¹m²¹tɐk⁵.

我 闲 就 来, 渠好 冇 闲, 来唔得。

119 **这个东西很重，拿得动拿不动？**

li³⁵tsɐk⁵ka³³fo³⁵hɐu³⁵tsʰoŋ²¹³, kʰai⁴¹a³³iok⁵m²¹iok⁵o³³?

哩只 家 伙 好 重, 携 啊郁 唔郁 哦?

120 **我拿得动，他拿不动。**

ŋo²¹kʰai⁴¹ɐk⁵iok⁵, ki²¹kʰai⁴¹m²¹(tɐk⁵) iok⁵.

我 携 得郁, 渠携 唔（得）郁。

121 真不轻，重得连我都拿不动了。

$heu^{35}ts^hoŋ^{21}o^{33}$, $ts^hoŋ^{21}teu^{21}ŋo^{21}tu^{33}k^hai^{41}m^{21}(tek^5)$ iok^5a^{33}.

好　重　哦，重　到　我　都　携　唔（得）郁　啊。

122 他手巧，画得很好看。

$ki^{21}seu^{35}keu^{35}k^hiaŋ^{213}$, $uak^2teu^{21}/$ $tek^5heu^{35}ts^hiu^{213}$.

渠　手　好　□，　　画　到 /得　好　俏。

123 他忙得很，忙连吃过饭没有都忘了。

$ki^{21}heu^{35}meu^{21}han^{41}o^{21}$, $meu^{21}han^{41}teu^{21}ieu^{21}sik^5meu^{21}sik^5tu^{33}m^{21}ti^{33}tek^5lo^{21}$.

渠　好　冇　闲　哦，冇　闲　到　有　食　冇　食　都　唔　知　得　咯。

124 你看他急得，急得脸都红了。

$ni^{21}t^hei^{35}ki^{21}kam^{21}kiep^5$, $kiep^5teu^{21}min^{55}tu^{33}foŋ^{41}lo^{21}$.

你　睇　渠　咁　急，急　到　面　都　红　咯。

125 你说得很好，你还会说些什么呢？

$ni^{21}koŋ^{35}teu^{21}heu^{35}heu^{35}$, $ni^{21}han^{41}fui^{55}koŋ^{35}mia^{41}a^{33}?$

你　讲　到　好　好，你　还　会　讲　咩　啊？

126 说得到，做得了，真棒！

$koŋ^{35}ek^5ts^het^5$, $tso^{55}ek^5teu^{213}$, $heu^{35}k^hiaŋ^{213}!$

讲　得　出，做　得　到，好　□！

127 这个事情说得说不得呀？

$li^{35}kin^{55}si^{55}koŋ^{35}a^{33}tek^5m^{21}tek^5a^{21}?$

哩　件　事　讲　啊得　唔　得　啊？

$nau^{41}kin^{55}si^{55}koŋ^{35}a^{33}tek^5koŋ^{35}m^{21}tek^5a^{21}?$

□　件　事　讲　啊得　讲　唔　得　啊？

128 他说得快不快？听清楚了吗？

$ki^{21}koŋ^{35}ua^{55}hiu^{35}maŋ^{21}m^{21}hiu^{35}a^{33}?$　$t^hiaŋ^{33}a^{33}ts^heŋ^{33}ts^ho^{35}meu^{21}a^{33}?$

渠　讲　话　晓　猛　唔　晓　啊？听　啊清　楚　冇　啊？

129 他说得快不快？只有五分钟时间了。

$ki^{21}koŋ^{35}a^{33}maŋ^{21}m^{21}maŋ^{21}a^{33}?$　$tsi^{35}seŋ^{55}$ $iet^5tsek^5tsi^{55}tseŋ^{21}a^{33}$.

渠　讲　啊猛　唔　猛　啊？只　剩　一　只　字　正　啊。

130 这是他的书。

$nau^{41}pun^{35}si^{33}hei^{55}ki^{21}ko^{33}o^{33}$.

□　本　书　係　渠　个　哦。

li³⁵nai⁵⁵ki²¹ko³³si³³.

哩乃　渠个书。

131 **那本书是他哥哥的。**

ko³⁵pun³⁵si³³hɐi⁵⁵ki²¹tai⁵⁵ko³³o⁵⁵.

嗰本　书係　渠大个哦。

132 **桌子上的书是谁的？是老王的。**

tʰui⁴¹tʰɐu⁴¹pun³⁵si³³nai⁵⁵sui⁴¹ko³³? hɐi⁵⁵lɐu³⁵uɔŋ⁴¹ka³³.

台　头　本　书乃　谁个？係老　王　咖。

133 **屋子里坐着很多人，看书的看书，看报的看报，写字的写字。**

ok⁵ki³⁵tu³⁵ tsʰo²¹a³³hɐu³⁵to³³iɐn⁴¹, tʰɐi³⁵si³³ko³³tʰɐi³⁵si³³, tʰɐi³⁵pɐu²¹tsi³⁵ko³³tʰɐi³⁵pɐu²¹tsi³⁵,

屋企˭肚坐　啊好　多人，睇　书个睇　书，睇　报　纸个睇　报　纸，

sia³⁵tsi⁵⁵ko³³sia³⁵tsi⁵⁵.

写　字个写　字。

134 **要说他的好话，不要说他的坏话。**

oi²¹kɔŋ³⁵ki²¹ko³³hɐu³⁵ua⁵⁵, mɐu²¹kɔŋ³⁵ki²¹ko³³uai⁵⁵ua⁵⁵.

爱讲　渠个好　话，冇　讲　渠个坏　话。

135 **上次是谁请的客？是我请的。**

tʰɐu⁴¹a³³pai³⁵hɐi⁵⁵nai⁵⁵sui⁴¹tsʰiaŋ³⁵a³³hak⁵a³³? hɐi⁵⁵ŋo²¹tsʰiaŋ³⁵ka³³.

头　啊摆　係乃　谁请　　啊客啊？係我请　　咖。

136 **你是哪年来的？**

ni²¹hɐi⁵⁵nai⁵⁵nin⁴¹lui⁴¹ko³³?

你係乃　年来　个？

137 **我是前年到的北京。**

ŋo²¹hɐi⁵⁵tsʰin⁴¹nin⁴¹tɐu²¹ko³³pɐk⁵kiɐŋ³³.

我係前　年到　个北　京。

138 **你说的是谁？**

ni²¹kɔŋ³⁵nai⁵⁵sui⁴¹a³³?

你讲　乃　谁啊？

139 **我反正不是说的你。**

ŋo²¹fan³⁵tsɐŋ²¹m²¹hɐi⁵⁵kɔŋ³⁵ni²¹³.

我反　正　唔係讲　你。

140　他那天是见的老张，不是见的老王。

ki²¹ko³⁵ŋɐt⁵hɐi⁵⁵kin²¹lɐu³⁵tsɔŋ³³o³³, m²¹hɐi⁵⁵lɐu³⁵uɔŋ⁴¹o³³.

渠 嗰 日 係 见 老 张 哦，唔 係 老 王 哦。

141　只要他肯来，我就没的说了。

tsi³⁵iu²¹ki²¹hɐn³⁵lui⁴¹, ŋo²¹tsɐu⁵⁵mɐu²¹mia⁴¹ua⁵⁵hɐu³⁵kɔŋ³⁵lo²¹.

只 要 渠 肯 来，我 就 冇 咩 话 好 讲 咯。

142　以前是有的做，没的吃。

ko³⁵tsɐn⁵⁵hɐi⁵⁵iɐu²¹a³³tso⁵⁵, mɐu²¹a³³sik².

嗰 阵 係 有 啊 做，冇 啊 食。

ko³⁵tsɐn⁵⁵ tso⁵⁵tsɐu⁵⁵iɐu²¹, sik²tsɐu⁵⁵mɐu²¹³.

嗰 阵 做 就 有，食 就 冇。

143　现在是有的做，也有的吃。

ka³³na⁵⁵a³³hɐi⁵⁵iɐu²¹a³³tso⁵⁵, iɐu⁵⁵iɐu²¹a³³sik².

家 □ 啊 係 有 啊 做，又 有 啊 食。

ka³³na⁵⁵a³³koŋ³³fu³³a³³iɐu²¹tɐk⁵ tso⁵⁵, iɐu⁵⁵iɐu²¹a³³sik².

家 □ 啊 工 夫 啊 有 得 做，又 有 啊 食。

144　上街买个蒜啊葱的，也方便。

hi²¹kai³³a³³mai²¹a³³sun²¹a³³tsʰoŋ³³tsɐi³⁵, ia⁵⁵ioŋ⁴¹ŋi⁵⁵o²¹.

去 街 啊 买 啊 蒜 啊 葱 仔，也 容 易 哦。

145　柴米油盐什么的，都有的是。

tsʰai⁴¹mɐi³⁵iɐu⁴¹im⁴¹hoŋ³³hoŋ³³tu³³iɐu²¹lo⁴¹.

柴 米 油 盐 通 通 都 有 咯。

146　写字算账什么的，他都能行。

sia³⁵tsi⁵⁵sun²¹su²¹³, ki²¹hoŋ³³hoŋ³³tu³³hiu³⁵ko³³lo³³.

写 字 算 数，渠 通 通 都 晓 个 咯。

147　把那个东西递给我。

lau³³ko³⁵tsɐk⁵ka³³fo³⁵kʰai⁴¹a³³pi³⁵ŋo²¹.

捞 嗰 只 家 伙 携 啊 畀 我。

148　是他把那个杯子打碎了。

hɐi⁵⁵ki²¹ta³⁵pɐŋ³³tsɐk⁵pui³³tsɐi⁵⁵.

係 渠 打 崩 只 杯 仔。

hɐi⁵⁵ki²¹lau³³tsɐk⁵pui³³tsɐi⁵⁵ta³⁵pɐŋ³³o²¹.

係 渠 捞 只 杯 仔 打 崩 哦。

149 **把人家脑袋都打出血了，你还笑！**

lau³³iɐn⁴¹ko³³tʰɐu⁴¹hɔk⁵ta³⁵tsʰɐt⁵hit⁵lo³³, ni²¹han⁴¹tsoŋ⁵⁵siu²¹³!

捞 人 个 头 壳 打出 血 咯，你 还 重 笑！

150 **快去把书还给他。**

maŋ²¹nai⁵⁵tsɐi⁵⁵lau³³pun³⁵si³³uan⁴¹pi³⁵ki²¹³.

猛 乃 仔 捞 本 书 还 畀 渠。

haŋ⁴¹kiɐp⁵lo⁴¹, si³³kʰai⁴¹uan⁴¹ki²¹³.

行 急 咯，书 携 还 渠。

151 **我真后悔当时没把他留住。**

ŋo²¹hɐu³⁵hɐu⁵⁵fui²¹mɐu²¹lau⁴¹tɐi³³ki²¹³.

我 好 后 悔 冇 留 低 渠。

152 **你怎么能不把人当人呢？**

ni²¹tim³⁵ŋan⁵⁵mɐu²¹pa³⁵iɐn⁴¹tɔŋ²¹iɐn⁴¹lui⁴¹tʰɐi³⁵a³³?

你 点 □ 冇 把 人 当 人 来 睇 啊？

153 **有的地方管太阳叫日头。**

iɐu²¹a³³uɐi⁵⁵tsʰi²¹lau³³tʰai²¹iɔŋ⁴¹kam²¹ tso⁵⁵ ŋɐt⁵ tʰɐu⁴¹.

有 啊 位 处 捞 太 阳 喊 做 日 头。

154 **什么？她管你叫爸爸！**

mia⁴¹? ki²¹ham²¹ni²¹tso⁵⁵a³³pa³³!

咩？ 渠 喊 你 做 阿爸！

155 **你拿什么都当真的，我看没必要。**

ni²¹mia⁴¹tu⁵⁵tɔŋ²¹tsɐn³³ka³³, ŋo²¹tʰɐi⁴¹m²¹sɐi³⁵ŋan⁵⁵tso⁵⁵a²¹.

你 咩 都 当 真 咖，我 睇 唔 使 □ 做 啊。

156 **真拿他没办法，烦死我了。**

tsɐn³³hɐi⁵⁵tu³⁵ki²¹mɐu²¹pian²¹³, fan⁴¹si³⁵ŋo²¹la³³.

真 係 堵 渠 冇 变， 烦 死 我 啦。

157 **看你现在拿什么还人家。**

ka³³na⁵⁵tʰɐi⁴¹ ni²¹kʰia⁴¹mia⁴¹hi²¹uan⁴¹iɐn⁴¹.

家 □ 睇 你 携 咩 去 还 人。

158 **他被妈妈说哭了。**

ki²¹pi³⁵ki²¹a³³mi³³kɔŋ³⁵fok⁵a³³lo²¹.

渠 畀 渠 阿孆 讲 哭 啊咯。

159 所有的书信都被火烧了，一点儿剩的都没有。

tsʰun⁴¹pu⁵⁵si³³sɛn²¹tu³³pi³⁵fo³⁵siu³³tsiaŋ⁵⁵a³³lo²¹, nai⁵⁵tsɐi³³tu³³mɐu²¹sɛŋ⁵⁵.

全　部书信都畀火烧净　啊咯，乃　仔都冇　剩。

160 被他缠了一下午，什么都没做成。

pi³⁵ki²¹tsʰin⁴¹o³³a³³ko²¹ha⁵⁵tsɐi²¹³, mia⁴¹tu³³mɐu²¹tso⁵⁵.

畀渠缠　哦一个下昼，咩都冇　做。

161 让人给打蒙了，一下子没明白过来。

ki²¹pi³⁵iɐn⁴¹ta³⁵moŋ³⁵a³³lo²¹, iɐt⁵ha⁵⁵tsɐi⁵⁵mɐu²¹kau³⁵tsʰiaŋ³³tsʰo³⁵.

渠畀人打懵　啊咯，一下仔冇　搞清　楚。

162 给雨淋了个浑身湿透。

pi³⁵sui³⁵tok⁵tɐu²¹ham⁴¹sɛn³³tu³³sɐp⁵a³³.

畀水涿到咸　身都湿啊。

163 给我一本书。给他三本书。

pi³⁵ŋo²¹iɐt⁵pun³⁵si³³.　pi³⁵ki²¹sam³³pun³⁵si³³.

畀我一本　书。畀渠三　本　书。

pi³⁵iɐt⁵pun³⁵si³³ŋo²¹³. pi³⁵sam³³pun³⁵si³³ki²¹³.

畀一本　书我。畀三　本　书渠。

164 这里没有书，书在那里。

nau⁴¹mɐu²¹si³³, si³³tsʰui⁵⁵u³³tʰɐu⁴¹.

□　冇　书，书在　兀头。

165 叫他快来找我。

ham²¹ki²¹tsin²¹kɐn³⁵lui⁴¹tsʰɐm⁴¹ŋo²¹³.

喊　渠□紧来寻　我。

166 赶快把他请来。

fɐi²¹nai⁵⁵tsɐi⁵⁵tsʰiaŋ³⁵ki²¹lui⁴¹.

快乃仔请　渠来。

haŋ⁴¹kiɐp⁵tsʰiaŋ³⁵ki²¹lui⁴¹.

行急请　渠来。

167 我写了条子请病假。

ŋo²¹sia³⁵a³³tsɔŋ³³tsʰiaŋ³⁵ka³⁵tʰiu⁴¹tsʰiaŋ³⁵ka³⁵.

我写啊张请　假条请　假。

168　我上街买了份报纸看。

ŋo²¹hi²¹kai³³mai³⁵a³³fɐn⁵⁵pɐu²¹tsi³⁵lui⁴¹tʰɐi³⁵.

我 去 街 买 啊份 报 纸 来 睇。

169　我笑着躲开了他。

ŋo²¹siu²¹siu²¹ə³³sim³⁵fui³³ki²¹³.

我 笑 笑 啊闪 开 渠。

ŋo²¹siu²¹kɐn³⁵sim³⁵fui³³ki²¹³.

我 笑 紧 闪 开 渠。

170　我抬起头笑了一下。

ŋo²¹ŋɔŋ⁴¹hi³⁵tʰɐu⁴¹lui⁴¹siu²¹siu²¹ha⁵⁵.

我 昂 起头 来 笑 笑 下。

ŋo²¹tam³³hi³⁵tʰɐu⁴¹lui⁴¹siu²¹a³³ha⁵⁵.

我 担 起头 来 笑 一下。

171　我就是坐着不动，看你能把我怎么着。

ŋo²¹tsɐu⁵⁵tsʰo²¹ə³³tɐu²¹m²¹iok⁵, tʰɐi³⁵ni²¹iɐu²¹mia⁴¹pian²¹³?

我 就 坐 啊到 唔郁, 睇 你有 咩 变?

ŋo²¹tsɐu⁵⁵tsʰo²¹ə³³tʰɐu⁴¹m²¹iok⁵, tʰɐi³⁵ni²¹iɐu²¹ŋo²¹nai⁵⁵ho⁴¹mɐu²¹³?

我 就 坐 啊头 唔郁, 睇 你有 我 奈 何有?

172　她照顾病人很细心。

ki²¹tsiu²¹ku²¹piaŋ⁵⁵iɐn⁴¹hɐu³⁵sɐi²¹sɐm³³.

渠照 顾 病 人 好 细 心。

173　他接过苹果就咬了一口。

ki²¹ko³³pʰɐŋ⁴¹ko³⁵kʰai⁴¹tɐu³⁵tsɐu⁵⁵ŋau²¹a³³tam⁵⁵.

渠个 苹 果 携 到 就 咬 一啖。

174　他的一番话使在场的所有人都流了眼泪。

ki²¹kɔŋ³⁵ko³⁵nai⁵⁵ua⁵⁵a³³iɐn²¹tɐu²¹iɐn⁴¹ŋan³⁵tsɐp⁵tu³³tsɐu³⁵tsʰɐt⁵lui⁴¹a³³.

渠 讲 嗰乃 话 啊引 到 人 眼 汁 都 走 出 来 啊。

175　我们请他唱了一首歌。

ŋoi³⁵　　tsʰiaŋ³⁵ki²¹tsʰiɔŋ²¹a³³iɐt⁵sɐu⁵⁵ko³³.

［我乃］请 渠唱 啊一首 歌。

176　我有几个亲戚在外地做工。

ŋo²¹iɐu²¹ki³⁵a³³tsʰɐn³³tsʰɐk⁵tsʰui⁵⁵pit⁵uɐi⁵⁵tso⁵⁵koŋ³³.

我 有 几 啊亲 戚 在 别 位 做 工。

177 他整天都陪着我说话。

ki²¹tʰaŋ²¹ŋɐt⁵lau³³ŋo²¹tsʰɐi⁴¹ka³³kɔŋ³⁵ua⁵⁵.

渠 □ 日 捞 我 齐 家 讲 话。

178 我骂他是个大笨蛋，他居然不恼火。

ŋo²¹nau⁵⁵ki²¹mɔŋ³⁵ka³³, ki²¹tin³³tʰɐu⁴¹mɐu²¹ɐt⁵e³³.

我 闹 渠 懵 咖，渠 □ 头 有 郁 诶。

ŋo²¹nau⁵⁵ki²¹a³³tai⁵⁵pɐn⁵⁵ŋɐu⁴¹, ki²¹tin³³tʰɐu⁴¹m²¹fat⁵fo³⁵.

我 闹 渠 啊 大 笨 牛，渠 □ 头 唔 发 火。

179 他把钱一扔，二话不说，转身就走。

ki²¹kʰia⁴¹tɐu³⁵ko²¹tsʰin⁴¹tɐm³⁵lɔk⁵lui⁴¹, m²¹kɔŋ³⁵ua⁵⁵, tsun³⁵tʰɐu⁴¹tsɐu³⁵lo³³o³³.

渠 携 到 个 钱 扰 落 来，唔 讲 话，转 头 走 咯 哦。

180 我该不该来呢？

ŋo²¹hɐu³⁵lui⁴¹m²¹hɐu³⁵lui⁴¹a³³?

我 好 来 唔 好 来 啊？

181 你来也行，不来也行。

li²¹oi²¹lui⁴¹tsɐu⁵⁵lui⁴¹a³³, m²¹oi²¹lui⁴¹tsɐu⁵⁵mui⁴¹lo³³.

你 爱 来 就 来 啊，唔 爱 来 就 □ 咯。

li²¹lui⁴¹iɐu⁵⁵tɐk⁵, m²¹lui⁴¹iɐu⁵⁵tɐk⁵.

你 来 又 得，唔 来 又 得。

182 要我说，你就不应该来。

pi³⁵ŋo²¹kɔŋ³⁵, ni²¹tsɐu⁵⁵m²¹hɐu³⁵lui⁴¹lo³³.

畀 我 讲，你 就 唔 好 来 咯。

183 你能不能来？

ni²¹lui⁴¹tɐk⁵lui⁴¹m²¹tɐk⁵a³³?

你 来 得 来 唔 得 啊？

184 看看吧，现在说不准。

tʰɐi³⁵a³³tsɐi⁵⁵, ka³³na⁵⁵uan⁴¹tsɔŋ⁵⁵m²¹ti³³tɐk⁵a³³.

睇 啊 仔，家 □ 还 重 唔 知 得 啊。

185 能来就来，不能来就不来。

iɐu²¹han⁴¹tsɐu⁵⁵lui⁴¹, mɐu²¹han⁴¹tsɐu⁵⁵m²¹sɐi³⁵lui⁴¹.

有 闲 就 来，冇 闲 就 唔 使 来。

186 你打算不打算去？

ni²¹oi²¹hi²¹m²¹hi²¹³?

你 爱 去 唔 去？

ni²¹ta³⁵sun²¹oi²¹hi²¹m²¹hi²¹³?

你 打 算 爱去 唔去？

187 去呀！谁说我不打算去？

oi²¹hi²¹³! nai⁵⁵sui⁴¹kɔŋ³⁵ŋo²¹m²¹hi²¹a³³?

爱去！ 乃 谁 讲 我 唔去 啊？

188 他一个人敢去吗？

ki²¹iɐt⁵tsɐk⁵iɐn⁴¹kam³⁵hi²¹me³³?

渠 一 只 人 敢 去 咩？

189 敢！那有什么不敢的？

kam³⁵! tso⁵⁵mia⁴¹a³³m²¹kam³⁵?

敢！ 做 咩 啊唔 敢？

190 他到底愿不愿意说？

ki²¹iu²¹kɔŋ³⁵m²¹iu²¹kɔŋ³⁵a³³?

渠 要 讲 唔 要 讲 啊？

191 谁知道他愿意不愿意说？

nai³³sui⁴¹ti³³tɐk⁵ki²¹iu²¹kɔŋ³⁵m²¹kɔŋ³⁵?

乃 谁 知 得 渠 要 讲 唔 讲？

192 愿意说得说，不愿意说也得说。

siɔŋ³⁵oi²¹kɔŋ³⁵iu²¹oi²¹kɔŋ³⁵, m²¹oi²¹kɔŋ³⁵iɐu⁵⁵iu²¹oi²¹kɔŋ³⁵.

想 爱讲 要爱讲， 唔爱讲 又 要爱讲。

193 反正我得让他说，不说不行。

ki³⁵tɐi⁵⁵tu³³oi²¹ki²¹kɔŋ³⁵, m²¹kɔŋ³⁵m²¹tɐk⁵.

几 抵 都爱 渠讲， 唔讲 唔 得。

194 还有没有饭吃？

uan⁴¹iɐu²¹fan⁵⁵sik²mɐu³⁵o³³?

还 有 饭 食 冇 哦？

han⁴¹iɐu²¹mɐu²¹fan⁵⁵sik⁵o³³?

还 有 冇 饭 食 哦？

195 有，刚吃呢。

iɐu²¹³, tsɐŋ²¹sik²le²¹.

有， 正 食 咧。

196 没有了，谁叫你不早来！

mɐu²¹la³³, nai³³sui⁴¹ham²¹ni²¹m²¹tsɐu³⁵ti⁵⁵tsɐi⁵⁵lui⁴¹!

冇 啦，乃 谁 喊 你 唔早 啲仔 来!

197 你去过北京吗？我没去过。

ni²¹iɐu²¹hi²¹ko²¹pɐk⁵kiɐŋ³³mɐu²¹a³³? ŋo²¹mɐu²¹hi²¹ko²¹³.

你 有 去 过 北 京 冇 啊？ 我 冇 去 过。

198 我十几年前去过，可没怎么玩，都没印象了。

ŋo²¹sɐp²ki³⁵nin⁴¹tsʰin⁴¹tsɐu⁵⁵hi²¹ko²¹³, tan⁵⁵mɐu²¹mia⁴¹liu³³, mɐu²¹mia⁴¹ki²¹tɐk⁵lo³³.

我 十 几 年 前 就 去 过，但 冇 咩 嫽， 冇 咩 记 得 略。

199 这件事他知道不知道？

nau⁴¹hɔŋ⁵⁵si⁵⁵ki²¹ti³³m²¹ti³ ko³³uo³³?

□ 项 事 渠 知 唔 知 个 喎？

nau⁴¹hɔŋ⁵⁵si⁵⁵tsʰɐŋ⁴¹ki²¹ti³³tɐk⁵m²¹ti³³tɐk⁵?

□ 项 事情 渠 知 得 唔 知 得?

200 这件事他肯定知道。

li³⁵hɔŋ⁵⁵si⁵⁵ki²¹kʰiɐn³⁵tɐŋ⁵⁵ti³³tɐk⁵.

哩项 事 渠 肯 定 知 得。

201 据我了解，他好像不知道。

pi³⁵ŋo²¹kɔŋ³⁵, ki²¹kʰo³⁵nɐŋ⁴¹m²¹ti³³tɐk⁵.

畀我 讲， 渠 可 能 唔 知 得。

202 这些字你认得不认得？

nau⁴¹nai⁵⁵tsi⁵⁵ni²¹sɐk⁵m²¹sɐk⁵ko³³a³³?

□ 乃 字 你 识 唔 识 个 啊?

nau⁴¹nai⁵⁵tsi⁵⁵ni²¹iɐŋ⁵⁵a³³tɐu³⁵m²¹tɐu³⁵?

□ 乃 字 你 认 啊到 唔 到?

203 我一个大字也不认得。

ŋo²¹iɐt⁵tsɐk⁵tsi⁵⁵tu³³iɐŋ⁵⁵m²¹tɐu³⁵.

我 一 只 字 都 认 唔 到。

204 只有这个字我不认得，其他字都认得。

tsɐŋ²¹nau⁴¹tsɐk⁵tsi⁵⁵ŋo²¹m²¹sɐk⁵tɐk⁵, ko³⁵nai⁵⁵tso⁵⁵ha⁵⁵ŋo²¹tu³³sɐk⁵.

剩 □ 只 字 我 唔识 得，嗰 乃 做 下 我 都 识。

205　你还记得不记得我了？

ni²¹uan⁴¹tsoŋ⁵⁵sɐk⁵m²¹sɐk⁵ŋo²¹a³³?

你还　重　识 唔 识 我 啊?

ni²¹han⁴¹tsoŋ⁵⁵ki²¹tɐk⁵m²¹ki²¹tɐk⁵ŋo²¹ a³³?

你还　重　记 得 唔 记 得 我 啊?

206　记得，怎么能不记得！

sɐk⁵, na³⁵ui⁵⁵m²¹sɐk⁵!

识，哪 会 唔 识!

ki²¹tɐk⁵, na³⁵ui⁵⁵m²¹ki²¹tɐk⁵!

记 得，哪 会 唔 记 得!

207　我忘了，一点都不记得了。

ŋo²¹mɔŋ⁵⁵ki²¹lo³³o²¹, a³³tit⁵tsɐi⁵⁵tu³³m²¹ki²¹tɐk⁵.

我 忘　记 咯 哦，啊 啲 仔　都 唔 记 得。

ŋo²¹m²¹ti³³tɐk⁵o²¹, mia⁴¹a³³tu³³m²¹ki²¹tɐk⁵o²¹.

我 唔 知 得 哦，咩　啊 都 唔 记 得 哦。

208　你在前边走，我在后边走。

ni²¹tʰɐu⁴¹tsʰin⁴¹haŋ⁴¹, ŋo²¹pɐt⁵tɐi³⁵haŋ⁴¹.

你 头　前　行，我 不= 底 行。

ni²¹sin³³haŋ⁴¹, ŋo²¹pɐt⁵tɐi³⁵.

你 先　行，我 不= 底。

209　我告诉他了，你不用再说了。

ŋo²¹kɔŋ³⁵ki²¹tʰiaŋ³³lo²¹, ni²¹m²¹sɐi³⁵tsui²¹kɔŋ³⁵lo²¹.

我 讲　渠 听　咯，你 唔 使 再　讲　咯。

210　这个大，那个小，你看哪个好？

li³⁵tsɐk⁵tai⁵⁵tsɐk⁵, ko³⁵tsɐk⁵sɐi²¹tsɐk⁵, ni²¹tʰɐi³⁵nai³⁵tsɐk⁵hɐu³⁵?

哩 只 大 只，嗰 只 细 只，你 睇 乃 只 好?

211　这个比那个好。

li³⁵tsɐk⁵pi³⁵ko³⁵tsɐk⁵hɐu³⁵.

哩 只　比 嗰 只 好。

212　那个没有这个好，差多了。

ko³⁵tsɐk⁵mɐu²¹li³⁵tsɐk⁵hɐu³⁵, tsaŋ³³hɐu³⁵kɐn³⁵iu²¹le³³.

嗰 只 冇　哩 只 好，争 好 紧 要 咧。

213 要我说这两个都好。

ŋo²¹kɔŋ³⁵le³³, li³⁵liɔŋ³⁵tsɐk⁵tu³³pʰiaŋ⁴¹hɐu³⁵.

我 讲 咧，哩两 只 都平 好。

214 其实这个比那个好多了。

kʰi⁴¹sɐk²li³⁵tsɐk⁵pi³⁵ko³⁵tsɐk⁵hɐu³⁵hɐu³⁵to³³le²¹.

其 实 哩只 比 嗰只 好 好 多 咧。

215 今天的天气没有昨天好。

kɐn³³ŋɐt⁵ko³³tʰin³³si⁴¹mɐu²¹tsɔŋ⁵⁵ŋɐt⁵kam²¹hɐu³⁵.

今 日 个 天 时冇 □ 日 咁 好。

216 昨天的天气比今天好多了。

tsɔŋ⁵⁵ŋɐt⁵ko³³tʰin³³si⁴¹pi³⁵kɐn³³ŋɐt⁵hɐu³⁵hɐu³⁵to³³.

□ 日 个 天 时界今 日 好 好 多。

217 明天的天气肯定比今天好。

sin³³tsɐu³⁵ko³³tʰin³³si⁴¹ɐt⁵tɐŋ⁵⁵pi³⁵kɐn³³ŋɐt⁵kə³³hɐu³⁵.

先 早 个 天 时一定 比 今 日个 好。

218 那个房子没有这个房子好。

u³³kan³³ok⁵mɐu²¹li³⁵kan³³ok⁵hɐu³⁵le³³.

兀间 屋冇 哩间 屋 好 咧。

219 这些房子不如那些房子好。

nau⁴¹nai⁵⁵ok⁵le³³mɐu²¹ko³⁵nai⁵⁵ok⁵hɐu³⁵.

□ 乃 屋咧冇 嗰乃 屋好。

220 这个有那个大没有？

li³⁵tsɐk⁵iɐu²¹ko³⁵tsɐk⁵kam²¹tai⁵⁵mɐu²¹a³³?

哩只 有 嗰只 咁 大 冇 啊？

221 这个跟那个一般大。

li³⁵tsɐk⁵lau⁴¹u³³tsɐk⁵pʰiaŋ⁴¹tai⁵⁵.

哩只 捞 兀只 平 大。

222 这个比那个小了一点点儿，不怎么看得出来。

nau⁴¹tsɐk⁵pi³⁵ko³⁵tsɐk⁵sɐi²¹ti⁵⁵tsɐi⁵⁵, tʰɐi³⁵mɐu²¹mia⁴¹tsʰɐt⁵.

□ 只 比嗰只 细 啲仔， 睇 冇 咩 出。

223 这个大，那个小，两个不一般大。

li³⁵tsɐk⁵tai⁵⁵, ko³⁵tsɐk⁵sɐi²¹³, liɔŋ³⁵tsɐk⁵mɐu²¹mia⁴¹pʰiaŋ⁴¹tai⁵⁵.

哩只 大，嗰只 细， 两 只 冇 咩 平 大。

224　这个跟那个大小一样，分不出来。

li³⁵tsɐk⁵lau³³u³³tsɐk⁵pʰiaŋ⁴¹tai⁵⁵, tʰɐi³⁵tɐk⁵mɐu²¹mia⁴¹tsʰɐt⁵.

哩 只 捞 兀只 平 大，睇 得 冇 咩 出。

225　这个人比那个人高。

nau⁴¹fo²¹pi³⁵ko³⁵fo²¹kɐu³³.

□ 货 比 嗰 货 高。

nau⁴¹tsɐk⁵fo²¹pi³⁵u³³tsɐk⁵fo²¹kɐu³³.

□ 只 货 比 兀只 货 高。

226　是高一点儿，可是没有那个人胖。

hɐi⁵⁵kɐu³³nai⁵⁵tsɐi⁵⁵, pɐt⁵ko²¹mɐu²¹u³³fo²¹kam²¹nɐp⁵.

係 高 乃 仔，不 过 冇 兀货 咁 □。

227　他们一般高，我看不出谁高谁矮。

ki²¹nai⁵⁵pʰiaŋ⁴¹kɐu³³, tʰɐi³⁵m²¹tɐk⁵tsʰɐt⁵nai⁵⁵sui⁴¹kɐu³³nai⁵⁵sui⁴¹ai³⁵.

渠 乃 平 高，睇 唔 得 出 乃 谁 高 乃 谁 矮。

228　胖的好还是瘦的好？

nɐp⁵ko³³hɐu³⁵han⁴¹si⁵⁵sɐu²¹ko³³hɐu³⁵?

□ 个 好 还 是 瘦 个 好？

229　瘦的比胖的好。

sɐu²¹ko³³pi³⁵nɐp⁵ko³³hɐu³⁵.

瘦 个 比 □ 个 好。

sɐu²¹ko³³hɐu³⁵ko²¹nɐp⁵ko³³.

瘦 个 好 过 □ 个。

230　瘦的胖的都不好，不瘦不胖最好。

sɐu²¹ko³³nɐp⁵ko³³tso⁵⁵ha⁵⁵m²¹hɐu³⁵, m²¹sɐu²¹m²¹nɐp⁵tsui²¹hɐu³⁵.

瘦 个 □ 个 做 下 唔 好，唔 瘦 唔 □ 最 好。

231　这个东西没有那个东西好用。

nau⁴¹tsɐk⁵ka³³fo³⁵mɐu²¹ko³⁵tsɐk⁵ka³³fo³⁵kam²¹hɐu³⁵ioŋ⁵⁵.

□ 只 家 伙 冇 嗰 只 家 伙 咁 好 用。

232　这两种颜色一样吗？

nau⁴¹lioŋ³⁵hoŋ⁵⁵sɐk⁵tʰoŋ⁴¹ioŋ⁵⁵ma³³?

□ 两 项 色 同 样 吗？

233　不一样，一种色淡，一种色浓。

m²¹tʰoŋ⁴¹ioŋ⁵⁵, nau⁴¹tsɛk⁵tsʰin³⁵, ko³⁵tsɛk⁵sɛm³³.

唔 同 样，□ 只 浅，　嗰 只 深。

234　这种颜色比那种颜色淡多了，你都看不出来？

li³⁵hɔŋ⁵⁵sɛk⁵pi³⁵ko³⁵hɔŋ⁵⁵sɛk⁵tsʰin³⁵tɛk⁵to⁵⁵, ni²¹tʰei³⁵m²¹tɛk⁵tsʰɛt⁵a²¹?

哩项 色 比嗰项 色 浅 得多, 你睇 唔得 出 啊?

235　你看看现在，现在的日子比过去强多了。

ni²¹tʰei³⁵tʰei³⁵ka³³na⁵⁵a³³, ka³³na⁵⁵ko³³saŋ³³ut⁵ko²¹tɐu⁵pi³⁵ko³⁵tsɛn³⁵hɐu³⁵ki³⁵to³³lo³³.

286

你睇 睇 家□ 啊, 家□ 个 生 活过 到 比 嗰阵 好 几多略。

236　以后的日子比现在更好。

haŋ⁴¹ŋi⁵⁵ si⁴¹ko³³saŋ³³ut⁵pi³⁵ka³³na⁵⁵iɐu⁵⁵ka³³hɐu³⁵le²¹.

行⁼二 时个 生 活比家 □ 又 加 好 咧。

haŋ⁴¹ŋi⁵⁵ si⁴¹ko³³saŋ³³ut⁵hɐu³⁵ko²¹ka³³na⁵⁵hɐu³⁵to³³.

行⁼二 时个 生 活好 过家 □ 好 多。

237　好好干吧，这日子一天比一天好。

lɔk²sei²¹³nai⁵⁵tso⁵⁵a³³, saŋ³³ut⁵a³³kɐn³⁵tso⁵⁵kɐn³⁵hɐu³⁵e⁴¹.

落细 乃 做 啊, 生 活啊紧 做 紧 好 诶。

238　这些年的生活一年比一年好，越来越好。

nau⁴¹ki³⁵nin⁴¹ko³³saŋ³³ut⁵iɐt⁵nin⁴¹pi³⁵iɐt⁵nin⁴¹hɐu³⁵, kɐn³⁵lui⁴¹kɐn³⁵hɐu³⁵.

□ 几年 个 生 活一年 比 一年 好， 紧 来 紧 好。

239　咱兄弟俩比一比谁跑得快。

ŋoi³⁵　　liɔŋ³⁵hɐŋ³³tʰei²¹tsɐu³⁵ha⁵⁵tʰei³⁵nai⁵⁵sui⁴¹tsɐu³⁵tɛk⁵maŋ²¹³.

[我乃]两 兄 弟 走 下睇 乃 谁走 得 猛。

240　我比不上你，你跑得比我快。

ŋo²¹tsui³³m²¹tɐu²¹ni²¹³, ni²¹tsɐu³⁵tɛk⁵pi³⁵ŋo²¹maŋ²¹³.

我 追 唔到 你, 你走 得 比我 猛。

ŋo²¹tsui³³m²¹tɐu²¹ni²¹³, ni²¹pi³⁵ŋo²¹tsɐu³⁵tɛk⁵maŋ²¹³.

我 追 唔到 你, 你比我 走 得 猛。

ŋo²¹tsui³³m²¹tɐu²¹ni²¹³, ni²¹tsɐu³⁵maŋ²¹ko²¹ŋo²¹.

我 追 唔到 你, 你走 猛 过我。

241　他跑得比我还快，一个比一个跑得快。

ki²¹tsɐu³⁵tɛk⁵pi³⁵ŋo²¹maŋ²¹³, ɐt⁵tsɛk⁵pi³⁵ɐt⁵tsɛk⁵tsɐu³⁵tɛk⁵maŋ²¹³.

渠走 得 比我 猛，　一 只 比一只 走 得 猛。

ki²¹pi³⁵ŋo²¹tseu³⁵tɛk⁵kɛŋ²¹ŋa³³maŋ²¹³, ɐt⁵tsɛk⁵pi²¹ɐt⁵tsɛk⁵maŋ²¹³.

渠 比 我 走 得 更 啊 猛， 一 只 比 一 只 猛。

242 **他比我吃得多，干得也多。**

ki²¹sik⁵tɛk⁵pi³⁵ŋo²¹to³³, tso⁵⁵koŋ³³fu³³ia²¹pi³⁵ŋo²¹iɐu⁵⁵ka³³to³³.

渠 食 得 比 我 多， 做 工 夫 也 比 我 又 加 多。

ki²¹pi³⁵ŋo²¹sik⁵tɛk⁵to³³, tso⁵⁵koŋ³³fu³³iɐu⁵⁵ka³³to³³ko²¹ŋo²¹.

渠 比 我 食 得 多， 做 工 夫 又 加 多 过 我。

243 **他干起活来，比谁都快。**

ki²¹tso⁵⁵koŋ³³fu³³hɐu³⁵maŋ²¹³, pi³⁵nai⁵⁵sui⁴¹tu³³maŋ²¹³.

渠 做 工 夫 好 猛， 比 乃 谁 都 猛。

244 **说了一遍，又说一遍，不知说了多少遍。**

kɔŋ³⁵a³³ɐt⁵tsʰi²¹³, iɐu⁵⁵kɔŋ³⁵a³³ɐt⁵tsʰi²¹³, m²¹ti³³kɔŋ³⁵a³³ki³⁵to³³pai³⁵.

讲 啊一次， 又 讲 啊一次， 唔 知 讲 啊几 多 摆。

kɔŋ³⁵a³³iɐu⁵⁵kɔŋ³⁵, m²¹ti³³kɔŋ³⁵a³³ki³⁵to³³pai³⁵.

讲 啊又 讲， 唔 知 讲 啊几 多 摆。

245 **我嘴笨，可是怎么也说不过他。**

ŋo²¹mɐu²¹mia⁴¹a³³hiu³⁵kɔŋ³⁵ua⁵⁵ko³³, tian⁵⁵kɔŋ³⁵tu³³kɔŋ³⁵si³³ki²¹a³³.

我 冇 咩 啊晓 讲 话 个， □ 讲 都 讲 输渠 啊。

ŋo²¹mɐu²¹mia⁴¹a³³hiu³⁵kɔŋ³⁵ua⁵⁵ko³³, tian⁵⁵kɔŋ³⁵tu³³kɔŋ³⁵m²¹ko²¹ki²¹o³³.

我 冇 咩 啊晓 讲 话 个， □ 讲 都 讲 唔过 渠 哦。

246 **他走得越来越快，我都跟不上了。**

ki²¹kɛn³⁵haŋ⁴¹kɛn³⁵maŋ²¹³, ŋo²¹tsui³³a³³tu³⁵tsui³³m²¹tɐu³⁵.

渠 紧 行 紧 猛， 我 追 啊都 追 唔 到。

247 **越走越快，越说越快。**

kɛn³⁵haŋ⁴¹kɛn³⁵maŋ²¹³, kɛn³⁵kɔŋ³⁵kɛn³⁵maŋ²¹³.

紧 行 紧 猛， 紧 讲 紧 猛。

248 **慢慢说，一句一句地说。**

man⁵⁵man⁵⁵kɔŋ³⁵, ɐt⁵ki²¹ɐt⁵ki²¹kɔŋ³⁵a³³.

慢 慢 讲， 一 句 一 句 讲 啊。

第八章　话语材料

俗语谚语 ①

01 lan²¹ iɐn⁴¹to³³si³⁵niu⁵⁵.

    懒　人　多　屎　尿。

02 pan²¹ tsi³³sik²lɐu³⁵fu³⁵.

    扮　猪　食　老　虎。

03 hɐu³⁵ pʰi⁴¹³hɐu³⁵ŋiok²tsɐu⁵⁵u³³sɐm³³kun³³.

    好　皮　好　肉　就　乌　心　肝。

04 san³³ tsɐk⁵fu⁵⁵ŋi³⁵, tɔŋ³³tsɐk⁵lan⁵⁵tʰoŋ⁴¹lo⁴¹.

    三　只　妇　女，当　只　烂　铜　锣。

05 iɐt⁵ tsɐk⁵tsʰui²¹tʰɐu⁴¹, iɐt⁵tsɐk⁵fɐt⁵.

    一　只　菜　头，一　只　窟②。

06 si⁵⁵ lɐu³⁵kɐn³³to³³, iɐn⁴¹lɐu³⁵lo³³so³³.

    树　老　根　多，人　老　啰　唆。

07 tsʰa⁴¹ kɐi³³tsi³³na²¹³, ta³⁵iɐu²¹sik²mɐu²¹³.

    柴　鸡　猪　嫲，打　有　食　冇。

08 saŋ³³ kɐi³³tsʰɐn³³tsɐu⁵⁵mɐu²¹³, o³³kɐi³³si³⁵tsɐu⁵⁵iɐu²¹³.

    生　鸡　春　就　冇，屙　鸡　屎　就　有。

---

① 本章收录调查点当地的俗语谚语、歌谣、故事等口头文化内容，均附音频或视频。音频或视频目录与小节标题一致。

② 窟：洞，坑。

09 tsʰi³⁵tsɐk⁵sɐn³³pʰu²¹³, si³⁵tsɐk⁵tsɐi³⁵.

　　娶　只　新　妇①，死　只　仔。

10 iɐt⁵ tɐu³⁵toŋ³³foŋ³³sam³³tɐu³⁵i²¹³, sam³³tɐu³⁵toŋ³³foŋ³³mɐu²¹uɐi⁵⁵hi²¹³.

　　一　斗　东　风　三　斗　雨，三　斗　东　风　冇　位　去。

11 iɐn⁴¹ tso⁵⁵tsʰo³³iɐt⁵, ŋo²¹tso⁵⁵sɐp²ŋ²¹³.

　　人　做　初　一，我　做　十　五。

12 haŋ⁴¹lu⁵⁵tɐu²¹tʰui²¹³, tsʰo²¹lɔk²a⁵⁵tin²¹uɐi⁵⁵.

　　行　路　倒　退，坐　落　啊□位②。

13 am²¹pɐu³⁵si²¹tsɐk⁵kɔk⁵, fui⁵⁵iɐn⁴¹mɐu²¹tsɐn³⁵tsɐk⁵.

　　暗　宝③四　只　角，害　人　冇　准　则。

14 ka²¹kɐi³³sui⁴¹kɐi³³, ka²¹kɐu³⁵sui⁴¹kɐu³⁵, ka²¹tɐu³⁵ma²¹lau³³tsɐu⁵⁵fan³³tsun²¹tɐu³⁵.

　　嫁　鸡　随　鸡，嫁　狗　随　狗，嫁　到　马　骝④就　翻　转　斗。

15 tsʰɔŋ⁴¹ tʰɐu⁴¹sɔŋ⁵⁵ta³⁵, tsʰɔŋ⁴¹mi³⁵hɐu³⁵.

　　床　头　上　打，床　尾　好。

16 iɐt⁵ ka²¹ŋi⁵⁵ka²¹m²¹hɐi⁵⁵ka²¹³, sam³³ka²¹si²¹ka²¹tɔŋ³³ko²¹ka³³, ŋ³⁵ka²¹lok²ka²¹tsɐn³³hɐi⁵⁵ka²¹³.

　　一　嫁　二　嫁　唔　係　嫁，三　嫁　四　嫁　当　过　家，五　嫁　六　嫁　真　係　嫁。

17 saŋ³³ tɐk⁵liaŋ²¹³tsɐu⁵⁵to³³iɐn⁴¹oi²¹³.

　　生　得　靓　就　多　人　爱。

18 tsʰɐŋ²¹ pɐt⁵li⁴¹tʰo⁴¹, koŋ³³pɐt⁵li⁴¹pʰo⁴¹.

　　秤　不　离　砣，公　不　离　婆。

19 nan⁴¹ iɐn⁴¹tsɐu⁵⁵pʰa²¹tʰɐu⁴¹tsʰo²¹hɔŋ⁴¹, ŋi³⁵iɐn⁴¹tsɐu⁵⁵pʰa²¹ka²¹tsʰo²¹lɔŋ⁴¹.

　　男　人　就　怕　投　错　行，女　人　就　怕　嫁　错　郎。

20 sɐn²¹ miaŋ⁵⁵mɔk²sun²¹miaŋ⁵⁵, sun²¹miaŋ⁵⁵mɔk²sɐn²¹miaŋ⁵⁵.

　　信　命　莫　算　命，算　命　莫　信　命。

21 ok⁵ iɐn⁴¹sui³⁵tik²kiɐu⁵⁵hɐn⁴¹.

　　屋　檐　水　滴　旧　痕。

22 hɐu³⁵ sɐm³³iɐu²¹hɐu³⁵pɐu²¹, hɐu³⁵tsʰai⁴¹siu³³lan⁵⁵tsɐu²¹³.

　　好　心　有　好　报，好　柴　烧　烂　灶。

―――――――――

① 新妇：媳妇。

② □位 tin²¹uɐi⁵⁵：占着位置。

③ 暗宝：一种赌具。

④ 马骝：猴子。

23 lan²¹iɐn⁴¹iɐu²¹lan²¹iɐn⁴¹miaŋ⁵⁵, sa³³ko³³m²¹sɐi³⁵tɐu⁵⁵kɐu³⁵sɐi²¹tsiaŋ⁵⁵.

　　懒 人　有 懒 人 命，　砂 锅　唔 洗 就 狗 舐①净。

24 tsʰa³³ tai⁵⁵pʰau²¹³, kɔŋ³⁵ka³⁵ua⁵⁵.

　　车　大 炮，　讲　假 话。

25 hɐu³⁵ sɐm³³pi³⁵lui⁴¹ta³⁵.

　　好　心　畀 雷 打。

26 tsʰɐt⁵ ka³⁵tɐu³⁵.

　　出　假 斗②。

27 sik⁵ si³⁵mɐi³⁵.

　　食 死 米③。

28 nan⁴¹iɐn⁴¹sam³³sɐp²iɐt⁵ki³³fa³³, ŋi³⁵iɐn⁴¹sam³³sɐp²lɐu³⁵a³³pʰo⁴¹.

　　男　人　三 十 一 枝 花，女 人　三　十 老 阿 婆。

29 nan⁴¹iɐn⁴¹sam³³sɐp²tsɐŋ²¹pʰo⁴¹so³³, ŋi³⁵iɐn⁴¹sam³³sɐp²lɐu³⁵a³³pʰo⁴¹.

　　男　人　三　十 正 婆 娑，女 人　三　十 老 阿 婆。

30 ŋɐu⁴¹kaŋ³³tʰin⁴¹, ma²¹sik²kok⁵, pɔk⁵tsʰak⁵kiɔk⁵iɔŋ²¹tsɔk⁵hɐi⁴¹iɐn⁴¹.

　　牛　耕　田，　马 食 谷，剥 赤　脚　养 着 鞋 人。

31 tɐk⁵ iɐn⁴¹tsʰin⁴¹tsʰui⁴¹, tʰɐi²¹iɐn⁴¹siu³³tsui³³.

　　得 人 钱　财，　替 人 消 灾。

32 toŋ⁵⁵ sɐu³⁵toŋ⁵⁵kiɔk⁵, m²¹sɐŋ⁴¹tʰɐi³⁵tʰoŋ³⁵.

　　动　手　动 脚，　唔 成 体 统。

33 iɐu²¹hiɔŋ³⁵lui⁴¹, mɐu²¹sui³⁵lɔk⁵.

　　有 响 雷，冇　水 落。

34 tʰɐu³³kɐi³³m²¹tɐu³⁵, sɐk²tsa³³mɐi³⁵.

　　偷　鸡　唔 到，折 揸④米。

35 tsan⁵⁵iɐu²¹tsʰin⁴¹mɐu²¹tsʰin⁴¹, tu³³oi²¹kuɐi³³.

　　赚 冇　钱 冇 钱，　都 爱 归。

36 sɐi²¹tsɐi³⁵tɐu⁵⁵mɔŋ⁵⁵tso⁵⁵nin⁴¹, tai⁵⁵iɐn⁴¹ko²¹nin⁴¹tɐu⁵⁵kaŋ³³tʰin⁴¹.

　　细 仔 就 望 做 年，大 人 过 年 就　耕　田。

---

① 舐：舐。

② 出假斗：做不地道的事情。

③ 食死米：指人没用，是废物。

④ 揸：量词，（一）把。

37 kiɐu⁵⁵ke³³mɐu²¹tɛm³⁵, sɐn³³ke³³tsɐu⁵⁵mɐu²¹lui⁴¹.

　　旧　嘅　冇　扰①，新　嘅　就　冇　来。

38 iɐn⁴¹ŋo⁵⁵m²¹pʰa²¹tsʰɐu³⁵, kɐi³³ŋo⁵⁵tɐu⁵⁵lip²m²¹tsɐu³⁵.

　　人　饿　唔怕　丑，　鸡　饿　就　猎唔走。

39 sik² m²¹kʰoŋ⁴¹, tsɔk⁵m²¹kʰoŋ⁴¹, ta³⁵sun²¹m²¹tʰoŋ³³, iɐt⁵sɐi²¹kʰoŋ⁴¹.

　　食　唔穷，　着　唔穷，　打算　唔通，　一世　穷。

40 iɐu²¹ in⁴¹tsʰin³³li²¹nɐŋ⁴¹siɔŋ³³fui⁵⁵, mɐu²¹in⁴¹tui²¹min⁵⁵hɐu³⁵nan⁴¹fui³³.

　　有　缘　千　里　能　相　会，冇　缘　对　面　口　难　开。

41 mɔŋ⁴¹ tsoŋ³⁵m²¹ha⁵⁵kɔk⁵, ha⁵⁵tsi²¹tsɐu⁵⁵sui³⁵lɐu⁵⁵iɔŋ³³.

　　芒　种　唔下　谷，夏至　就　水　漏　秧。

42 iɐt⁵ iɔŋ⁵⁵mei³⁵iɔŋ²¹pak⁵iɔŋ⁵⁵iɐn⁴¹.

　　一　样　米　养　百　样　人。

43 lɛm⁴¹si³⁵la³⁵tsa³³sa³³.

　　临　死　□②揸沙。

44 aŋ²¹mɛt⁵kɐi³³tsʰɐn³³pu³³tsʰɐt⁵tsɐi³⁵.

　　□　密③鸡　春　孵　出　仔。

45 hak⁵ ka³³san³³ko³³hɔk²lɐu³⁵kʰɔk⁵, tsim³³mɐi³⁵fa³³tsin³³tok⁵tok⁵iok⁵.

　　客　家　山　歌　学　佬　曲，　占　米　花　笈　督ᵌ督ᵌ郁④。

46 ham²¹iɐn⁴¹tso⁵⁵si⁵⁵, tsɐu⁵⁵mɐu²¹nɐn³⁵si³⁵iɔŋ⁵⁵; ham²¹iɐn⁴¹sɐi³⁵tsui³⁵, tsɐu⁵⁵tʰin⁴¹ha⁵⁵tɐi⁵⁵iɐt⁵.

　　喊　人　做　事，就　冇　卵　屎　用；喊　人　使　嘴，就　天　下　第　一。

47 hɐu³⁵ ua⁵⁵iɐu⁵⁵mɐu²¹³, lat²sap²iɐu⁵⁵mɐu²¹³, lin⁴¹si³⁵niu⁵⁵tu³³mɐu²¹³.

　　好　话　又　冇，　垃　圾　又　冇，　连　屎　尿　都　冇。

48 iɐu²¹ tsʰin⁴¹tsʰi²¹loŋ⁴¹, nɐŋ⁴¹tsiu²¹tʰin³³ha⁵⁵hak⁵;

　　有　钱　似　龙，能　照　天　下　客；

mu²¹ tsʰin⁴¹tsʰi²¹fu³⁵, hak⁵tsɐu³⁵si²¹lu⁵⁵tsʰɐn³³pʰɐŋ⁴¹.

　　无　钱　似　虎，吓　走　四　路　亲　朋。

49 tsin³³ sok²tsu³³ŋi⁴¹, nan⁴¹tʰo⁴¹ŋoi²¹fui³⁵; ha⁵⁵haŋ³³tsu³³tsiɔk⁵, tsɐu⁵⁵tɐŋ⁵⁵iu²¹kuɐi³³lɛm⁴¹.

　　煎　熟　之　鱼，难　逃　外　海；夏　坑　之　雀，　就　定　要　归　林。

_____

① 扰：丢，扔。

② □la³⁵：抓。

③ □密：就算再密。

④ 郁：动。

50　ko²¹kʰiu⁴¹tiu³³kuai³⁵—— tsi⁵⁵kʰi³³kʰi³³iɐn⁴¹.
　　过 桥 丢拐 ——自欺欺人。

51　o³³si³⁵m²¹tsʰɐt⁵—— kuai²¹kau³⁵im³⁵.
　　屙屎唔出 ——怪 狗 □①。

52　ŋa³⁵tsɐi³⁵sik²uɔŋ⁴¹lin⁴¹—— fu³⁵tsʰui⁵⁵sɐm³³.
　　哑 仔 食黄 连 ——苦在 心。

53　siaŋ²¹koŋ³³tu⁵⁵lɐu³⁵fu³⁵—— mɐu²¹fat⁵.
　　姓 公 堵老 虎 ——冇 法。

54　ŋi⁵⁵lɐu⁴¹tsɐi³⁵—— kʰɐn⁴¹sik²lan²¹tso⁵⁵.
　　二 流 仔 ——勤 食懒 做。

55　kʰɐm⁴¹si⁴¹sip⁵tʰui⁴¹kiɔk⁵—— si³⁵tɐn³⁵.
　　蟟 □②□③台脚—— 死 等。

56　tai⁵⁵kɐt⁵li⁵⁵si²¹³, sɐn²¹sɐn²¹li⁵⁵li⁵⁵.
　　大 吉利是, 顺 顺 利利。

57　lɔk²ti⁵⁵fui³³fa³³, fu²¹kuɐi²¹iɐn⁴¹ua⁴¹.
　　落 地开 花, 富贵 荣 华。

58　ŋiɐu³³kʰok⁵, ko²¹sɐn³³, kʰua²¹tso³⁵, tso⁵⁵sin³³lo⁴¹.
　　□ 曲④, 过身, 挂 咗, 做 仙咯。

59　tsi³³foŋ⁴¹.
　　猪 红⑤。

────────

① □im³⁵：张望。

② 蟟□kʰɐm⁴¹si⁴¹：蟾蜍，癞蛤蟆。

③ □sip⁵：垫着。

④ □曲ŋiɐu³³kʰok⁵：委婉语，指死了。

⑤ 猪红：猪血。

第二节

歌谣

一　童谣

1．数胐歌

iɐt⁵lio⁴¹pau³⁵, ŋi⁵⁵lio⁴¹kʰau³⁵, sam³³lio⁴¹la³⁵si³⁵lɔk²uɔk²tsʰau³⁵,

一 胐 饱，　二 胐 巧，　　三　胐 □①屎落镬 炒，

si²¹lio⁴¹tsʰo²¹tui³³tui³³, ŋ³⁵lio⁴¹tɐŋ³⁵mɐi³⁵lui⁴¹,

四 胐 坐 □ □②，　五 胐 等 米　来，

lok²lio⁴¹tam³³si³⁵tʰoŋ³⁵, tsʰɐt⁵lio⁴¹pɐt⁵min⁵⁵soŋ³⁵, pat⁵lio⁴¹kʰi⁴¹pak⁵ma²¹³,

六 胐 担 屎桶，七　胐 不˭面③悚，八 胐　骑白 马，

kiɐu³⁵lio⁴¹kiɐu³⁵un³³un³³, sɐp⁵lio⁴¹tso⁵⁵tai⁵⁵kun³³.

九　胐 九　安 安，十 胐 做 大 官。

2．月光光（之一）

ŋit⁵kɔŋ³³kɔŋ³³, tsiu²¹fa³³siɔŋ³³,

月 光　光，照　花 箱，

pʰai⁴¹ka³³i³⁵, poŋ³⁵pɐŋ³³lɔŋ⁴¹.

排　交 椅，捧 槟　榔。

---

① □la³⁵：粘到。

② 坐□□tsʰo²¹tui³³tui³³：指端正坐着的样子。

③ 不˭面：背后。

poŋ³⁵pi³⁵ia⁴¹sik⁵, ia⁴¹fun³³hi³⁵,

捧　畀爷食，爷欢　喜，

poŋ³⁵pi³⁵nai²¹sik⁵, nai²¹sɐm³³liɔŋ⁴¹.

捧　畀奶食，奶　心　凉。

poŋ³⁵pi³⁵ko³³sik⁵, ko³³ta³⁵pan²¹³,

捧　畀哥食，哥打扮，

poŋ³⁵pi³⁵sɐu³⁵sik⁵, sɐu³⁵kʰia⁴¹tsa³³.

捧　畀嫂食，嫂携遮。

3．月光光（之二）

ŋit⁵kɔŋ³³kɔŋ³³, tsiu²¹fa³³siɔŋ³³;

月光　光，　照花箱；

ŋau³⁵lin⁴¹pʰaŋ³⁵, tʰui³⁵sɐn³³ŋiɔŋ⁴¹.

拗莲棒，睇新　娘。

tʰui³⁵tɐu²¹pɐk⁵foŋ³³an²¹³,

睇　到北风晏，

ŋi³⁵uan⁴¹liaŋ⁵⁵liaŋ⁵⁵tit⁵sɔŋ³³kau³³.

耳环亮亮跌双铰。

tit⁵tsɐk⁵iɐm³³, tit⁵tsɐk⁵iɔŋ⁴¹,

跌只阴，跌只阳，

m²¹tɐk⁵tʰin³³kɔŋ³³lui⁴¹pai²¹tʰɔŋ⁴¹.

唔得天　光　来拜堂。

fi⁴¹tsi³³ŋiok⁵fi⁴¹ta³³ta³³, tsiaŋ⁵⁵tsi³³ŋiok⁵fui⁵⁵mɐk⁵ŋa⁴¹,

肥猪肉肥□□①，腈　肥猪肉会□　牙②，

tsi³³kun³³tsʰau³⁵tsɐu³⁵sɔŋ³⁵ŋa⁴¹iɐu⁵⁵sɔŋ³⁵ŋa⁴¹.

猪肝炒　酒爽牙又爽牙。

4．打掌仔

ta³⁵tsɔŋ³⁵tsɐi³⁵, man⁵⁵iɐu⁴¹iɐu⁴¹.

打掌　仔，慢　悠　悠。

---

① □□ta³³ta³³：词缀。

② □mɐk⁵：粘、黏。

tsʰa²¹koŋ³³tɐi³⁵, sɐi³⁵loŋ⁴¹tsɐu³³; loŋ⁴¹tsɐu³³sɐk⁵, sɐi³⁵sɐk⁵lɐu⁴¹.

厕　缸　底，洗龙　舟；　龙　舟　石，洗　石　流。

sɐk⁵lɐu⁴¹ta³⁵tsɐi³⁵am⁵⁵am⁵⁵pʰok⁵, lɐu⁴¹sɐu³³ta³⁵tsɐi³⁵kit⁵sɐn⁴¹kʰiɐu⁴¹.

石　流　打仔　□□扑①，流苏　打仔　结成　球。

kʰiɐu⁴¹a³³kʰiɐu⁴¹, ka²¹uɔŋ⁴¹ŋɐu⁴¹, uɔŋ⁴¹ŋɐu⁴¹ui⁵⁵pʰa⁴¹sa³³.

球　啊球，　嫁黄　牛，黄　牛　会耙　沙。

ka²¹tɐŋ⁵⁵ka³³, tɐŋ⁵⁵ka³³ui⁵⁵mo³⁵ŋi⁴¹.

嫁疍　家，疍　家　会摸　鱼。

ka²¹kʰɐm⁴¹si⁴¹, kʰɐm⁴¹si⁴¹iu²¹ta³⁵ku³⁵.

嫁蟛　　□，蟛　　□要　打鼓。

ka²¹lɐu³⁵fu³⁵, lɐu³⁵fu³⁵mi²¹tɐŋ⁵⁵tɐŋ⁵⁵.

嫁老　虎，老　虎尾　定　定。

ka²¹tsʰai⁴¹tɐŋ³³, tsʰai⁴¹tɐŋ³³sɐt⁵.

嫁柴　灯，柴　灯　实。

ka²¹kɐi³³tsak⁵, kɐi³³tsak⁵sɐu³³.

嫁鸡　甶②，鸡　甶　臊。

ka²¹tsi³³tɐu³³, tsi³³tɐu³³fi⁴¹.

嫁猪　兜，猪　兜　肥。

ka²¹no⁴¹ni³³,　no⁴¹ni³³tit⁵lɔk²tsiaŋ³⁵, kin³⁵tsɐk⁵tai⁵⁵lo⁴¹piaŋ³⁵.

嫁　□　蜕③，□　蜕跌落井，　拣只　大锣　饼。

lo⁴¹piaŋ³⁵tit⁵lɔk²tʰɔŋ⁴¹, kin³⁵tsɐk⁵tai⁵⁵sɐn³³ŋiɔŋ⁴¹.

锣饼　跌落塘，拣只　大　新　娘。

sɐn³³ŋiɔŋ⁴¹iɐu²¹tu³⁵tsɐi³⁵, tsia³⁵koŋ³³tsia³⁵pʰo⁴¹tsɐu³⁵lui⁴¹tʰɐi³⁵.

新　娘　有　肚仔，姐　公　姐　婆　走　来　睇。

tsia³⁵koŋ³³sik²tsɐk⁵saŋ³³kɐi³³tʰau⁴¹, tsia³⁵pʰo⁴¹sik²tsɐk⁵saŋ³³kɐi³³pi³⁵.

姐　公　食只　生　鸡　头，　姐　婆　食只　生　鸡　髀④。

pi³³pi³³pi⁵⁵pi⁵⁵, sia⁴¹tʰin³³kɔŋ³³.

啤啤啤啤，泄天　光。

---

① □□扑 am⁵⁵am⁵⁵pʰok⁵：趴着睡。

② 鸡甶：蟑螂。

③ □蜕 no⁴¹ni³³：蜻蜓。

④ 鸡髀：鸡腿。

tsia³⁵koŋ³³hi²¹kuɐi³³fak⁵ma⁴¹foŋ³³, tsia³⁵ pʰo⁴¹hi²¹kuɐi³³pɐu³³aŋ³³koŋ³³.

姐 公 去归 发麻风，姐 婆 去归 煲罂公①。

二　土歌

1．一对白鸽一对鸡

ŋo²¹iɐt⁵tui²¹pak²kap⁵le²¹tɐu⁵⁵iɐt⁵ tui²¹kɐi³³o³³.

我 一 对 白 鸽 咧就 一 对 鸡 哦。

tsiu³³tʰau⁴¹tɐu⁵⁵foŋ²¹tsʰɐt⁵man²¹tʰau⁴¹kuɐi³³o³³.

朝 头 就 放 出 晚 头 归 哦。

m²¹hɐu³⁵ŋai²¹iɐn⁴¹lui⁴¹tsʰak⁵san³⁵no³³.

唔好 嗌 人 来 拆 散 哦。

ŋo²¹tsʰak⁵san³⁵a³³ko³³tsʰui⁵⁵ toŋ³³tɐu⁵⁵mui⁵⁵tsʰui⁵⁵sɐi³³o³³.

我 拆 散 阿哥 在 东 就 妹 在 西 哦。

a³³ko³³tsʰui⁵⁵toŋ³³uan⁴¹kau³⁵tɐk⁵o³³,

阿哥 在 东 还 搞 得 哦，

a³³mui⁵⁵tsʰui⁵⁵sɐi³³sɐt⁵tsui⁵⁵hɐi⁵⁵kʰo³⁵lin⁴¹.

阿妹 在 西 实在 係 可 怜。

2．喊我唱歌

ham²¹ŋo²¹tsʰɔŋ²¹ko³³, ŋo²¹tsɐu⁵⁵tsʰɔŋ²¹o³³,

喊 我 唱 歌，我 就 唱 哦，

ham²¹ŋo²¹liu³³le³³, ŋo²¹tsɐu⁵⁵m⁵⁵o³³.

喊 我 嫽②咧，我 就 唔 哦。

ŋo²¹tim³⁵sui³⁵liu³³le³³ iɐn⁴¹tsok⁵tɐu³⁵o³³.

我 点 水 嫽 咧人 捉 到 哦。

ni²¹hɐŋ³⁵mai⁵⁵tʰin⁴¹tɐu⁵⁵sok²a³³lin⁴¹,

你 肯 卖 田 就 赎 阿莲，

mui³⁵, ŋo²¹hɐŋ³⁵mai⁵⁵o³³, mai⁵⁵liu⁵⁵nam⁴¹sam³³iɐt⁵fan³³tʰin⁴¹no³³.

妹， 我 肯 卖 哦，卖 了 南 山 一 番 田 哦。

① 罂公：大陶罐。

② 嫽：玩。

ŋo²¹mai⁵⁵liu⁵⁵nam⁴¹sam³³tɐu⁵⁵pak⁵tɐu³⁵tsoŋ³⁵o³³,

我 卖 了 南 山 就 八 斗 种 哦,

ŋo²¹sok²tsun³⁵ŋo²¹lin⁴¹tɐu⁵⁵tsui⁵⁵ŋan³⁵tsʰin⁴¹o³³.

我 赎 转 我 莲 就 在 眼 前 哦。

3．唔怕死

m²¹pʰa²¹si³⁵o⁴¹, pʰa²¹si³⁵ko³³ho⁴¹tsʰɐŋ⁴¹tɐu²¹mui³⁵pin³³.

唔 怕 死 哦, 怕 死 个 何 情 到 妹 边。

ŋo²¹sat⁵ko²¹tʰau⁴¹, ŋo²¹hɐu³⁵tsʰi²¹ko³³foŋ³³tsʰui³³mɐu⁵⁵a³³.

我 杀 个 头, 我 好 似 个 风 吹 帽 啊。

kiɐm²¹kam³³tsʰi²¹tsok⁵ka³³liu³³ko²¹fa³³in⁴¹.

禁 监 似 足 个 嫽 个 花 园。

ŋo²¹sap⁵tsi³⁵ko³³tsim³³tsim³³a³³ŋo²¹tiɔk⁵liɔŋ²¹tsi³⁵io³³,

我 十 指 个 尖 尖 啊 我 剁 两 指 哟,

lau⁴¹tsʰun⁴¹tɐu⁵⁵pat⁵ tsi³⁵hi²¹liu³³iɔŋ⁴¹.

留 存 就 八 指 去 嫽 娘。

tsan³⁵! tsan³⁵! tsan³⁵tʰun²¹ko²¹ŋɐu⁴¹tʰɐu⁴¹fɐn³³liɔŋ²¹lu⁵⁵o³³,

斩！ 斩！ 斩 断 个 牛 头 分 两 路 哦,

tsan³⁵tʰun²¹ko²¹siɔŋ³³si³³mɔk²kua²¹sɐm³³.

斩 断 个 相 思 莫 挂 心。

4．为人君子

uɐi⁴¹iɐn⁴¹kuɐn³³tsi³⁵iɐt⁵sɐp²sam³³, ia⁴¹iɔŋ⁴¹soŋ²¹ŋo²¹hɔk⁵tʰɔŋ⁴¹kan³³;

为 人 君 子 一 十 三, 爷 娘 送 我 学 堂 间;

iɐt⁵ŋɐt⁵sam³³tsʰan³³tsʰa⁴¹fan⁵⁵tɐu³⁵, tok²si³³iɔŋ³³i⁵⁵pui²¹si³³nan⁴¹.

一 日 三 餐 茶 饭 早, 读 书 容 易 背 书 难。

uɐi⁴¹iɐn⁴¹kuɐn³³tsi³⁵ŋi⁵⁵sɐp²sam³³, sɐu³⁵kin³⁵fu⁴¹iɔŋ⁴¹tsʰi³⁵mau²¹tan³³.

为 人 君 子 二 十 三, 手 拣 芙 蓉 取 牡 丹;

mau²¹tan³³tsʰak⁵tsɐn²¹fa³³in⁴¹nui⁵⁵, kʰun²¹fa³³iɔŋ⁴¹i⁵⁵sɐu³⁵fa³³nan⁴¹.

牡 丹 插 进 花 园 内, 看 花 容 易 守 花 难。

uɐi⁴¹iɐn⁴¹kuɐn³³tsi³⁵sam³³sɐp²sam³³, oi²¹tso⁵⁵saŋ³³i²¹iɐu⁵⁵kiaŋ³³tam³³;

为 人 君 子 三 十 三, 爱 做 生 意 又 惊 担;

m²¹tɔŋ³⁵kuɐi³³ka³³kaŋ³³tʰin⁴¹hɐu³⁵, pun²¹nin⁴¹sɐn³³kʰu³⁵pun²¹ nin⁴¹han⁴¹.

唔 挡 归 家 耕 田 好, 半 年 辛 苦 半 年 闲。

uɐi⁴¹iɐn⁴¹kuɐn³³si³⁵si²¹sɐp²sam³³, sɐu³³hɐu³⁵pau³³ko³⁵lɔk⁵kɔŋ³³nam⁴¹;

为 人 君 子 四 十 三, 收 好 包 裹 落 江 南;

iɐn⁴¹kɔŋ³⁵kɔŋ³³nam⁴¹tsʰin⁴¹hɐu³⁵tsan⁵⁵, sɐu³⁵tsoŋ³³mu⁴¹tsʰin⁴¹tɐu²¹tsʰi²¹³nan⁴¹.

人 讲 江 南 钱 好 赚, 手 中 无 钱 到 处 难。

uɐi⁴¹iɐn⁴¹kuɐn³³tsi³⁵ŋ³⁵sɐp⁵sam³³, ŋ³⁵sap⁵mu⁴¹ŋi⁴¹sɐu³⁵ku³³tan³³;

为 人 君 子 五 十 三, 五 十 无 儿 守 孤 单;

sam³³sap⁵si²¹sap⁵ioŋ⁴¹i⁵⁵ko²¹³, ŋ³⁵sap²lok²sap²hɐi⁵⁵kan³³nam⁴¹.

三 十 四 十 容 易 过, 五 十 六 十 係 艰 难。

uɐi⁴¹iɐn⁴¹kuɐn³³tsi³⁵lok²sɐp⁵sam³³, lok²sap⁵fa³³kap⁵tsun³⁵uan³³uan³³;

为 人 君 子 六 十 三, 六 十 花 甲 转 弯 弯;

lok²sap⁵fa³³kap⁵uan⁴¹fui⁵⁵tsun³⁵, sui³⁵lɐu⁴¹toŋ³³fui³⁵tsun³⁵tʰɐu⁴¹nan⁴¹.

六 十 花 甲 还 会 转, 水 流 东 海 转 头 难。

uɐi⁴¹iɐn⁴¹kuɐn³³tsi³⁵tsɐt⁵sɐp⁵sam³³, pui²¹iɐu⁵⁵tʰo⁴¹lui⁴¹kiɔk⁵iɐu⁵⁵uan³³;

为 人 君 子 七 十 三, 背 又 驼 来 脚 又 弯;

sɐu³⁵tsoŋ³³kʰai⁴¹tʰiu⁴¹loŋ⁴¹kuai³⁵kun²¹³, sɔŋ²¹kɐu³³lok²ŋɐt⁵siu³⁵sɐm³³haŋ⁴¹.

手 中 携 条 龙 拐 棍, 上 高 落 凹 小 心 行。

uɐi⁴¹iɐn⁴¹kuɐn³³tsi³⁵pak⁵sɐp⁵sam³³, pat⁵sap⁵pʰo⁴¹pʰo⁴¹sɐu³⁵fa³³kan³³;

为 人 君 子 八 十 三, 八 十 婆 婆 守 花 间;

tsʰo³³iɐt⁵kʰun²¹fa³³fa³³uan⁴¹tsui⁵⁵, sap²m³⁵kʰun²¹fa³³fa³³tsia⁵⁵in⁴¹.

初 一 看 花 花 还 在 十 五 看 花 花 谢 完。

uɐi⁴¹iɐn⁴¹kuɐn³³tsi³⁵kiɐu³⁵sɐp²sam³³, iɐn⁴¹lɐu³⁵ho⁴¹tsʰɐŋ⁴¹tsun³⁵hau⁵⁵saŋ³³;

为 人 君 子 九 十 三, 人 老 何 曾 转 后 生;

ŋɐt⁵lɔk²sɐi³³san³³uan⁴¹fui⁵⁵tsun³⁵, sui³⁵lɐu⁴¹toŋ³³fui³⁵tsun³⁵tʰɐu⁴¹nan⁴¹.

日 落 西 山 还 会 转, 水 流 东 海 转 头 难。

uɐi⁴¹iɐn⁴¹kuɐn³³tsi³⁵pak⁵liaŋ⁴¹sam³³,

为 人 君 子 百 零 三,

san³³tsoŋ³³tsu⁵⁵iɐu²¹tsʰin³³nin⁴¹si⁵⁵, sɐi²¹sɔŋ⁵⁵nan⁴¹foŋ⁴¹pak⁵liaŋ⁴¹sam³³.

山 中 自 有 千 年 树, 世 上 难 逢 百 零 三。

三 四路联

1．采茶歌

tseŋ³³ŋit⁵tsak⁵tsʰa⁴¹tsʰa⁴¹mɐu²¹saŋ³³ŋo³³,

正 月 摘 茶 茶 冇 生 哦，

sɐu³⁵fu⁴¹tsʰa⁴¹si⁵⁵tɐŋ³⁵tsʰa⁴¹saŋ³³ŋo³³.

手 扶 茶 树 等 茶 生 哦。

ŋo²¹ŋi⁵⁵ŋit²tsak⁵tsʰa⁴¹tsʰa⁴¹pau²¹ŋa⁴¹lo³³,

我 二 月 摘 茶 茶 爆 牙 咯，

sɐu³⁵fu³³tsʰa⁴¹si⁵⁵tsak⁵tsʰa⁴¹ŋa⁴¹,

手 扶 茶 树 摘 茶 牙。

ŋo²¹lɔŋ⁴¹tsi³⁵tsak⁵to³³tsɐu⁵⁵mui⁵⁵tsak⁵siu³⁵o³³,

我 郎 子 摘 多 就 妹 摘 少 哦，

to³³to³³tɐu⁵⁵siu³⁵siu³⁵tsun³⁵ui⁴¹ka³³lo³³.

多 多 就 少 少 转 回 家 咯。

ŋo²¹sam³³ŋit⁵tsak⁵tsʰa⁴¹uɐn⁴¹am²¹tʰin⁴¹no³³,

我 三 月 摘 茶 云 暗 天 哦，

sɔŋ⁵⁵in⁴¹tsɐu⁵⁵tsak⁵liu⁵⁵ha⁵⁵in⁴¹pin³³no³³,

上 园 就 摘 了 下 园 边 哦，

in⁴¹pin³³tsak⁵tsʰa⁴¹in⁴¹pin³³mai⁵⁵o³³,

园 边 摘 茶 园 边 卖 哦，

iɐn⁴¹iɐn⁴¹to³³kɔŋ³⁵mui⁵⁵mai⁵⁵tsʰa⁴¹sin³³no³³.

人 人 都 讲 妹 卖 茶 先 哦。

ŋo²¹si²¹ŋit⁵tsak⁵tsʰa⁴¹tsʰa⁴¹ip⁵sɐn³³no³³,

我 四 月 摘 茶 茶 叶 新 哦，

ŋo²¹tsʰa⁴¹in⁴¹tsɐu⁵⁵tu⁵⁵nui⁵⁵tsʰiak⁵sɐu³⁵kɐn³³no³³,

我 茶 园 就 肚 内 掐 手 巾 哦，

ŋo²¹toŋ³³kan³³tsɐu⁵⁵tsʰiak⁵tsʰɐt⁵lin⁴¹fa³³ŋɐu³⁵o³³,

我 中 间 就 掐 出 莲 花 藕 哦，

liɔŋ²¹pin³³tsɐu⁵⁵tsʰiak⁵tsʰɐt⁵mai⁵⁵tsʰa⁴¹nɐn⁴¹o³³.

两 边 就 掐 出 卖 茶 人 哦。

ŋo²¹ŋ³⁵ŋit⁵tsak⁵tsʰa⁴¹lɔŋ⁴¹sun⁴¹tsɐu⁵⁵ku³⁵tsɐi³⁵hiɔŋ³⁵iɐu³³iɐu³³o³³,

我 五 月 摘 茶 龙 船 就 鼓 仔 响 悠 悠 哦，

ŋo²¹tiu⁵⁵liu⁵⁵han⁴¹tsʰa⁴¹ŋo²¹mɐu²¹tsak⁵o³³,

我 掉 了 闲 茶 我 冇 摘 哦,

tsʰɐu²¹tsʰɐi⁴¹tɐu⁵⁵tsi³⁵mui⁵⁵tʰɐi³⁵lɔŋ²¹tsɐu³³o³³.

凑 齐 就 姊妹 睇 龙 舟 哦。

ŋo²¹lok²ŋit⁵tsak⁵tsʰa⁴¹i²¹ sui³⁵tsʰɐŋ³³ŋo³³,

我 六 月 摘 茶 雨水 清 哦,

i²¹ sui³⁵tsʰɐŋ³³tsʰɐŋ³³tɐu⁵⁵i²¹ sui³⁵ŋo²¹o³³,

雨水 清 清 就 雨水 我 哦,

i²¹ sui³⁵tsʰɐŋ³³tsʰɐŋ³³ŋo²¹tsi³⁵iɐn⁴¹o³³,

雨水 清 清 我 主 人 哦,

ŋo²¹m²¹tɐk⁵tsʰa⁴¹kuɐi³³tʰam²¹lok⁵tsʰɐn³³no³³.

我 唔 得 茶 归 探 六 亲 哦。

ŋo²¹tsʰɐk⁵ŋit⁵tsak⁵tsʰa⁴¹tsʰa⁴¹ip⁵uɔŋ⁴¹ŋo³³,

我 七 月 摘 茶 茶 叶 黄 哦,

tsʰa⁴¹in⁴¹tɐu⁵⁵tu⁵⁵nui⁵⁵iɐu²¹tsʰɐŋ⁴¹lɔŋ⁴¹,

茶 园 就 肚 内 有 情 郎,

ŋo²¹tʰoŋ⁴¹kun²¹pɐu³³tsʰa⁴¹tsɐu⁵⁵sɐk⁵kun²¹sik⁵lo³³,

我 铜 罐 煲 茶 就 锡 罐 食 咯,

ŋo²¹sik⁵tsʰa⁴¹m²¹tsiaŋ⁵⁵kɔŋ³⁵si³³siɔŋ³⁵o³³.

我 食 茶 唔 净 讲 思 想 哦。

ŋo²¹pak⁵ŋit⁵tsak⁵tsʰa⁴¹tsɐu⁵⁵sui³⁵tɐŋ³³kɐu³³o³³,

我 八 月 摘 茶 就 水 登 高 哦,

tsʰa⁴¹lin⁴¹tsʰa⁴¹mɐi³⁵liɔŋ²¹lu⁵⁵sɐu³³o³³,

茶 莲 茶 米 两 路 收 哦,

ŋo²¹tsʰa⁴¹lin⁴¹tsʰa⁴¹mɐi³⁵sɐu³³liɔŋ³⁵lu⁵⁵o³³,

我 茶 莲 茶 米 收 两 路 哦,

ŋo²¹sɐu³³hi³⁵tsʰa⁴¹ŋa⁴¹tsʰa⁴¹mɐi³⁵ko²¹toŋ⁵⁵tsʰɐu³³o³³.

我 收 起 茶 牙 茶 米 过 冬 秋 哦。

ŋo²¹kɐu³⁵ŋit⁵tsak⁵tsʰa⁴¹tsɐu⁵⁵si⁵⁵sɔŋ³³kɔŋ²¹ŋo³³,

我 九 月 摘 茶 就 树 霜 降 哦,

ŋo²¹pɐk⁵foŋ³³fui³⁵kɔŋ³⁵ŋo²¹tsʰɐŋ⁴¹ɲiɔŋ⁴¹ŋo³³,

我 北 风 会 讲 我 情 娘 哦,

ŋo²¹kɛn³³nin⁴¹tɐu⁵⁵kɔŋ³⁵mui⁵⁵fun⁴¹laŋ²¹to³³lo³³,

　我　今　年　就　讲　妹　寒　冷　多　咯,

uɔŋ²¹ma⁴¹tsiak⁵tsɐi³⁵tso⁵⁵iɐt⁵tsʰɔŋ⁴¹ŋo³³.

　黄　麻　席　仔　做　一　床　　哦。

ŋo²¹sɐp⁵ŋit⁵sak⁵tsʰa⁴¹kuɐi³³kut⁵uo⁴¹lo³³,

　我　十　月　摘　茶　归　　割　禾　咯,

pak²sam³³tsɔk⁵liu⁵⁵u³³sam³³iɔŋ⁵⁵o³³,

　白　衫　着　了　乌　衫　样　哦,

pak²sam³³tsɐu⁵⁵tsɔk⁵tsʰɐt⁵iɐn⁴¹ka²¹ŋi³⁵o³³,

　白　衫　就　着　出　人　嫁　女　哦,

u³³sam³³tsɔk⁵tsʰɐt⁵sa³³kiu³³ŋo⁴¹.

　乌　衫　着　出　撒　娇　娥。

ŋo²¹sɐp⁵iɐt⁵ŋit⁵tsak⁵tsʰa⁴¹kuɐi³³tso⁵⁵toŋ³³ŋo³³,

　我　十　一　月　摘　茶　归　　做　冬　哦,

ka³³ka³³ok⁵ok⁵tsʰui⁴¹tsʰui⁴¹foŋ⁴¹,

　家　家　屋　屋　裁　　裁　　缝,

ŋo²¹tsʰui⁴¹hi³⁵tsʰui⁴¹foŋ⁴¹tɐu⁵⁵man⁵⁵man⁵⁵tso⁵⁵o³³,

　我　裁　起　裁　缝　就　慢　慢　做　哦,

m²¹oi²¹lui⁴¹tɐu⁵⁵tsʰui⁴¹uɐi⁵⁵mui³⁵ŋan⁴¹ioŋ⁴¹.

　唔　爱　来　就　裁　坏　妹　颜　容。

ŋo²¹sɐp⁵ŋi⁵⁵ŋit⁵tsak⁵tsʰa⁴¹kuɐi³³tso⁵⁵nin⁴¹no³³,

　我　十　二　月　摘　茶　归　　做　年　哦,

ka³³ka³³ok⁵ok⁵tip⁵mun⁴¹tsʰin⁴¹no³³,

　家　家　屋　屋　贴　门　　前　　哦,

ŋo²¹tip⁵liu⁵⁵mun⁴¹tsʰin⁴¹pʰai²¹tai⁵⁵kɐt⁵lo³³,

　我　贴　了　门　前　派　大　吉　咯,

ŋo²¹mɐŋ⁴¹tʰin⁴¹tɐu⁵⁵koŋ³³mui³⁵pai²¹sɐn³³nin⁴¹.

　我　明　天　就　供　妹　拜　新　年。

2. 红粉娇娥

foŋ⁴¹fɐn³⁵kiu³³ŋo⁴¹ko³³tɐi⁵⁵iɐt⁵o³³,

　红　粉　娇　娥　歌　第　一　哦,

ŋo²¹iɐt⁵tsi³⁵tsʰui³⁵fa³³m²¹kin²¹kuɐi³³o³³;

我 一 主 采 花 唔 见 归 哦；

ŋo²¹tsiu³³tʰau⁴¹tsɐu⁵⁵kuan²¹fan⁵⁵kʰiu⁴¹sɔŋ⁵⁵tɐŋ³⁵ŋo³³,

我 朝 头 就 掼 饭 桥 上 等 哦，

tɐŋ³⁵tɐu²¹ŋɐu⁴¹foŋ³³tɐu⁵⁵mɐt⁵tsɐi³⁵tsʰui³⁵fa³³uɐi³³o³³.

等 到 牛 蜂 就 蜜 仔 采 花 归 哦。

ŋo²¹foŋ⁴¹fɐn³⁵kiu³³ŋo⁴¹ko³³tɐi⁵⁵ŋi⁵⁵o³³,

我 红 粉 娇 娥 歌 第 二 哦，

ŋo²¹ŋi⁵⁵ŋiɔŋ⁴¹tɐu⁵⁵hi³⁵ok⁵siɔŋ³³tui²¹mun⁴¹;

我 二 娘 就 起 屋 相 对 门；

ŋo²¹ŋɐt⁵si⁴¹tok⁵si³³tʰam³³iɐu²¹pʰun²¹no³³,

我 日 时 读 书 贪 有 伴 哦，

ia⁵⁵si⁴¹tok⁵si³³tɐu⁵⁵kɔŋ³³fo³⁵kɔŋ³³o³³.

夜 时 读 书 就 光 火 光 哦。

ŋo²¹foŋ⁴¹fɐn³⁵kiu³³ŋo⁴¹ko³³tɐi⁵⁵sam³³o³³,

我 红 粉 娇 娥 歌 第 三 哦，

sam³³tʰiu⁴¹sun⁴¹tsɐi³⁵hi²¹au³⁵tsʰiaŋ³³ŋo³³,

三 条 船 仔 去 拗 青 哦，

ŋo²¹au³⁵tɐu²¹tsʰiaŋ³³lui⁴¹kuɐi³³ta³⁵tin²¹o³³;

我 拗 到 青 来 归 打 垫 哦；

a³³ko³³nim³⁵kʰuɐn⁴¹tsi³³kun³³sɐk⁵o³³,

阿 哥 染 裙 猪 肝 色 哦，

a³³mui⁵⁵nim³⁵kʰuɐn⁴¹tsɐu⁵⁵ap⁵tsi³⁵tsʰiaŋ³³o³³.

阿 妹 染 裙 就 鸭 子 青 哦。

foŋ⁴¹fɐn³⁵kiu³³ŋo⁴¹ko³³tɐi⁵⁵si²¹o³³,

红 粉 娇 娥 歌 第 四 哦，

si²¹tsɐt⁵kiɐm³³tsʰin⁴¹tɐu⁵⁵lɔk⁵saŋ³⁵mai²¹ma²¹kʰi⁴¹o³³;

四 只 金 钱 就 落 省 买 马 骑 哦；

ŋo²¹a³³ko³³kʰi⁴¹tʰɐu⁴¹tɐu⁵⁵mui³⁵kʰi⁴¹mi³⁵o³³,

我 阿 哥 骑 头 就 妹 骑 尾 哦，

ma²¹sɔŋ⁵⁵pʰau³⁵lui⁴¹tsʰɐi⁴¹kiɔk⁵tʰiu²¹o³³.

马 上 跑 来 齐 脚 跳 哦。

foŋ^{41}fɐn^{35}kiu^{33}ŋo^{41}ko^{33}tɐi^{55}ŋ^{55}o^{33},

红　粉　娇　娥　歌　第　五　哦,

ŋ^{55}tsi^{35}so^{33}tʰɐu^{41}tɐu^{55}pɐt^{5}ioŋ^{55}iɐu^{41}o^{33};

五　指　梳　头　就　不　用　油　哦;

ŋo^{21}tso^{35}sɐu^{35}kʰai^{41}so^{33}tɐu^{55}iɐu^{21}sɐu^{35}tsip^{5}o^{33},

我　左　手　携　梳　就　右　手　接　哦,

so^{33}mai^{41}loŋ^{41}foŋ^{55}tʰɐi^{35}loŋ^{41}tsɐu^{33}o^{33}.

梳　埋　龙　凤　睇　龙　舟　哦。

foŋ^{41}fɐn^{35}kiu^{33}ŋo^{41}ko^{33}tɐi^{55}lok^{5}o^{33},

红　粉　娇　娥　歌　第　六　哦,

ŋo^{21}lok^{5}ki^{33}fu^{21}tɐu^{35}fu^{21}lin^{41}tʰɔŋ^{41};

我　六　支　屌　斗　屌　莲　塘;

ŋo^{21}fu^{21}liu^{55}lin^{41}tʰɔŋ^{41}ŋo^{21}mɐu^{21}fɐn^{55}o^{33},

我　屌　了　莲　塘　我　冇　份　哦,

ŋo^{21}kut^{5}tʰun^{21}ŋi^{41}kɐn^{33}ŋo^{55}tʰun^{21}tsʰɔŋ^{41}o^{33}.

我　割　断　鱼　根　饿　断　肠　哦。

foŋ^{41}fɐn^{35}kiu^{33}ŋo^{41}ko^{33}tɐi^{55}tsʰɐt^{5}o^{33},

红　粉　娇　娥　歌　第　七　哦,

ŋo^{21}tsʰɐt^{5}tʰiu^{41}si^{33}sɐŋ^{41}tsʰiak^{5}tɐŋ^{33}kʰiɐu^{41}o^{33};

我　七　条　丝　绳　掐　灯　球　哦;

li^{33}tsʰin^{33}ŋɐt^{5}man^{55}ŋɐt^{5}le^{33}tɐu^{55}tsʰiak^{5}m^{21}hɐu^{35},

哩　千　日　万　日　咧　就　掐　唔　好,

li^{33}pi^{35}tsi^{35}haŋ^{41}tsʰin^{41}tɐu^{55}tsʰiak^{5}kɐu^{21}sɔŋ^{33}o^{33}.

哩　界　子　行　前　就　掐　够　双　哦。

foŋ^{41}fɐn^{35}kiu^{33}ŋo^{41}ko^{33}tɐi^{55}pak^{5}o^{33},

红　粉　娇　娥　歌　第　八　哦,

ŋo^{21}pak^{5}tsɔŋ^{33}kɐu^{33}i^{35}koŋ^{33}tsɔŋ^{33}tʰui^{41}o^{33};

我　八　张　高　椅　供　张　台　哦;

ŋo^{21}sin^{33}saŋ^{33}tsʰo^{21}tsʰui^{55}li^{55}uaŋ^{41}tʰɐu^{41}sɔŋ^{55}o^{33},

我　先　生　坐　在　哩　横　头　上　哦,

ŋo^{21}hɔk^{5}saŋ^{33}tsʰo^{21}tsʰui^{55}liɔŋ^{21}pin^{33}fui^{33}o^{33}.

我　学　生　坐　在　两　边　开　哦。

foŋ⁴¹fɐn³⁵kiu³³ŋo⁴¹ko³³tɐi⁵⁵tsiɐu³⁵o³³,

红 粉 娇 娥 歌 第 九 哦,

ŋo²¹tsiɐu³⁵tsɐt⁵tsʰaŋ⁴¹ŋo⁴¹fi³³ko²¹tsiɐu³⁵tsʰoŋ⁴¹tʰin³³no³³;

我 九 只 嫦 娥 飞 过 九 重 天 哦;

ŋo²¹in²¹tsi³⁵hɐm⁴¹nɐi⁴¹tɐu⁵⁵tsɔk²tɐi⁵⁵tɐu²¹o³³,

我 燕 子 衔 泥 就 作 大 窦 哦,

ŋo²¹li²¹ŋi⁴¹tai²¹tsɐi³⁵sɐk⁵ŋam⁴¹kʰɐu⁴¹.

我 鲤 鱼 带 仔 石 岩 跕。

foŋ⁴¹fɐn³⁵kiu³³ŋo⁴¹ko³³tɐi⁵⁵sɐp⁵o³³,

红 粉 娇 娥 歌 第 十 哦,

ŋo²¹sɐp⁵tsɐt⁵a³³ŋiɔŋ⁴¹tɐu⁵⁵hi²¹tsoŋ²¹tsʰoŋ⁴¹;

我 十 只 阿 娘 就 去 种 松;

ŋo²¹tʰin⁴¹tsʰiaŋ⁴¹koŋ³³ŋiɔŋ⁴¹tam³³sui³⁵pʰut⁵o³³,

我 天 晴 公 娘 担 水 泼 哦,

lɔk²sui³⁵koŋ³³ŋiɔŋ⁴¹tam³³fɐn²¹ŋ³³ŋo³³.

落 水 公 娘 担 粪 秧 哦。

四 白口联

1. 阿环

a³³huan⁴¹ho⁴¹pit⁵lui⁵⁵tsʰi²¹pi³³, pɐt⁵sut⁵sin³³saŋ³³ni²¹pɐt⁵ti³³;

阿 环 何 必 泪 似 悲, 不 说 先 生 你 不 知;

tʰiaŋ³³tʰɔŋ⁴¹ta³⁵sɐu²¹iɐu⁴¹mi⁵⁵tsɔk⁵, foŋ⁴¹tsoŋ³³iɐu²¹ham²¹pʰɐu²¹hai⁴¹ŋi⁴¹;

厅 堂 打 扫 犹 未 作, 房 中 有 喊 抱 孩 儿;

mun⁴¹ŋui⁵⁵sui³⁵pʰiu³³tsʰai⁴¹iɐu⁵⁵sɐp⁵, tsʰi⁴¹foŋ⁴¹in³³kiɐp⁵fo³⁵nan⁴¹tsʰui³³;

门 外 水 飘 柴 又 湿, 厨 房 烟 急 火 难 吹;

pak²tʰɐu⁴¹pʰo⁴¹tsi³⁵him⁴¹tʰɔŋ³³laŋ⁴¹, uɔŋ⁴¹hin³⁵sin³³saŋ³³nau⁵⁵fan⁵⁵tsʰi⁴¹.

白 头 婆 子 嫌 汤 冷, 黄 显⁼ 先 生① 闹 饭 迟。

2. 撩莲

liu³³lin⁴¹m²¹tɐu³⁵ko³³tsiɔŋ³³tsɐu⁵⁵pa²¹o⁴¹,

撩 莲 唔 到 个 将 就 吧 哦,

———

① 黄显⁼先生:指教书先生。

teu^{33}tsan^{35}tsiu^{33}t^{h}ɐu^{41}tsɐu^{55}pau^{21}ko^{35}ŋa^{41},

刀　斩　蕉　头　就　爆　果　芽，

ŋo^{21}t^{h}in^{33}ha^{55}ki^{35}to^{33}foŋ^{41}fɐn^{33}ŋi^{21}o^{41},

我　天　下　几　多　红　粉　女　哦，

tan^{33}tsi^{35}sa^{35}lin^{41}mui^{35}tsi^{55}ka^{33}o^{41}.

单　只　洒　莲　妹　自　家　哦。

3. 想妹久

sioŋ^{35}mui^{35}kiɐu^{35}o^{33}, kiɐu^{55}nin^{41}sioŋ^{35}mui^{35}tɐu^{21}kɐn^{33}nin^{41}.

想　妹　久　哦，旧　年　想　妹　到　今　年。

ŋo^{21}hɐu^{35}ts^{h}i^{21}ko^{33}i^{55} t^{h}oŋ^{33}kɐi^{33}kim^{35}kok^{5}e^{41},

我　好　似　个　喻同　鸡　拣　谷　诶，

si^{41}si^{41}ts^{h}ɐu^{35}mui^{35}kok^{5}lo^{41}pin^{33}.

时　时　凑　妹　谷　笋　边。

4. 久未会

kiɐu^{35}mɐu^{21}ui^{55}o^{41}, kɐn^{33}ŋɐt^{5}ui^{55}li^{21}sɐm^{33}tsɐu^{55}fui^{33}o^{33},

久　冇　会　哦，今　日　会　哩　心　就　开　哦，

ŋo^{21}hɐu^{35}ts^{h}i^{21}ko^{33}ŋɐu^{41}loŋ^{41}tsɐk^{5}ŋi^{35}ko^{33}lui^{41}sioŋ^{33}ui^{55}o^{33},

我　好　似　个　牛　郎　织　女　个　来　相　会　哦，

m^{21}tɐk^{5}ko^{21}ho^{41}ŋan^{21}lui^{55}lɐu^{41}o^{33}.

唔　得　过　河　眼　泪　流　哦。

5. 唱条歌仔

ts^{h}ɔŋ^{21}t^{h}iu^{41}ko^{33}tsɐi^{35}pi^{35}ni^{21}t^{h}iaŋ^{33}o^{33},

唱　条　歌　仔　畀　你　听　哦，

hi^{21}kuɐi^{33}m^{21}hɐu^{35}ts^{h}ɐn^{41}ŋo^{21}miaŋ^{55}.

去　归　唔　好　寻　我　名。

ŋo^{21}ts^{h}ɔŋ^{21}ko^{33}m^{21}hɐi^{55}foŋ^{33}lɐu^{41}tsɐi^{35}e^{41},

我　唱　歌　唔　係　风　流　仔　诶，

foŋ^{33}lɐu^{41}m^{21}hɐi^{55}ts^{h}ɔŋ^{21}ko^{33}iɐn^{41}.

风　流　唔　係　唱　歌　人。

6．歌先生

问：ni²¹hɐi⁵⁵ko³³sin³³saŋ³³o⁴¹, ni²¹ti³³sui⁴¹iɐn⁴¹tin²¹sɐu³⁵tsui⁵⁵sam³³kuan³³?

你 係 歌 先 生 哦，你 知 谁 人 镇 守 在 三 关?

i²¹ti³³sui⁴¹iɐn⁴¹pʰɐt⁵pʰui²¹iɔŋ⁴¹tsoŋ³³pɐu³⁵?

你 知 谁 人 匹 配 杨 宗 保?

i²¹ti³³sui⁴¹iɐn⁴¹pʰɐt⁵pʰui²¹sit²tɐŋ³³san³³?

你 知 谁 人 匹 配 薛 丁 山?

答：ŋo²¹hɐi⁵⁵ko³³sin³³saŋ³³, ŋo²¹ti³³lok²lɔŋ⁴¹tin²¹sɐu³⁵tsui⁵⁵sam³³kuan³³;

我 係 歌 先 生，我 知 六 郎 镇 守 在 三 关;

mok²si⁵⁵kuɐi²¹iɐŋ³³pʰɐt⁵pʰui²¹iɔŋ⁴¹tsoŋ³³pɐu³⁵;

穆 氏 桂 英 匹 配 杨 宗 保;

fan⁴¹si⁵⁵li⁴¹fa³³pʰɐt⁵pʰui²¹sit²tɐŋ³³san³³.

樊 氏 梨 花 匹 配 薛 丁 山。

五　花笺歌

1．玉卿投江（选段）

kuɐi³³fɔŋ⁴¹tɐu²¹tsui⁵⁵ŋa⁴¹tsʰɔŋ⁴¹sɔŋ⁵⁵o³³, ŋo²¹kʰo³⁵lin⁴¹kiɐm³³ŋɐt⁵tsʰɐu²¹tɐu²¹in³³ka³³a³³.

归 房 倒 在 牙 床 上 哦，我 可 怜 今 日 凑 到 冤 家 啊。

ŋo²¹kiɐm³³tsiu³³si³⁵lɔk²tɐu²¹uɔŋ⁴¹tsʰɐn⁴¹ha⁵⁵o³³, ŋo²¹iɐn⁴¹lɔŋ⁴¹ti³⁵fu³⁵a³³su²¹tɐu²¹iɐn³³a³³.

我 今 朝 死 落 到 黄 尘 下 哦，我 人 郎 地 府 啊诉 到 因 啊。

ŋo²¹kʰuɐt⁵mɐn⁴¹ŋɐt⁵man²¹no³³, ŋo²¹fi³³kuɐi³³niu²¹o³³, ŋo²¹lok²si⁵⁵ki³³tʰɐu⁴¹kiu²¹mɔŋ⁵⁵o³³a³³.

我 忽 闻 日 晚 哦，我 飞 归 鸟 哦，我 绿 树 枝 头 叫 梦 喔 鸦。

ŋo²¹tsɐŋ²¹si⁵⁵a³³nu⁴¹nu⁴¹tsʰɐm⁴¹si³⁵ŋɐt⁵o³³, ŋo²¹kiɐm³³saŋ³³mu⁴¹mɔŋ⁵⁵a³³hiɔŋ³⁵tɐu²¹iɐŋ⁴¹ua⁴¹a³³.

我 正 是 啊奴 奴 寻 死 日 哦，我 今 生 无 望 啊享 到 荣 华 啊。

ŋo²¹pit²fu²¹pʰau²¹tia³³tsʰɐm⁴¹si³⁵lu⁵⁵o³³, kiɐm³³saŋ³³mu⁴¹mɔŋ⁵⁵a³³hiɔŋ³⁵tɐu²¹iɐŋ⁴¹ua⁴¹a³³.

我 别 父 抛 爹 寻 死 路 哦，今 生 无 望 啊享 到 荣 华 啊。

ŋo²¹ŋi⁴¹ki³⁵pu⁵⁵, tɐu²¹kɔŋ³³tʰɐu⁴¹, ŋo²¹tʰɐi³⁵kin²¹mɔŋ⁴¹mɔŋ⁴¹kɔŋ³³sui³⁵a³³iɐu⁵⁵tɐu²¹toŋ³³lɐu⁴¹.

我 移 几 步，到 江 头，我 睇 见 茫 茫 江 水 啊又 到 东 流。

ŋo²¹sɔŋ³³lui⁵⁵lɔk²a³³in⁴ŋo²¹sɔŋ³³lui⁵⁵lɔk²a³³, ŋo²¹kɔŋ³³sui³⁵mɔŋ⁴¹mɔŋ⁴¹hɐi⁵⁵ŋo²¹a³³tsɐn²¹tʰɐu⁴¹.

我 双 泪 落 啊完我 双 泪 落 啊，我 江 水 茫 茫 係 我 啊尽 头。

ŋo²¹kiɐm³³ŋɐt⁵mɐn⁴¹nin⁴¹kiɐm³³ŋɐt⁵a³³nu⁴¹nu⁴¹ki²¹, kɐn³³tsiu³³tsʰi³⁵ia⁵⁵si³⁵tɐu²¹kɔŋ³³pin³³.

我 今 日 明 年 今 日 啊奴 奴 忌，今 朝 此 夜 死 到 江 边。

ŋo²¹sɐi²¹sɔŋ⁵⁵o³³, ŋo²¹tsʰɐn⁴¹in⁴¹ŋo²¹kiɛm³³pa⁵⁵sɐu³⁵uo³³, ŋo²¹hɐu³⁵tsʰi²¹iɐt⁵ki³³tok²fa³³sɐu²¹mɐu⁵⁵.
我　世　上　哦，我　尘　缘　我　今　罢　手　喔，我　好　似　一　枝　独　花　秀　茂。

foŋ³³tsʰui³³i²¹ta³⁵tɐu²¹nan⁴¹tsʰɔŋ⁴¹kiɐu³⁵, pʰin²¹pʰin²¹a³³fi³³lui⁴¹sui³⁵min⁵⁵o³³fɐu⁴¹.
风　吹　雨　打　到　难　长　久，　片　片　啊　飞　来　水　面　哦　浮。

ŋo²¹sui³⁵lɐu⁴¹fa³³lɔk⁵tɐu²¹nin⁴¹nin⁴¹iɐu²¹³, ŋo²¹nu⁴¹nu⁴¹iɐt⁵hi²¹a³³mɐu²¹tɐu²¹ui⁴¹tʰau⁴¹.
我　水　流　花　落　到　年　年　有，　我　奴　奴　一　去　啊　冇　到　回　头。

2．誓表真情（选段）

man⁵⁵kɔŋ³⁵a³³ko³³sɐm³³kuɐi³³io³³ko³³tsʰɐŋ⁴¹a³³i²¹ ŋi⁵⁵a³³,
慢　讲　啊个　深　闺　哦个　情　啊与义啊，

iɐu⁵⁵tɐu⁵⁵ko³³liɔŋ⁴¹saŋ³³a³³i²¹iok⁵a³³ŋan⁴¹.
又　道　个　梁　生　啊忆玉　啊　颜。

kɔŋ³³iɐm³³ko³³i²¹ko²¹ko³³iɐn⁴¹a³³nan⁴¹ui⁵⁵a³³,
光　阴　个　易　过　个　人　啊难　会　啊，

tsun³⁵ŋan²¹siu⁵⁵kɔŋ³³ŋa³³pak⁵ko³³ŋit²kan³³.
转　眼　韶　光　啊　八　个　月　间。

to³³tsʰɐŋ⁴¹ko³³iɐt⁵hi²¹ko³³mu⁴¹tsoŋ³³tsiak⁵a³³,
多　情　个　一　去　个　无　踪　迹　啊，

iɐm³³si³³sui⁴¹uɐi²¹ia³³ki²¹ko³³kiu³³ŋaŋ⁴¹.
音　书　谁　为　呀　寄　个　娇　颜。

sun²¹lui⁴¹ko³³kiɐm³³man²¹ko³³tsoŋ³³tsʰɐu³³tsit⁵a³³,
算　来　个　今　晚　个　中　秋　节　啊，

ka³³ka³³hin⁴¹kun³⁵na³³lun⁵⁵ko³³tsʰui³³tʰan⁴¹.
家　家　弦　管　那　乱　个　吹　弹，

tui²¹ŋit⁵ko³³ki³⁵to³³ko³³iɐn⁴¹kʰuai²¹ut⁵o³³,
对　月　个　几　多　个　人　快　活　哦，

tok²ŋo²¹a³³to³³sɐu⁴¹to³³hɐn⁵⁵na³³tsɐk⁵ko³³i⁴¹ san³³a³³.
独　我　啊多　愁　多　恨　那　积　个　如山　啊。

kiɐm³³tsun³³ko³³pɐt⁵lɔk²ko³³sɐu⁴¹iɐn⁴¹tu³⁵a³³,
金　樽　个　不　落　个　愁　人　肚　啊，

ui⁴¹iɔŋ⁴¹ŋ³³si⁵⁵si⁵⁵ia³³tsɐn⁵⁵ko³³tiu³³han⁴¹.
为　娘　嗯　事事　呀尽　个　丢　闲。

si²¹mɐn⁵⁵ko³³sɔŋ⁴¹ŋo⁴¹ko³³i⁴¹iɐu²¹hɐn⁵⁵na³³,

试问　个嫦　娥个如有　恨　那，

kɔŋ³³iɐm³³ho⁴¹kʰu³⁵a³³tɐu²¹ko³³iɐn⁴¹kan³³.

光　阴　何苦　啊到个人　间。

tsɐk⁵ŋi²¹ko³³sɐŋ⁴¹tʰɐu⁴¹ko³³tsʰiu³³liɔŋ²¹ku³⁵a³³,

侧　耳个城　头　个敲　两鼓啊，

fun⁴¹tɐŋ³³ŋ³³iɐt⁵tim³⁵ma³³tsiu²¹ko³³sɐu⁴¹ŋan⁴¹.

寒　灯　嗯一点　嘛照个愁　颜。

tsʰui²¹pi³⁵ko³³saŋ³³fun⁴¹ko³³nan⁴¹tok²uo⁵⁵a³³,

翠　畀个生　寒　个难　独卧啊，

ki³⁵pu⁵⁵tsʰi⁴¹tsʰi⁴¹ia³³tsʰɐt⁵ko³³si³³lan⁴¹.

举步迟　迟　呀出　个诗栏。

tsok⁵kiaŋ²¹ko³³mu⁴¹iɐn⁴¹ko³³tsi⁵⁵fɔŋ³³hiɔŋ³⁵a³³,

竹　径　个无人个自风　响　啊，

lin⁴¹tsʰi⁴¹iɐu²¹sui³⁵ia³³ŋit⁵ko³³saŋ³³lan⁴¹.

莲　池　有水　呀月个生　澜。

tut²tʰɐŋ³³ko³³sui⁴¹ka³³ko³³tsʰui³³iok²siu³³a³³,

突听　个谁家　个吹　玉箫啊，

fɐn³³mɐŋ⁴¹iɐt⁵tiu⁵⁵a³³mun²¹ko³³sɐm³³kuan³³.

分明　一调啊满　个心　关。

3．对月自叹（选段）

iɐt⁵sɐŋ³³a³³ko³³tsʰiɔŋ⁴¹tʰan³³na³³ko³³kuɐi³³a³³si³³kun³⁵no³³,

一声　啊个长　叹　啊个归　啊书馆　哦，

nan⁴¹tso³⁵si³³pin³³na³³liɔŋ²¹ko³³lui⁵⁵lɐm⁴¹.

难　阻腮边　啊两　个泪淋。

kɐŋ³⁵iɐn⁴¹ko³³tsiɔŋ³³tsiɔŋ³³ko³³sɐn³³hi²¹si³⁵a³³,

哽　咽个将　将　个身　气死啊，

tʰɐn³⁵fɔŋ³³tai⁵⁵fok⁵a³³kʰu³⁵ko³³sɔŋ³³sɐm³³.

扽　胸　大哭啊苦　个伤　心。

mu⁴¹in⁴¹ko³³fa³³fɐi²¹ko³³fa³³iɐm³³sɐi²¹io³³,

无缘个花费个花阴　誓哟，

kʰuɐi³³liu³⁵iu⁴¹sin³³a³³tsia³⁵ko³³iok²iɐn⁴¹.

亏　了瑶仙啊姐　个玉人。

tsia³⁵a³³…

姐　呀……

tsɐu³⁵ti³³koŋ⁵⁵ni²¹a³³nan⁴¹ko³³kai³³lɐu³⁵,

早　知共　你啊难　个偕老,

toŋ³³tsʰo³³ho⁴¹kam³⁵a³³ŋ⁵⁵ko³³niɔŋ⁴¹sɐn³³.

当初何敢　啊误个娘　身。

kiɐm³³ŋɐt⁵ko³³mu⁴¹in⁴¹kɔk⁵tʰun²¹ko³³tsʰɐŋ⁴¹uo⁴¹ŋi⁵⁵a³³,

今　日个无缘隔断个情　和义啊,

kiu²¹tʰin³³mu⁴¹iɐŋ²¹a³³ti⁵⁵ko³³mu⁴¹mɐn⁴¹.

叫天无应啊地个无闻。

kiɐm³³sɐŋ³³ko³³pɐt⁵tɐk⁵ko³³tʰoŋ⁴¹tsʰɔŋ⁴¹sui⁵⁵o³³,

今　生个不得个同　床　睡哦,

m²¹mɔŋ⁵⁵iɔŋ⁴¹kan³³a³³tsʰoŋ⁴¹ko³³tso⁵⁵iɐn⁴¹.

唔望　阳间啊重　个做人。

tʰiu⁴¹miaŋ⁵⁵ko³³pit⁵in⁴¹iɐn³³tsia³⁵saŋ³³ŋa³³,

条命　个必然因姐生啊,

tsia³⁵a³³tsɐu³⁵ti³³tʰun²¹tsʰɔŋ⁴¹fui³³.

姐　呀早知断　肠　开。

tɐn³⁵tsʰun³³ko³³hɐi⁴¹tɐi³⁵ko³³tʰan⁴¹pɐŋ³³tsi³⁵o³³,

扽穿　个鞋底个弹　崩指哦,

fok⁵tɐu³⁵ko³³tsʰɔŋ⁴¹tsoŋ³³sɐp²su²¹a³³kɐu²¹³.

哭倒个床　中　十数啊够。

六　对诗

1．拳头尖尖

kʰin⁴¹tʰɐu⁴¹tsim³³tsim³³, mu²¹sɐk⁵in⁴¹in⁴¹, iɐt⁵kʰo³³sam³³tsoŋ²¹tɐu⁵⁵mu²¹tsiɔŋ⁵⁵in⁴¹.
拳头尖尖,　武石圆圆,一科三中　就武状　元。

pɐt⁵tʰɐu⁴¹tsim³³tsim³³, kʰoŋ³⁵in⁴¹in⁴¹, iɐt⁵ kʰo³³sam³³tsoŋ²¹tɐu⁵⁵mɐn⁴¹tsiɔŋ⁵⁵in⁴¹.
笔头尖　尖,　孔　圆圆,一科三中　就文状　元。

2. 父子状元

fu⁵⁵tsi³⁵tsɔŋ⁵⁵in⁴¹tʰin³³ha⁵⁵siu³⁵, iɐt⁵mun⁴¹sam³³sɐu²¹tsɐu⁵⁵sɐi²¹kan³³mu⁴¹.

父 子 状 元 天 下 少，一 门 三 秀 就 世 间 无。

3. 稔山填平海

nim⁵⁵sam³³tʰin⁴¹pʰɐŋ⁴¹fui³⁵, kʰiu⁴¹liaŋ²¹pu³⁵pɐŋ³³kɔŋ³³.

稔 山 填 平 海，桥 岭 补 崩 江。

第三节

故事

1. 牛郎织女

ŋɐu⁴¹lɔŋ⁴¹ŋe⁵⁵lau³³tsɐk⁵ŋi³⁵, tsɐu⁵⁵liɔŋ³⁵a³³iɐn⁴¹ne⁵⁵, ŋɐu⁴¹lɔŋ⁴¹, tsʰoŋ⁴¹nai³⁵tʰau⁴¹kɔŋ³⁵hi³⁵ne⁵⁵?
牛　郎　呢　捞　织　女，就　两　啊　人　呢，牛　郎，从　乃　头　讲　起　呢？

tsɐu⁵⁵tsʰoŋ⁴¹kɔŋ³⁵, ŋɐu⁴¹lɔŋ⁴¹ŋe⁵⁵tsɐu⁵⁵tsɔŋ³⁵ŋɐu⁴¹ko³³, tsun³³mun⁴¹tsɔŋ³⁵ɐt⁵tʰiu⁴¹ŋɐu⁴¹, tsɐu⁵⁵mɐu²¹ia⁴¹
就　从　讲，牛　郎　呢　就　掌　牛　个，专　门　掌　一　条　牛，就　有　爷

mɐu²¹nai²¹³, tsɐu⁵⁵kɐn³³a³³ko³³sik⁵, kɐn³³a³³ia⁴¹sik⁵. tan⁵⁵hɐi⁵⁵ne⁵⁵, ki²¹ko²¹ko²¹tsʰɐŋ⁴¹tsɐu⁵⁵pi³⁵kau²¹
无　奶，就　跟　阿　哥　食，跟　阿　爷　食。但　係　呢，渠　个　过　程　就　比　较

sɐn³³kʰu³⁵. ok⁵ki³⁵a³³, iɐu⁵⁵pi³⁵, li³⁵ko²¹kɔ⁵sɐu³⁵a³³, tsɐk⁵tok²uo²¹.
辛　苦。屋　企ᵖ阿，又　畀，哩　个　哥　嫂　啊　嫉　妒　喎。

iɐu²¹a³³ŋɐt⁵ne⁵⁵, tso⁴¹, ŋ³⁵ŋit⁵tsʰo³³ŋ³⁵, tun³³iɔŋ⁴¹tsit⁵hɐi⁵⁵mɐi³³, pʰa⁴¹lɔŋ⁴¹sun⁴¹a³³mɐi³⁵. pʰa⁴¹
有　一　日　呢，做，五　月　初　五，端　阳　节　係　咪，扒　龙　船　阿　咪。扒

lɔŋ⁴¹sun⁴¹ne³³, ki²¹tsɐu⁵⁵oi²¹³, ŋɐu⁴¹ne³³tsɐu⁵⁵mɐu²¹tsɔŋ³⁵a³³, tsɐu⁵⁵tʰɐu⁴¹kɐn³⁵ki²¹ne³³, kut⁵ŋɐu⁴¹
龙　船　呢，渠　就　爱，牛　呢　就　冇　掌　啊，就　套　紧　渠　呢，割　牛

tsʰɐu³⁵, kut⁵ŋɐu⁴¹tsʰɐu³⁵pi³⁵li³⁵ko²¹ŋɐu⁴¹sik⁵a³³. tan⁵⁵hɐi⁵⁵, hi²¹tɐu²¹pun²¹lu⁵⁵ne⁵⁵, tsɐu⁵⁵ŋam³³ŋam³³
草，割　牛　草　畀　哩　个　牛　食　啊。但　係，去　到　半　路　呢，就　啱　啱

tu⁵⁵tɐu³⁵tsɐk⁵sin³³, tu⁵⁵tɐu³⁵tsɐk⁵sin³³ha⁵⁵fan⁴¹lɔk⁵lui⁴¹, tʰɐi³⁵tɐu³⁵ni³⁵tsɐk⁵sɐi²¹sɐi³⁵ne³³, kam³³sɐn³³
堵　到　只　仙，堵　到　只　仙　下　凡　落　来，睇　到　呢　只　细　仔　呢，咁　辛

kʰu³⁵, tsɐu⁵⁵kɔŋ³⁵, pi³⁵tsɐk⁵sin³³tʰɐu⁴¹hi²¹tu⁵⁵ki³⁵, tu⁵⁵ki²¹sɔŋ²¹tʰin³³tʰɐŋ⁴¹, pi³⁵tsɐk⁵sin³³tʰɐu⁴¹ki²¹³.
苦，就　讲，畀　只　仙　桃　去　渡　渠，渡　渠　上　天　庭，畀　只　仙　桃　渠。

kit⁵ko³⁵ne³³, ki²¹tseu⁵⁵tsiɔŋ³³sin³³tʰɐu⁴¹ne³³fɔŋ²¹a³³ko³⁵ko³³fɐn²¹ki³³a³³.　　ko³⁵tʰɐu⁴¹ne³³, iɐn⁴¹tseu⁵⁵
结 果 呢, 渠 就 将 仙 桃 呢 放 啊 嗰 个 粪 箕 啊。 嗰 头 呢, 人 就

kut⁵ŋɐu⁴¹tsʰɐu³⁵, kut⁵hɐu³⁵ko²¹tsʰɐu³⁵, fɔŋ²¹hɐi³⁵fɐn²¹ki³³ne³³tseu⁵⁵m²¹ki²¹tɐk⁵sik²o²¹, tseu⁵⁵ŋɐu⁴¹
割 牛 草, 割 好 个 草, 放 喺 粪 箕 呢 就 唔 记 得 食 哦, 就 牛

tsʰɐu³⁵kut⁵tɐu²¹ne³³, kau³⁵pi³⁵ŋɐu⁴¹sik². kit⁵ko³⁵ne³³, tsɐk⁵sin³³tʰɐu⁴¹ne³³, tseu⁵⁵pi³⁵ŋɐu⁴¹kʰai⁴¹
草 割 到 呢, 搞 畀 牛 食。 结 果 呢, 只 仙 桃 呢, 就 畀 牛 携

sik²tɐu²¹iɐu²¹³, sik²a³³, tʰiu⁴¹ŋɐu⁴ne⁵⁵, tseu⁵⁵, tseu⁵⁵, tseu⁵⁵tseu³⁵sɔŋ²¹tʰin³³tʰɐŋ⁴¹.
食 到 有, 食 啊, 条 牛 呢, 就, 就, 就 走 上 天 庭。

ŋɐu⁴¹pi³⁵tu⁵⁵sɔŋ²¹io⁵⁵, tu⁵⁵sɔŋ²¹tʰin³³io⁵⁵, tseu⁵⁵kau³⁵lan³⁵tʰin³³tʰɐŋ⁴¹, kau³⁵lan⁵⁵tʰin³³tʰɐŋ⁴¹.
牛 畀 渡 上 哟, 渡 上 天 哟, 就 搞 烂 天 庭, 搞 烂 天 庭。

kau³⁵lan⁵⁵tʰin³³tʰɐŋ⁴¹, ŋiok⁵uɔŋ⁴¹tai⁵⁵tɐi²¹ne³³tso⁵⁵tsʰa⁴¹, tim³⁵ŋɐn⁵⁵tʰiu⁴¹ŋɐu⁴¹tim³⁵ŋɐn⁵⁵oi²¹ui⁵⁵tseu³⁵
搞 烂 天 庭, 玉 皇 大 帝 呢 做 查, 点 □① 条 牛 点 □ 爱 会 走

sɔŋ²¹li³⁵ko²¹tʰin³³tʰɐŋ⁴¹lui⁴¹ke³³ne⁵⁵? tseu⁵⁵hi²¹kɔŋ³⁵tsʰa⁴¹lui⁴¹tsʰa⁴¹hi²¹³, tseu⁵⁵tsʰa⁴¹ko³⁵sim³³, ko³⁵
上 哩 个 天 庭 来 嘅 呢? 就 去 讲 查 来 查 去, 就 查 嗰 仙, 嗰

tit⁵sin³³, me⁵⁵ia²¹sin³³ne⁵⁵? iɐn⁴¹kɔŋ³⁵, kɔŋ³⁵li³⁵tʰit⁵kuai⁵⁵, kɔŋ³⁵li³⁵tʰit⁵kuai⁵⁵a³³, li³⁵tʰit⁵kuai⁵⁵ko³⁵
啲 仙, 咩 嘢 仙 呢? 人 讲, 讲 李 铁 拐, 讲 李 铁 拐 啊, 李 铁 拐 嗰

sin³³, hi²¹ tu⁵⁵ko²¹tsɔŋ³⁵ŋɐu⁴¹tsɐi³⁵ko³³, tsɔŋ³⁵ŋɐu⁴¹ tsɐi³⁵tu⁵⁵ki³⁵m²¹tɐu³⁵, tseu⁵⁵ tu⁵⁵tɐu³⁵tʰiu⁴¹ŋɐu⁴¹, tseu³⁵
仙, 去 渡 个 掌 牛 仔 个, 掌 牛 仔 渡 渠 唔 到, 就 渡 到 条 牛, 走

sɔŋ²¹tʰin³³tʰɐŋ⁴¹, kau³⁵lan⁵⁵tʰin³³tʰɐŋ⁴¹.
上 天 庭, 搞 烂 天 庭。

pɐt⁵mi²¹ne⁵⁵, tso²¹, ŋiok⁵uɔŋ⁴¹tai⁵⁵tɐi²¹ne³³, tso²¹hi²¹tsɐt⁵mɐn⁵⁵ni³³ko³³, ko³³sin³³. ko³⁵tit⁵sin³³
不＝尾 呢, 做, 玉 皇 大 帝 呢, 做 去 质 问 呢 个, 个 仙。 嗰 啲 仙

ne⁵⁵, li⁵⁵kɔŋ³⁵, in⁴¹tu⁵⁵iɐn⁴¹, ŋɐu⁴¹iɐu⁵⁵kai³³tu⁵⁵sɔŋ²¹tʰin³³lui⁴¹. kiɐm³³hau⁵⁵ne⁵⁵, m²¹tsun³⁵ki²¹lɔk⁵ha⁵⁵
呢, 哩 讲, 原 渡 人, 牛 又 个 渡 上 天 来。 今 后 呢, 唔 准 渠 落 下

uan⁴¹, m²¹tsun³⁵ki²¹ha⁵⁵uan⁴¹, hi²¹tu⁵⁵iɐn⁴¹. so³⁵i²¹ko³³sin³³ne⁵⁵, ko³⁵tsɐn⁵⁵si²¹tseu⁵⁵mɐu²¹lɔk⁵a³³lo⁴¹,
凡, 唔 准 渠 下 凡, 去 渡 人。 所 以 个 仙 呢, 嗰 阵 时 就 行 落 啊 咯,

mɐu³⁵a³³siɔŋ²¹mɐu³⁵a³³ha⁵⁵uan⁴¹lɔk⁵lui⁴¹. iɐu⁵⁵oi²¹lɔk⁵lui⁴¹, tseu⁵⁵iɐn³³uɐi²¹, tseu⁵⁵kɔŋ³⁵, li³³ko²¹kun³³
行 啊 想 行 啊 下 凡 落 来。 又 爱 落 来, 就 因 为, 就 讲, 哩 个 观

iɐn³³iɔŋ⁴¹ne⁵⁵, pa³⁵sɐu³⁵nam⁴¹tʰin³³mun⁴¹, i⁴¹ko³⁵, na³⁵, oi²¹ui⁴¹lɔk⁵tseu⁵⁵lui⁴¹tsun³⁵tsɐk⁵fu²¹tu³⁵ha⁵⁵
音 娘 呢, 把 守 南 天 门, 如 果, 那, 爱 回 落 就 来 钻 只 裤 肚 下

---

① 点□ tim³⁵ŋɐn⁵⁵: 怎样。

ko²¹, seŋ²¹oi²¹lɔk⁵. so³⁵i²¹ ko²¹sim³³ne⁵⁵tseu⁵⁵m²¹, m²¹lɔk⁵lo²¹. m²¹lɔk⁵, kit⁵ko³⁵ne⁵⁵, tʰiu⁴¹ŋeu⁴¹tim³⁵

过，正 爱 落。所 以 个 仙 呢 就 唔，唔 落 咯。唔 落，结 果 呢，条 牛 点

ŋen⁵⁵ meu²¹ien⁴¹tsok⁵a³³ki²¹teu³⁵. tseu⁵⁵kit⁵ko³⁵ne⁵⁵, ieu⁵⁵hem²¹li³⁵tsek⁵sin³³ne⁵⁵, hi²¹ha⁵⁵uan⁴¹,

□ 冇 人 捉 啊 渠 到。就 结 果 呢，又 喊 哩 只 仙 呢，去 下 凡，

pʰai²¹pi³⁵ki²¹, tsun³³meu⁴¹pʰai²¹ki²¹ha⁵⁵uan⁴¹ko³³, ha⁵⁵fan⁴¹tu⁵⁵ko²¹tsɔŋ³⁵ŋeu⁴¹tsei³⁵. tsɔŋ³⁵ŋeu⁴¹tsei³⁵

派 畀 渠，专 门 派 渠 下 凡 个，下 凡 渡 个 掌 牛 仔。掌 牛 仔

tseu⁵⁵sɔŋ²¹tʰin³³ne³³, tsɔŋ³³ko³⁵tʰiu³⁵ŋeu⁴¹tsɔŋ³³ki²¹tsok⁵lɔk⁵lui⁴¹, tsɔŋ³³ki²¹hin³³lɔk²lui⁴¹.

就 上 天 呢，将 嗰 条 牛 将 渠 捉 落 来，将 渠 牵 落 来。

so³⁵i²¹ne⁵⁵, ien⁴¹saŋ³³ne⁵⁵tseu⁵⁵sui³³in⁴¹kan³³kʰu³⁵. pet⁵mi²¹³, tsek⁵ŋi³⁵tim³⁵ŋen⁵⁵fui⁵⁵lui⁴¹kit⁵

所 以 呢，人 生 呢 就 虽 然 艰 苦。不⁼尾，织 女 点 □ 会 来 结

fen³³ke³³ne⁵⁵? tseu⁵⁵ien³³uei⁵⁵ne⁵⁵, tsek⁵ŋi³⁵ne⁵⁵, hei⁵⁵sok²i³³li³⁵ko²¹, ko²¹tsʰɐt⁵sok⁵ma³³, tsʰɐt⁵

婚 嘅 呢? 就 因 为 呢，织 女 呢，係 属 于 哩 个，个 七 宿 嘛，七

sok⁵ne⁵⁵, li³⁵e³³tseu⁵⁵kɔŋ³⁵siu³⁵a³³tsek⁵ne³³, tseu⁵⁵ko³⁵a³³tsek⁵m²¹kin²¹tek⁵, tsek⁵ŋi³⁵pi³⁵fen³³fui³³

宿 呢，哩 啊 就 讲 少 一 只 呢，就 嗰 一 只 唔 见 得，织 女 畀 分 开

lia⁴¹. lau³³ki²¹, lau³³, lau³³li³⁵tsek⁵li³⁵ko³³ŋeu⁴¹lɔŋ⁴¹kit⁵fen³³. tan⁵⁵hei⁵⁵ne⁵⁵, ko³³sin³³mu³⁵ne⁵⁵, li³⁵

啦。捞 渠，捞，捞 哩 只 哩 个 牛 郎 结 婚。但 係 呢，个 仙 母 呢，哩

ko²¹uɔŋ⁴¹mu³⁵a³³, uɔŋ⁴¹mu³⁵iɔŋ⁴¹iɔŋ⁴¹tseu⁵⁵m²¹hen³⁵, tʰɔŋ⁴¹tsiɔŋ³⁵ŋeu⁴¹tsei³⁵kit⁵fen³³, ieu²¹kɐm³⁵

个 皇 母 啊，皇 母 娘 娘 就 唔 肯，同 掌 牛 仔 结 婚，有 感

tsʰɐŋ⁴¹! seu⁵⁵so³⁵i³⁵ne⁵⁵, tseu⁵⁵han⁵⁵tsei²¹ki²¹³, m²¹tsen³⁵ki²¹tso⁵⁵hak⁵. teŋ³⁵ki²¹ne⁵⁵, tsʰɐt⁵ŋet⁵hi²¹a³³

情! 就 所 以 呢，就 限 制 渠，唔 准 渠 做 客。等 渠 呢，七 日 去 一

pai³⁵.

摆。

tsʰɐt⁵ ŋet⁵ hi²¹a³³pai³⁵ne³³, pet⁵mi²¹ne⁵⁵, tseu⁵⁵ham²¹a³³sian³³ne⁵⁵hi²¹tsʰun⁴¹ua⁵⁵, a³³sian³³ne⁵⁵tseu⁵⁵

七 日 去 一 摆 呢，不⁼尾 呢，就 喊 阿 仙 呢 去 传 话，阿 仙 呢 就

peu²¹tsʰo²¹sen²¹³: "o²¹, tsʰɐt⁵ŋit²tsʰɐt⁵hi²¹a³³pai³⁵, a³³uɔŋ⁴¹mu³⁵ne⁵⁵iɔŋ⁴¹iɔŋ⁴¹ne⁵⁵, han⁵⁵tsei²¹ni²¹³,

报 错 信："哦，七 月 七 去 一 摆，阿 皇 母 呢 娘 娘 呢，限 制 你，

tsʰɐt⁵ŋit²tsʰɐt⁵hi²¹pai³⁵." tsʰɐt⁵ŋit²tsʰɐt⁵hei⁵⁵iet⁵nin⁴¹na³³, iet⁵nin⁴¹hi²¹iet⁵tsʰi²¹ua³³. tsʰɐt⁵ŋit², tsʰɐt⁵

七 月 七 去 摆。"七 月 七 係 一 年 啊，一 年 去 一 次 唯。七 月，七

ŋet⁵hi²¹a³³pai³⁵m²¹tʰɔŋ⁴¹a³³, tsʰɐt⁵ŋit²tsʰɐt⁵hi²¹a³³pai³⁵m²¹tʰɔŋ⁴¹a³³! tseu⁵⁵so³⁵i²¹ne⁵⁵, tsʰɐt⁵ŋit²,

日 去 一 摆 唔 同 啊，七 月 七 去 一 摆 唔 同 啊! 就 所 以 呢，七 月，

tseu⁵⁵pi³⁵ki²¹uak²o³⁵tʰiu⁴¹kʰei³³, kiɐm³³tsɐm³³ne⁵⁵pi³⁵ki²¹uak²o³⁵ tʰiu⁴¹ho⁴¹, ham²¹tso⁵⁵ŋɐn⁴¹ho⁴¹,

就 畀 渠 划 哦 条 溪，金 针 呢 畀 渠 划 哦 条 河，喊 做 银 河，

tsɐu⁵⁵ pi³⁵ ki²¹ sɔŋ³³ kak⁵ kai²¹, tsɐu⁵⁵ m²¹ hɐu³⁵ pi³⁵ ki²¹ sɔŋ³³ ui⁵⁵, tsɐu⁵⁵ tsʰɐt⁵ ŋit² tsʰɐt⁵ ke³³ si⁴¹ hɐu⁵⁵,
就　界渠相隔界，就　唔好界渠相会，就　七　月七　嘅时候，

tsɐu⁵⁵ iɐu⁵⁵ki²¹ pi³⁵ki²¹ sɔŋ²¹ hi²¹³. so³⁵i²¹ ne⁵⁵, tsʰɐt⁵ŋit²tsʰɐt⁵ko³⁵ŋɐt⁵ne⁵⁵ko³⁵man²¹ia⁵⁵ne⁵⁵, ŋɐu⁴¹ lɔŋ⁴¹
就　又　渠界渠上　去。所以呢，七　月七　嗰日呢嗰晚　夜呢，牛　郎

tsɐk⁵ŋi³⁵ sɔŋ²¹ hi²¹ ne⁵⁵, tsɐu⁵⁵ iɐt⁵ tɐŋ⁵⁵ fui⁵⁵ lɔk⁵ sui³⁵, lɔk⁵ sui³⁵ tso⁵⁵ me³³ a ³³, tsɐu⁵⁵ hɐi⁵⁵ ŋan³⁵ tsɐp⁵.
织　女上　去呢，就　一定　会　落水，落水　做咩　啊，就　係　眼　汁。

liɔŋ³⁵ iɐn⁴¹ ne⁵⁵ tsɐu⁵⁵ lam³⁵ hɐi³⁵ ko²¹, ko²¹, fok⁵, iɐt⁵sɔŋ²¹ hi²¹ tsɐu⁵⁵, tsɐu⁵⁵ iɐt⁵ tɐŋ⁵⁵ fui⁵⁵ fok⁵ a³³, hɐi⁵⁵ mɐi³³
两　人　呢就　揽　喺个　个，哭，一上　去就，　就　一定　会　哭啊，係　咪

a³³, iɐt⁵ nin⁴¹ hi²¹ tɐu²¹ a³³ pai³⁵ la³³.
啊，一年　去到　啊摆　啦。

啊，一年　去到　啊摆　啦。

（李华春讲述，2015年）

2. 破家仔

fu²¹ a³³ ŋɐt⁵ ne⁵⁵, tsɐu⁵⁵ ham²¹ tso⁵⁵ pʰo²¹ ka³³ tsɐi³⁵, ki²¹ a³³ pa³³ ne⁵⁵ saŋ³³ ki²¹ ne⁵⁵, tsʰɐt⁵ sɐi²¹ tsɐu⁵⁵
傅阿日呢，就　喊　做破　家仔，渠阿爸呢生　渠呢，出　世就

ti³³tɐk⁵ki²¹pʰo²¹ka³³. tim³⁵kai³⁵ti³³tɐk⁵ki²¹pʰo²¹ka³³ne⁵⁵? kiɔk⁵tɐu³³sɐi³⁵, sɐi³⁵ɔŋ²¹a³⁵si³⁵o⁴¹, tsɐk⁵
知得渠破家。点　解知得渠破　家呢？脚　兜洗，洗　擁阿①屎哦，只

lɐu³⁵tsʰi³⁵ham⁴¹tʰin⁴¹kʰɐi²¹³, tsɐŋ²¹ne⁵⁵ko²¹tɔŋ²¹tɐu²¹ok⁵tɔŋ²¹liɔŋ⁴¹ko²¹³, hɐŋ⁴¹, ni³⁵tsɐk⁵pʰo²¹ka³³
老鼠含　田契，　正　呢个栋　到屋栋梁　过，哼，呢只破家

tsɐi³⁵tɐt⁵lo⁴¹, ok⁵kʰɐi²¹³ne⁵⁵ pi³⁵lɐu³⁵tsʰi³⁵kʰai⁴¹a³³lo⁴¹, tsɐu²¹ti³³tɐk⁵lo⁴¹. tsɐu⁵⁵tsɐu⁵⁵mɐu²¹pun²¹ŋit²
仔得咯，屋契　呢界老鼠携　啊咯，就　知得咯。就　就　冇　半　月

tsɐu⁵⁵sɐi³⁵tsiaŋ⁵⁵, sɐi³⁵tsiaŋ⁵⁵.
就　洗净，　洗净。

ki³⁵ɐt⁵ŋit²a³³, tsɐu⁵⁵tsɐu⁵⁵tsɐu⁵⁵fok⁵, tʰin³³hau⁵⁵tsɐu⁵⁵fok⁵tɐu²¹hɐk⁵, ki²¹tsɐu⁵⁵fok⁵, tim³⁵ŋɐn⁵⁵tsɐu⁵⁵
几啊月啊，就　就　就　哭，天　皓②就　哭到　黑，渠就　哭，点　□　就

pʰin²¹ki²¹tu³³m²¹tim⁵⁵, pi³⁵ki²¹sik⁵nia³⁵iɐu⁵⁵m²¹tim⁵⁵, sɐŋ⁴¹ŋɐt⁵nau⁵⁵lui⁴¹nau⁵⁵hi²¹ko³³ne⁵⁵. tsʰiaŋ³⁵ki²¹
骗　渠都唔掂，界渠食奶又　唔掂，成　日闹　来闹　去个呢。请　几

tsɐk⁵li³⁵ko²¹sɐi³⁵mui⁵⁵tsɐi³⁵ a³³, pʰɐu³⁵ lui⁴¹pʰɐu²¹hi²¹iɐu⁵⁵m²¹tɐk⁵tim⁵⁵. pɐt⁵mi²¹³, ko³⁵tsɐk⁵li³³ ko²¹
只　哩个使妹　仔③啊，抱　来抱　去又　唔得掂。不⁼尾，嗰只　哩个

---

① 擁阿：指小婴儿。

② 天皓：天亮。

③ 使妹仔：丫环。

lok⁵ko²¹ne⁵⁵, ko³⁵tsɐk⁵sɐi³⁵mui⁵⁵tsɐi³⁵ne⁵⁵tsɐk⁵un³⁵ta³⁵paŋ³³la⁴¹, "kʰuaŋ³³a³³", ki²¹tsɐu⁵⁵siu²¹hi³⁵

碌　个　呢，　嗰　只　使　妹　仔　呢　只　碗　打　崩　喇，"哐　　啊"，　渠　就　笑　起

lui⁴¹. a⁴¹, tsɐu⁵⁵ti³³tɐk⁵ki²¹oi⁵⁵ta³⁵paŋ³³un³⁵tsɐŋ²¹fui⁵⁵siu²¹lo³¹. tʰɐi³⁵lui⁴¹, haŋ⁴¹a³³kʰai⁴¹a³³, kʰai⁴¹a³³

来。啊，就　知得渠爱打崩　碗　正　会　笑　咯。睇　来，行　啊携　啊，携　啊

lui⁴¹. kʰai⁴¹a³³tsɐk⁵un³⁵lui⁴¹pi³⁵ki²¹ta³⁵, ta³⁵hi²¹tʰɐi³⁵ne⁵⁵, poŋ²¹a³³sɐŋ³³, ki²¹tsɐu⁵⁵siu²¹hi³⁵lui⁴¹. u³³

来。携　啊只　碗　来　界渠打，打去睇　呢，嘭　啊声，　渠　就　笑　起来。呜

ua³³, ko³⁵ha⁵⁵m²¹hɐu³⁵lo⁴¹, hi²¹a³³ tɐŋ⁵⁵a³³iu⁴¹un³⁵lui⁴¹, tɐŋ⁵⁵a³³iu⁴¹un³⁵, ta³⁵a³³iu⁴¹un³⁵lo⁴¹, foŋ²¹ŋak⁵

哇，嗰　下　唔好　咯，去　啊定　啊窑碗　来，定　啊窑碗，打啊窑碗咯，放　呃

ok⁵ki³⁵, tsɐu⁵⁵tsʰiaŋ³⁵sam³³si²¹ɐt⁵sɐi³⁵mui⁵⁵tsɐi³⁵, lioŋ³⁵tsɐk⁵sɐi³⁵mui⁵⁵tsɐi³⁵tsɐu⁵⁵kʰai⁴¹a³³lui⁴¹,

屋企⁼，就　请　三　四　只使妹　仔，两　只　使　妹　仔　就　携　啊来，

ta³⁵paŋ³³ko³⁵, lioŋ³⁵tsɐk⁵tsɐu⁵⁵kʰai⁴¹a³³tam³⁵ a³³ ki²¹³, a³³ŋɐt⁵lɐu⁴¹a³³ŋɐt⁵, a³³iu⁴¹un³⁵ta³⁵tɐu²¹tsiaŋ⁵⁵.

打崩　嗰，两　只　就　携　啊扰①啊渠，一日　流　一日，啊窑碗　打到　净。

pɐt⁵mi²¹ne³³, tsɐu⁵⁵sɐŋ⁴¹iɐn⁴¹la³³, sɐŋ⁴¹iɐn⁴¹tok⁵si³³la³³, tok⁵si³³tsɐu⁵⁵, in³³uɐi⁵⁵ki²¹pi⁴¹sioŋ³⁵hɐu³⁵

不⁼尾　呢，就　成　人　了，成　人　读　书啦，读　书就，　因为　渠脾　相　好

tsʰau²¹³, ki²¹a³³iɐu⁴¹hɐu³⁵tai⁵⁵lok⁵ko²¹hɐi⁵⁵la⁵⁵, ok⁵ki³⁵iɐu⁵⁵iɐu²¹tsʰin⁴¹, iɐt⁵hi²¹kai³³si²¹soŋ³⁵ne⁵⁵, sam³³fu²¹

臭，　渠啊人　好　大　碌②个係　啦，屋企⁼又　有　钱，　一去街市上　呢，衫　裤

tsɔk⁵a³³ hi²¹ne⁵⁵, ki²¹tsɔk⁵ko²¹sam³³ fu²¹tsɐu⁵⁵tɐŋ³⁵kua³³kua³³ka³³hɐi⁵⁵ma³³, ki²¹hɐu³⁵iɐu²¹si²¹pʰai²¹

着　啊去　呢，渠着　个　衫　裤　就　顶　呱　呱　咖係　嘛，渠好　有　势派

ka³³la³³, mɐu²¹iɐn⁴¹tʰoŋ⁴¹ka³³la³³. haŋ⁴¹tsʰɐt⁵hi²¹³, moŋ²¹moŋ²¹a³³, iɐu⁵⁵tsɐk⁵iɐn⁴¹lau³³ŋo³⁵tsɔk²

咖啦，冇　人　同　咖啦。行　出　去，望　望　啊，有　只　人　捞　我　着

tʰoŋ⁴¹ioŋ²¹sam³³fu²¹ka³³, iɐu⁵⁵hi²¹kuɐi³³un⁵⁵, un⁵⁵ko²¹³, haŋ⁴¹a³³hi²¹³, iɐu⁵⁵iɐu²¹iɐn⁴¹lau³³ki²¹sioŋ³³tʰoŋ⁴¹,

同　样衫　裤咖，又　去归　换，换过，行　啊去，又　有人　捞渠相　同，

iɐu⁵⁵hi²¹kuɐi³³un⁵⁵. tsɐu⁵⁵sioŋ³⁵pan³⁵fat²oi²¹tso⁵⁵tɐu²¹ne⁵⁵, tsɔk⁵tɐu³⁵mɐu²¹iɐn⁴¹tʰoŋ⁴¹ko³³. iu²¹sioŋ³⁵

又　去归　换。就　想　办　法爱做　到　呢，着　到　冇　人　同　个。要想

mɐu²¹iɐn⁴¹tʰoŋ⁴¹fat⁵? ki²¹tsɐu⁵⁵pɐt⁵a³³, lam³⁵li³⁵ko²¹, ko²¹uɔŋ⁴¹ma³³pu²¹a³³, tsʰi⁵⁵tsɐi³⁵o³³, ko³⁵ne⁵⁵tai²¹

冇　人　同　法?渠就　不啊，揽　哩个，个黄　麻　布啊，刺仔③哦，嗰呢戴

hau²¹ka³³, ko³⁵lo²¹, ko³⁵nai³³sam³³oi²¹lui⁴¹tsɔk⁵a³³hi²¹³, tsɐu²¹pɐt⁵, tsɐp⁵lioŋ³⁵pu²¹ a³³, tsɐu⁵⁵ham²¹ko³⁵

孝　咖，嗰咯，嗰乃衫　爱来着　啊去，就　不，执　两　布　啊，就　喊　嗰

---

① 扰：丢，扔。

② 碌：量词，（一）节。

③ 刺仔：一种丧服布料。

ne⁵⁵tsɐu⁵⁵sam³³tsɐi³⁵tso⁵⁵, tso⁵⁵liɔŋ³⁵kin⁵⁵, tso⁵⁵kin⁵⁵sam³³ne⁵⁵, lau³³tai⁵⁵si³³ia⁴¹tsɔk⁵tɐu³⁵ne⁵⁵. pɐt⁵
呢 做　衫　仔　做，做　两　件，做　件　衫　呢，捞　大　师　爷　着　到　呢。不꞊

mi²¹ki²¹ne⁵⁵tsɐu⁵⁵liɔŋ³⁵sɐu³⁵hoŋ³³ sɐu³⁵pak⁵pak⁵ke³⁵, mɐu²¹a³³, iɐn⁴¹ka³³kɔŋ³⁵liɔŋ³⁵tsɐk⁵sɐu³⁵a⁵ lɔk⁵
尾 渠 呢 就　两　手　空　手　白　白　嘅，冇　啊，人　家　讲　两　只　手　啊 落

hi²¹³, n̩²¹hɐu³⁵, kʰai⁴¹o³⁵liɔŋ³⁵ɐk⁵kiaŋ²¹lui⁴¹, liɔŋ³⁵liɐŋ³⁵, hi²¹tsʰɐm⁴¹a³³, tsʰɐm⁴¹kiaŋ²¹³, pi³⁵ki²¹kʰai⁴¹
去，唔好，携　哦 两　啊 镜　来，两　两，去　寻　啊，寻　镜，畀 渠 携

tɐu²¹liɔŋ³⁵ɐk⁵kiaŋ²¹kʰai⁴¹a³³sɐu³⁵hi²¹³. tsɐu⁵⁵liɔŋ³⁵ŋɐk⁵ka³³tʰoŋ⁴¹tsɐu⁵⁵hin³³liɔŋ³⁵a³³kɔk⁵tsɐu⁵⁵
到 两　只　镜　携　啊 手　去。就　两　只　家　童　就　牵　两　啊 角　就

"pʰaŋ⁴¹", kai³³tɐu²¹haŋ⁴¹, ua⁴¹, li³⁵tsɐn⁵⁵tsɐu⁵⁵mɐu²¹iɐn⁴¹tʰoŋ⁴¹, tso⁵⁵mɐt⁵kai³⁵? tsʰun⁴¹tsɐk⁵si³³tsʰɔŋ⁴¹
"乒"，街　到　行，哇，哩　阵　就　冇　人　同，做　乜　解？全　只　市　场

iɐn⁴¹ka³³hi²¹tʰɐi³⁵ki²¹³, u³³ua⁴¹, ni³³ɐk⁵fo³⁵, mɔŋ³⁵ka³³mɐt⁵ha³⁵? o²¹, li³⁵ha⁵⁵tsɐu⁵⁵mɐu²¹iɐn⁴¹tʰoŋ⁴¹
人　家　去　睇　渠，呜哇，呢　只　伙，懵　咖 乜　哈？哦，哩　下　就　冇　人　同

lo⁴¹, tsɐu²¹hɐu³⁵, ŋɐt⁵ŋɐt⁵tsɐu⁵⁵ki²¹tsɔk⁵kɔ³⁵ne⁵⁵sam³³.
咯，就　好，日　日　就　渠　着　嗰 呢 衫。

tɐu²¹pɐt⁵mi²¹ne⁵⁵, sɐŋ⁴¹iɐn⁴¹la³³, tok²si³³sɐŋ⁴¹iɐn⁴¹, iɐu²¹sɐp⁵tsʰɐt²pat²sui²¹³la³³, ko²¹si⁴¹hau⁵⁵
到　不꞊尾 呢，成　人　啦，读　书　成　人，有　十　七　八　岁　啦，个　时　候

ne⁵⁵, ko³⁵ne⁵⁵tʰoŋ⁴¹hɔk⁵a³³, lai⁴¹siɔŋ³³ŋi⁵⁵tɐu³⁵o³³, ui⁴¹kɔŋ³⁵: "fu²¹a³³ŋɐt⁵a³³, ni²¹a³³tsɐu²¹kam²¹
呢，嗰 呢 同　学　啊，来　相　遇　到　哦，喂讲："富　阿 日 啊，你　啊　就　咁

iɐu²¹tsʰin⁴¹, iɐu²¹ma³³tsiu³³hu³³ha³⁵ŋo²¹le³³?" "iɐu²¹³, mɐu²¹me⁵⁵tsiu³³hu³³." ki²¹ɐi⁵⁵tso⁵⁵mok²
有　钱，有　咩　招　呼　下　我　咧？" "有，冇　乜　招　呼。"渠　係　做　木

tsiɔŋ²¹ko³⁵ki³³, ki²¹tok²si³³lui⁴¹kuɐi³³tsɐu⁵⁵tso⁵⁵hɔk²tso⁵⁵mok²tsiɔŋ²¹³. "kam³³ni²¹ka³³fo³⁵tam³³
匠　嗰 啲，渠　读　书　来　归　就　做　学　做　木　匠。"咁　你　家　伙　担

fan³³lui⁴¹, ki²¹tsɐi³⁵a³³, pu³⁵tʰau⁴¹, tsʰok⁵tsɐi³⁵ia³³, tam³³a³³lui⁴¹, tam³³na³³ŋo³⁵ok⁵ki³³, ŋo²¹tɐu⁵⁵iɐu²¹
翻　来，锯　仔　啊，斧　头　凿　仔　啊，担　啊来，担　啊我　屋　企꞊，我　就　有

koŋ³³fu³³pi³⁵ni²¹tso⁵⁵ko³³lo⁴¹." ki²¹tsɐu⁵⁵ham²¹koŋ³³iɐn⁴¹hi²¹pʰɐŋ⁴¹san³³ne⁵⁵, mai³⁵liɔŋ³⁵tʰiu⁴¹
工　夫　畀　你　做　个　咯。"渠　就　喊　工　人　去　平　山　呢，买　两　条

haŋ⁴¹tsɐi³⁵ne⁵⁵, lau³³sui³⁵tʰoŋ⁴¹kam²¹tai⁵⁵tʰiu⁴¹, tʰui⁴¹a³³kuɐi³³. "a³³, ni³⁵ni²¹tsɐu⁵⁵hɐu³⁵hi²¹tso⁵⁵lo⁴¹."
桁　仔　呢，捞　水　桶　咁　大　条，抬　啊归。"啊，哩 你　就　好　去　做　咯。"

"tso⁵⁵? ni²¹oi⁵⁵tso⁵⁵mɐt⁵a³³fo³⁵?" "ni²¹m̩²¹hɐu³⁵kun³⁵ki²¹tso²¹mɐt⁵fo³⁵, ŋo²¹ham²¹ni²¹tso⁵⁵ni²¹tsɐu⁵⁵
"做？你　爱　做　乜　啊伙？" "你　唔　好　管　渠　做　乜　伙，我　喊　你　做　你　就

tso⁵⁵, tso⁵⁵tso⁵⁵hut⁵ni²¹tsɐu⁵⁵hit⁵, an²¹³ni²¹tsɐu⁵⁵sik²tim³⁵sɐm³³, hɐt⁵a²¹tsɐu⁵⁵sik⁵man²¹³. tsɐu⁵⁵ŋan⁵⁵,
做，做　做　乏　你　就　歇，晏　你　就　食　点　心，黑　啊就　食　晚。就　□，

ŋɐt⁵ ŋɐt⁵ ni²¹tsɐu⁵⁵ hi²¹ a³³.　　lau³³ ŋo³⁵ pʰau⁴¹tsɐŋ⁵⁵ ki²¹³, pʰau⁴¹ kɔŋ³³ uɐt⁵ ki³⁵."pʰau⁴¹, pʰau⁴¹ a³³ pʰau⁴¹, pʰau⁴¹
日 日 你就 去啊。捞 我 刨 净 渠，刨 光 滑 渠。"刨， 刨 啊刨， 刨

lo²¹ liɔŋ³⁵ sam³³ ŋɐt⁵ ki²¹ a³³, kam²¹ tai⁵⁵ tʰiu⁴¹ ka⁵ fo³⁵, ki²¹ a³³ pun²¹ tʰau³³ lan²¹ pun²¹ tʰau²¹ lan²¹ ko³⁵ la⁵⁵ma⁴¹,
咯两 三 日渠啊，咁 大 条 家伙，渠啊半 偷 懒半 偷 懒个 啦嘛，

pʰau⁴¹liɔŋ³⁵ sam³³ ŋɐt⁵. pʰau⁴¹in⁴¹, ui⁴¹, kɔŋ³⁵, kɔŋ³⁵:"tsʰui⁴¹ tsɐi³⁵ a³³lok⁵hɐu³⁵, le³³pʰau⁴¹hɐu³⁵ lo⁴¹,
刨 两 三 日。刨 完，喂，讲， 讲:"槌 仔 啊碌 好， 唎刨 好 咯，

tso²¹mɐt⁵a³³?" tʰɐi³⁵tʰɐi³⁵ko³³:"lau³³ ŋo²¹, lau³³ŋo²¹in⁴¹ka³³, lau³³ ŋo²¹ ta³⁵ tso⁵⁵ si²¹nim²¹pi³⁵ ki²¹³."
做 乜啊？"睇 睇 个:"捞 我， 捞 我圆 咖， 捞 我打 做 四□①界渠。"

in⁴¹ in⁴¹ke³³pi³⁵ki²¹pʰiak⁵tso⁵⁵si²¹nim²¹³, tsɐu⁵⁵ tsɐu⁵⁵ tsɐu⁵⁵iɐu⁵⁵ta³⁵sin²¹³, iɐu⁵⁵hi²¹pʰiak⁵la³⁵. pʰiak⁵
圆 圆 嘅界渠劈 做 四□， 就 就 就 又 打线， 又 去劈 啦。劈

si²¹nim²¹³, si²¹nim²¹³iɐu⁵⁵hi²¹pʰau⁴¹uɐt², iɐu⁵⁵ham²¹ki²¹tʰɐi³⁵. iɐu⁵⁵uɐt⁵lo³³ki³⁵ŋɐt⁵lo²¹, tso⁵⁵lo³³ki³⁵ŋɐt⁵
四□， 四□ 又 去刨 滑， 又 喊 渠睇。又 划 咯几 日咯，做 咯几 日

lo²¹, pʰau⁴¹hɐu³⁵si²¹nim²¹³le³³, iɐu⁵⁵hi²¹hi²¹tʰɐi³⁵, tʰɐi³⁵tɐu⁵⁵iɐu⁵⁵mɐu²¹me⁵⁵hap², "lau³³ ŋo²¹ta³⁵tso⁵⁵
咯，刨 好 四□ 唎，又 去 睇， 睇 到又 冇 咩合，"捞 我打 做

lok²nim²¹pi³⁵ki²¹³." si²¹nim²¹koi³⁵lok²nim²¹³, iɐu⁵⁵oi²¹pʰiak⁵, pʰiak⁵in⁴¹ki²¹³, iɐu⁵⁵oi²¹uan⁴¹ta³⁵sin²¹³,
六 □ 界渠。"四□ 改 六 □， 又 爱劈， 劈 圆 渠，又 爱还 打线

ta³⁵lo⁴¹iɐu⁵⁵uɐt², pʰiak⁵a³³pʰiak⁵a³³iɐu⁵⁵pʰiak⁵ki³⁵ŋɐt⁵, iɐu⁵⁵ham²¹ki²¹hi²¹tʰɐi³⁵, tʰɐi³⁵kɔŋ³⁵:"e³⁵, lau³³,
打咯又 划， 劈 啊劈 啊又 劈 几日， 又 喊 渠去睇， 睇讲:"呃，捞，

ta³⁵a³³pak⁵nim²¹pi³⁵ki²¹³." lok²nim²¹koi³⁵pak⁵nim²¹³, iɐu⁵⁵oi²¹pʰau⁴¹in⁴¹, pʰau⁴¹in⁴¹iɐu⁵⁵oi²¹fan³³ta³⁵
打啊八 □ 界渠。"六 □ 改 八 □， 又 爱刨 圆，刨 圆又 爱翻 打

sin²¹³, iɐu⁵⁵oi²¹ ta³⁵ta³⁵pak⁵nim²¹o⁴¹, kɐn³⁵mu³⁵tsɐu⁵⁵kɐn³⁵sɐi²¹³, kɐn³⁵mu³⁵kɐn³⁵ sɐi²¹³.
线， 又 爱打打八 □ 哦，紧 舞就 紧 细， 紧 舞紧 细。

　　tso⁵⁵a³³tso⁵⁵lo⁴¹lɐŋ⁵⁵tsɐk⁵ŋit²a³³, sɐu³³a³³pʰiak⁵nui³⁵lo⁴¹, ŋan⁵⁵pʰiak⁵, pʰau⁴¹, pʰiak⁵, pʰau⁴¹, m²¹
　　做 啊做 咯零 只 月啊， 手 啊劈 □② 咯， □③劈， 刨， 劈， 刨， 唔

iɔŋ³⁵o³³, ko³⁵ne⁵⁵mɐu²¹kʰi⁴¹tʰa³³tɐm⁵lo³³ o³³. ki²¹tsɐu⁵⁵mɐn⁵⁵ki²¹la³³:"ni²¹tso⁵⁵mia⁵fo³⁵a³? ni²¹
样 哦，嗰 呢 冇 渠他 乜 咯哦。渠就 问 渠啦:"你 做咩 伙 啊? 你

kɔŋ³⁵ŋo²¹tʰiaŋ³³, tsɐk⁵tsip⁵a³³ha⁵⁵tsɐu⁵⁵tso⁵⁵hɐu³⁵ki²¹la³³, m²¹sɐi³⁵a³³..." "ŋo²¹mɐu²¹tsʰin⁴¹pi³⁵
讲 我听， 直 接 啊下就 做 好 渠啦，唔使 啊……" "我 冇 钱 界

---

① □nim²¹³：量词，块、片。

② □nui³⁵：虚弱，指没力气。

③ □ŋan⁵⁵：这样。

ni²¹ tsan⁵⁵ ke³³ ua⁵⁵? ni²¹ tseu⁵⁵ uɐn⁴¹ uɐn⁴¹ tso⁵⁵, ki³⁵ o³³ tsʰin⁴¹, koŋ³³ tsʰin⁴¹ tseu⁵⁵ sun²¹ pi³⁵ a³³ ni²¹³."

你 赚 嘅 哇? 你 就 匀 匀 做, 几 多 钱, 工 钱 就 算 畀 啊 你。"

ŋan⁵⁵ pʰiak⁵, pʰiak⁵, pʰiak⁵ teu²¹ m²¹ ŋeŋ³⁵ a³³, mɔn⁵⁵ teu²¹ tʰiu⁴¹ haŋ³⁵ tsei³⁵ pʰiak⁵ a³³ pʰiak⁵ seŋ⁵⁵ tso⁵⁵

□ 劈, 劈, 劈 到 唔□ 啊, 望 到 条 桁 仔 劈 啊 劈 成 做

mun⁴¹ tsɔŋ²¹ kau³³, o³³ a³³, pi³⁵ ki²¹ tso⁵⁵ teu³⁵ ne⁵⁵, tʰau³³ tsau³⁵ ua³³, m²¹ teŋ³⁵ koŋ³³ tsʰin⁴¹, a³³ pai³⁵ lo³³

眠 帐 钩, 哦啊, 畀 渠 做 到 呢, 偷 走 哇, 唔 等 工 钱, 阿 摆 咯

pi³⁵ ki²¹ tso⁵⁵ fok² lo⁴¹, ki²¹ tseu⁵⁵ m²¹ kam³⁵ ham²¹ ki²¹ tsiu³³ hu³³ lo⁴¹. pɐt⁵ mi²¹³, ki²¹ a³³ pa³³ ne⁵⁵ tʰɐi³⁵ ki²¹

畀 渠 做 服 咯, 渠 就 唔 敢 喊 渠 招 呼 咯。 不⁼尾, 渠 阿爸 呢 睇 渠

tun³⁵ miaŋ⁵⁵ tsei³⁵: "ni²¹ ne⁵⁵ tso⁵⁵ ne⁵⁵ mɐu²¹ iaŋ³⁵ mɐu²¹ tsiak⁵ ko²¹ ka³³ fo³⁵."

短 命 仔: "你 呢 做 呢 冇 影 冇 迹 个 家 伙。"

ki²¹ iɐu²¹ pɐŋ³⁵ nɐŋ⁴¹ uɐi⁴¹ a³³ ma⁴¹, ŋam³³ ŋam³³ tu⁵⁵ teu²¹ ki²¹ a³³ pa³³ ne⁵⁵ tso⁵⁵ ŋ³⁵ sɐp², tso⁵⁵ ŋ³⁵ sɐp² sɐu⁵⁵

渠 又 秉 能 为 啊嘛, 啱 啱 堵 到 渠 阿爸 呢 做 五十, 做 五十 寿

a³³. ki²¹ o³³ iɐu²¹ tsʰin⁴¹ iɐn⁴¹ tso⁵⁵ ŋ³⁵ sɐp² sɐu⁵⁵ ki²¹ tseu⁵⁵ ham²¹ ki²¹ tɔŋ⁵⁵ tsʰɐt⁵ fui³⁵: "ni²¹ lau⁴¹ ŋo³⁵ mai²¹³,

啊。 渠 哦 有 钱 人 做 五十 寿 渠 就 喊 渠 荡 出 海:"你 捞 我 买,

tsʰin⁴¹ tseu⁵⁵ ham²¹ a³³ tsɐk⁵, li³³ ko³³¹ ko³³, ko³³, ko³³ iɐu⁴¹ lui⁴¹, lui⁴¹ sun²¹³, tseu⁵⁵, tseu⁵⁵ tsʰiaŋ³⁵ tsʰun⁴¹

钱 就 喊 啊只, 哩个、 个、 个、 个人 来, 来 算, 就, 就 请 全

hiɔŋ³³ li³⁵ tai⁵⁵ kai²¹ a³³ pak⁵ tsɔŋ³³ tʰui⁴¹ ŋan⁵⁵." pak⁵ tsɔŋ³³ tʰui⁴¹, iɐt⁵ tsɔŋ³³ tʰui⁴¹ hɐu³⁵ pi³⁵ a³³ tsʰin⁴¹ ŋan⁴¹

乡 里 大 概 啊百 张 台 □。" 百 张 台, 一 张 台 好 畀 一千 银

lui⁴¹ kɔŋ³⁵, tseu⁵⁵, tseu⁵⁵ lui⁴¹ laŋ⁴¹ sɐp² man⁵⁵ ŋan⁴¹ la³³ ma³³. ki²¹ a³³ pʰau³³ a³³ ɐt⁵ pun²¹ tsʰin⁴¹ pi³⁵ ki²¹ mai²¹³,

来 讲, 就, 就 来 零 十 万 银 啦嘛。 渠 啊 抛 啊一半 钱 畀 渠 买,

tsʰun⁴¹ pu⁵⁵ ki²¹ mai²¹ tsiaŋ⁵⁵ ne⁵⁵, han⁴¹ to³³ seŋ⁵⁵ ɐt⁵ pun²¹ tsʰin⁴¹ o³³, seŋ⁵⁵ ɐt⁵ pun²¹ tsʰin⁴¹ o³³, li³⁵ a²¹ tit⁵ tsʰin⁴¹

全 部 渠 买 净 呢, 还 都 剩 一半 钱 哦, 剩 一半 钱 哦, 哩一 啲 钱

seŋ⁵⁵ tim³⁵ a³³ hɐu³⁵? mɐu²¹ teu²¹ ne⁵⁵ tsɐn⁵⁵ hi²¹ mai²¹ mɐt⁵ fo³⁵? kut⁵ lui⁴¹ kut⁵ hi²¹ kut⁵ mɐu²¹ lu⁵⁵, tseu⁵⁵

剩 点 啊好? 冇 到 呢 阵 去 买 乜 伙? 掘 来 掘 去 掘 冇 路, 就

mai²¹ kiɐm³³ tsʰui²¹³, pi³⁵ ki²¹ tsiɔŋ³³ ko³⁵ ne⁵⁵ tsʰin⁴¹ tsʰun⁴¹ pu²¹ mai²¹ tso⁵⁵ kiɐm³³ tsʰui²¹³ kuɐi³³.

买 金 碎, 畀 渠 将 嗰 呢 钱 全 部 买 做 金 碎 归。

ta³⁵ tseu³⁵ tsiu³³ ne⁵⁵, ko³³ mu⁵⁵ sui³⁵ tai⁵⁵ tai⁵⁵ ka³³, ki²¹ ham²¹ a³³, ham²¹ liɔŋ³⁵ ŋɐk⁵ koŋ³³ iɐn⁴¹ teu³⁵ a³³

打 早 朝 呢, 个 雾 水 大 大 咖, 渠 喊 啊, 喊 两 只 工 人 倒 啊

teu²¹ foŋ³³ kuɐi⁵⁵ a³³, kau³⁵ teu²¹ ko³³ teu³³ iɔŋ⁴¹ si⁵⁵ a³³, tsʰi²¹ e³³ kiɐm³³, lau³³ sɐn³³ ok⁵ ku³⁵ teu³³ iɔŋ⁵⁵ si⁵⁵ a⁵⁵,

到 风 柜 啊, 搅 到 嗰 蔸 榕 树 啊, 黏 诶金, 捞 新 屋 个 蔸 榕 树 啊,

iɐt⁵ ta³⁵ tseu³⁵ tsiu³³ mu⁵⁵ sui³⁵ tai⁵⁵ tai⁵⁵ ko³³ tseu⁵⁵ ɐt⁵ kau³⁵ sɔŋ²¹ hi²¹ tseu⁵⁵ nim³³, nim³³ teu³⁵ ne⁵⁵ lok⁵ ko²¹ la³³.

一 打 早 朝 雾 水 大 大 一 搅 啊搅 上 去 就 黏、 黏 到 呢 碌 个 啦。

tsʰun⁴¹ ŋo⁴¹ feu⁵⁵ tu³³ mɔŋ⁵⁵ teu³⁵ lo⁴¹, mɔŋ⁵⁵ teu³⁵ ko³⁵ teu³³ si⁵⁵ ne⁵⁵, fan³⁵ lo⁴¹ kiɛm³³, tsʰan⁴¹ a³³ ŋan³⁵.

全　鹅埠都望　到咯，望　到　嗰蔸树呢，反咯金，　灿　啊眼。

o³³ua⁴¹, tsʰin⁴¹pi³⁵ki²¹sei³⁵la²², ki²¹ a³³pa³³ne⁵⁵han⁴¹tso⁵⁵o³³leu³⁵ ki²¹la⁵⁵, han⁴¹tso⁵⁵kɔŋ³⁵ki²¹ kʰiaŋ²¹³,

噢哇，钱　界渠使了，渠　阿爸呢　还　做啊□①渠啦，还　做讲　渠□②，

ieu²¹ pun³⁵ si⁵⁵, tsʰin⁴¹ pi³⁵ki²¹ sei³⁵ teu²¹ tsian⁵⁵. tei⁵⁵ ŋi⁵⁵ ŋet⁵ pʰo²¹ ka³³, pʰo²¹ teu²¹ meu²¹ a³³.　pet⁵ mi²¹

有　本　事，钱　界渠使到　净。　第二日破　家，破　到冇　啊。不̄尾

tseu⁵⁵tsʰet⁵hi²¹ tiet⁵ŋet⁵le⁴¹, ki²¹iet⁵tsʰet⁵kai³³ iɛn⁴¹ka³³iet⁵ham²¹ki²¹tsʰui⁴¹tsi³⁵ ne⁵⁵, tso⁵⁵ieu²¹ tsʰin³⁵

就　出　去迭呃咧，渠一出　街人　家一喊　渠才　子呢，做有　钱

fen³³ ka³³ lo³³, teu²¹ pet⁵ mi²¹ ne⁵⁵ ki²¹ iet⁵ tsʰet⁵ hi²¹ tiat⁵ tseu⁵⁵, ham²¹ ki²¹ tseu⁵⁵ meu²¹ tsʰin⁴¹ fen³³ ka³³.

分　咖咯，到　不̄尾呢渠一出　去迭就，　喊　渠就冇　钱　分　咖。

ki²¹ kɔŋ³⁵, si⁴¹ m²¹ tʰoŋ⁴¹ si⁴¹ lo⁴¹, a³³, li³³ a³³ fu²¹ a³³ ŋet⁵ lau³³ ko³⁵ tsek⁵ fu²¹ a³³ ŋet⁵ m²¹ sioŋ³³ tʰoŋ⁴¹ lo⁴¹,

渠讲，　时唔同　时咯，啊，哩啊富阿日捞嗰只　富阿日唔相　同　咯，

meu²¹tsʰin⁴¹lo⁴¹.　li³⁵ŋan⁵⁵ku²¹si⁵⁵lo⁴¹.

冇　钱　咯。哩□　故事咯。

li³⁵ a³³ ku²¹ si⁵⁵ lo⁴¹ tseu⁵⁵ ham⁴¹ tso⁵⁵ pʰo²¹ ka³³ tsei³⁵, pi³⁵ki²¹ pʰo²¹ teu³⁵, pak⁵ man⁵⁵ ka³³ tsʰui⁴¹ pi³⁵

哩一故　事咯就　喊　做破　家仔，界渠破　到，百　万　家财界

ki²¹pʰo²¹teu²¹tsian⁵⁵, pʰo²¹teu²¹meu²¹³.

渠破　到净，　破　到冇。

（李华春讲述，2015年）

3．车大炮

kɔŋ³⁵tsʰa³³tai⁵⁵pʰau²¹³, ŋo²¹kɔŋ³⁵.

讲　车　大　炮，　我讲。

sam³³ hen³³ tʰei²¹³, tsʰet⁵ mun⁴¹, tsʰet⁵ mun⁴¹ tso⁵⁵ nin⁴¹ lui⁴¹ kuei³³, lui⁴¹ kuei³³, tseu⁵⁵ ki²¹ a³³ pa³³ tseu⁵⁵

三　兄弟，出　门，　出　门　做年来归，　来归，　就　渠阿爸就

mun⁵⁵ki²¹³, mun⁵⁵ki²¹³: "tsʰet⁵ mun⁴¹ iet⁵ nin⁴¹ tʰei³⁵ ieu²¹ me⁵⁵ a³³ sɛn³³ sin³³ ke³³ si⁵⁵ met⁵ meu²¹³, ieu²¹ me⁵⁵

问　渠，问　渠："出　门　一年　睇有　咩啊新　鲜　嘅事物冇，　有　咩

a³³, li³³ ko²¹ heu³⁵ ke³³ siu³³ sek⁵ meu²¹³?" kɔŋ³⁵: "ieu²¹³, ŋo²¹ hei³⁵ fok⁵ kin²¹ na⁴¹, hi²¹ fok⁵ kin²¹ li³³ ko²¹³,

啊，哩个好　嘅消息冇？"　讲："有，　我喺福建啊，去福建哩个，

---

① 呵□o³³leu³⁵：表扬，赞赏。

② □kʰiaŋ²¹³：能干。

kieŋ³³ko²¹keʰ³³si⁴¹hɐu⁵⁵, tʰiu⁴¹kʰiu⁴¹ne³³, tsɐu⁵⁵o³³tok⁵niu⁵⁵, pɐt⁵mi²¹ne⁵⁵, tan⁵⁵ŋo²¹m²¹ki²¹tɐk⁵kʰai⁴¹tiu²¹
经　过　嘅时候，　条　桥　呢，就　屙　督尿①，不＝尾呢，　但我　唔记得揩　掉

tsun²¹ki²¹ne⁵⁵, tok⁵niu⁵⁵tsɐu⁵⁵tit⁵lɔk²sui³⁵." ki²¹kɔŋ³⁵: "kam²¹kɐn³⁵iu²¹³a³³, kam²¹kau³³kuan³³ a³³!"
转　渠呢，督尿就　跌落水。渠讲："咁　紧要啊，咁　交关　啊！"

ki²¹tsip⁵kɐn³⁵, iɐu⁵⁵kɔŋ³⁵o²¹, ki²¹kɔŋ³⁵: "ŋo²¹ne⁵⁵, hi²¹tsʰɐt⁵mun⁴¹kau³³kun³⁵a³³, tʰɐi³⁵tɐu³⁵li³⁵
渠接紧，又讲　哦，渠讲："我呢，去出　门　交管　啊，睇到哩

ko³³pʰɐŋ⁴¹fui³⁵tsʰui⁴¹tʰau⁴¹, hɐu³⁵tai⁵⁵tsɐk⁵o²¹." kɔŋ³⁵: "iɐu²¹ki²¹tai⁵⁵tsɐk⁵a³³?" kɔŋ³⁵: "iɐt⁵mau²¹
个　平　海菜　头，好大只哦。"讲："有　几大只　啊？"讲："一亩

tʰin⁴¹tsoŋ²¹sam³³tsɐk⁵tsʰui⁴¹tʰau⁴¹, tsoŋ²¹sam³³ko³⁵tsɐk⁵pi³⁵ki²¹kip²pin³⁵pin³⁵o²¹." "ua⁴¹, kam²¹tai⁵⁵
田　种　三只菜　头，中心　嗰只界渠夹扁扁哦。"哇，咁　大

tsɐk⁵a³³!" kɔŋ³⁵tsʰau⁴¹tsʰau⁴¹pak⁵sɐp⁵sam³³man⁵⁵ha⁵⁵kɔŋ³³nam⁴¹a³³ma³³, tsɐk⁵iɐn⁴¹li³⁵ko³³sik²m²²,
只　啊！"讲曹　操　八十三　万　下江　南　啊嘛，只人哩个食唔，

tsɐk⁵tsʰui⁴¹tʰau⁴¹sik²m²²tsiaŋ⁵⁵, ham²¹tsɐk⁵iɐn⁴¹tai²¹sam³³liɔŋ³⁵pu³⁵tsɐu³⁵. li³³ŋɐn⁵⁵kɔŋ³⁵tsʰa³³tai⁵⁵pʰau²¹³.
只菜　头　食唔净，　喊　只人带三　两　脯走。哩□　讲车大炮。

pɐt⁵mi²¹³, ko³⁵tsɐk⁵ne⁵⁵, tsɐu⁵⁵kɔŋ³⁵ne⁵⁵, kɔŋ³⁵pɔk⁵lo⁴¹li³⁵ko³³, pɔk⁵lo⁴¹li³⁵ko²¹sui³⁵hai²¹³,
不＝尾，嗰只　呢，就　讲　呢，讲　博　罗哩个，博　罗哩个水蟹，

kɔŋ³⁵: "ŋo²¹tʰɐi³⁵o³³pɔk⁵lo⁴¹sui³⁵hai²¹³, hɐu³⁵tai⁵⁵tsɐk⁵uo²¹." kɔŋ³⁵: "hɐu³⁵tai⁵⁵tsɐk⁵, ki²¹tai⁵⁵tsɐk⁵
讲："我睇　哦博　罗水蟹，好　大只　嗝。"讲："好　大只，几大只

a³³?" kɔŋ³⁵: "li³⁵ko³³ip⁵a³³sam³³tam²¹im⁴¹." ki²¹kɔŋ³⁵, ki²¹kɔŋ³⁵ip⁵lo²¹sam³³tam²¹im⁴¹. li³⁵tʰiu⁴¹
啊？"讲："哩个　腌啊三　担　盐。"渠讲，渠讲腌咯三　担　盐。哩条

tsɐu⁵⁵huan⁴¹li³⁵tʰiu⁴¹.
就　还　哩条。

pɐt⁵mi²¹³, ko³⁵tsɐk⁵ne⁵⁵, ko³⁵tsɐk⁵ne⁵⁵, iɐu⁵⁵iɐu⁵⁵kɔŋ³⁵, ki²¹kɔŋ³⁵a³³: "ŋo²¹hi²¹³san²¹³tʰau⁴¹ne⁵⁵,
不＝尾，嗰只　呢，嗰只　呢，又　又讲，渠讲　啊："我去汕　头　呢，

tʰɐi³⁵tʰiu⁴¹ŋɐu⁴¹, hɐu³⁵tai⁵⁵tʰiu⁴¹o⁴¹." ki²¹kɔŋ³⁵: "ki²¹tai⁵⁵tʰiu⁴¹a³³?" kɔŋ³⁵: "san³³tʰau⁴¹sik²tsʰɐu³⁵tsɐu⁵⁵
睇　条　牛，好　大条　哦。"渠讲："几大条　啊？"讲："汕头　食草　就

san³³mi²¹o³³tok⁵i³⁵ a³³." kɔŋ³⁵: "ki²¹tai⁵⁵tʰiu⁴¹a³³, san³³tʰau⁴¹tʰoŋ⁴¹san³³mi²¹kak⁵ki²¹in³⁵a³³, iɐu²¹iaŋ³⁵?
san³³mi²¹屙督屎啊。"讲："几大条　啊，汕头　同　汕尾隔几远啊，有　影？

kam²¹tai⁵⁵tʰiu⁴¹ a²¹?" kɔŋ³⁵: "hɐi⁵⁵a³³."
咁　大条　啊？"讲："係　啊。"

---

① 屙督尿：撒了一泡尿。

tsɐu⁵⁵mɐn⁵⁵ko³⁵tsɐk⁵, ko³⁵tsɐk⁵ne³³, ki²¹kɔŋ³⁵ne⁵⁵: "ŋo²¹hi²¹mun⁴¹hɐu³⁵a³³, tʰɐi³⁵ko³³fu²¹tsok⁵
就　　问　嗰只，嗰只　呢，渠讲　呢："我去门　口　啊，睇　个　腐竹

e²¹, tʰɐi³⁵ko³⁵tʰiu⁴¹tsok⁵sɐn³⁵a³³, hɐu³⁵tsʰu³³hɐu³⁵hɐu⁵lok⁵o³³." tsoŋ³⁵tsi³³a³³, ki²¹kɔŋ³⁵: "ko³⁵tʰiu⁴¹
诶，睇　嗰条　竹笋　啊，好粗　好　厚　碌　哦。"总　之啊，渠讲，嗰条

tsok⁵sɐn³⁵na³³, saŋ³³a³³tu⁵⁵sɔŋ²¹tʰin³³a³³, tʰin³³nɐŋ³⁵a³³pi³⁵tu⁵⁵tɐu³⁵a³³, tu⁵⁵a³³saŋ³³a³³iɐu⁵⁵saŋ³³lɔk⁵lui⁴¹,
竹　笋　啊，生啊渡　上　天　啊，天□①啊界渡到　啊，渡啊生　啊又生　落来，

saŋ³³lɔk⁵ lui⁴¹, tu⁵⁵ti⁵⁵ha⁵⁵, ti²¹ha⁵⁵iɐu⁵⁵saŋ³³, saŋ³³tɐu³⁵pun²¹tʰin³³, tsɐŋ²¹a³³fui³³ip²." "ua⁴¹, tim³⁵a³³
生　落来，　渡地下，地下又生，　生到半天，正　啊开叶。"哇，点啊

kam²¹kɐn³⁵iu²¹a³³, kam²¹tai⁵⁵tʰiu⁴¹a³³."
咁　紧要啊，咁　大条　啊。"

tsɐu⁵⁵tu⁵⁵a³³ki²¹a³³tʰɐi⁴¹, kɔŋ³⁵tok⁵si³³a³³, tok⁵si³³, in³³uɐi⁵⁵tok⁵si³³a³³, tsɐu⁵⁵kɔŋ³⁵: "tsʰɐŋ³³kʰi⁴¹
就　□②啊渠阿题，讲　读书啊，读书，因为　读书啊，就　讲："星　期

ŋɐt⁵ne⁵⁵, hi²¹hi²¹, hi²¹li³³ko³³am³³tʰɔŋ⁴¹a³³tim³⁵hiɔŋ³³, hi²¹am³³tʰɔŋ⁴¹liu³. am³³tʰɔŋ⁴¹a³³iɐu³⁵a³³ku³⁵
日　呢，去去，去哩个庵　堂　啊点香，　去庵堂　嫽。庵堂　啊有　啊鼓

a³³, hɐu³⁵tai⁵⁵tsɐk⁵o³³." kɔŋ³⁵: "iɐu²¹a³³ki²¹tai⁵⁵tsɐk⁵a³³?"　"ki²¹tai⁵⁵tsɐk⁵tsɐu⁵⁵m²¹ti³³a³³, ŋo²¹tsʰo³³
啊，好　大只　哦。"讲："有　啊几大只　啊？""几大只　就　唔知啊，我初

iɐt⁵hi²¹liu³³, hi²¹tim³⁵hiɔŋ³³a³³, tsɐu⁵⁵, tsɐu⁵⁵ta³⁵tsɐk⁵ku³⁵, "tɔŋ³³tɔŋ³³" sɐŋ³³e³³, sap²ŋ³⁵han⁴¹tɐu²¹
一去嫽，去点香　啊，就，　就　打只　鼓，"咚　咚"　声诶，十　五还　到

hiɔŋ³⁵a³³!" "ua⁴¹, iɐu³⁵kam²¹tai⁵⁵ke³³ka³⁵ua⁵⁵o³³." "nai³⁵fui⁵⁵ka³⁵a³³." "nai³⁵iɐu²¹kam²¹tai⁵⁵tsɐk⁵
响　啊！""哇，有咁　大嘅假话哦。""乃　会假啊。""乃　有咁　大只

ke³³ku³⁵, nai³⁵iɐu²¹ko³³, ko³³, ko³³ŋɐu⁴¹pʰi⁴¹kam²¹tai⁵⁵ko³³hi²¹a³³." "ŋo²¹mɐu²¹a³³." ki²¹kɔŋ³⁵: "a³³
嘅鼓，乃　有个，个，个牛　皮咁　大个去啊。""我冇　啊。"渠讲："阿

ko³³ne⁵⁵, tʰɐi³⁵tɐu²¹tʰiu⁴¹ŋɐu⁴¹, lut⁵a³³ki²¹³, lut⁵a³³ki²¹³, tsɐu⁵⁵pʰi⁴¹lui⁴¹pɔk⁵a³³lui⁴¹." ni²¹kɔŋ³⁵nai³⁵iɐu²¹
哥呢，睇　到条牛，戮啊渠，戮啊渠，就　皮来剥啊来。"你讲乃　有

ko³³pu³⁵kam²¹, ko³, ko³³tsʰu³³a³³ko³? lin⁴¹oi²¹tʰiu⁴¹tsok⁵tu⁵⁵sɔŋ²¹tʰin³³, iɐu⁵⁵tu⁵⁵lɔk⁵lui⁴¹, tsam³⁵a³³
个斧咁，　个，个粗　一个？连爱条　竹渡上　天，又渡落来，斩　啊

ki²¹lui⁴¹, siok⁵o³³ki²¹tu³³iɐu³⁵.
渠来，　削　哦渠都有。

kʰi⁴¹sɐt²ne⁵⁵, li³⁵tsɐk⁵tʰɐi⁴¹ne⁵⁵, tsɐu⁵⁵hɐi⁵⁵kɔŋ³⁵ki²¹liɔŋ³⁵ŋɐk⁵iɐn⁴¹kɔŋ³⁵ka³⁵ua⁵⁵o³³, kʰi⁴¹sɐt²
其　实呢，哩只　题呢，就　係讲渠两　啊人讲　假话哦，其实

---
① □nɐŋ³⁵: 顶。

② □tu⁵⁵: 轮到。

tsɐu⁵⁵ mɐu²¹³, kam²¹, kam²¹ tsɛk⁵ ku³⁵, hi²¹ pɔk⁵ ki²¹ ko³³ li³⁵ iɐu⁴¹ a²¹.
就 冇， 咁， 咁 只 古， 去 驳 渠 个 理由 啊。

（李华春讲述，2015年）

参考文献

陈保亚　1996　《论语言接触与语言联盟——汉越（侗台）语源关系的解释》，北京：语文出版社。

陈思梅　2006　广东海丰"占米话"之语音、词汇比较研究，汕头大学硕士学位论文。

鹅埠镇志编撰委员会　2009　《鹅埠镇志》，汕尾：鹅埠镇志编撰委员会印刷。

范俊军　2006　《联合国教科文组织关于保护语言与文化多样性的文件汇编》，北京：民族出版社。

广东省地方史志编撰委员会　1990　《广东省志·地名志》，广州：广东人民出版社。

国家统计局农村社会经济调查司　2020　《中国县域统计年鉴（乡镇卷）·2019》，北京：中国统计出版社。

海丰县地方志编纂委员会　2005　《海丰县志》，广州：广东人民出版社。

李荣主编，黄雪贞编纂　1995　《梅县方言词典》，南京：江苏教育出版社。

李新魁　1994　《广东的方言》，广州：广东人民出版社。

李新魁、黄家教、施其生、麦耘、陈定方　1995　《广州方言研究》，广州：广东人民出版社。

练春招　2000　从词汇看客家方言与粤方言的关系，《华南师范大学学报（社会科学版）》第3期。

林华勇　2005　广东廉江方言的经历体和重行体——兼谈体貌的区分及谓词的语义作用，《中国语文研究》第2期。

林伦伦　2000　广东闽粤客方言古语词比较研究，《汕头大学学报》第1期。

林伦伦、潘家懿　2000　《广东方言与文化论稿》，北京：中国文联出版社。

林伦伦、陈思梅　2004　广东海丰"尖米话"与广州话语音的比较研究,《广东技术师范学院学报》第5期。

罗志海　1995　《海丰方言》,德宏:德宏民族出版社。

潘家懿　1996　粤东地区的一种混合型方言——占米话,《双语双方言》第4辑。

潘家懿　2000　惠东县方言述略,《惠州大学学报(社会科学版)》第1期。

潘家懿、谢鸿猷　1997　粤语对南粤诸方言的辐射与渗透,《语文研究》第4期。

彭小川　1999　广州话的动态助词"翻",《方言》第1期。

王福堂　1999　《汉语方言语音的演变和层次》,北京:语文出版社。

温昌衍　2020　汉语方言的重行体助词"过",《方言》第4期。

吴芳　2010　粤东双方言(双语)区内方言接触概述,《南方语言学》第2辑。

吴芳　2022　深圳鹅埠占米话中表小称的代词"咁[kam↙]",《方言》第3期。

吴福祥　2005　粤语能性述补结构"neg–V得OC/CO"的来源,《方言》第4期。

谢立群主编　2008　《海丰音字典》,香港:汉学出版社。

严丽明　2009　广州话表示修正的助词"过",《方言》第2期。

严修鸿　2001　客家方言与周边方言的关系词,《汕头大学学报》第4期。

杨必胜、潘家懿、陈建民　1996　《广东海丰方言研究》,北京:语文出版社。

周佳凡　2014　深圳坪山占米话研究,厦门大学硕士学位论文。

朱晓农　2004　亲密与高调——对小称调、女国音、美眉等语言现象的生物学解释,《当代语言学》第3期。

Lau Chun-Fat & Zhou Jiafan. 2017　Looking at the effects of language contact with Hakka as reflected by the characteristics of the Pingshan Zhanmi dialect in Shenzhen. *Journal of Literature and Art Studies*, No2.

调查手记

　　海丰占米话这个点立项的时候，我还在韩山师范学院工作，调查点鹅埠镇那时也还是属于粤东四大闽南方言城市之一汕尾管辖。没多久后我调到深圳大学工作，巧的是，鹅埠也在这前后就被划入深汕合作区，也归入了深圳管辖。内心曾暗自感叹着这真是缘分啊，我在哪儿，你就跟到哪儿。也正是因着这个小小的巧合，慢慢地酝酿了我和鹅埠这个小镇的感情。

　　从学生时代开始，每次到海丰调查，首先想到的连线人总是海丰县宣传部的谢立群老师。跟谢老师认识已有十多年了，这是一位非常热爱家乡话的先生，多年前他曾多次报考方言专业的研究生，但因为英语的原因，最终与方言的学习深造失之交臂。然而这些挫折却让他对方言更加珍爱，他用自己的一腔热情与执着，用心地撰写了一本又一本有关海丰方言、海丰文化的书籍。因而得知我们要在海丰调查占米话时，谢老师二话不说，立即从旁协助。于是，我们第一次占米话的试录工作就在谢老师的安排下顺利展开了。

　　最早跟我一道开始扛下鹅埠占米话摄录工作的是广东技术师范大学的老师温立红及韩山师范学院2011级广播电视学专业的本科生蔡玉围、李忠庆。两位本科生不仅在读期间全程跟随着我摄录，毕业后，由于项目尚未结束，后期工作也才展开，他们仍旧抽空积极参与其中。后来我调到深圳大学，深圳大学的硕士研究生何阳、周炜也加入了项目的调查整理工作中。调查中这些年轻的学生总能带来一些别样轻快的"小剧场"。

　　记得第一次带学生进村，是在夜晚。从镇上走到村里，需要经过一片田野，当时正值秋日，夜晚月色清朗，田间草香扑鼻，路边虫鸣跌宕，如此美好的旷野，学生们一展歌喉。唱着唱着却发现远处离村口还有一段距离之处隐约闪烁着一小撮的灯火。我猛然想起那处正好有一座像坟一样的建筑，于是迫不及待地向学生们"分享"这一信息……于是歌声戛然而止，诗情画意的场面瞬间烟消云散，只剩大伙恭恭敬敬双手合十从灯火边谨慎走过。后来得知那建筑其实是当地的王爷神位时，大家都忍不住笑了。

项目摄录工作中总有这样或那样的磕磕绊绊。我们的摄录地点，有时在旅馆，有时在村民的家里，但都因为不是在专业摄录的场地，经常会受到一些小干扰。比如，大清早窗外鸟儿叫得欢，学生只得打开窗户大吼一声，把树上的鸟儿全吓跑；楼下村民串门聊天聊得声音很大，学生就会匆匆往下跑，说："老师，我下去跟他们说小声一点"；楼下小孩哭闹，学生又往下冲："老师，我下去哄一下他"；楼下黄狗叫声大，学生想了下，就没敢冲下去了，于是我们只能在楼上默默盯着楼下的阿黄，希望能把它"盯走"。又或者碰上雷雨，大家只能在窗台和空调外机上垫上一块块布，减弱雨滴拍打的声音，然后乖乖保持着姿势，静静等着雷声过去。

前期调查时，鹅埠镇的交通工具有时比较受限，我们常常会"挤挤一堂"，或者五六个人挤在一辆三轮车上，又或者你搂着我、我搭着司机，挤在一辆摩托车上，"嘟嘟嘟"扬长而去。"风一样的调查者"，也许就是我们在路上的写照。

"挤挤一堂"的三轮车　海丰县水美村 /2015.10.03/ 温立红 摄

濒危方言调查总会有许多让人感慨的地方。在搜集鹅埠占米话口头文化材料时，几位发音人跟我们说，他们的花笺歌就剩下他们几个老头可以在这儿哼唱，接下来已无传人了，而他们自己也因为不常唱，很多都唱得不完整。在拍摄当地传统风俗文化时，老人家也跟我们说，以前各种"神诞"时场面热闹，戏曲精彩，现在这些活动也只能勉强开起来，参与的人已是零零星星了。随着社会的发展，时代的变迁，民间很多传统文化、精美手工艺品在这现代化电子化的大潮中已一去不复返了，老一辈人只剩下唏嘘不已，而我们也束手

无策。唯一能做的只是把他们珍藏的《花笺歌》重新打印成电子版，装订成册，并多录下几首完整的歌，保存下来。

鹅埠镇不大，但由于我们总是大包小包地进进出出，所以很快地就被镇上许多人给记住了，随之而来的是各种热情。

镇上常去的旅馆多次入住后，跟老板娘很快就熟悉了，每当我们上楼下楼时，她常招呼我们吃些水果，再喝上几碗油麻茶……

周边大排档的老板娘、伙计们也因我们是常客，一有什么新鲜的食材，总会向我们推荐，还让我们免费品尝……

各位发音人和他们的朋友也热情万分，经常这家拉那家请的，常让我们穿梭于不同的村民家里、镇民家里，大快朵颐……

本书的主要发音人李契生先生是陈思梅的舅舅，从思梅以前开始写硕士学位论文时他就一直大力支持方言工作。他对待我就像对待自己外甥女一样。他常说家里没有什么好东西可招待我们，但是总能挖到很多好东西给我们。每次调查完准备回程时，我总是身后背一个户外双肩包，身侧挎一个高大上的摄像包，而手上却提一个大麻袋，麻袋里的东西会根据季节的变化，或者是20来斤的大米、土豆，或者是绿色无污染的荔枝……

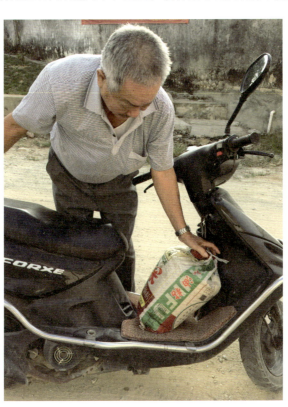

一袋土特产　海丰县水美村 /2015.10.03/ 吴芳 摄

村民们的这些的细微举动，总让人心满意足，暖意融融。

潮起潮落，屈指流年。语言随着时间在变化，或者变得更加丰富了，或者变得愈发式微……我们无法改变这种变化的方向，但我们希望在每种语言每种方言还存在的时候，还有活力的时候，能够有人把它记录下来，保存下来，进而为这种语言这种方言所承载的文化留下历史的痕迹。